Boff · Erfahrung von Gnade

Dom Paulo Evaristo Arns, Kardinal-Erzbischof von São Paulo, dem Lehrer und Freund, für seine apostolische und prophetische Diakonie an der ganzen Kirche Brasiliens

Reiner Gödtel

Sexualität und Gewalt

Untersuchungen über Sadismus und
Masochismus / Pornographie /
Prostitution / Schikane und Folter /
Vergewaltigung / Sexueller Mißbrauch /
Gewalt in der Ehe / Sexuelle Tötung /
Orgien, Satanssekten, schwarze Messen

304 Seiten, gebunden

Der Zusammenhang von Sexualität und Gewalt ist bisher weitge-
hend tabuisiert und unerschlossen. Dieses Buch des bekannten Gy-
näkologen, der seit zwanzig Jahren als Sachverständiger bei Gericht
fungiert, sondiert das Terrain der dunklen Seite der Sexualität mit
präzisen Informationen und differenzierten Einsichten. Es bietet
eine kompetente Dokumentation der vielfältigen Formen destrukti-
ven Verhaltens und wird dazu beitragen, die mit vielen Vorurteilen
belastete Diskussion in der Öffentlichkeit zu versachlichen.

Hoffmann und Campe

Leonardo Boff

Erfahrung von Gnade

Entwurf einer Gnadenlehre

Patmos Verlag Düsseldorf

Die Originalausgabe dieses Buches erschien 1977 in zweiter Auflage
bei Editora Vozes, Petrópolis (Brasilien),
unter dem Titel ›A graça libertadora no mundo‹.
Aus dem Portugiesischen übersetzt von Horst Goldstein

CIP-Kurztitelaufnahme der Deutschen Bibliothek

Boff, Leonardo:
Erfahrung von Gnade: Entwurf e. Gnadenlehre /
Leonardo Boff [aus d. Portug. übers. von
Horst Goldstein] – Düsseldorf: Patmos Verlag 1978
Einheitssacht.: A graça libertadora no mundo ⟨dt.⟩
ISBN 3-491-77302-4

Inhalt

Dritter Teil: Theologische Entfaltung der Erfahrung von Gnade

X. Die Universalität der befreienden Gnade und ihre geschichtlichen Konkretionen

XI. Die habituelle Gnade – die Gnade Gottes im Grundprojekt des Menschen

Vorwort

Qui ante nos scripserunt,
non domini nostri, sed duces
fuerunt.
Guibert von Tournai († 1288),
Franziskaner, De modo addi-
scendi

Und das Geheimnis gibt uns zu denken . . .

Ein Zug eilt seinem Ziele zu. Er blitzt in der Sonne. Wie ein Pfeil durchschneidet er die Felder, durchbohrt Gebirge, schießt über Flüsse hinweg und durchquert Städte. Wie ein Faden in Bewegung gleitet er dahin – ohne Hindernisse, vollendet in Farbe, Form und Geschwindigkeit.

Im Innern des Zuges spielt das menschliche Drama. Da sind Menschen aus allen Völkern. Menschen, die plaudern, und Menschen, die schweigen. Menschen, die arbeiten, und Menschen, die ausruhen. Menschen, die in die Landschaft schauen, und Menschen, die sorgenvoll ihren Geschäften nachgehen. Menschen, die geboren werden, und Menschen, die sterben. Menschen, die lieben und blindlings hassen. Menschen, die über die Fahrtrichtung diskutieren: Der Zug hat ja die Richtung verfehlt! Menschen, die fürchten, sie seien in den falschen Zug gestiegen. Menschen, die gegen den Zug protestieren: Man hätte überhaupt keinen Zug bauen dürfen, er macht nur Schmutz! Menschen, die schnellere Züge planen. Menschen, die den Zug akzeptieren und dankbar seine Vorzüge genießen. Menschen, die sich keine Fragen stellen; sie wissen, daß sie ans Ziel kommen werden – warum sich aufregen? Unruhige Menschen, die in die vorderen Wagen stürmen: Sie wollen noch schneller ankommen. Menschen, die widerstreben: Sie laufen gegen die Fahrtrichtung; absurderweise rennen sie in den letzten Wagen, denn sie denken an Flucht.

Der Zug aber läßt sich nicht beeindrucken und strebt unbeirrt seinem Ziel zu. Geduldig trägt er alle, den Überdrüssigen und den Engagierten. Freundlich fährt er auch die Protestierenden. Niemanden läßt er auf der Strecke. Allen bietet er die Chance einer herrlichen, glücklichen Fahrt. Alle sollen in die Stadt der Sonne und der Erholung gelangen.

Alle Fahrgäste fahren gratis. Keiner kann aussteigen oder fliehen. Sie sitzen im Zug. Freiheit gibt es nur innerhalb des Zuges. Man kann nach vorn oder nach hinten gehen, man kann die Wagen umbauen oder sie lassen, wie sie sind, man kann die Landschaft genießen oder sich über die Nachbarn ärgern, man kann sich göttlich über den Zug freuen oder ihn zum Teufel wünschen. Alles das hindert ihn nicht, seinem sicheren Ziel zuzueilen und seine Fahrgäste alle höflich mit sich zu führen.

Da gibt es in der Tat Menschen, die den Zug akzeptieren, sich über ihn freuen, seine Geschwindigkeit genießen und die herrliche Landschaft bewundern. Sie schließen Freundschaft mit den Mitreisenden. Sie sorgen dafür, daß alle sich wohlfühlen. Sie kämpfen mit denen, die die Wagen beschädigen und ihre Brüder belästigen. Aber über allem Streit und über allem Sonnenschein vergessen sie nicht den Sinn der Reise. Wie herrlich ist es, daß es einen Zug gibt, der uns im Handumdrehen in die Heimat bringt, wo wir alle voll banger Spannung erwartet werden. Die Umarmungen werden lang dauern, und die Liebe wird kein Ende haben.

Die Gnade, die die Welt befreit, gleicht einem Zug. Das Ziel der Reise ist Gott. Und auch der Weg ist Gott; denn der Weg ist das Ziel, das sich als vorweggenommen erweist, sich langsam verwirklicht und die Menschen auf die Reise schickt. Die Gnade trägt alle und schenkt sich allen als Chance einer guten Fahrt – auch den Rebellen, Ränkeschmieden und Trägen. Ablehnung vermag den Zug nicht zu verändern. So ist es auch mit der Gnade. Wer sich verändert, ist allein der Mensch. Er verdirbt sich seine Reise. Aber er wird mitgenommen – im selben Schwung und in aller Freundlichkeit. Gott, der Gnade ist, ist auch »gütig zu Undankbaren und Bösen« (Lk 6,35).

Ja zum Zug sagen, sich seines Weges freuen, mit ihm fahren, den Schicksalsgefährten wohlwollen – das heißt, das Fest der Ankunft schon vorwegnehmen. Auf die Reise gehen ist schon zu Hause ankommen. Das ist Gnade, Gnade, »die Seligkeit im Exil, Seligkeit, die Gnade in der Heimat ist«. Das ist der Himmel.

Den Zug ablehnen, die Fahrt behindern und in blanker Illusion gegen die Fahrtrichtung laufen, als könne man entfliehen – das heißt die absolute Vergeblichkeit vorwegnehmen. Der Zug rollt immer weiter in seine Richtung und nimmt auch den Renegaten mit. Gott verändert sein bedingungsloses Schenken nicht. Der Mensch, ja, er ändert sich. Sein Scheitern wird um so größer sein, je mehr er weiß, daß er trotz allem in aller Güte getragen ist. Das ist die Hölle.

Und in welche Richtung geht deine Reise, Leser?

Erster Teil
Das Thema Gnade heute

I. Aufgabe der Theologie: Über Gnade sprechen und Gnade sprechen lassen

1. Die wesentliche Perspektive des Wortes ›Gnade‹

Das Wort ›Gnade‹ will die ursprüngliche und ureigentliche christliche Erfahrung zum Ausdruck bringen: Einerseits hat Gott tiefe Sympathie und Liebe zum Menschen, die so weit gehen, daß er sich selbst gibt. Anderseits kann der Mensch sich so von Gott lieben lassen, daß auch er bereit wird, sich für kindliche Liebe und vertrauensvolles Gespräch zu öffnen. Ergebnis dieser Begegnung sind Schönheit, Anmut und Güte, die sich in der ganzen Schöpfung widerspiegeln, vor allem aber im Menschen und in seiner Geschichte. Der Mensch ist gut, anmutig, dankbar, schön, herz-lich und barm-herz-ig, weil der barm-herz-ige, herz-liche, schöne, dankbare, anmutige und gute Gott ihn heimgesucht hat. Deshalb ist der Mensch das, was er ist. Gnade heißt Gegenwart Gottes in Welt und Mensch. Wenn Gott gegenwärtig wird, wird alles, was krank war heil, was gefallen war, richtet sich auf, was sündig war, wird gerecht, und was tot war, beginnt wieder zu leben. Der Unterdrückte erfährt Freiheit, und der Verzweifelte fühlt Wärme und Trost.

Gnade heißt aber auch Öffnung des Menschen auf Gott hin, die Fähigkeit des Menschen, sich auf den Unendlichen einzustellen und einen Dialog zu beginnen, der ihn Tag für Tag erst seine Menschlichkeit gewinnen läßt und ihm schließlich Vergöttlichung schenkt.

Gnade ist immer Begegnung, Extrapolation Gottes, der sich schenkt, und des Menschen, der sich schenkt. Ihrem Wesen nach ist Gnade das Aufbrechen von Welten, die vorher in sich selbst verschlossen waren. Gnade ist Beziehung, Exodus, Gemeinschaft, Begegnung, Dialog, Öffnung und Aufbruch. Gnade ist die Geschichte zweier Freiheiten und der Schnittpunkt zweier Liebesbewegungen.

Deshalb spricht Gnade von Versöhnung zwischen Himmel und Erde, Gott und Mensch, Zeit und Ewigkeit. Gnade ist mehr als Zeit, mehr als Mensch und mehr als Geschichte. Sie ist immer das *Mehr*, das in unerwarteter Ungeschuldetheit geschieht. Leonardo Coimbra sagte in einer wundervollen Formulierung: »Gnade ist immer ein Übermaß, das die Nützlichkeit des Augenblicks und die Grenze der Form übersteigt. Sie ist das

Übermaß über alle Zeit, allen Raum, alle Formen und alles Leben hinaus« (A alegria, a dor e a graça, Porto 1916, 173).

Gott-Vater verwirklicht sich selbst unaufhörlich und durch alle Ewigkeit hindurch als Geheimnis, das sich als Sohn und Heiliger Geist selbst gibt. Seine Gemeinschaft und seine Selbstgabe ›verlängert‹ er, indem er die Welt schafft. Nachdem die Welt entstanden ist, durchdringt er sie mit einer unerwarteten Fülle von Liebe und Selbstmitteilung noch tiefer, indem er selbst Welt wird und den Namen Jesus Christus annimmt. Jesus Christus ist die erlösende Gnade für alle Menschen (Tit 2,11). Er ist »das Erscheinen der Güte und Menschenfreundlichkeit Gottes, unseres Heilandes« (Tit 3,4). Gnade ist der Name für Gott selbst als Wesen, das immer Gemeinschaft, Exodus aus sich selbst, Liebe und Sympathie zu anderen als sich selbst ist. Dies ist die Qualität, das Wesen (divinitas) Gottes. Gott hat keine Gnade, Gott *ist* Gnade.

Auch der Mensch ist als Person immer ausgerichtet und geöffnet hin auf ein Sein-Können, das allerdings nicht als ein bloßes Da-Sein, sondern als Ek-sistenz strukturiert ist. Deshalb erlebt er stets eine Begegnung mit einem anderen als sich selbst. Der Mensch ist immer ein Mehr. Darum ist seine weiteste Umgebung die Gnade, wenn Gnade gerade die Dimension von Öffnung und Gemeinschaft ohne Grenzen bedeutet. Der Mensch lebt in der göttlichen Atmosphäre, wenn man unter ›göttlich‹ Gemeinschaft und Selbstmitteilung in Fülle versteht. Allein im Göttlichen ist der Mensch Mensch. Erst in der Gnade, das heißt in dem, was mehr ist als er selbst, wird der Mensch Mensch. Deshalb ist der Mensch immer mehr als ›Mensch‹, mit anderen Worten: mehr als das, was man vom Menschen sagen, reden, analysieren, verstehen, einordnen, definieren und strukturieren kann.

Wenn man von Gnade spricht, dann soll jenes Phänomen erfaßt werden, das – wie nun klar sein sollte – alle Grenzen von Dingen sprengt, die wir Wirklichkeiten, Dimensionen oder Welten nennen. Die Gnade schafft eine Welt, in der die Pole Gott – Mensch, Geschöpf – Schöpfer sich begegnen. Gnade ist Einheit und Versöhnung. Deshalb ist Gnade gleichbedeutend mit Erlösung, mit vollkommener Identität zwischen Mensch und Gott.

2. Gnade gleichzeitig mit Un-Gnade

Wie Gnade Begegnung, Aufbruch, Öffnung und vollzogene Freiheit ist, so wird sie auch immer von einer Bedrohung begleitet, die Un-Gnade bedeutet. Denn es besteht auch die Möglichkeit der Nicht-Begegnung, der Abkapselung, der Ablehnung des Gesprächs und des In-sich-selbst-Verharrens. Un-Gnade und Gnade sind Chancen der Freiheit. Das ist das Geheimnis der Schöpfung, das absolute Geheimnis, weil es zu ihm keinen rational begründbaren Zugang gibt. Gnade ist der absolute Sinn, der alles erfüllt. Gnade ist Licht, das alles erhellt und verständlich macht. Un-Gnade hingegen ist das absolute Absurdum. Sie hat nichts mit Licht zu tun, ist völliges Dunkel. Ihr fehlt jede rationale Begründbarkeit. Für Un-Gnade und Sünde gibt es kein logisches Argument. Deshalb kann man sie auch nicht verstandesmäßig erfassen. Sie kann nur geschehen. Sie ist ein bloßes Faktum, das sich einfach als etwas Absurdes aufdrängt. Und dennoch existieren Un-Gnade und Sünde, und zwar als Faktum und als Erfahrung. Die Gnade ist für das geschaffene Wesen Gnade in der Möglichkeit der Un-Gnade. Deshalb ist der Mensch immer ein bedrohtes Wesen, das auch be-un-gnadet werden kann. Geschichte als Geschichte von Schuld und Zerstörungsmechanismen, von Häßlichkeit, Bosheit, Gewalt, Unmenschlichkeit, Grausamkeit und Verbrechen ist die Geschichte der Un-Gnade in der Welt oder ihre Verkörperung in allen verschlossenen und in-sich-selbst-versperrten Äußerungen.

Der konkrete Mensch lebt dieses Drama, gleichzeitig be-gnadet und be-un-gnadet zu sein: *Omnis homo Adam, omnis homo Christus* (Augustinus, En. in Psal. 70,21: PL 36,891), Christus und Antichristus, Öffnung und Abkapselung zugleich. Seine konkrete Erfahrung ist paradox; denn zur gleichen Zeit erlebt er Gnade und Un-Gnade.

Der Sinn unserer Überlegungen ist, die Erfahrung von Gnade zu thematisieren. Dies darf uns aber nicht daran hindern, auch Rechenschaft von der Erfahrung von Un-Gnade, Unheil und Sünde abzulegen. Aber es geht uns um die Gnade! Ihr Licht wollen wir über alle Dunkelheit leuchten lassen, die es in unserer Existenz gibt.

3. Theologie: Über Gnade sprechen und Gnade sprechen lassen

Bei der Erörterung von Gnade kann man in zweifacher Weise vorgehen. Einmal kann man entsprechend der Geschichte des Sprechens von Gnade in der geschichtlichen Erfahrung des Christentums über Gnade sprechen. Mit anderen Worten: Man kann von ihr sprechen, wie es theologische Handbücher im Gnadentraktat tun. Die Verfasser solcher Handbücher schreiben die Geschichte von bestimmten Formulierungen, so wie sie von Theologen oder von der Kirche selbst in der Auseinandersetzung mit heterodoxen und für die kirchliche Gemeinschaft inakzeptablen Lehren entstanden sind. In der Schultheologie entwickelte sich sogar ein ganzes Lehrsystem über die Gnade mit einem eigenen Vokabular von Begriffen und einer ganz präzisen Lehre. Bei einem solchen Vorgehen konzentriert sich alles auf die Lehraussagen. Man spricht *über* Gnade. Aber von der Gnade selbst, von ihrer Erfahrbarkeit, von ihrer Gegenwart in der Welt wird fast nichts sichtbar. Bei einem solchen Vorgehen braucht die Theologie nicht viel zu denken. Sie verwaltet ein schon längst gedachtes, verbalisiertes, strukturiertes und offiziell anerkanntes Denken. Es ist jedoch nicht bedeutungslos, denn es bringt uns, als Information, mit der Erfahrung von Gnade in der Geschichte der Kirche und mit ihrer semantischen Formulierung in Kontakt. Und dennoch: Die Theologie hat nicht nur mit der Verwaltung eines approbierten und sanktionierten Wissens zu tun – was selbstverständlich auch seine Bedeutung hat –, sondern sie hat innerhalb der Glaubensgemeinschaft die dauernde Aufgabe, über die Erfahrung von Gnade nachzu*denken*, die heute in Welt und Kirche gemacht wird. Die Theologie setzt damit eine Erfahrung fort, die es immer in Kirche und Welt gibt, und schafft so eine für diese Erfahrung bezeichnende und ausdrucksstarke Sprache.

Aber es besteht noch eine zweite Möglichkeit, über die Gnade zu sprechen: Es soll versucht werden, die Erfahrung auszusprechen, welche Menschen heute mit der Gnade machen, und diese Erfahrung in einer Weise zu benennen, die unserer Zeit entspricht und für die Glaubensgemeinschaft verständlich und annehmbar ist, damit die christliche Gemeinde sich mit ihrer Überlieferung identifizieren und sich fähig fühlen kann, diese Tradition neu zu beleben und fortzuführen. Der Nachdruck liegt also nicht so sehr auf dem Reden *über* Gnade (jede Rede geht über etwas), sondern darauf, daß wir Gnade sprechen lassen. Mit anderen Worten: Wie können wir eine Reflexion und eine Sprache entwickeln, die uns die Gnade Gottes, in der wir bereits leben, bewußt machen und uns dabei helfen, die Gegenwart Gottes und seiner Liebe in der Welt zu entdecken, und zwar unabhängig davon, daß wir sie reflektieren und von ihr sprechen? Gnade fängt ja nicht erst an, wenn wir von ihr sprechen. Wir können von ihr sprechen, weil es sie zuvor schon in unserem Leben gegeben hat. Daher erleben wir wirklich Gnade und Gegenwart Gottes, ohne daß wir sie so nennen. Die Aufgabe der Theologie ist es nicht, die Wirklichkeiten zu schaffen, von denen sie spricht. Aber sie muß von den Wirklichkeiten sprechen, denen sie begegnet und die ihrem Sprechen im menschlichen Leben schon vorausgehen.

Wir befinden uns bereits im *milieu divin* der Gnade. Das Problem der

Theologie besteht darin, diese Tatsache thematisch zu behandeln und in einer für heute bedeutsamen Weise von Gnade zu sprechen, damit der moderne Mensch nicht – aufgrund einer anachronistischen und belanglosen Sprache – das Bewußtsein oder die Tiefe verliert, aus der er tatsächlich lebt, ohne sich allerdings Rechenschaft darüber zu geben. Der Mensch erfährt Gnade, aber er weiß es nicht und denkt nicht darüber nach. Theologie ist Reflexion über diese Wirklichkeit. Damit will sie kein Monopol auf die Gnade beanspruchen, sondern den Menschen sich der Gnade bewußt werden lassen, die sein Leben heimsucht.

4. Die theologische Rede über Gnade hat kein Monopol auf das Wirken der Gnade

Hier gerät man immer wieder in eine Gefahr, vor der gewarnt werden muß: Wenn man von Gnade spricht, kann man denken, nur dort, wo von Gnade gesprochen wird, sei sie gegenwärtig und wirksam. Das umgekehrte Verhältnis ist richtig: Man kann sich im Gespräch nur auf Gnade beziehen, weil sie schon existiert hat, noch ehe das Gespräch überhaupt begann. Reden von Gnade ist ein Moment der Gnade selbst bzw. des Prozesses, in dem sie dem Menschen verständlich wird. Wir müssen deshalb unter allen Umständen den in der Theologie häufigen Fehler vermeiden, die Gnade in das Netz der theologischen Sprache einfangen zu wollen. Diese Illusion zeigt sich in Wendungen wie: Nur durch die Kirche gelangt Gnade in die Welt; nur durch die Kirche kommt man zu Christus; nur durch die Kirche erlangen wir Heil. So verwandelt sich die Kirche in ein Monopol von etwas, was nicht monopolisiert werden kann. Denn nicht sie ist es, welche die Gnade besitzt. Vielmehr birgt die Gnade auch die Kirche in sich, und alle wahre Gnade weist einen kirchlichen Charakter auf, das heißt, sie hat die Tendenz, sich sichtbar zu manifestieren und Gemeinschaft zu bilden. Gott, Christus und Gnade sind immer frei; sie offenbaren sich in der Welt in mannigfachen Vermittlungen, zu denen die Kirche als ausdrückliche, bewußte und gemeinschaftsbezogene, aber nicht ausschließliche Gestalt gehört. Deshalb müssen Theologen ständig auf der Hut sein, daß sie – wenn sie über Gnade sprechen und Gnade zum Sprechen kommen lassen wollen – niemals die Wirkmacht der Gnade auf die Bedingungen ihres Sprechens festlegen. Das hieße die Gnade in ein Getto verweisen und sie auf menschliche Maße reduzieren. Dann aber wäre sie nicht mehr göttliche Gnade: sie wäre ihres göttlichen Charakters beraubt. Weil sie göttlich ist, ist sie in allem gegenwärtig, und nichts entzieht sich ihrem Einfluß. Dies muß die Theologie sich immer vor Augen halten.

Unsere Aufgabe im Sinne systematischer Theologie besteht darin: über die Erfahrung von Gnade nachzudenken, die wir in den Bedingungen und Grenzen unserer Zeit machen, und von da aus so über Gnade zu sprechen, daß die Erfahrung sachgerecht in die kirchliche Gemeinschaft hinein vermittelt werden kann.

Da wir jedoch geschichtliche Wesen sind, sind wir Glieder in einer lebendigen Kette, die aus der Vergangenheit bis zu uns herauf reicht und uns nicht losläßt. Wir sind zum Teil Produkt der Vergangenheit. Das kennzeichnet auch schon unsere Erfahrung von Gnade. Deshalb müssen wir uns der theologischen Hinterlassenschaft bewußt werden, die wir geerbt haben und die im kollektiven Unterbewußten der christlichen Gemeinde vorhanden ist.

Unsere erste Aufgabe ist es nun, einen raschen Rück-Blick auf das zu werfen, was war, um den Durch-Blick zu gewinnen, der sich dort bietet, und den Voraus-Blick zu entwerfen, den man heute dringend braucht.

II. Rückschau und Vorschau auf verschiedene Gnadenlehren

Wer die Artikulation von Gnade auf der Ebene der theologischen Reflexion untersucht, wird eine hinreichend deutliche Entwicklung in der Wahl des Begriffsinstrumentariums entdecken. Allerdings darf man diese Entwicklung nicht in einer bloß spekulativen und formalen Weise verstehen. Vielmehr handelt es sich um kulturelle Wandlungen im Lauf der Geschichte und um verschiedene christliche Praxismodelle, die an einen bestimmten Ort in der Struktur der Gesellschaft gebunden sind. Diese Handlungsformen spiegeln sich in der Mehrzahl der Fälle, wenn auch unbewußt, in der Wahl des sprachlichen Ausdrucksinstrumentariums wider. Offensichtlich fließen die sozio-ökonomische Dimension und die Verteilung der Macht oder des Zugangs zu ihr, den die Vertreter der Theologie besaßen bzw. entbehren mußten, in diese kulturellen Wandlungen mit ein.

Unser Rückblick will nicht die Geschichte der theologisch-kritischen Reflexion über Gnade auch nur in groben Strichen nachzeichnen. Dies ist Sache von Dogmen- und Lehrgeschichte. Unsere Absicht ist lediglich, die Elemente zu erfassen, die für die Reflexion maßgeblich waren.

1. Das Alte Testament

Die Schriften des Alten Testaments benennen Gnade und sprechen von Gnade als Geschichte. Erinnert sei nur an die Befreiung aus Ägypten und dann an die Tatsache der Schöpfung selbst wie auch der Güter der Schöpfung und der Erwählung Israels. Gnade wird erlebt als Haltung und Verhalten Gottes, der mit seiner Treue, Gerechtigkeit, Aufrichtigkeit und Hochherzigkeit die gesetzlichen Kriterien der Menschen übersteigt. In seinem Kampf ums Überleben und ums Gewinnen eines Lebenssinns erfährt der Mensch Gnade als Wohlwollen von seiten Gottes. Vor allem das Thema ›Bund‹ verdeutlicht, daß Menschen ein *Mehr* an Gnade erfahren. Denn Gott erwählt aus reinem Wohlwollen das kleinste aller Völker zum Zeugen und Künder des einzigen Gottes. So macht Israel die Erfahrung seiner geschichtlichen Einzigartigkeit. Es erlebt all das als Gnade, die die allen Völkern gemeinsame Tatsache der Schöpfung bei weitem übersteigt. Gnade wird immer als barmherzige Güte Gottes erlebt, und zwar nicht abstrakt, sondern innerhalb der Geschichte, als Politik, gesellschaftlicher Wohlstand, Befreiung und Sicherheit in Bedrängnis durch die Großmächte, als rechtes Leben und Offenheit der Zukunft, die Gott aufgrund des Bundes versprochen hat. Gnade ist immer ein dialektisches Geschehen: Einerseits hängt der Mensch gänzlich von Gott ab, anderseits aber kann er sich auch auf Verheißungen berufen, die ihm aufgrund von Erwählung und Bund zuteil geworden sind. Der Mensch kann sündigen, sei es aus Mißtrauen gegenüber Gott, sei es aus Stolz auf seine Unabhängigkeit. Auf jeden Fall wird Gnade geschichtlich erlebt und gedacht – im Bewußtsein der gnädigen Taten Gottes, die in der Erinnerung des Volkes Geschichte schufen und für die Endzeit eine kosmische Fülle vorbereiten. Es gibt ein ›zuvor‹, ein ›danach‹ und ein ›morgen‹. Gnade schafft kairologische Situationen, die einen Bezugsrahmen grundlegen, der wichtig ist für die geschichtliche Erinnerung an die göttliche Gnade als konkrete Güte Gottes in der Befreiung aus Ägypten, in der babylonischen Gefangenschaft, im Kult, in der Ruhe des Friedens und der Ordnung usf.

2. Das Neue Testament

Für das Neue Testament ist Gnade ganz besonders Heilshandeln, Güte und einzigartige Sympathie Gottes, der in Jesus Christus Güte und Wohlwollen in Person wurde. Das Christusgeschehen wird erinnert, und in der Erinnerung wird es für das Hier und Heute wirksam und bereitet die endgültige Fülle vor. Gnade ist damit eine neue Heilsatmosphäre und ein endzeitliches Geschehen, das uns der definitiven Wirklichkeit des Gottesreiches und des Lebens Gottes selbst teilhaftig werden läßt. Aus diesem Grund setzt Gnade, die Jesus Christus als Fleisch und Geschichte gewordenes gegenwärtiges Heil Gottes selbst ist, endzeitliche Hoffnungen auf das baldige Anbrechen der totalen liebenden Kommunikation Gottes frei. Mit dem Ausbleiben der Parusie rückt, besonders in den Spätschriften des Neuen Testaments, der Akzent auf die jetzt schon präsente Gnade: Christus ist zugegen in den Sakramenten, im Wort, im Pneuma, im Glauben, in dem neuen Leben, das da entsteht, und schließlich in der Kirche.

3. Die griechische Theologie

Die griechische Theologie macht sich innerhalb ihrer kulturellen Kategorien diese letztgenannten Daten des *Schon und Jetzt* der befreienden und erlösenden Gnade zu eigen. Gnade ist die Herrlichkeit, die von der Gottheit her ausstrahlt und den Menschen verwandelt. Ontologisch gelangt diese Ausstrahlung zu den Menschen durch die Sakramente, ethisch durch ein tugendhaftes Leben und durch die Imitatio Dei et Christi und mystisch durch die ekstatische Vereinigung mit der Gottheit. Modell für dieses Verständnis der Gnade mit ihren Wirkungen ist die hypostatische Union: die Vergöttlichung des Menschen Jesus von Nazaret. Das große Thema der griechischen Theologie ist die Vergottung des Menschen.

4. Die lateinische Theologie

Die lateinische Theologie deutet die Gegenwart der Gnade in Jesus Christus und in der Kirche im Sinn der Befreiung von Sünde und Korruption der menschlichen Natur. Gnade ist zuerst Rechtfertigung des sündigen Menschen und sodann Vergöttlichung. Deshalb wird in der lateinischen Theologie Gnade vor allem als Wandlung des Menschen (geschaffene Gnade) verstanden, die durch die reinigende und liebende Gegenwart Gottes (ungeschaffene Gnade) erwirkt wird. Vom Nicht-Menschen kann der Mensch mit der Gnade Gottes wieder zu einem wirklichen Menschen werden. Sodann kann er vergöttlicht, das heißt in seiner Menschlichkeit erfüllt werden.

5. Die Frühscholastik

Die Frühscholastik konzentriert sich vornehmlich auf den ethischen Aspekt der Gnade. Der Einfluß Augustins ist unverkennbar. Gnade ist die Kraft, die es ermöglicht, die Tugenden konsequent zu leben. So sieht man Gnade in einer individual-historischen Perspektive, die dynamisch und offen auf Zukunft hin ist. Sie begründet das Verdienst, aus dem sich der zukünftige Lohn nach dem Tod ergibt. Gnade ist erfahrbar, denn die Tugenden, die mit der Gnade identifiziert werden, erfährt und erlebt man ja. Hier allerdings entsteht ein Problem, das im Rahmen der angedeuteten Tugend-Kategorien nicht gelöst werden kann: Es gibt nämlich auch Täuschungen und falsche Tugenden. Wie also kann man diese von wahren

Tugenden unterscheiden, wenn sie – psychologisch gesehen – dieselben Kennzeichen wie jene aufweisen? Ist der Heilige Geist identisch mit der Gnade als Tugend? Und: Ist Gnade im Menschen etwas Geschaffenes, wie es die Tugenden sind?

6. Die Hochscholastik

Diese Fragestellung bereitete den Weg für die Hochscholastik. Nachdem die Frühscholastik gesagt hatte, Gnade sei *illuminatio* und *delectatio*, die in einem tugendhaften Leben gelebt würden, griffen die großen mittelalterlichen Meister auf metaphysische Kategorien zurück. Damit kam es zu einer großen Wende. Jetzt sagten die Aristoteliker wie Thomas von Aquin und Duns Skotus: *agere sequitur esse* – Handeln ergibt sich aus dem Sein, jeder Handlung entspricht ein ursächliches Prinzip. Gnade als Tugend setzt ein früheres Prinzip voraus, das die Tugend begründet. Ehe Gnade Tugend und Handlung ist, ist sie eine neue ontologische Qualität der Seele, die das Handeln hervorbringt. Diese Qualität, die das Subjekt umwandelt, indem sie es ontologisch betrifft, kann keine Substanz sein. Denn wenn sie eine neue Substanz wäre, wäre sie ein vom Menschen verschiedenes Subjekt. Damit wäre sie nichts Menschliches mehr. Gnade setzt das menschliche Subjekt voraus. Sie ist ein Akzidens, das den Menschen ontologisch betrifft und in ihm die Tugenden bewirkt. So wird der Mensch ontologisch begnadet und damit für die Vollendung im Himmel und in der Glorie vorbereitet. Diese geschaffene Gnade im Menschen macht ihn Gott wohlgefällig und rechtfertigt ihn auch. Sie bereitet die ungeschaffene Gnade vor, das heißt die göttliche Einwohnung in der Seele des Gerechten.

Kritisiert wird diese Konzeption besonders von der augustinisch inspirierten Franziskanerschule, die sich gegen die ontologische Deutung mit Hilfe von Naturkategorien wendet. Sie sagt: Nichts, was geschaffen ist (Natur), kann uns Gott wohlgefällig machen. Die Ungeschuldetheit der Gnade liegt auf einer anderen Ebene als der der Natur. Gnade besteht grundsätzlich in einem neuen Verhältnis zwischen Mensch und Gott, das durch Jesus Christus und seine Vermittlung ermöglicht und aktualisiert wird. Sie ist darum in ihrem ersten Moment keine neue im Menschen geschaffene Wesenheit, sondern schon Folge von etwas Vorausgehendem: der Rechtfertigung durch Jesus Christus, in die wir eingegliedert werden. Im Maß dieser Eingliederung werden wir auch zu neuen Geschöpfen.

7. Die spätscholastische Theologie

Die Theologie der Spätscholastik vertieft und expliziert in endlosen haarkleinen Abhandlungen bis zur Erschöpfung diese metaphysische Dimension der Gnade mit Begriffen der Beziehung von ›Natur und Gnade‹, ›natürlich und übernatürlich‹, ›Freiheit und Gnade‹, ›ungeschaffene und geschaffene Gnade‹, ›habituelle und aktuelle Gnade‹. So kommt es zu den berühmten Disputen zwischen Thomisten (Bañez) und Jesuiten (Molina) über die Vorherbestimmung zur Glorie und über die Problematik von ausreichender und wirksamer Gnade. Die Reflexion konzentriert sich fast ausschließlich auf die geschaffene Gnade. Das blieb so bis zum Beginn des 19. Jahrhunderts, als man dazu überging, den theologischen Bezugsrahmen von der strengen Neuscholastik zu befreien und neu zu formulieren.

8. Die Position der Reformatoren

Parallel zum Weg der spätscholastischen Theologie verläuft der der Reformatoren. Für diese besteht Gnade grundsätzlich in der wohlwollenden und barmherzigen Zuwendung Gottes zum Menschen, die den sündigen Menschen rettet. Die ontologische Wandlung, die sich als Folge dieser Haltung Gottes im Menschen vollzieht, wird nicht thematisch reflektiert. Statt dessen zeichnet sich ein neuer Horizont für die Beschreibung der Gnade ab, der für die spätere Erarbeitung des Gnadentraktats auch in der katholischen Theologie bestimmend sein wird. Gemeint ist der Personalismus mit seinen Kategorien wie Dialog, gegenseitige Offenheit, Vertrauen, Übereignung usf.

9. Die Theologie des 19. Jahrhunderts

Im 19. Jahrhundert begann in katholischen Kreisen, besonders mit Scheeben, eine trinitarische Sicht der Gnade vorzuherrschen. Unter dem Einfluß der Romantik fing man an, den Erfahrungsaspekt des Glaubens zu betonen. Bisher hatte die klassische oder offizielle Gnadenlehre diese Seite wenig hervorgehoben. Veranlaßt durch diese geschichtliche Notwendigkeit, las man allmählich die griechischen Kirchenväter neu und entdeckte die mystische und innerliche Dimension der Gnade. Im Denken der Zeit wird jetzt mehr das Leben als das Sein betont. Existenz- und Geschichtsphilosophien waren schon entstanden. Gnade ist das Symbol für das Leben des Dreieinigen Gottes, der sich dem Innern des Menschen mitteilt, so daß dieser an der Dreieinigkeit selbst teilhat. Gott gibt also Gnade nicht einfach als ein Geschenk. Vielmehr kommt er selbst zum Menschen und bleibt in seiner personalen, das heißt trinitarischen (Joh 14,23) Wirklichkeit in ihm. Es handelt sich also um eine neue Gegenwart Gottes im Menschen.

Die Kategorie der ›Gegenwart‹, die später von G. Marcel erforscht wird, gewinnt hier besondere Bedeutung. Die neuscholastische Theologie hatte gesagt: Die geschaffene Gnade macht den sündigen Menschen gerecht, bereitet ihn darauf vor, an der göttlichen Natur teilzuhaben, und bewirkt, daß er an der ungeschaffenen Gnade Anteil gewinnt. Die geschaffene Gnade ist die letzte Vorbereitung darauf, daß der Mensch Gott als ungeschaffene Gnade empfangen kann. Dagegen betont Scheeben, das entspreche nicht den biblischen Zeugnissen. Gott komme zum Menschen. Sein Eingehen in den Menschen verwandle diesen. Dabei sei diese Verwandlung des Menschen als geschaffene Gnade zu verstehen, die die erste Konsequenz der ungeschaffenen Gnade sei. Diese komme nicht erst im nachhinein, sondern gehe allem voran. Gnade ist damit Einwohnung, die bewirkt, daß die Menschen als Kinder Gottes adoptiert werden.

10. Die moderne Theologie

Die moderne Theologie leistete, allerdings nicht ohne den historisch-kulturellen Einfluß des Personalismus, der Kategorien der Existenz, der Wertschätzung von Erfahrung, einer gründlichen anthropologischen Vertiefung und einer Rückbesinnung auf die biblischen und patristischen Quellen, einen wertvollen Beitrag für ein erneuertes Nachsinnen über die Gnade. Zwar konzentrierte sich die Diskussion aufgrund eines Eingreifens des Lehramtes unter Pius XII. auf das Problem Natur und Gnade. Aber trotz dieser Einschränkung konnten die ekklesiologischen, christologischen und eschatologischen Implikationen der Gnade vertieft werden. Gnade wurde in eine heilsgeschichtliche Reflexion einbezogen. Obwohl sie nicht eigens thematisiert worden war, war sie in der Tradition, wenn Theologen von der Universalität des Heils und der einen Heilsgeschichte aller Menschen sprachen, doch immer mitgedacht.

Drei Namen sind es vor allem, die für das moderne Denken von besonderer Bedeutung sind. Da ist zunächst Henri de Lubac mit seinen Schriften ›Surnaturel: Etudes historiques‹, Paris 1946, und ›Le mystère du surnaturel‹, Paris 1965. Gerade das letztgenannte Buch entfachte eine heiße

Polemik, konnte aber auch zwei Faktoren der großen christlichen Überlieferung überzeugend dartun: Auf der einen Seite ist Gnade eben Gnade (gratia), die dem Menschen gratis gegeben wird, auf der anderen Seite ist sie zugleich aber auch Gegenstand eines tief im personalen Wesen des Menschen verwurzelten Verlangens. Was der Mensch wünscht, ist freies Geschenk; nur wenn das Geschenk aus freien Stücken und damit ungeschuldet gegeben wird, vermag es das Verlangen des Menschen zu befriedigen. De Lubac weist überzeugend nach, daß diese Daten schon bei Augustinus und Thomas von Aquin zu finden sind. Freilich gerieten sie im Lauf der Zeit und besonders in der Polemik zwischen Dominikanern und Jesuiten im 16. und 17. Jahrhundert in Vergessenheit.

Ein anderer wichtiger Name muß genannt werden: Karl Rahner. Rahner ging es um den Nachweis, daß es im Menschen – auf der Ebene einer religiösen Fundamentalontologie – ein *übernatürliches Existential* gibt, das heißt: eine ontologische Offenheit auf das Absolute hin, aufgrund deren der Mensch immer und in jedem Akt mit Gott und seiner Gnade in Verbindung steht oder aber sich verschließen und in der Sünde verharren kann.

Der dritte maßgebende Theologe ist sicherlich Romano Guardini. Denn er war einer der ersten, die den Horizont der Gnade als Dialog zwischen Gott und Mensch erhellten. In feinen phänomenologischen Analysen zeigte er die Erfahrung des Unverdienten, die viele Bereiche des menschlichen Lebens prägt.

Unter den lateinamerikanischen Autoren ist der Uruguayer Juan Luis Segundo S. J. mit seinem Buch ›Gracia y condición humana‹ hervorzuheben. In seinem Nachdenken werden die gesellschaftliche Komponente der Gnade und ihr befreiender und historischer Aspekt deutlich. Segundos Schrift ist eine wichtige Studie, die die Schemata der hergebrachten Handbücher sprengt und eine kritische und befreiende Sicht eröffnet, die die lateinamerikanische Theologie der Befreiung insgesamt kennzeichnet.

11. Vier Gnadenkonzeptionen in der Tradition der westlichen Theologie

Da wir in der westlichen Tradition der Gnadentheologie stehen, empfiehlt es sich jetzt, dem Leser die wesentlichen Strömungen, die historisch zu verzeichnen sind, in aller Kürze ins Bewußtsein zu rufen. Wir tun dies, weil unsere Studie sich von den probaten Schemata der Handbücher

abhebt und bewußt einen Weg einschlägt, der aufgrund von Glaubenserfahrung und Glaubensreflexion im lateinamerikanischen Kontext unum-
gänglich scheint.

a. Zugang von der psychologischen Erfahrung her

Ausgangspunkt ist das psychische Leben des von der Gnade erleuchteten,
angezogenen und neugeschaffenen Menschen. Die Erfahrung von Gnade
wird in ihrem psychologischen Widerhall als Integration von Konkupiszenz, Nächstenliebe, verlorener und in Christus wiedererlangter Freiheit
beschrieben. Der Weg beginnt mit der Erfahrung der Entfremdung im
Leben; dieses öffnet sich durch die Rechtfertigung für seine Identität und
gelangt durch seine ständig wachsende Teilhabe am Leben Gottes
schließlich zur Seligkeit. Immer gehen die betreffenden Autoren, wie
schon Paulus und Augustinus, von der existentiellen Erfahrung der Sünde
und von der neuen Wirklichkeit der gnadenhaften Erlösung aus. Die
Franziskanerschule, vor allem Bonaventura, machte sich diese Denkweise zu eigen. In der Moderne wurde sie von den Phänomenologen durch-
laufen; das Erfahrungselement ist also schon lange lebendig. Doch trägt
es nicht sehr weit, wenn man es bei einer psychologischen Artikulation
bewenden läßt. Denn die psychische Dimension wird von einer ontologischen getragen und ermöglicht, die den ganzen Menschen und nicht nur
seinen psychologischen Aspekt angeht. Leider wird dieser Sachverhalt
nicht hinreichend reflektiert.

b. Zugang von der klassischen Metaphysik her

Hier wird Gnade immer in Beziehung zur menschlichen Natur gesetzt, die
in genau umschriebenen Grenzen konzipiert ist. Der Ausgangspunkt ist
der der klassischen aristotelischen Metaphysik, die sich in abstrakten
Wesensbegriffen wie ›Substanz‹, ›Qualität‹, ›Habitus‹, ›Aktion‹, ›Passion‹,
und ›Akzidens‹ ausdrückte. Diese Denkweise herrschte in der Hochscholastik und auch in der nachtridentinischen Theologie vor. Sie arbeitet mit
generischen Begriffen, die dann, wie zum Beispiel bei allen bekannten
Einteilungen der Gnade, in ihre Unterarten untergliedert werden. Dabei
wird Gnade stets der Natur gegenübergestellt, obgleich betont wird, jene
bringe diese erst zur Vollendung. So gelingt es nicht recht, Gnade als
Geschenk an die menschliche Person zu verdeutlichen. Die Person als
solche wird eigentlich gar nicht als Kategorie eingeführt. Der Mensch
rangiert auf der Ebene der Natur, die sich ihrerseits nach notwendigen

Gesetzen, einem Mechanismus und einer unwiderlegbaren Logik selbst reguliert. Der Mensch hat gewiß auch diese Seite, was ihm aber spezifisch eignet, ist sein Personsein als Freiheit, Dialog, Unableitbarkeit, lebendige Transzendenz usw. Gnade kommt nicht als ein von außen herrührendes Geschenk zu einer in sich selbst geschlossenen Natur hinzu. Sie ist keine Sache. Gnade ist der sich schenkende Gott selbst.

c. Dialogischer und personalistischer Zugang

Diese Konzeption geht entschieden von der personalen Wirklichkeit des Menschen aus, der in Jesus Christus mit der Dreifaltigkeit in Bezug steht. Sünde ist Abbruch der Zwiesprache, Erlösung dagegen Wiederaufnahme von Zwiesprache und Begegnung, die endgültig in Jesus Christus geschehen ist. Gnade ist ihrem Wesen nach Begegnung der göttlichen Personen mit den menschlichen Personen.

Die Gnade erscheint hier in ihrer Ungeschuldetheit, die in den klassischen Traktaten weithin unter der metaphysischen Sprache begraben war.

Moderne, mehr systematische und klassische Traktate wie die von Alszeghy-Flick: ›Il Vangelo della grazia‹ (1964), verbinden folgende drei Momente und ordnen sie heilsgeschichtlich: Der Mensch ist gefallen, der Gefallene wird gerechtfertigt und der Gerechtfertigte schließlich zur Glorie erhoben.

d. Struktureller und gesellschaftlicher Zugang

Die Erfahrung der strukturellen Ungerechtigkeiten und der sozialen Sünde, die der Glaube im lateinamerikanischen Kontext macht, eröffnet einen vierten Zugang zur Reflexion über die Gnade. Als Ausgangspunkt dient uns die Feststellung, daß die politischen, wirtschaftlichen und gesellschaftlichen Strukturen den Menschen nicht nur äußerlich berühren, sondern ihn in seinem Mittelpunkt betreffen. Denn sie schaffen unserem Kontinent eine Situation der Abhängigkeit, der Unterdrückung und Gefangenschaft für die große Mehrheit unserer Brüder. Die klassische Gnadenlehre berücksichtigte nicht hinlänglich den gesellschaftlichen Aspekt der Sünde und konnte deshalb auch die Rechtfertigung nicht in strukturellen und sozialen Begriffen verdeutlichen. Sie dachte privatistisch und verinnerlicht und begünstigte daher ideologisch die Inhaber der Macht und die Verursacher der Unterdrückung. Heute denkt man Gnade als Befreiung von jeder Unterdrückung, indem man die Situationen der Un-Gnade entlarvt und fordert, daß endlich Situationen geschaffen werden, in denen die Gnade Gottes in brüderlicheren und gerechteren gesellschaftlichen Vermittlungen geschichtliche Gestalt annehmen kann. Dieser Reflexionstyp, der noch in den Anfängen steckt, gewinnt immer klarere Konturen und erweist sich allmählich als eine eigene und selbständige Weise des Theologietreibens, der es darum geht, im Licht des Glaubens die Lage der Gesellschaft kritisch zu hinterfragen und in ihr Dimensionen von Gnade bzw. von Sünde aufzuspüren.

12. Zusammenschau der verschiedenen Gnadenlehren

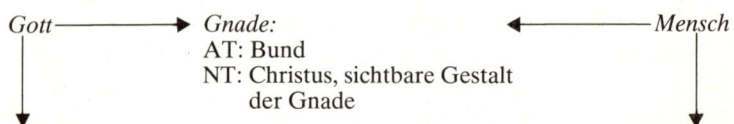

Gott ⟶ Gnade:
AT: Bund
NT: Christus, sichtbare Gestalt
der Gnade
⟵ Mensch

Griechen
Vergöttlichung
Johannes – Origenes
ungeschaffene Gnade

Lateiner
Rechtfertigung
Paulus – Augustinus – Luther
geschaffene Gnade

Baius (1513–1589)
»Alle Taten der Ungläubigen sind Sünde, und alle Tugenden der Philosophen sind Laster.«

Scholastiker
Ontologie der Gnade (die vielen Arten von Gnade, Natur und Gnade; de auxiliis)

Jansenius († 1638)
»Alles, was nicht aus dem christlichen übernatürlichen Glauben kommt, der durch die Liebe wirksam ist, ist Sünde.«

Pelagius (5. Jahrh.)
Wir können auch ohne Gnade leben und die Gebote Gottes erfüllen. Gnade ist eine zusätzliche Hilfe.

Bañez O. P. († 1604)
Vorherbestimmung: Die für alle Menschen ausreichende Gnade wird aus sich selbst wirksam; denn Gott hat vorausgesehen, daß der Mensch sie annimmt.

Semipelagianismus
Der Mensch bedarf der Gnade für sein Heil, aber nicht für den Beginn des Heils noch für das Durchhalten. Die Kraft des Menschen und seine Freiheit reichen aus.

Scheeben
(Die Herrlichkeiten der göttlichen Gnade, 1862): Einwohnung

Molina S. J. († 1600)
Synergismus: Die für alle Menschen ausreichende Gnade wird unter Mitwirkung der einzelnen Menschen zur wirkenden Gnade.

Gott ————————▶ *H. de Lubac*   ◀———————— *Mensch*
angeborenes Verlangen nach
Gott und unverdiente Begegnung: Le Surnaturel

K. Rahner
Übernatürliches Existential

R. Guardini
Gnade als Begegnung

J. L. Segundo
Gnade als Kraft personaler und
sozialer Befreiung in der
Geschichte

Die Problematik der Gnadenlehre läßt sich resümieren im Bemühen, die
Polarität Gott – Mensch zu erhalten. Gnade ist ihrem Wesen nach Begegnung und Beziehung. Gnade ist Gott in Gemeinschaft und der Mensch in
Offenheit. Wer diese Implikationen beachtet, spricht und reflektiert sachgerecht über Gnade.

Die Geschichte der Gnadenlehre war, bedingt durch kulturelle Einflüsse,
ein einziges Hin- und Herschwanken zwischen dem einen und dem anderen Pol. Die Griechen und die griechische Tradition legten die Betonung
auf Gott und auf Vergöttlichung. Die Lateiner samt ihrer Überlieferung
rückten den Akzent auf die Erfahrung des Menschen als Sünder und der
Gnade als Rechtfertigung des Menschen. In beiden Fällen lief man Gefahr, das Eigentliche der Gnade, die Begegnung zwischen Gott und
Mensch, aus dem Blick zu verlieren. Das Ergebnis war: Die Gnade wurde
verselbständigt: Auf der einen Seite sah man die Gnade als Gott in sich
selbst (ungeschaffene Gnade), der den Menschen in sich aufnimmt und
vergöttlicht; auf der anderen Seite beschrieb man Gnade als Wirkung der
Liebe Gottes im Menschen (geschaffene Gnade), wobei es sich um eine
ontologische Wirkung handelt, die den Menschen verwandelt. So kam es
zum Diskurs über die geschaffene Gnade. Freilich: Von welcher Art ist
dann diese geschaffene Gnade? Ein Akzidens sei sie, antworteten mittelalterliche und neuscholastische Theologen, denn sie sei ja ein *super-addi-*
tum (etwas, was der Substanz des Menschen hinzugefügt wird). Substanz
könne sie schon deshalb nicht sein, weil sie ja sonst eine neue Größe
neben dem Menschen wäre und die Menschen-Substanz nicht mehr betreffen könne. So wird verständlich, daß die Scholastiker behaupten
mußten, die Gnade sei ein Akzidens. Aber das Akzidens (Gnade) ist
wertvoller als die Substanz selbst (der Mensch). Mutet das nicht zutiefst

seltsam an? Solche Probleme entstehen, wenn das theoretische Instrumentar, mit dem eine Sache begriffen werden soll, und der betreffende Gegenstand selbst nicht zueinander passen. Da ist ein sachgerechter Zugang gefordert, der auch die Dimensionen von Begegnung und Dialog, die zur Wirklichkeit Gnade gehören, zur Sprache kommen läßt. Das aber gestattete das theoretische Instrumentarium des Mittelalters nicht.

Gnade impliziert Veränderung, und zwar sowohl auf seiten Gottes als auch auf seiten des Menschen. Eine Begegnung, ein Dialog, gegenseitige Liebe ereignen sich. Beide sind verwundbar. Denn Gnade geschieht im Horizont der Freiheit, wo Unerwartetes und Unverdientes aufblühen können, wo es aber auch auf seiten des Menschen zu Entartung, Abkapselung und Verwerfung der Liebe kommen kann. Die Gnade offenbart die wirkliche Struktur des Menschen: Zum einen ist er von Geburt an Verlangen nach Gott, zum anderen auch mögliche Ablehnung dieses selben Gottes.

Innerhalb der Wirklichkeit der Gnade vollzieht sich eine Opposition im ursprünglichen Sinn des Wortes (ob-position = einem anderen zugewandt sein). Deshalb ist Gnade Beziehung. In der Geschichte der theologischen Reflexion über die Erfahrung von Gnade ging man so weit, daß man diese Ob-position fälschlicherweise als Kontraposition behandelte. Das geschah besonders in den endlosen Diskussionen um das Verhältnis zwischen Gnade und Natur. Dabei ergriff man bald für Gott, bald für den Menschen Partei. Gnade ist aber weder allein Gott, sofern er als unendliche Natur mit all seiner allmächtigen Autonomie in sich selbst eingeschlossen ist. Noch bezieht sich Gnade allein auf den Menschen, sofern auch dieser mit seiner eigenen natürlichen Selbständigkeit in sich abgeschlossene Natur ist. Beide Bilder, von Gott wie auch vom Menschen, die mit dem Natur-Begriff gezeichnet werden, sind nicht imstande, die dialogische und dezentrierte Wirklichkeit Gottes und des Menschen widerzuspiegeln, für die eben Freiheit und Ungeschuldetheit charakteristisch sind. Gnade ist weder nur Gott noch nur Mensch. Sie ist Begegnung zwischen beiden, weil beide auf den anderen hin offen sind und sich einander schenken.

Gnade setzt voraus und impliziert also eine sachgerechte Ontologie von Mensch und Gesellschaft als (persönliche und kollektive) transzendentale Subjektivität, das heißt: als Offenheit, Ek-sistenz, Geschichte und Freiheit, und auch ein sachgerechtes Bild vom Dienst Gottes, als einem Geheimnis, das tief im Innern der Person liegt, das sich geschichtlich mitteilt, indem es jedem persönlich und der Gemeinschaft insgesamt ein Angebot macht, und das sich in Liebe und Heil schenkt. Diese wechselseitige Offenheit ist Vorbedingung dafür, daß Gnade sich überhaupt ereignen kann. Gnade ist diese Inter-relation. Sie ist Geschichte zweier Lieben, die in der Arena der Geschichte geschrieben wird.

Abschließend sei wiederholt: Dieser sehr summarische historische Überblick sollte die Hauptlinien hervorheben, die den Lehren über die Gnadenwirklichkeit zugrunde liegen. Dabei dürften die eigentlich problematischen Fragen schon herausgekommen sein. Diese werden wir in unserer eigenen Überlegung aufzugreifen und innerhalb unseres Verstehenshorizontes neu zu bedenken haben.

Es ist klar, daß in einer solchen Abhandlung der Frage der Sprache noch größere Aufmerksamkeit geschenkt werden muß als in anderen Traktaten. Bei Simone Weil heißt es in diesem Zusammenhang: »Die Vernunft kann das Mysterium nicht durchdringen, sie kann jedoch und sie allein kann beurteilen, ob die Worte, die es ausdrücken, angemessen sind. Zu diesem Gebrauch muß sie scharfsinniger, durchdringender, strenger und unnachsichtiger sein als zu jedem anderen« (Schwerkraft und Gnade, Dt. von F. Kemp, München 1952, 229). Darum wollen wir uns in unserer Studie redlich bemühen.

III. Kritik an den Strukturelementen in der traditionellen Formulierung der Gnadenlehre

1. Die Problematik geschlossener Systeme

Die Ausarbeitung des traditionellen Gnadentraktats in den Handbüchern ist den großen Scholastikern und der spätscholastischen und nachtridentinischen akademischen Systematisierung verpflichtet, die durch große begriffliche Formalisierung und kalte Abstraktion auffällt. Wir zweifeln nicht daran, daß die mittelalterliche Reflexion, die ihr Instrumentarium der griechischen Seins- und Naturmetaphysik entlehnt hat, eine echte Erfahrung von Gnade vermittelte. Mehr noch: Diese Erfahrung wurde tatsächlich in allen Dimensionen des Lebens erlebt. Beweis dafür ist die Tatsache, daß man die *eine* Gnade Gottes und Christi in viele Arten von Gnade aufteilte, die – wenn man die Aufgliederung mit Wohlwollen betrachtet – nichts anderes sollen, als auf sprachlicher Ebene all die Unterschiede zum Ausdruck bringen, die man im Leben selbst erlebte, so die Gnade, die mittelalterliche Menschen in der von ihnen natürlich (natürliche Gnade) bzw. übernatürlich (übernatürliche Gnade) genannten Dimension erfuhren; Gnade, die allen menschlichen Vorsätzen vorausgeht und diese erst ermöglicht (vorausgehende Gnade); Gnade, die bei der Ausführung des menschlichen Projekts wirksam wird (begleitende, veranlassende, heilende, erhöhende, nachfolgende Gnade); Gnade als ständige Gegenwart Gottes im Leben, die sich in lebendiger und konsequenter Offenheit des Menschen für den Vater erweist (habituelle Gnade); Gnade, die in allen konkreten Akten gegenwärtig ist, die dem Grundprojekt des Menschen Gestalt geben (aktuelle Gnade), usf.

Das Problem der Handbuchtheologie, die von den Predigern unters Volk gebracht wurde, besteht darin, daß sie nur Begriffe verwaltet und sich nicht bemüht, die ihnen zugrundeliegende Erfahrung einzuholen. Es fing damit an, daß die verschiedenen Begriffe und die verschiedenen Gnaden in logischen Bezügen kombiniert wurden, die mit dem konkreten Glaubensleben nichts mehr zu tun hatten. So entstand ein geschlossenes System; es arbeitete in seiner Zirkelstruktur mit Begriffen, die dem eigenen Arsenal entstammten, und mit orthodoxen Aussagen, die mittels autoritativer Eingriffe aufgestellt wurden, welche es auf diesem Gebiet im

Überfluß gab, als ob Theologie lediglich ein besonderer Fall menschlichen Wissens wäre. Das System, das in den Handbüchern entworfen wurde, hatte damit in dem Sinn seine notwendige Offenheit verloren, daß es nicht mehr auf die Erfahrung von Gnade verwies und den Weg der Menschen erhellte. Man hatte vergessen, daß es im Durchgang durch Erfahrung entworfen worden war. Aber ein solches System hat nur dann Sinn, wenn es diese Erfahrung immer wieder zum Tragen bringt und den Menschen, der es studiert, dazu veranlaßt, seinen Weg stets aufs neue zu gehen. Indem der Mensch, orientiert durch die Reflexion, seinen Weg immer wieder aufnimmt, entdeckt er, daß Gnade in seinem Leben am Werk ist.

Der Traktat über die Gnade, der uns eigentlich dazu helfen sollte, Gottes Güte, Sympathie und ungeschuldete Freigebigkeit in der Geschichte der Menschen zu entdecken, wurde zu einem Sammelsurium von esoterischen Sätzen, die mehr die Aufgabe hatten, Irrtümer zu verurteilen als christliche Erfahrung auszudrücken und anzuregen. Wer ein Handbuch zur Frage der Gnade studiert, und sei es auch das jüngste, nämlich jene rund 400 Seiten in ›Mysterium Salutis‹ (Band IV 2), gewinnt den sicheren Eindruck, daß Gnade Gottes nicht die Kälte und Abstraktheit der dort verwendeten termini technici sein kann. Gewiß, man erfährt vieles von dem, was andere zum Thema Gnade gewußt und gesagt haben, angefangen von der Bibel bis in unsere Zeit, aber von der Gnade selbst, und wie sie erfahren wird, liest man fast nichts. Theologie ist zur Sache allein der Theologen geworden. Dahin ist ihr Dienst am Verständnis dessen, was jedermann im Rahmen religiöser und menschlicher Erfahrung berührt und bewegt. Erfahrung ist nun einmal Erstwirklichkeit und ihre Übersetzung in theoretische Begriffe nur Zweitwirklichkeit. In den Handbüchern aber wurden Lehren zu Erstwirklichkeiten gemacht. Der Gnadentraktat entartete zu einer Legitimationsideologie für die offiziellen Konzeptionen des konziliaren oder päpstlichen Lehramts, während er doch in Wirklichkeit für die Gläubigen eine mystagogische Einführung in das Entdecken, Verkosten und Benennen der göttlichen Gnade hätte sein müssen.

Die Handbücher beginnen mit einem biblischen Teil, breiten die Lehren der Überlieferung aus, schildern theologische Dispute besonders mit Häretikern und enden mit einer systematischen Zusammenschau, in der die Daten der Tradition noch einmal aufgegriffen und miteinander in Verbindung gebracht werden, freilich alles in derselben Sprache und in derselben logischen, systematischen und kohärenten Form. Vorgängige Vermittlung findet sich kaum. Fast ganz fehlt ein bewußtes Eingehen auf die erkenntnistheoretischen Voraussetzungen der betreffenden Lehren. Diese stehen im Dienst der Erfahrung und dürfen nicht als substantivische, sondern müssen als adjektivische Größen verstanden werden. Entscheidend ist also, daß wir die Erfahrung von Gnade, so wie sie in der jeweiligen Epoche und im betreffenden kulturellen Kontext von Christen gemacht wurde, wahrnehmen, analysieren und artikulieren. Auf diesen grundlegenden Teil, ohne den der lehrhafte Teil seinen Kontext verliert, wird in den Handbüchern allenfalls da und dort hingewiesen, allerdings mehr, um vor Gefahren und Zweideutigkeiten in dieser Erfahrung zu warnen als sie in den Mittelpunkt der systematischen Reflexion insgesamt zurückzuholen.

Es ist also dringend, das System zu öffnen. Freilich soll sich niemand der Illusion hingeben, die Öffnung sei einfach mit irgendwelchen Verbesserungen oder Modernisierungen von Wörtern und Begriffen zu bewerkstelligen. Man muß bis an die Wurzel vorstoßen, aus der alles entsteht: die Erfahrung von Gnade. Erst dann können wir den Weg neu gehen und Hoffnung hegen, sachgerecht von Gnade zu sprechen und in unserem Reden die Gnade selbst sprechen zu lassen.

2. Objektive Eingrenzung aufgrund der Erfahrungsbasis der Gnade

Der klassische Entwurf gründet auf einer Welt, wie sie vom gläubigen Menschen erlebt wurde und innerhalb deren dieser seine Erfahrung von Gnade machte. Diese Welt unterschied sich nun aber gesellschaftlich-kulturell beträchtlich von der unsrigen. Sie bestand aus sozialen Gliederungen, die stark geschichtet und kaum flexibel waren. Das mittelalterliche Universum, das betont hierarchisch und auf seine Weise sehr harmonisch war, spiegelte – so glaubte man – die himmlische Harmonie wider. Die gesellschaftliche Pyramide (Papst – König – Adel – Volk) reflektierte die himmlische Pyramide. Strittige Punkte wie gesellschaftliche Konflikte, Fragen nach der Geschichte als Quelle von Sinn und das Problem von neuen Werten als Ergebnis von menschlich bewußt intendierter Umgestaltung und nicht einfach als Ableitung aus der Natur fanden kaum Platz in dieser Perspektive. Das Weltbild war nicht geschichtlich und prozessual, sondern naturbezogen und metaphysisch. Die Theologie auf der Grundlage eines solchen Weltverständnisses spricht über den Menschen ebenfalls in Natur-Begriffen. Natur in dieser Optik beinhaltet unter anderem aber Beständigkeit, Dauer, Geschichtslosigkeit und eine Art von

Welt, die im Mechanismus ihres eigenen Funktionierens geschlossen ist, als ob sie – auch ohne Bezug zum Christusereignis – einen Sinn in sich selbst hätte. Der Mensch als Person, Offenheit und geschichtliches Wesen war noch kein Thema. Zugegeben: Der Mensch ist auch Natur, aber mehr noch ein kulturelles und geschichtliches Wesen, das Ergebnis der Geschichte selbst und dessen, was er je nach eigenem Entschluß sein will. Der Mensch empfängt nicht nur einen aus der Natur abgeleiteten Sinn, sondern er schafft sich auch selbst Sinn.

Zwar existierte diese geschichtliche Dimension auch im antiken, mittelalterlichen und nachtridentinischen Menschen, einfach weil sie eine konstante Struktur menschlicher Existenz ist. Aber sie war noch nicht ins Bewußtsein und zur ausdrücklichen Reflexion gelangt, wie dies später in der Moderne geschah. Sie war im Menschen vorhanden, aber es fehlten noch die Augen, die sie hätten wahrnehmen und zum Gegenstand geschichtlicher Bestimmung machen können. Da man Kategorien benutzte, die der Natur entlehnt waren, wurde Gnade sprachlich verdinglicht. Sie wurde immer als Zusatz (superadditum) zur allzu unzulänglichen Natur gedacht und als ›Kraft Gottes in der Schwachheit des Menschen‹ dargestellt. Man bediente sich noch nicht der Kategorien, die uns heute geeignet erscheinen, das Phänomen der Erfahrung von Gnade zu beschreiben, wie: Begegnung, Beziehung, gegenseitige Offenheit, Selbstgabe, Krise, Fortschritt, Weg usf. Hier erscheint Gnade nicht mehr einfach als Zuwachs und Verdoppelung der Gegenwart Gottes in der Welt, sondern als Ausdruck einer latenten Befähigung im Geschöpf, die es Gott ermöglicht, sich als ein neuer und in neuen geschichtlichen Konkretionen zu zeigen. Gnade erscheint nicht mehr als Entstellung und Entnatürlichung der Welt, sondern als ihre höchste Verwirklichung. Man betont nicht mehr diffamierend die Schwäche und Unzulänglichkeit der Natur, sondern, die Natur rühmend, ihre neue, gewonnene und verwirklichte Fähigkeit.

Eine Gnadentheologie, die diese Unterschiede nicht bewußt hervorhebt und – ausgehend von einer neuen Erfahrung der Wirklichkeit – sich nicht auch selbst erneuert, wird unseren heutigen Appellen nicht entsprechen können, das Herzstück des christlichen Glaubens, das ja gerade die göttliche Gnade ist, verständlicher zur Sprache zu bringen und theoretisch zu explizieren.

3. Kulturelle Bedingungsfaktoren in der traditionellen Gnadenlehre

Kultur durchdringt jeden theologischen Diskurs, der damit auch immer ein kultureller Diskurs ist. Wenn Theologen oder Gläubige ihre Erfahrung von Gnade benennen, bedienen sie sich notwendigerweise der Verständigungsmittel, die ihnen im Rahmen ihrer jeweiligen Kultur zuhanden sind. Nur so ist Erfahrung bedeutsam und kann auf eine für die Glaubensgemeinschaft verständliche Weise artikuliert werden. Trotzdem macht die Kultur nicht nur ein Instrument aus. Vielmehr stellt sie auch die Gestalt eines Lebens- und Daseinssinns dar, den sich der Mensch selbst gegeben hat. Deshalb kann man geradezu sagen, die Kultur sei der konkrete und geschichtliche Mensch selbst. Kultur ermöglicht also einerseits eine bestimmte, je eigene Weise von Gnadenerfahrung und ist anderseits zugleich auch Vermittlungsinstrument dieser Weise. Sie ist ein Bedeutungszusammenhang und auch ein Ausdrucksmittel.

Im christlichen Raum haben Menschen bisher Gnade grundsätzlich in zwei Kulturwelten erfahren. Diese Tatsache spiegelt sich in unseren Handbüchern wider, ohne daß sich freilich in der Mehrzahl der Fälle ihre Verfasser Rechenschaft davon geben. Gemeint ist die griechische Welt mit ihrem metaphysischen Denken und die römische mit ihrer politischen und juridischen Erfahrung. Selbst jüngere Bücher zum Thema Gnade, die unsere Erfahrung von Gnade doch im Horizont der Moderne zur Sprache bringen sollten, schlossen sich im allgemeinen in Ausdrucksformen ein, die aus dem griechischen und römischen Universum stammen. Das System kapselte sich in sich selbst und in einer sprachlichen Kommunikationsform ab, die es vorfand. Das Mißgeschick ist nur, daß diese Sprache, die ehedem sehr wohl kommunikativ war, heute ihre Gültigkeit eingebüßt hat. Sie muß ihre Wurzeln in der Erfahrung von Gnade, so wie wir sie heute im Glauben machen, wiederentdecken. Theologen dürfen sich weder zu bloßen Verwaltern eines Lehrsystems aus der Vergangenheit noch – im Zusammenspiel mit dem offiziellen Lehramt – zu Wächtern einer systemimmanenten Orthodoxie erniedrigen lassen. Zweifellos ist es leichter, zu konservieren als zu produzieren. Ebenso wahr ist aber, daß Überlieferung nur bewahrt werden kann, wenn sie Neues produziert. Andernfalls degeneriert sie zum Traditionalismus, der keine ursprüngliche Aktion ist, sondern Re-aktion gegen eine neue Aktion ist.

a. Die griechische Darstellung der Gnade

Gnade fand in der griechischen Welt hauptsächlich im Sinn von Vergöttlichung einen kulturellen Ausdruck. Sie wurde als Sympathie Gottes verstanden, der den Menschen erhöht und zu sich in die Sphäre des Göttlichen holt. Freilich erniedrigt sich dabei Gott weniger, indem er im Lebensraum des Menschen Fleisch wird, als daß der Mensch von Gott dazu gebracht wird, seine Situation aufzugeben und in die göttliche Welt einzutreten.

Diese Weise, von Gnadenerfahrung als Vergöttlichung zu sprechen, und auf die durchgreifende Umgestaltung des Menschen, ja seine Überwindung als Mensch Wert zu legen, spiegelt gut die strukturelle Tendenz der hellenistischen Kultur wider. Dem griechischen Denken geht es nämlich nicht um die Geschichtlichkeit der Welt, sondern um das, was innerhalb der Welt an Beständigem und Absolutem sich ankündigt (das Sein oder Gott). Dieses Beständige und Absolute wird nun in ein metaphysisches Sprachgewand gekleidet, wobei diese und jene Welt, das Jenseits und das Diesseits einander gegenübergestellt werden. Gott, Ewigkeit, Seele und Ideal bilden den Bezugsrahmen, während Werden, Geschichte, Veränderung und Zeit als dekadent betrachtet werden. Daher macht innerhalb dieses theoretischen Rahmens die Vergöttlichung den Höchstpunkt von Erlösung, gnadenhafter Mitteilung Gottes und Personalisierung aus. Damit der Mensch wirklich zu seiner ganzen menschlichen Fülle gelangen kann, müßte er eigentlich aufhören, Mensch zu sein, und Gott werden.

Die dem Geschichtsprozeß innewohnende Zweideutigkeit, seine Konflikte und die Dimension der Zukunft, die mit Schweiß und Blut mühsam vorbereitet und geschaffen werden muß, kommen als beständige Werte und Träger von Gnade nicht in den Blick. Alles ist auf Gott hin ausgerichtet. Der konkrete Mensch verschwindet fast ganz. Allenfalls ist seine Wesensallgemeinheit (animal rationale) interessant. Ein solches Gnadenverständnis erweist sich als unfähig, geschichtliche Vermittlungen zu erfassen, in denen und durch die die Vergöttlichung sich verwirklicht. Vergöttlichung ist hier weniger Frucht eines geschichtlichen Prozesses, in dem die Tat Gottes sich mit der Tat des Menschen verbindet (Synergismus), sondern viel eher Folge einer Teilhabe am Mittelpunkt und an bevorzugten verursachenden Momenten der Vergöttlichung: Jesus Christus, Kirche, Sakramente, Ekstase, mystische Vereinigung. Die Profanität und der Alltag der Welt sind leer von Gnade und folglich, religiös betrachtet, uninteressant.

b. Die römische Darstellung der Gnade

Der Römer lebt in einem anderen Kulturuniversum. Für ihn gilt die politische Ordnung in der Welt und deren juridische und militärische Beherrschung. Seine Blickrichtung wird bestimmt durch die Wirklichkeit der Geschichte, wie sie sich schon auf den ersten Blick mit ihren Brüchen, ihren Knechtschaften und ihrem Streben nach Befreiung und Schaffung eines *novus ordo* darstellt. Eine auf dem Hintergrund einer solchen Erfahrung entworfene Gnadentheologie betrachtet Gnade nicht primär als Vergöttlichung, sondern als Rechtfertigung und Wiederherstellung des Menschen, das heißt als Prozeß der Menschwerdung und Vermenschlichung. Der Mensch, so wie man ihm in der Geschichte begegnet, ist ein Unter-Mensch, der aus seinem Stand als Mensch herausgefallen ist. Die Gegenwart der Gnade erhebt ihn deshalb weniger in die Sphäre des Göttlichen als vielmehr in den Bereich des wiederhergestellten und erneuerten Menschlichen. Gnade wird als Restauration der menschlichen Natur gesehen. Hier geht es um eine Theologie der geschaffenen Gnade, ihrer Vorbereitung, ihrer Gegenwart und ihrer Auswirkungen. Sie untersucht minuziös den Prozeß von Umkehr und Rechtfertigung, wie dies in klassischer Weise das Konzil von Trient getan hat. Jeder einzelne Schritt des Menschen wird von der Gnade begleitet (vorausgehende, begleitende und nachfolgende Gnade).

In dieser Konzeption hätte die Möglichkeit bestanden, Gnade im Sinne von geschichtlicher Befreiung inmitten gesellschaftlicher und politischer Konflikte zu beschreiben. Dazu kam es nicht, denn die römische Kultur wurde – einem berühmten Ausspruch Ciceros zufolge – Gefangene der griechischen Kultur. Selbst wenn beim Schildern heilsgeschichtlicher Wirklichkeiten juridische Termini gebraucht wurden, herrschten dennoch griechische metaphysische Kategorien vor. Man dachte Gnade nicht in universalen Begriffen wie Gegenwart Gottes in der Welt von Politik und menschlichen Interessen und im Prozeß menschlicher Entwicklung. Die Reflexion begnügte sich vielmehr mit dem Innenraum von Kirche, Sakrament und religiöser Bekehrung. Rechtfertigung verstand man privatistisch und individualistisch (wie werde *ich* gerettet?). Andere menschliche Vermittlungen – wie profane Sakramente, die ja auch göttliche Gnade mitteilen – wurden nicht gesehen und nicht bedacht. Rechtfertigung wurde zu einer Angelegenheit von Religion und Kirche. Man hätte erwarten können, daß Gnade ein Prozeß der Humanisierung sei, der über die spezifisch religiöse Vermittlung hinaus auch Konkretionen in Politik, Gesellschaft, Wirtschaft und Kultur im allgemeinen kennt. Doch nichts von dem war der Fall. Mit großer Gründlichkeit reflektierte man auf die kirchliche Vermittlung, und so schloß sich das System in sich selbst. Die Theologie thematisierte nur mehr die privaten Aspekte der Gnade. Die Folgen im Bereich der Pastoral sind verhängnisvoll. Der Raum des Säkularen, in dem sich die Entwicklung der weiteren Geschichte abspielen sollte, wurde von Gnade und Heilsbedeutung entleert.

4. Biographische Bedingungsfaktoren in der Gnadenlehre

Mehr als andere theologische Traktate hängt gerade die Gnadenlehre von der jeweiligen biographischen Situation ihrer großen Vertreter ab. Paulus, Augustinus und Martin Luther haben den Weg der westlichen Gnadentheologie bestimmt. Alle drei waren jedoch Männer, die zutiefst persönliche Probleme hatten. Ihr Denken spiegelt diese persönliche Bürde wider, die die unumgänglichen Einschränkungen jeder anderen Reflexion weit übersteigt. Alle drei lebten sie in einer Umwelt, die als pharisäisch bezeichnet werden kann. Sie stellten die Erlösung über die Werke der Tugend und über das menschliche Bemühen, zu Gott und zur Vollkommenheit emporzusteigen. Sie mußten die schmerzliche Erfahrung machen, daß der Mensch sich selbst entfremdet und zutiefst unfähig ist, den menschlichen Vorsatz persönlicher Heiligung zu verwirklichen. Sie erlebten das Paradox des Menschseins. Zwar kann der Mensch wissen und wollen, was er tun soll, doch gelingt es ihm auf seinem Lebensweg nicht, sein Wissen und Wollen in die Tat umzusetzen. So erlebten sie die Erfahrung des Scheiterns und der konkreten Unfähigkeit. Was bleibt da für ein anderer Ausweg, als die Lösung von einem göttlichen Eingreifen zu erwarten, das der menschlichen Bedürftigkeit entgegenkommt?
Gnade wird damit als Gnade erlebt, das heißt als Geschenk Gottes, das dem Menschen hilft, ihn heiligt und ihm erlaubt, seine verlorene Identität wiederzugewinnen. Aufgrund dieser Erfahrung entspringt auch die Theologie von Paulus, Augustinus und Luther einem tiefen existentiellen Pessimismus, der sich in Formulierungen dieser drei Theologen niederschlug, die in der späteren Geschichte in höchstem Maß mißdeutet wurden. Die Probleme persönlicher Art wurden zu objektiven Aporien und gerieten als solche dann auch in die Handbücher.
Folgende Tatsache kommt noch hinzu: Alle großen Theologen, die das Thema Gnade behandelt haben, waren Mönche: Augustinus, Thomas, Bonaventura, Jansenius, Bañes, Molina usw. Nun siedelt aber der Ordensstand seine Mitglieder an einem bestimmten Ort in der Welt an –

oder genauer: außerhalb ihrer und außerhalb ihrer großen Konflikte. Die ganze lateinische Theologie weist, eben wegen des Lebensstandes ihrer Vertreter, eine betont mönchische Tendenz auf. In dieser Perspektive werden alle großen Probleme, welche die Menschen bewegen, durch den Filter des sakralen und mystischen Universums des Klosters gesehen. Die Genannten vertraten, weil sie eine besondere religiöse Berufung hatten, auch besonders hohe moralische Ideale. Während sie auf der einen Seite die Aufforderung zum *Sursum* erfuhren, erlebten sie auf der anderen Seite die Abgründe menschlicher Schwäche. So kam es, daß sie Gnade stets in der Kontrapunktik Licht-Finsternis darstellten. Dabei unterließen sie es, die Perspektive geschichtlicher Vermittlung von Gnade, das Geschenk des eigenen täglichen Lebens, die Wirklichkeit der Gnade, die in so vielen profanen Bereichen präsent ist, in Begriffen der Theologie und Frömmigkeit bewußt zu machen. Die Folge daraus ist eine schlimme theoretische Formalisierung und eine scharfe Gegenüberstellung zwischen Natur (Person) und Gnade, zwischen Welt und Gott, zwischen Geschichte und Reich Gottes.

5. Gesellschaftliche und klassenbezogene Bedingungsfaktoren in der Gnadenlehre

Die Stellung der Theologen als Ordensleute oder Priester, die ihren Ort in der Klasse der kirchlichen Machthaber einnahmen und durch die Tatsache begünstigt waren, daß sie im Zentrum der Gesellschaft lebten und eben nicht die Erfahrung sozialer Randexistenz und des Zusammenlebens mit Gruppen von Gläubigen an der Basis gemacht hatten, engte den Horizont der Gnadentheologie noch einmal ein. So spricht man kaum von Menschen, sondern immer von der Seele. Diese ist es, die begnadet, gerechtfertigt und von der Heiligsten Dreieinigkeit bewohnt wird. Dadurch kommt es zur Spiritualisierung der Gnade und zum Verlust geschichtlicher Substanz. Obwohl der Mensch, der ja auch Leib ist, eine geschichtliche Dimension hat, essen muß, in Beziehungen lebt, sich zu organisieren hat und menschlich in der Welt zugegen sein muß, wird all das nicht bedacht. Solche Situationen werden nicht als mögliche Sakramente der Vermittlung göttlicher Gnade bzw. menschlicher Un-Gnade gesehen.

Gnade und politische Freiheit, Gnade und gesellschaftliche Unterdrükkung, Gnade und Befreiungsprozeß, Gnade und Systeme menschlichen Zusammenlebens sind – neben anderen – Themen, die unmöglich ins

Blickfeld der traditionellen Theologie gelangen konnten, selbst nicht in Veröffentlichungen jüngsten Datums. Man vertieft sich in systemimmanente Begriffe wie Gnade und kirchliche Gemeinschaft, Gnade und Sakramente, Gnade in ihrer christologischen und eschatologischen Dimension usw. Gnade auf den Wegen der technischen, säkularisierten oder nichtchristlichen Welt gleicht einer Abhandlung *de re non existente*. Beachten wir jedoch: All unsere kritischen Beobachtungen besagen nicht, Gnade habe nicht all die genannten Dimensionen gehabt. Vielmehr wirkte Gnade auch ohnedies auf dem weiten Feld menschlicher Wirklichkeit in befreiender und sozialer Form; sie hat ihre durch und durch öffentliche und politische Dimension. Leider wurde diese Dimension aber nicht bedacht, und die Gemeinde gläubiger Christen konnte sie deshalb auch nicht bewußt leben.

Wenn jetzt jemand die Frage stellte: ›Und weshalb kam die Theologie nicht dazu, derlei objektive Dimensionen der Gnade zu reflektieren?‹, müßten wir gewiß antworten: ›Weil der Ort, von dem aus die an gesellschaftliche und religiöse Machthaber gebundene Theologie reflektierte, die Gnadenthematik im Sinn der verschiedenen Interessen ihrer Klasse filterte.‹ Im Grund und unbewußt dachte man nur über solche Fragen nach, die das bestehende System interessierten und bestätigten, und nicht so sehr über die realen Probleme, mit denen das Volk Gottes zu kämpfen hatte, das von Konflikten bedrängt war, um das menschliche Überleben bangte und darum rang, in seinem gedemütigten Leben einen religiösen Sinn zu entdecken. Solche Theologie – die zu ihren Gunsten mit dem Schutz durch die offizielle Orthodoxie und mit dem wissenschaftlichen Rang ihres Entwurfs rechnen kann – ist ideologisch naiv, da sie sich keine Rechenschaft davon gibt, daß sie die religiösen Interessen der von ihr vertretenen Klasse widerspiegelt. Viele ihrer Fragestellungen entbehren jeder Objektivität oder haben sie allenfalls im Sinn der eigenen gesellschaftlichen Klasse. Im allgemeinen reflektieren sie kaum Erfahrung, sondern belegen nur ideologische Meinungsverschiedenheiten zwischen unterschiedlichen Schulen, ohne größere Rückwirkung auf die Praxis des Glaubens.

Auf dem Hintergrund dieser kritischen Anmerkungen können wir jetzt dazu übergehen, in und aus unserem kulturellen Kontext unsere Rede über Gnade zu konzipieren. Diese Rede muß in der Differenz in Zeit und Ausdrucksform die Erfahrung von Gnade, wie wir sie in unserer Welt machen, in der das Geheimnis uns leben läßt, selbst zu Wort kommen lassen.

Zuvor jedoch müssen wir den Horizont unserer Zeit mit seinen besonde-

ren Umständen, die ja in unsere Reflexion mit einfließen, in der gebotenen Kürze bedenken. Wenn wir uns einmal dieser Komponenten bewußt
sind, können wir auch auf deren Tragweite und Grenzen Rücksicht nehmen und uns gegen ideologische Manipulation durch sie wappnen.

IV. Gnade in unserer Zeit

Wir leben heute in einer anderen Kulturepoche, die sich wesentlich von der Zeit unterscheidet, in der man den traditionellen systematischen Gnadentraktat entwarf.

1. Die Erfahrung der Säkularität der Welt

In der Bibel wie auch für den mittelalterlichen Menschen war Gott eine gesellschaftlich sanktionierte Größe, die keine Probleme verursachte. Allenfalls im Bereich theologischer und philosophischer Spekulation gab es Probleme theoretischer und gnoseologischer Art. Es war ein leichtes, die Tätigkeit Gottes in der Welt zu sehen und wichtige Dimensionen des Lebens als Gnade zu begreifen. Heute jedoch ist uns diese Unmittelbarkeit fremd. Kulturell betrachtet, ist Gott zu einer leeren Vokabel geworden. Es gibt – sogar innerhalb des Christentums – als stillschweigendes kulturelles Phänomen den praktischen Atheismus. Wie soll man da von göttlicher Gnade sprechen? Selbst für einen lebendigen und auf Befreiung ausgerichteten Glauben gibt es Vermittlungen zwischen Gott und Mensch. Das epiphaniehafte Gottesverständnis hat keine Geltung mehr. Da ist die Geschichte der Menschen. Da sind die künstlichen technischen Erzeugnisse, die wir schaffen – nicht mehr eine natürliche Welt, die von Gott spricht, sondern eine Welt aus zweiter Hand, die vom Menschen spricht. Geschichtlich betrachtet, ist nämlich so gut wie alles nicht das Werk Gottes, sondern das Werk menschlicher Arbeit, die die Natur verändert und dem Geschichtsentwurf des Menschen angleicht. Deshalb sehen wir uns außerstande, im Gnadentraktat von Gott als einem unbestrittenen und allgemein akzeptierten Punkt auszugehen. Sind wir doch säkularisierte Menschen, mit anderen Worten: das *saeculum*, die Welt, stellt in unserem Selbstverständnis den Orientierungspunkt dar. Für uns besitzt die Welt ihre eigene Gültigkeit. Innerhalb dieses Verstehenshorizontes muß der Sinn von Gnade abgehandelt werden und die Erfahrung dessen, was in der Theologie Gnade heißt, hervortreten.

2. Die Erfahrung der Geschichtlichkeit des Menschen

Unser Weltverständnis ist geschichtlich und nicht naturbezogen. Mit anderen Worten: Unser menschliches Leben unterliegt Wandlungsprozessen, die nicht aus mechanischen Abläufen der Natur resultieren, sondern von Eingriffen des Menschen herrühren. Dieser modifiziert die Naturgesetze, macht sich die Welt gefügig, sieht voraus und plant. Die Zukunft des Menschen ist nicht etwas, was aus seinem abstrakten metaphysischen Wesen abgeleitet werden könnte, sie ist offen. Der Mensch selbst wird nicht mehr mit Begriffen wie Sein und Schicksal beschrieben, sondern im Sinn des Seinkönnens, des noch nicht Gemachten und Erfahrenen, aber dennoch Möglichen. Daraus folgt, daß wir heute nicht mehr ohne weiteres von der Tatsache der Geschöpflichkeit des Menschen ausgehen können. Freilich leugnen wir nicht, daß der Mensch Geschöpf Gottes und in all seinen Phasen von Gott abhängig ist. Aber auf der Ebene der Geschichte besteht zwischen Schöpfer und Geschöpf kein Gegensatz, denn auch der Mensch ist ja schöpferisch und wurde sogar selbst Schöpfer. Wie soll man da unterscheiden, was hier Natur und was Gnade oder was Leistung des arbeitenden, aber von Gnade unterstützten Menschen ist? Gnade wird als Aktualisierung des Noch-nicht-Existierenden, aber dennoch Möglichen im Menschen gedacht werden müssen. Dabei verstehen wir diesen nicht als eine in sich geschlossene Natur, sondern als ein Wesen totaler Offenheit, dessen letzter Bezug immer das Absolute ist, das sich ihm ungeschuldet schenkt.

Im übrigen versichern uns auch die Anthropologen, daß der Mensch niemals ein natürliches, sondern ein kulturelles Wesen ist. Er ist ständig dabei, die Welt zu interpretieren und umzugestalten. Wie soll man angesichts der Tatsache, daß Gnade jeden Menschen durchdringt, so daß sie immer in Verbindung mit menschlichem Tun auftritt, noch zwischen Natur und Gnade unterscheiden können? Die Unterscheidung kann nicht a priori, sondern allenfalls a posteriori getroffen werden.

3. Die Erfahrung der Sakralität der menschlichen Person

Eine andere kennzeichnende Tendenz unserer Zeit besteht in der Wertung des Menschen als Person, als letzter Größe, die auf keine andere Wirklichkeit reduziert werden kann, obwohl die menschliche Person niemals mehr entwürdigt wurde als gerade in unserer Zeit. Person wird heute verstanden als Offenheit und deshalb als Chance zur Begegnung und Bereicherung. Begegnung ereignet sich nicht als reine Fügung des Schicksals. Zwar kann sie sich rein zufällig ergeben, aber dennoch wird sie als unverdientes Geschenk erlebt. Begegnung heißt personale Offenheit, die sich mit einer anderen personalen Offenheit trifft. Sie muß unbegründbar und frei sein. Andernfalls ist sie keine Begegnung, sondern ein mechanisches Geschehen, das nach feststehenden Kriterien abläuft. Begegnung dagegen verändert beide Begegnenden, weil sie ja wechselseitige Anerkennung, Vertrauen, Dank, Ehrlichkeit und Treue beinhaltet. Sie vermittelt eine unvorhergesehene Sinnfülle. Keiner konnte mit ihr als etwas Notwendigem rechnen. Dennoch hat sie sich ereignet, ist sie aus zwei freien Personen hervorgegangen. So kann man sagen, Begegnung bedeute Wachstum in Sein und Leben wie auch Verwirklichung all des unverdienten und unbegründbaren Potentials im Menschen.

In diesem Rahmen nun wäre es wichtig, über Erfahrung von Gnade zu sprechen. Wir werden das Thema aber erst dann stellen können, wenn wir speziell die Fragen der Gnadenerfahrung behandeln.

4. Das Bewußtsein von der kosmologischen Dimension des Personalen

Begegnung geschieht immer innerhalb eines bestimmten Rahmens. Zwei persönliche Geschichten öffnen sich füreinander. Ihr Ort ist die Welt, ihre Koordinaten sind Raum und Zeit. Aus diesem Grund umgreift die Begegnung auch das Weltverständnis beider sowie die Art und Weise, wie sie dem Ganzen gegenüberstehen. Unser heutiges Weltverständnis, das nicht mehr Monopol nur einer bestimmten Kaste, sondern allen Menschen gemein ist, wird von den experimentellen Wissenschaften geprägt. Wer sich der hermeneutischen Voraussetzungen, die hier eine Rolle spielen, bewußt ist, kann nicht mehr eine innere und eine äußere Dimension der Person trennen. Sie ist ein Knoten, in dem sich alle Fäden der Welt kreuzen. Man kann ihn nicht auseinanderdividieren, als bestände er aus zwei Welten, einer inneren, privaten und persönlichen, und einer äußeren, gesellschaftlichen und historischen. Daraus folgt, daß man niemals eine Reflexion über Gnade von einer Reflexion über Welt trennen darf. Gnade ereignet sich ja immer in Vermittlungen, Geschäften, Beziehungen und gesellschaftlichen Strukturen. Man kann niemals von Gnade an sich und in sich sprechen. Gnade geschieht vielmehr immer in etwas. Sie hat eine sakramentale Struktur, wenn man unter Sakrament nicht bloß die sieben Hauptzeichen des Glaubens versteht, sondern alle Vermittlungen, durch die Gott und seine Liebe zu uns gelangen. Mit anderen Worten: Es gibt Dinge, Situationen, Personen, kulturelle Phänomene und Beziehungen, die begnadet oder be-un-gnadet, die gnadenträchtig oder gnadenlos, die Sakramente der Gnade oder keine Sakramente sind.

Gnade ist keine Größe in sich, als ob sie eine – wenn auch hervorragende – Sache neben anderen wäre. Gnade ist eine Seinsweise, die die Dinge annehmen, wenn sie in Kontakt treten mit der Liebe Gottes und von seinem Geheimnis durchdrungen werden. In diesem Sinne steht alles in der Welt im Bezug zur Gnade.

5. Die Erfahrung des Gewichts der gesellschaftlichen Dimension

Das moderne Denken besitzt ein lebendiges Bewußtsein dafür, daß im Persönlichen auch eine gesellschaftliche Dimension steckt, die ihr eigenes Gewicht hat. Das Soziale ist keine nachträgliche Gegebenheit, die zur Person hinzugefügt würde. Sie durchdringt die ganze Person und ist konstitutiv für sie. Das Gesellschaftliche im Sinn von Institutionen und Werten, Machtformen und Organisation besitzt seine eigene Dichte. Was bedeutet dann Gnade innerhalb einer bestimmten kulturellen Option und im Rahmen eines bestimmten Typs von menschlichem Zusammenleben, wie etwa der kapitalistischen Gesellschaft? Was heißt Gnade, und wie kann man Gnade in der Erfahrung des Menschen in den großen Metropolen, der Arbeit in den großen Betrieben und in der Organisation der Klassengewerkschaften vermitteln? Welche Erfahrung von Gnade artikuliert sich im Kampf der Klasseninteressen, im Engagement für mehr Gerechtigkeit und Mitbestimmung? In der traditionellen Gnadentheologie war dies kein Thema. Heute ist es um so dringender.

6. Die Erfahrung der Mechanismen gesellschaftlicher Unterdrückung

Unsere Gesellschaft trägt die unübersehbaren Kennzeichen von Entfremdung und Unterdrückung. Armut, Abhängigkeit, Ausbeutung des einen Volkes durch das andere und Kriege, in denen sich politische Probleme mit wirtschaftlichen Interessen der großen Rüstungsindustrien verquicken, empfinden wir als amoralisch und unmenschlich. Der Reichtum und die außergewöhnliche wissenschaftlich-technische Entwicklung in den Ländern der nördlichen Hemisphäre wirken schamlos, denn sie verlangen einen viel zu hohen sozialen Preis: die Marginalisierung und Verarmung der abhängigen Länder, die durch innere Widersprüche in Form des tiefer werdenden Grabens zwischen Arm und Reich immer mehr in Unruhe versetzt werden.

Dagegen bricht allerorten ein Gespür auf für Befreiung, Solidarität und Kulturrevolution, die ein für allemal der Ausbeutung des Menschen durch den Menschen ein Ende setzt. Eine Theologie, die an die Menschen von heute, gerade in Lateinamerika, heran will, muß sich die Frage stellen, in welchem Sinn Gnade sich auch in ihrer gesellschaftlichen und befreienden, kritischen und die Machthaber entlarvenden Dimension zeigt. Was heißt Gnade im Kontext Lateinamerikas, wo das Verlangen nach Entwicklung und Befreiung abgewürgt und gegen das gesellschaftliche Interesse der großen Mehrheit kanalisiert wird, während eine kleine Zahl von Privilegierten maßlose Begünstigungen genießt?

7. Das Bewußtsein von der kritischen Funktion der Gnade innerhalb der Kirche

Die Reflexion über Gnade wird sich auch die schmerzliche Tatsache ins Bewußtsein rufen müssen, daß die Institution Kirche auf dem lateinamerikanischen Kontinent über Jahrhunderte hin mit denen gemeinsame Sache machte, die die Ausbeutung des Menschen durch den Menschen betrieben und deshalb eine willkürliche Gesellschaftsordnung unterhielten. Die Kirche hat die subversive und gefährliche Erinnerung an die Freiheit Jesu Christi nicht wachgehalten. Statt dessen ikonisierte sie die Gestalt Jesu, beschränkte sie auf den innerkirchlichen Bereich und enthielt damit dem Volk die evangelische Kraft von Befreiung, Protest und Veränderung vor, die in der Predigt Jesu gegenwärtig sind. Die Sakramente wurden innerlich und rein kultisch erlebt. Sie gaben keine Impulse zur Neugestaltung des Lebens und der Form zwischenmenschlicher Beziehungen, zum Versuch, die strukturellen Ungerechtigkeiten zu überwinden, die in sündhafter Weise Menschen desselben Glaubens voneinander trennten. Christliche Werte wie Demut, Unterwerfung und Langmut im Tragen des Kreuzes Christi wurden als Ideologie verkündigt. Das führte zur Verstärkung des Status quo und kastrierte die Kräfte einer befreienden Reaktion des Volkes.

Wie weit war die Institution Kirche nicht geradezu ein Gegenzeichen von Gnade und Komplizin eines antichristlichen Systems? Welchen Sinn hat theologisches Reden von der ekklesialen Dimension der Gnade? Muß es nicht eine kritische und befreiende Kraft haben, damit Kirche tatsächlich und nicht nur in ihren offiziellen Sonntagsreden das Sakrament der göttlichen Liebe und Gnade in der Welt sein kann?

8. Das Bewußtsein von der Universalisierung der Sinnfrage

Unser Weltbild wird von wissenschaftlich-technischer Erfahrung bestimmt. Einerseits werden wir uns des langen Weges bewußt, den die Entwicklung zurücklegen mußte, bis sie das hervorbrachte, was heute existiert. Anderseits erkennen wir aber auch immer besser die Bedingungen, denen Person und Kosmos unterliegen, und die Strukturen, die den kosmologischen, gesellschaftlichen und psychologischen Phänomenen zugrundeliegen. Lenkt und leitet der Mensch die Entwicklung, oder wird er von Mechanismen geleitet, deren Programmierung ihm zum großen Teil entgleitet? Hat das Ganze einen Sinn, oder ist es Ergebnis von Zufall und Notwendigkeit? Es gibt Leute, die – wie Teilhard de Chardin – einen sinnvollen, in den Menschen einmündenden Entwicklungsweg erblicken. Andere denken an das Zickzack der bisherigen Evolution, streiten um einen rein systemimmanenten Sinn und betrachten das Gesamtbild voller Skepsis. J. Monod versuchte zu belegen, daß es Sinn nicht gibt, sondern daß alles Produkt des Zufalls bzw. des Zusammenfallens günstig kombinierter Kräfte ist, die die Notwendigkeit eines gewissen mechanischen Funktionierens hervorgebracht haben.
Worin besteht nun der Unterschied dieser Meinungen? Beide Deutungen stützen sich auf experimentelle Daten. Aber offenbar sind es auf persönlicher Ebene als sinnvoll bzw. als absurd erlebte Situationen, die in der Person die Vorstellung heranreifen lassen, daß alles einen Sinn oder eben keinen hat. Die Erfahrung, daß die Welt bis hin zu den häuslichen Notwendigkeiten wissenschaftlich manipuliert werden kann, läßt den Menschen zu der Überzeugung gelangen, er könne die Entwicklung zu einem sinnvollen Ziel führen. Anderseits bringt ihn die Erfahrung, daß unsere Ökologie geradezu ausgedroschen wird, dazu, sein eigenes Modell von Fortschritt in Frage zu stellen. Der Mensch gleicht dem Krebs: Wo er einfällt, zerstört er, verändert er den Rhythmus der Natur und zermalmt egoistisch und ohne jede Spur von Solidarität mit seinen Nachfahren die natürlichen Reichtümer.
Die Erfahrung, die wir in Lateinamerika machen, ist die, daß sich Wissenschaft und Technik im Dienst einiger weniger befinden, die über die Möglichkeiten verfügen, die anderen, von ihnen Abhängigen auszufor-

schen und sie dann zu beherrschen. Sie dienten nicht dazu, humanisierend zu wirken und die alten und klassischen Probleme des Menschen zu lösen, sondern dazu, den Graben zwischen reichen Privilegierten und armen Randexistenzen zu vertiefen und noch erniedrigender zu machen. Menschen, denen zum Überleben das unerläßliche Mindestmaß an Essen, Kleidung, Rechtssicherheit und menschlicher Würde fehlt, kann man nicht sinnvoll von der Gnade Gottes als von der Gegenwart seiner Liebe in der Welt erzählen.

9. Die gesellschaftliche Abnutzung des Wortes Gnade

Die Vokabel ›Gnade‹ besitzt in der Welt von heute keine besondere heuristische Bedeutung mehr. Obgleich das Wort natürlich noch gebraucht wird, ist es kein Schlüsselwort und kein gesellschaftlicher Bezugspunkt mehr. Gott sei Dank: Es gibt keine Könige und Führer von Gottes Gnaden und keine Berufe mehr, die man als Exklusiverweis göttlicher Gnade deuten könnte, wie die verschiedenen mittelalterlichen Stände oder noch heute den Priester- und Ordensberuf.

Niemand will etwas *gratis* bekommen oder von der guten oder bösen Gnade anderer abhängig sein. Unsere Gesellschaft ist von Vorstellungen bestimmt wie Sicherheit, Sozialvorsorge und gesetzliche Garantien, die das ganze Leben abdecken, damit nichts – besonders in den Bereichen Gesundheit, Sozialversicherung, Beruf und Altersversorgung – dem Zufall überlassen bleibt. Ja sogar die Weihnachtsgratifikation wurde zu einem 13. Monatsgehalt, auf das viele Arbeitnehmer gesetzlichen Anspruch haben.

In der säkularisierten Sprache unserer Kultur sprechen wir ebenso häufig von Gnade wie von Glück oder Pech. Glück oder Pech beinhalten aber nicht notwendigerweise einen Bezug auf eine höhere und transzendente Instanz, sondern nur ein glückliches bzw. unglückliches Zusammentreffen verschiedener natürlicher und historischer Faktoren. Selbst das menschliche Leben wird – in seiner biologischen Dimension – durch den Rückgriff auf kontrollierbare Ursachen erklärt. Wir sprechen von der liebenden Begegnung zwischen Vater und Mutter, deren biologischer Ertrag die Befruchtung eines Eies ist, in das aus Millionen anderen ein Sperma als erstes hineingelangt, indem es die Eimembran durchdringt. Diese wissenschaftliche Sicht braucht nicht zwangsläufig zu einem mechanistischen Verständnis der Welt zu führen. Aber sie lädt dazu ein, die Gesetze der Genetik noch besser zu studieren, damit wir die Lebensmöglichkeiten weiter verbessern und das Leben in gesündere und optimale Formen lenken können. Deshalb ist das, was aus der Vergangenheit auf uns kommt, nicht ohne weiteres ein Wert, den wir zu übernehmen hätten. Ohne erfahren und kritisch überprüft worden zu sein, kann nichts Gültigkeit beanspruchen. Nichts ist prinzipiell unveränderbar. Alles kann noch offen sein. So entdecken wir auf einem anderen Weg eine neue Art und Weise, Gnade zu betrachten, eine neue Art und Weise, die aus den bisher noch nicht genutzten Möglichkeiten der Schöpfung hervortritt.

Unter vielen anderen, die hier unerwähnt bleiben mußten, charakterisieren diese Züge unsere Zeit. Sie fließen auch in die Art und Weise ein, wie wir heute Gnade erfahren und wie wir diese Erfahrung begrifflich und sprachlich zu artikulieren haben.

Jede Studie bleibt mit ihren unumgänglichen Risiken und Grenzen ein Versuch. Jedoch: Schon der Mut, das Risiko auf sich zu nehmen, ist Gnade Gottes. In dieser Überzeugung wollen wir unsere Reflexionen über Gnade entwerfen.

Zweiter Teil
Erfahrung von Gnade

V. Kann man die Gnade erfahren?

1. Abbau unserer Vorstellung von Gnade – ein Weg zum ursprünglichen Sinn von Gnade

Wenn wir von Gnade sprechen, stellen wir sie uns unvermeidlich auch vor. Sei es als liebevolle Zuwendung Gottes zum Menschen, sei es als befreiende Umgestaltung, die Gott im Menschen wirkt, indem er ihn rechtfertigt, sei es als unermeßliche Größe, die alles übertrifft, was wir – auf der Ebene der Natur – zu denken vermögen, und alles übersteigt, was im Bereich der Schöpfung existiert. Wenn wir in dieser Weise sprechen, machen wir Gnade zu einem Seienden und damit zu einem *Etwas*, das sich von der Natur und vom Menschen unterscheidet, das unverdient ist und heilig macht. Aber was ist dieses *Etwas*? Wenn wir sagen, Gnade sei übernatürlich, was heißt dann übernatürlich? Handelt es sich um eine Wirklichkeit neben, zusammen mit oder innerhalb der Natur? Wenn wir sagen, sie sei *etwas*, dann machen wir auch schon Übernatürliches zu einem Seienden. Aber wenn wir Übernatürliches zu einem Seienden machen, zerstören wir, was wir gerade mit ›übernatürlich‹ bezeichnen wollen, weil wir es ja in den Horizont des Seienden einordnen. Denn alle Seienden sind geschaffen und natürlich. Dagegen befindet sich das Übernatürliche (und mit ihm die Gnade) per definitionem nicht auf derselben Ebene wie das Natürliche. Deshalb ist es ein Widerspruch in sich, mit Ripalda (1594–1648) zu sagen, es gebe ein übernatürliches Seiendes.
Wenn es eine übernatürliche Substanz gibt, dann kann diese allein Gott sein, der Ungeschaffene, der Unaussprechliche, mit einem Wort: das Geheimnis. Ein natürliches Wesen kann zwar zum Übernatürlichen erhoben werden, aber das Übernatürliche gehört nicht zu ihm, denn dann wäre dieses ja ein geschaffenes Seiendes. Dies aber ist ein Widerspruch in sich.
Wenn wir von Gnade und Übernatürlichem sprechen, wollen wir eine Erfahrung zum Ausdruck bringen. ›Übernatürliches‹ und ›Gnade‹ sind Begriffe und semantische Zeichen, die im Dienst einer Erfahrung stehen, innerhalb deren die Gnade und das Übernatürliche aufgetreten sind. Beide Begriffe sollen *wahrheitsgemäß* eine Erfahrung übersetzen. Aber um welche Art von menschlicher Erfahrung handelt es sich da, für

die es bezeichnend ist, von Gnade und Übernatürlichem zu sprechen? Mit anderen Worten: Gnade und Übernatürliches sind keine Wirklichkeiten in sich, die außerhalb unseres Lebens beständen, hypostasenhaft außerhalb der Welt existierten und von dorther mit dem Menschen in Kontakt träten. Unsere Sprache drückt sich zwar so aus und wird es auch wohl in Zukunft so tun müssen. Aber Sprache ist nicht die ursprüngliche Wirklichkeit, sondern Deutung, Übersetzung, eben ein zweites Moment. Denn ehe wir sprechen, haben wir eine Erfahrung gemacht.

Um den eigentlichen Sinn von Gnade zu verstehen, müssen wir jenes Schema in Frage stellen, das Gnade und Natur, Gnade und Mensch sowie Gnade und Schöpfung einander gegenüberstellt und uns glauben machen will, Gnade sei eine Wirklichkeit in sich, die – zugegebenermaßen – mit der Welt in Beziehung stehe. Die klassische Metaphysik hypostasierte zum Beispiel Transzendenz als eine eigene Wirklichkeit oder eine der Immanenz entgegengesetzte Welt. Transzendenz bedeutet dann Sphäre des Übernatürlichen und Immanenz Bereich des Natürlichen. Dies sind in der Tat Objektivierungen einer menschlichen Erfahrung.

Im modernen Denken nun hat man erkannt, daß sowohl Transzendenz als auch Immanenz Objektivierungen sind. Keine von beiden ist ursprüngliche Wirklichkeit. Deshalb ist heute die Rede vom Tod der Metaphysik. Nicht als ob Metaphysik schlichtweg verneint würde. Vielmehr gilt klassische Metaphysik (griechischer und mittelalterlicher Prägung) als eine Epoche menschlichen Denkens, in der das Sein als Seiendes gedacht wurde und die Geschichte des Geheimnisses sich in der Form der Vorherrschaft des Seienden offenbarte. In der Moderne (seit Kant) wird statt dessen der Versuch gemacht, von einem ursprünglicheren Punkt aus zu denken, als die klassische Metaphysik es tat. Diese betrachtet man als eine Verirrung, als ein Vergessen des Seins als Seins sowie als Identifikation einer Darstellungsform (Transzendenz und Immanenz als Gegensätze und zwei Wirklichkeiten) mit der Wirklichkeit selbst. In unserer Sprache schaffen wir immer noch zwei Welten. Darum ist das moderne Denken semantisch nicht minder dualistisch als das klassische. Aber eben nur auf der Ebene der Sprache. Als moderne Menschen bemühen wir uns also, im Gewand eines semantischen Dualismus die ursprüngliche, eine und identische Wirklichkeit zu denken.

Was ist diese ursprüngliche Wirklichkeit? Die Geschichte.[1] Geschichte ist nicht nur die logische Aufstellung der geschehenen Ereignisse, sondern

---

1 Vgl. dazu unsere Überlegungen in: Experimentar Deus hoje? (zusammen mit verschiedenen anderen Verfassern), Petrópolis 1974, 126–134.

im eigentlichen Sinn die Situation des Menschen oder der Mensch selbst, insofern er Ek-sistenz, Situation ist, insofern er sich entscheidet, eine Verpflichtung übernimmt, sich engagiert, sich innerhalb seines In-der-Welt-Seins und Mitseins-mit-den-anderen definiert und so nach und nach seine Identität selbst erstellt. Wenn der Mensch radikal seine Geschichtlichkeit lebt, seine Offenheit auf Welt und Mitmenschen hin wirklich ernst nimmt und sich in einem Prozeß der Befreiung engagiert, dann beginnt das sichtbar zu werden, was er in Wahrheit ist: jemand innerhalb einer Situation, eingeschränkt und eingeengt durch deren Grenzen, ein Sein-das-da-ist, zusammen mit anderen, das – wenn man es nur läßt – seine Welt und das Gefüge seiner Beziehungen durchaus manipulieren kann, will sagen: jemand, der erfährt, was der Sinn der Immanenz ist. Anderseits erweist er sich als jemand, der sich unbegrenzt über die Situation hinaus zu erheben imstande ist, sei es, daß er sie annimmt, sei es, daß er sie zurückweist, sei es, daß er gegen sie protestiert, weil er auf eine noch unbekannte und nicht festgelegte Zukunft hin offen ist. Mit anderen Worten: Dieser Jemand erfährt den ureigentlichen Sinn von Transzendenz.

Immanenz und Transzendenz sind also nicht zwei Wesenheiten, sondern zwei Dimensionen ein und desselben Lebens. In der Geschichtlichkeit des Menschen treten sie deshalb auch immer zusammen auf und begegnen ihm als Erscheinungsformen der radikalen Wirklichkeit seiner selbst. So erweist sich der Mensch als immanent und transzendent, als geschaffen und hervorgebracht und zugleich als noch und stets aufs neue zu Schaffender und innerhalb einer offenen Zukunft zu Gebärender. Dies ist die ursprüngliche Wirklichkeit. Sobald wir sie aber ausdrücken, vergegenständlichen und verobjektivieren wir Immanenz und Transzendenz, als ob es sich um zwei Welten handelte. Denn Sprache und ausgedrückte Gedanken gibt es nur in einer solchen Dekadenz. Daher müssen wir immer auf der Hut sein, daß wir Darstellung und Verobjektivierung einerseits mit der ursprünglichen Wirklichkeit anderseits nicht identifizieren. Aufgabe jeden Denkens, das sich selbst als Denken treu bleiben will, ist es, unentwegt die Metaphysik abzubauen, die in der Struktur unserer Sprache anwesend ist, unsere Bilder sterben zu lassen und sie auf jene ursprüngliche Wirklichkeit zurückzuführen, die – wie gesagt – Ek-sistenz oder Geschichte des Menschen ist.

Auf diesem Hintergrund können wir jetzt zum Beispiel sagen: Gott hat nur dann wirklich Relevanz, wenn er mitten aus der Geschichte des Menschen auftaucht. In seinem Lebenseifer, in seinem Engagement, all die Herausforderungen anzunehmen, welche die Existenz ihm stellt, in seinen Entscheidungen, in der Übernahme von Verantwortungen und im Gehen seines geschichtlichen Weges, stößt der Mensch immer wieder auf Dinge, die ihm entgleiten, die immer offen bleiben, so sehr er sich auch bemüht, konstruktiv zu sein und seine Offenheit zu schließen. Es zeigt sich ihm etwas, das größer ist als er selbst, der Mensch steht vor dem Geheimnis, und es offenbart sich ihm das, was ursprünglich Gott heißt als »jenes letzte und unsagbare Geheimnis unserer Existenz« (Konzilserklärung ›Nostra Aetate‹, Nr. 1).

Wir können nur dann *sinnvoll* von Gott sprechen, wenn er auftaucht aus dem Inneren der Erfahrung des Menschen, der zusammen mit den Mitmenschen und mit der Welt seinen Lebensweg geht. Gott schwebt also nicht über der Welt und darf auch niemals so oder – was noch ärger wäre – außerhalb der Welt gedacht werden. Er begegnet uns vielmehr innerhalb der Erfahrung von Menschen und Welt als jener, der immer anders ist, nicht einfach erledigt werden kann und in Weg und Werk des Menschen stets offenbleibt, und zwar in absoluter Weise. Wenn wir jedoch von Gott sprechen, dann sieht es in Sprache und Lehre, die wir entwerfen, so aus, als ob Gott in sich selbst, außerhalb der Welt und als eine absolut transzendente und geheimnisvolle Instanz auch außerhalb des Menschen bestände. So scheint es, daß Gott in den Menschen eingeht und in ihm bleibt, der Mensch aber sich in Gott befindet. Dabei vergessen wir freilich, daß all dies nur Übertragung der geschichtlichen Erfahrung des Menschen ist.

Ausgehend von diesem ursprünglichen Sinn von Gott, können wir dann auch die alten Glaubenszeugnisse sowohl des Alten als auch des Neuen Testaments neu lesen. Hier wie dort ist die Rede von Gott nicht als einem metaphysischen Wesen, sondern als einer geschichtlichen Kraft. Gott tritt auf während des Marsches eines Volkes, den dieses zurückzulegen hat, begleitet es in all seinen Wechselfällen in Exodus und Exil und ist sein Lebenssinn, der immer von diesem Marsch und den geschichtlichen Veränderungen her definiert werden muß.

In ähnlicher Weise müssen wir bei der Gnade verfahren. Erfahrung von Gnade ist Erfahrung der Geschichtlichkeit des Menschen, innerhalb deren dieser erfährt, was das Wort *Gnade* übersetzen will: Geschenk, Ungeschuldetheit, Wohlwollen, Gunst, Schönheit usw. Ein Geschenk besteht nun einmal nicht in sich, Ungeschuldetheit gibt es nicht in sich, und auch Wohlwollen in sich betrachtet ist nicht vorstellbar. Vielmehr läßt eine bestimmte Art und Weise, wie der Mensch oder die Welt ist, das Ungeschuldete erahnen. Gnade erleben wir nur im Zusammenhang mit etwas. Sie ist dieses Etwas (Immanenz), aber ist es wiederum auch nicht (Transzendenz). Gnade ist eine Seinsweise aller Dinge oder auch des Menschen, insofern sie bzw. er in ihrer Beziehung zu Gott gesehen und als Geschenk, Ungeschuldetheit, Wohlwollen und Schönheit, als Gegenwart und Wirkmacht Gottes in der Welt erlebt werden bzw. wird. Treffend sagten die mittelalterlichen Theologen: Die Gnade setzt die Natur voraus und vollendet sie (*gratia supponit et perficit naturam*).

2. Erfahrung von Gnade – wie ist das gemeint?

Ganz allgemein kann man sagen: Hinter all unseren Lehren und theologischen Abhandlungen über Gnade verbirgt sich insgeheim eine Erfahrung von Gnade. Es ist gut möglich, daß für uns heute – in dem kulturellen Zusammenhang, in dem wir nun einmal leben – die bisher verwendete Sprache keine Erfahrung von Gnade mehr hervorruft, das heißt: keine ursprüngliche Erfahrung, und wir uns darauf beschränken, Sätze, die uns nichts Konkretes mehr sagen, zu verwalten oder miteinander zu kombinieren. Daher wird ein Prozeß des Abbaus als Chance und Weg für echte Erfahrung von Gnade notwendig, der dann – in einem zweiten logischen Moment – in Lehren und metaphysischen Objektivierungen ausgesagt werden kann.

In welchem Sinn ist hier von Erfahrung die Rede?[2] Erfahrung darf nicht einfach mit Erlebnis identifiziert werden, das heißt mit inneren Gemütsbewegungen, intimen Tröstungen und göttlichen Visionen und Auditionen. Wir möchten nichts von dem in Abrede stellen, zumal ja auch die Geschichte echter Heiliger – in all ihren unterschiedlichen Lebensläufen – sehr wohl solche Phänomene aufzuweisen hat. Erleben ist eine Komponente von Erfahren. Aber wenn die Erfahrung von Gnade auf den Umfang von Erlebnissen reduziert würde, dann wäre sie eben ein Privileg, ja ein Luxus nur für einige Eingeweihte. Wenn wir indessen von Erfahrung sprechen, dann denken wir nicht primär an eine psychische Situation und an eine Disposition der Gefühle (Erleben), sondern an etwas Komplexeres und Tieferes. Erfahrung ist die Weise, wie wir mit der Welt in Beziehung treten; oder die Weise, wie wir die Welt in uns und uns in der Welt vergegenwärtigen. Erfahrung ist die Weise, in der wir innerhalb eines kulturellen Kontextes die ganze uns begegnende Wirklichkeit (das Ich,

2 Vgl. dazu: *Kessler, A. S., Schöpf, A., Wild, C.*, Erfahrung, in: Handbuch philosophischer Grundbegriffe Bd. 2, München 1973, 373–386; *Kambartel, S.*, Erfahrung, in: Historisches Wörterbuch der Philosophie, Bd. 2, Basel 1972, 610–623; *Alquié, F.*, L'expérience (Initiation Philosophique 10), Paris 1970.

den anderen, Gesellschaft, Natur, Gott, Vergangenheit, Gegenwart, Zukunft usf.) deuten. Aber diese Weise variiert im Laufe der Geschichte, und jede Variation lebt fort in den späteren Darstellungen. So erfuhr der Mensch die Welt zunächst als eine numinose und heilige Größe, die mittels des Mythos stets auf das Göttliche bezogen wurde, sodann anhand der Metaphysik als in sich selbst subsistierende Größe; heute erfährt er sie auch als etwas in sich selbst Subsistierendes, aber Mach- und Manipulierbares und aufgrund von Wissenschaft und Technik als Objekt menschlichen Pro-jekts. Innerhalb einer jeden Gesamterfahrung wird dann wiederum definiert, was Natur, Mensch, Vergangenheit, Gegenwart, Zukunft und Gott bedeuten.

Wenn Erfahrung in diesem Sinn verstanden wird, stellt sie sich als etwas äußerst Komplexes dar. Wie schon Aristoteles[3] und später Thomas von Aquin[4] feststellten, ist Erfahrung eine Synthese von vielen Wahrnehmungen und Zugängen, in denen der Mensch Widerstände, Gefahren und Versuchungen überwand, Vermutungen bestätigte und Leiden und Freude lernte.

Vielleicht kann uns ein rascher Überblick über die Semantik des portugiesischen Wortes *experiência* (Erfahrung, französisch: expérience, englisch: experience) helfen, in seinen umfassenden und existentiellen Sinn einzudringen. *Experiência* ist zusammengesetzt aus der Präposition *ex* und dem Zeitwort *periri*, das ›sich bemühen‹, ›versuchen‹ (*conari*) und ›Gefahr laufen‹ bedeutet (*periculum facere*; aus dem griechischen *peiráo* oder *peiráomai*: ›einen Versuch machen‹, ›prüfend experimentieren‹, ›auf die Probe stellen‹, ›jemanden prüfen‹)[5]. Das portugiesische *experiência* (*empeiría* auf griechisch und *experientia* auf lateinisch) – ›Erfahrung‹ – hat zu tun mit dem portugiesischen *perigo* – ›Gefahr‹ – (*periclitatio*), ›Prüfung‹ (*probatio*) und ›Versuchung‹ (*temptatio*).[6] *Experimentum* auf lateinisch ist gleichbedeutend mit *periculum* (Gefahr), *conatus* (Versuch), *inceptum* (Initiative) und *tentatio* (Versuch, Versuchung). *Experiência* verweist überdies auf *peritia* (Sachkenntnis, Geschicklichkeit), *scientia* und *notitia* (Kenntnis, Auskunft, Information). Daher kommt auch das Wort *peritus*

---

3 *Aristoteles,* Metaphysik, 980 b, 28 ff.; *ders.,* Analytica Posteriora 100 a, 4 ff.
4 Summa theologiae I, q. 54, a. 5.2: »experientia fit ex multis memoriis«; *Hobbes,* Leviathan I, 2: »memoria multarum rerum experientia dicitur«; *Hegel,* Phänomenologie des Geistes (Ausg. Hoffmeister, Philosophische Bibliothek 114), 73: »Diese dialektische Bewegung, welche das Bewußtsein an ihm selbst, sowohl an seinem Wissen, als an seinem Gegenstande ausübt, insofern ihm der neue wahre Gegenstand daraus entspringt, ist eigentlich dasjenige, was Erfahrung genannt wird.«
5 *Forcellini,* Thesaurus totius latinitatis II, 367 a.
6 Siehe die lange Aufstellung von Texten, in: Thesaurus linguae latinae V, 1651–1654.

(kundig), das den in einer Gefahr (*periculum*) erprobten Menschen benennt, jemanden also, der er-fahren und gelehrt, also *Ex-perte* ist, das heißt: erfahren bzw. Spezialist in einem bestimmten Wissensgebiet. *Experiri* bedeutet aber nicht nur ›Gefahr laufen‹, ›versuchen‹ und ›erfahren‹, sondern auch ›ertragen‹, ›leiden‹, ›aushalten‹, ›Schwierigkeiten ins Auge sehen‹ (*acerbi, molesti, duri, pati, subire, tolerare*). In einem noch weiteren Sinne ist es Synonym auch von ›kennen‹, ›verstehen‹, ›fühlen‹ und ›sehen‹.[7]

Zusammenfassend können wir also sagen: Das Wort *experiência* – ›Erfahrung‹ – bezieht sich auf zwei Bereiche menschlicher ›Erfahrung‹: den der Gefahr (*periculum, periclitatio*) und den der Sachkenntnis (*peritia, scientia, notitia*). Im folgenden geht es nun darum, die semantische Verbindung zwischen Gefahr und Sachkenntnis zum einen und der ›Erfahrung‹, die ihnen zugrunde liegt, zum anderen aufzuweisen.

Die semantische Verbindung besteht in dem *per* (durch, vermittels). Wir begegnen ihm sowohl im lateinischen ex-*per*-ientia als auch im griechischen em-*peiría*. In den germanischen Sprachen findet es sein Äquivalent im Stamm *fahr* (*fahren, erfahren*, von denen letzteres im Portugiesischen *experimentar* heißt). Darüber hinaus steckt es auch in *per*-iculum (Gefahr) und in *per*-itus oder ex-*per*-tus und bezeichnet in einem aktiven Sinn jemanden, der in einer bestimmten Sache geschickt ist, und in einer eher passiven Bedeutung jemanden, der erprobt ist und vom Leben geschlagen wurde. Das griechische *peiro* besagt Probe, Prüfung und klingt auch im lateinischen Wort *portus* (Hafen und Tür) an. *Portus* im Lateinischen und *póros* im Griechischen benennen den Ausgang, den man nach einem Marsch durchs Gebirge schließlich findet. In der Sprache der Seeleute bedeuteten sie: Durchfahrt durch ein Riff und Einlaufen in eine Bucht. Und weiter: Der Weg, der zum *portus* führt oder auf dem man den Hafen verläßt, gilt folgerichtig als *opportunus*.[8]

Im *per* stecken eher abstrakte Elemente wie Versuch und Probe, aber auch konkretere Vorstellungen, die mit *portus* (Hafen, Eingang und Ausgang, Fahrt durch Riffe) in Verbindung stehen und an etwas Dramatisches und Gefährliches erinnern, das im Wort *periculum* (Gefahr) mitschwingt.

Im Sema *per* von *experiência* steckt also eigentlich: Reise, Passage, Zug durch weglose Gegenden und deshalb auch Gefahr. *Per* beinhaltet damit Fahrt durch schwierige und gefährliche Orte. Aber Reisen heißt nicht

---

7 Siehe zu diesem ganzen Zusammenhang: Thesaurus linguae latinae V, 1660–1690.
8 Vgl. *Ernout-Meillet*, Experientia, in: Dictionnaire étymologique de la langue latine.

einfach von einem Ort zum anderen gehen. Reisen ist vielmehr all das, was während der Fahrt mit uns geschieht: Wir stoßen auf Merkwürdigkeiten, haben Gefahren zu bestehen und müssen schließlich Auswege finden. Dazu sagt Ortega y Gasset treffend: »Gehen als reisen« sowie unbekannte und nur dünn bevölkerte Länder »durchqueren« ist »das Ur-Erlebnis, das die ganze Milchstraße von Phonemen und Semantemen (des *per*) in Ordnung bringt«[9]. Oder mit den Worten des brasilianischen Philosophen G. de Mello Kujawski: »Die Vorstellung von Reisen, von einem gefährlichen Umherirren durch eine Welt ohne sicheren Weg und, damit verbunden, von Gefahren, die man auf sich nehmen, und von Auswegen, die man suchen muß, qualifiziert ursprünglich die Wurzel des *per* in experiência.«[10]

Ex-periência besteht schließlich noch aus der Präposition *ex*, die in der lateinischen Sprache unter anderen Bedeutungen auch ›hinausgehen‹ aus, und ›außerhalb von etwas sein‹ besagt. Dieser Sinngehalt verstärkt seinerseits, was wir schon zu *per* angemerkt haben.

Wir haben also jetzt das semantische Verbindungsglied erkannt, das im Wort ›Erfahrung‹ Gefahr und Sachkenntnis miteinander verbindet. Es gilt, die ›Erfahrung‹ zu eruieren, die die Verbindung zwischen Sachkenntnis und Gefahr ermöglicht, so daß es zur Erfahrung kommt. Ihren grundlegenden Sinn findet sie auf der existentiellen und narrativen Ebene des Menschen, der aus sich heraustritt und dabei dem Leben, den Mitmenschen und der inneren wie äußeren Wirklichkeit begegnet und entgegengeht, Gefahren auf sich nimmt, Prüfungen zu bestehen hat, einen Weg gehen und einen Ausweg finden muß. Wir stehen hier vor einem Drama, das im Grunde das Drama des menschlichen Lebens überhaupt ist, insofern dieses Leben niemals fertig ist, sondern immer gestaltet werden will, sich einen Weg bahnen und ein Ziel finden muß, das ihm Sinn verleiht. Während dieses ganzen Prozesses tauchen immer wieder Gefahren auf, alles Mögliche muß dann versucht werden, und mancherlei Versuchungen gilt es zu bestehen. Ein erfahrener Mensch ist jemand, der das Leben kennengelernt hat, aber nicht unter wolkenlosem Himmel, sondern gelitten, Schläge abbekommen, vielerlei Gefahren gemeistert und durch all das gelernt hat. Sein Wissen stammt nicht aus Büchern, sondern ist mit Schweiß und Blut erworben.

9 La idea de principio en Leibniz y la evolución de la teoría deductiva, in: Obras completas 8, 177; deutsch: Der Prinzipienbegriff bei Leibniz und die Entwicklung der Deduktionstheorie. Übs. von E. Kirschner, München 1966, 173. Vgl. *ders.*, El hombre y la gente, in: Obras completas 7, 188ff.
10 Experiência e perigo, in: Introdução à metafísica do perigo, São Paulo 1974, 52–64, hier 57.

Erfahrung ist also Wissen, das einen Geschmack hat. Solches Wissen gewinnt man nur, wenn man aus sich herausgeht (ex), sich mit Welt, Menschen und jeder Art von Wirklichkeit auseinandersetzt, gleichsam durch sie hindurchreist (per) und unter Leiden, mit Geduld, lernend und sich korrigierend den Schatz seines Wissens vervollkommnet. Jede Erfahrung ist kritisches Wissen, denn sie resultiert aus vielen Unternehmungen, und führt zu unrevidierbarer Gewißheit und zu einer Unmittelbarkeit im Erkennen. Es sind nun einmal zwei ganz verschiedene Dinge, ob ich eine Schiffsreise selbst mache oder ob mir ein Bericht von einer solchen Reise zu Ohren kommt. Eine Erfahrung zu machen, bedeutet für den betreffenden Menschen eine solche Evidenz, daß sie ihm weder durch einen rationalen Bericht noch durch irgendwelche Argumente vermittelt werden könnte. Jede menschliche Existenz gründet auf radikalen Erfahrungen, die deshalb auch jeder einmal macht. Das gilt auch vom christlichen Glauben. Dieser besagt nicht nur, daß sich der Glaubende die Erfahrungen aneignet, die die Apostel in Berührung mit dem Wort des Lebens gemacht haben (vgl. 1 Joh 1,1: ». . . was wir gehört, was unsere Augen gesehen, was wir betrachtet und was unsere Hände ertastet haben in bezug auf das Wort des Lebens . . .«; vgl. weiterhin Apg 2,22ff), sondern auch, daß er seine eigenen Erfahrungen mit Gott und seiner Gnade macht und seine Wundertaten bezeugen kann.

Aus dem Dargelegten wird deutlich, daß Erfahrung nicht nur etwas mit den Sinnen (sehen, fühlen) zu tun hat – deshalb ist sie nicht nur Erlebnis –, sondern das ganze Leben mit seinen Gefahren und Lösungen, mit all seiner Ratlosigkeit und all seinen Herausforderungen umgreift. Wen wundert's da, daß gerade die Erzählung die Gattung ist, durch die man am besten die Fülle der Erfahrung mitteilt. Je dichter Glaube und Theologie an Erfahrung herankommen, desto narrativer werden sie.

Freilich ist Erfahrung nicht nur *Wissen*, sondern auch echtes *Bewußtsein*. Wenn der Mensch nämlich aus sich heraustritt und sich der Welt nähert, dann nimmt er alles mit sich, was er ist: seine apriorischen Kategorien, seine geschichtlichen und kulturellen Erfahrungen, die er geerbt hat. Die Welt zeigt sich dem Bewußtsein in Übereinstimmung mit den strukturellen Gesetzen eben dieses Bewußtseins. Daher rührt es, daß Erfahrung nie voraussetzungslos ist. Sie ist vielmehr immer modellhaft, das heißt, sie ist an einem vorgegebenen Modell orientiert und dem kritischen Filter des Aufpralls auf die ihr widerstehende Wirklichkeit unterworfen, um dann bestätigt, vervollkommnet und korrigiert zu werden. In der Begegnung zwischen Welt und Bewußtsein entsteht Erfahrung. Wie wir schon dargelegt haben, besitzt die Erfahrung die Struktur der Geschichte, einer

Geschichte, die im persönlichen oder sozialen Weg eines einzelnen oder einer ganzen Gruppe von Menschen besteht. Heute erfahren wir die Welt weder als eine numinose und mythische noch als eine in sich selbst bestehende metaphysische Größe (Natur), sondern als eine historische Größe, die sich bis heute allmählich herangebildet hat und noch offen ist für die Zukunft. Wir gehen die Welt in technisch-wissenschaftlicher Weise an, indem wir ihre phänomenologisch erfaßbaren und mit immanenten Gründen erklärbaren Gesetze untersuchen. Dies ist unser epochales Modell von Welterfahrung, neben dem es in der Vergangenheit natürlich andere Erfahrungsweisen gegeben hat, die auch in der Gegenwart noch bestehen, sei es in bestimmten Gesellschaften, sei es als eine Schicht unseres persönlichen und kollektiven Unbewußten.

Gnade ist für uns heute nur dann Gnade, wenn sie von innen her aus dieser unserer Welt hervortritt, in die wir eingebettet sind. Nur dann ist sie von Bedeutung und bringt das zum Ausdruck, was sie in christlicher Sprache bedeuten will: Gottes freie Liebe geschieht, und Gott, der *von* einer entstellten menschlichen Situation und *für* eine erfüllte und vergöttlichte menschliche Situation befreit, wird in der Welt präsent. Gnade erscheint in unserer konkreten Welt, die eben unser lateinamerikanischer Kontext ist. Deshalb müssen wir sie hier, da wir sie vielleicht mit unseren gedanklichen Kategorien zugedeckt und unsichtbar gemacht haben, wieder aufdecken. Wir müssen also in die Wirklichkeit, in der wir leben, eintauchen, um darin ihre Dimension von Geschenk und Gnade zu erfahren.

3. Sachgerechtes Verständnis der Beziehung zwischen Person und Gnade – Bedingung für die reflektierte Erfahrung von Gnade

Um den Weg zu öffnen für eine echte Erfahrung von Gnade, die wirklich als solche zu identifizieren ist, muß endlich ein bestimmter Typ in der Darstellung von Gnade überwunden werden, demzufolge sie ein Bereich oder eine (übernatürliche) Welt neben der (natürlichen) Welt ist, in der wir nun einmal leben. Die Rede ist hier also von der sogenannten übernatürlichen Ordnung, die zur natürlichen in Beziehung steht. Die erwähnten Begriffe setzen eine bestimmte Metaphysik von Gnade und Schöpfung voraus. Bekanntlich taucht der Terminus *übernatürlich* aber erst verhältnismäßig spät in der Theologie auf. Erst seit den ›Quaestiones Disputatae de Veritate‹ (1256–1259) des Thomas von Aquin wurde der Begriff ein technischer Ausdruck in der Theologie. Die ersten Hinweise auf den

Terminus finden sich bei den griechischen Kirchenvätern, welche im Rahmen eines neuplatonischen, in absteigenden Sphären hierarchisch geordneten Weltbilds von überkosmischen (*hyperkosmikós*), überphysischen (*hyperphyés*) und überhimmlischen (*hyperouránios*) Räumen sprechen. Die ersten literarischen Belege für das lateinische Wort *supernaturale* datieren aus dem 6. Jahrhundert. Mit der Übersetzung des Dyonisius Areopagites aus dem Griechischen kommt der Begriff im 8. und 9. Jahrhundert in Gebrauch und wird im 11. und 12. Jahrhundert geläufig.[11] Die Bibel wie auch die gesamte alte christliche Literatur kennt den Ausdruck *übernatürlich* nicht. Das erlösende und ungeschuldete Liebesereignis, das Gott geschehen läßt, wird hier in Kategorien wie ›Beziehung‹, ›Begegnung‹, ›Bund‹, ›wohlwollende Geste‹ usf. ausgedrückt. In diesem Sinn kann Gnade erfahren und besungen werden.

Das Thema – Erfahrung von Gnade – änderte sich spürbar, als die biblische Erfahrung in Kategorien transponiert wurde, die ihr bisher fremd waren.[12] Das biblische Denken, das auf geschichts- und personbezogenen Kategorien basierte, wurde in ein anderes Denken übersetzt, das sich an Kategorien der griechischen *physis* (Natur) orientierte. Ein Geschehen, das auf Freiheit gründet (Gnade), wird nunmehr in Begriffen von Notwendigkeit (Natur) gedacht. Damit wird die Natur zur Schlüsselkategorie, die alle anderen Begriffe beinflußt. Gnade wird seither in ihrem Bezug zur Natur und nicht mehr in sich selbst verstanden. Sie kann nur noch übernatürlich sein. Die Erfahrung geschieht im Raum der Natur; das Übernatürliche dagegen entgleitet jeder Erfahrung.

a. Natürlich und Über-natürlich: Zwei Seinsbereiche?

Im Lauf der Theologiegeschichte kam es – besonders in der Renaissance mit ihrer Entdeckung von Mensch und Natur als Gegenstand der Wissenschaft, vor allem aber in der nachtridentinischen Theologie – zum Entwurf von ›Übernatürlich‹ und ›Natürlich‹ als zwei Bereichen der Wirklichkeit, die vollständig, wohlgeordnet und in sich vollendet sind. Das hatte zur Folge, daß Übernatürliches und Natürliches als zwei Stockwerke ein und desselben Gebäudes dargestellt wurden, zwischen denen nur ein rein äußerliches Verhältnis waltet. Freilich wurde diese Vorstellung, beson-

---

11 Vgl. *de Lubac, H.*, Surnaturel, Paris 1946.
12 Zur ganzen Problematik des Verhältnisses von Natürlich und Übernatürlich vgl. *Muschalek, G.*, Schöpfung und Bund als Natur-Gnade-Problem, in: Mysterium Salutis II, 546 bis 558; *Mühlen, H.*, Gnadenlehre, in: Bilanz der Theologie im 20. Jahrhundert, Freiburg-Basel-Wien 1970, 163–178.

ders von der augustinisch geprägten Theologie, die im christlichen Denken des Westens immer ihre Geltung hatte, nie gänzlich akzeptiert. Ihr zufolge besteht zwischen Natur und Gnade nicht nur ein rein äußeres, sondern ein inneres Verhältnis. Dazu sagt F. Diekamp, ein bekannter Neuscholastiker: »Eine in sich fertige, mit allem Notwendigen ausgestattete Natur nimmt das Übernatürliche als *superadditum* in sich auf«[13] – als etwas, das ihr hinzugefügt wird.

Rein *theoretisch* betrachtet, hat dieses Verständnis offensichtlich seine Vorteile: Die Natur erscheint unabhängig, die Vernunft hat ihre Autonomie, und Gott und seine Gnade brauchen nicht die Lückenbüßer zu spielen. Die Gnade tritt ihrerseits in ihrer Eigenheit hervor. Das heißt: Sie zeigt sich als von der Natur weder ableitbar noch einforderbar. Anderseits bleibt ein gewichtiger Nachteil, der den Vertretern dieser Sicht niemals Ruhe läßt und sie immer wieder zu einem Neudurchdenken des Problems anstachelt: Gnade erscheint hier als etwas Äußerliches, eine Zugabe, die im Grunde sogar überflüssig ist.

Man braucht nur die üblichen Definitionen von ›Natürlich‹ und ›Übernatürlich‹ zu betrachten, um den Primat der Schlüsselkategorie ›Natürlich‹ und das unvertuschbar äußerliche Verhältnis zwischen Natur und Übernatur wahrzunehmen. »Naturale est, quod vel constitutive, vel consecutive, vel exegitive ad naturam pertinet«: Natürlich ist das, was zur Natur gehört, und zwar zu ihrer Konstitution, zu ihren Folgen und zu ihren Erfordernissen. Wir haben es hier also nicht mit einem statischen, sondern mit einem entschieden dynamischen Begriff von Natur und Natürlich zu tun. Natur (etymologische Herkunft: *nasci* – geboren werden) ist ein Wesen, das innerhalb eines ihm zustehenden und gehörenden Raumes agiert. So gehört es zum Beispiel zur *Konstitution* des Auges, sehen zu können. Das hat zur *Folge*, daß es effektiv alles sieht, was beleuchtet und der Fähigkeit des Auges zugänglich ist. Das Sehen-Können und das effektive Sehen bringen schließlich die *Erfordernis* des Lichts mit sich, das somit auch zur Natur des Auges gehört. Und was besagt ›Übernatürlich‹? Die Antwort wird in negativer Form gegeben: »Supernaturale est id, quod neque constitutive, neque consecutive, neque exigitive ad naturam pertinet«: Übernatürlich ist das, was nicht zur Natur gehört, und zwar weder in ihrer Konstitution, noch in ihren Folgen noch in ihren Erfordernissen. Oder positiv gewendet: »Supernatura est donum naturae indebitum et superadditum«: Übernatur ist ein der Natur nicht geschuldetes und ihr hinzugefügtes Geschenk. Dieses Geschenk muß nicht vorübergehend

13 Katholische Dogmatik II, 47 (Hervorhebung L. B.).

sein, es kann auch Dauer haben und die Erhebung der menschlichen Natur zur Teilhabe an der göttlichen Natur bedeuten (vgl. 2 Petr 1,4; siehe dazu jedoch die exegetisch-theologische Verdeutlichung weiter unten) und dadurch eine neue Wirklichkeit konstituieren.

Im Rahmen eines solchen Verständnisses ist jede Möglichkeit der Erfahrung von Gnade ausgeschlossen. Diese, die Gnade, gehört nun einmal in die Sphäre des Übernatürlichen, die das Natürliche unendlich übersteigt. Jedwede vermeintliche Gnadenerfahrung fällt in den Horizont des Natürlichen und ist damit eben keine Erfahrung von Gnade.

Die Natur besitzt eine merkwürdige Eigenschaft: Seitens der Ursünde am Anfang blieb sie verschont und unberührt. In der Theologie der Handbücher hieß es dazu: Die Ursünde beraubte den Menschen der Übernatur (*spoliatus*) und versehrte ihn in den außernatürlichen Gaben Unsterblichkeit, Integrität usf. (*vulneratus*).[14] Eine so verschonte Natur ist keine geschichtliche Natur mehr, sondern eine metaphysische Konstruktion. Es nimmt nicht wunder, daß dieses Verständnis in der Kirche zum Naturalismus und Rationalismus von Vernunft und Natur führte, die sich selbst genügten und in der Folge genau das Gegenteil hervorbrachten: die Vorstellung einer völlig verdorbenen Natur, die imstande ist, den Sohn Gottes abzuweisen und zu kreuzigen (Bajus, Jansenius, Luther).

b. Das konkrete Natürliche ist immer durchwaltet vom Übernatürlichen

In unserem Jahrhundert begann diese Konzeption von Gnade und menschlicher Natur zusammenzubrechen. Zunächst waren es Probleme pastoraler Art, die aufgrund der zunehmenden Entfremdung zwischen gesellschaftlichen Problemen und christlichen Lösungen von jener Konstruktion hervorgerufen wurden. Der Mensch ist ja schließlich nicht ontologisch aufgeteilt oder zerrissen: hier seine natürliche und dort seine übernatürliche Seite. Auch erstreckt sich das Werk Christi nicht nur auf das Übernatürliche im Menschen. Christus wollte vielmehr den ganzen – und ebenso jeden – Menschen retten und dabei dessen Dimensionen von Natur, Gnade und Sünde wie auch seiner Fähigkeit, vergöttlicht zu werden, erreichen und umfassen. Sodann war es die Theologie, die mit

---

14 Die älteste Tradition sagte: des Übernatürlichen beraubt und im Natürlichen verletzt. In der Neuscholastik heißt es dagegen: verletzt im außernatürlichen Bereich. Unter ›Außernatürlich‹ verstand man dabei ein Übernatürliches secundum quid (relatives, aber nicht absolutes). Es geht um eine Gabe, die die konkrete Natur eines Wesens übersteigt, wie zum Beispiel Unsterblichkeit im Blick auf den Menschen, freilich nicht absolut, denn man kann sich ja ein Sein vorstellen, das seinem Wesen nach unsterblich ist.

zunehmender Schärfe, aber nicht ohne stürmische und mühselige Diskussionen Erkenntnisse der Tradition bis ans Ende durchforschte und durchdachte: den natürlichen Wunsch des Menschen, Gott zu lieben, die menschliche Person als transzendentale Subjektivität, die dialogische Struktur von Gnade und Heil, den heilsgeschichtlichen Charakter des erlösenden und vergöttlichenden Angebotes Gottes usf. So definierten zum Beispiel mittelalterliche Theologen in naturphilosophischen Kategorien (*physis*) Gnade im Sinne eines Akzidens (*superadditum*). Aber wie ist ein solches Akzidens zu verstehen? Verfasser neuscholastischer Handbücher beschrieben es – allzu einfach – nach dem Modell anderer Akzidentien; denn Gnade könne ja verlorengehen, man könne sie wiedererlangen, sie könne gesteigert oder auch vermindert werden usf. Eine ganze Anzahl von Autoren ging die Frage allerdings tiefer an und gelangte zu der Erkenntnis, man müsse das Gnadenakzidens auf der Linie Bonaventuras verstehen: Gnade ist ein In-Beziehung-Stehen mit Gott. Wenn eine Wirklichkeit (Natur) zu Gott in Beziehung gesetzt wird, kommt das Übernatürlich ins Spiel, aber nicht wie ein Substantiv, indem es parallel zur ersten eine neue Wirklichkeit schüfe, sondern adjektivisch, indem es die erste Wirklichkeit selbst qualifiziert. Selbstverständlich besitzt diese Qualifikation ontologischen Charakter, aber sie bildet keinen Teil oder Ausschnitt der Wirklichkeit selbst; sie ist eine neue Seins- und Handlungsweise, die jene annimmt. Wenn nun also Gnade ein In-Beziehung-Stehen mit Gott ist, dann wird es auch möglich, diese Beziehung zu erfahren.

Wenn aber Gnade In-Beziehung-Stehen mit Gott bedeutet, dann sind wir ja schon mitten im Thema des Menschen als Person, des Menschen, der vor allem dadurch gekennzeichnet ist, daß er ein relationales Wesen ist. In der Tat, der Mensch ist ein Knoten lebendiger und wirkender Beziehungen. Ja, er wurde für eine absolute Beziehung zu Gott geschaffen, so daß es in der gegenwärtigen Geschichte überhaupt keinen Zweck gibt, der nicht immer schon das Übernatürliche wäre.

Von welcher Art ist der Geist-Mensch? Kann man ihn wirklich als eine dermaßen in sich geschlossene Natur bezeichnen, wie die Neuscholastik wollte? Die Phänomenologie des Geist-Menschen, so wie sie von christlichen Theologen dieses Jahrhunderts, mit tiefer Verwurzelung in der Tradition, entworfen wurde, wirkte sich äußerst fruchtbar für das hier anstehende Thema aus. In diesem Zusammenhang wurden Namen wie H. de Lubac, R. Guardini, K. Rahner, H. Urs von Balthasar und last but not least J. Maréchal weltweit bekannt und anerkannt. Sie rückten etliche Erkenntnisse und Perspektiven ins rechte Licht, die für die theologische

Anthropologie typisch sind, welche selbst auch schon in der Tradition immer im Kontext von Gnade und Erhöhung des Menschen zur Teilhabe an der göttlichen Natur gedacht wurde. So ist zum Beispiel der Geist im Menschen nicht eine Wirklichkeit neben der Materie (Körper) und an deren Grenzen gebunden. Geist ist der ganze Mensch, also die dem Menschen eigene Existenzweise als lebendige Transzendenz, völlige Offenheit und Panrelationalität. Der Geist-Mensch ist Sehnsucht nach dem Unendlichen, Verlangen nach Gott.[15] Nichts in der Welt, niemand in der Menschheit kann das Ansinnen hegen, ihn wirklich ganz zu erfüllen. Er will nicht nur dieses oder jenes, bedenkt nicht bloß diese oder jene Realität; er will alles und denkt die Totalität der Dinge. Nur Gott erscheint ihm als der angemessene Pol, auf den sein innerer Kompaß ausgerichtet ist. Nur in Gott findet der Mensch Ruhe. Sein natürliches Verlangen, Gott zu lieben, wurzelt in der tiefsten Schicht seines Seins, ohne die der geschichtliche Mensch, den wir kennen – und nur der interessiert uns – völlig unverständlich wäre. Also: Ohne Gnade (ohne das Übernatürliche) erreicht der Mensch nicht die Fülle seiner Menschlichkeit.

Eine solche Phänomenologie des Geist-Menschen, die von unten ansetzt, offenbart, daß der natürliche Wunsch des Menschen, Gott zu lieben, ein reales Bedürfnis in ihm darstellt. An diesem Punkt nun erhebt sich die Frage und entzündet sich die Debatte: Wenn es sich um ein Bedürfnis der Natur handelt, dann kann es nicht mehr übernatürlich sein, sondern ist gemäß der oben gegebenen Definition der Natur zuzuschreiben. Gnade verliert dann ihr Gratis-Sein und ist folglich eben keine Gnade mehr.

Aber: Es gilt mit aller Ruhe ans Werk zu gehen und nichts zu vereinfachen! Wir haben es hier mit Theologie und nicht mit Physik zu tun. Theologie ist nicht bloße Phänomenologie, die sich von unten her artikuliert, sondern auch und grundsätzlich Verständnis von oben, von Gott und seinem transzendenten Plan her (Theo-logie: Rede über Gott und von Gott her). Wer theologisch das natürliche Verlangen der Menschen betrachtet, Gott zu lieben, dem geht ein alles erklärendes Licht auf: Das Verlangen des Menschen ist nicht das Symptom eines maßlosen menschlichen Egoismus, der sich Gottes bemächtigen wollte, und nicht das Resultat eines rein menschlichen Bedürfnisses. Gott selbst hat ja den Menschen so geschaffen, daß dieser nur in Gemeinschaft mit ihm ganz Mensch und glücklich sein kann. Gott selbst hat ins Herz des Menschen die Sehnsucht

---

15 Diese Art von Analyse wurde meisterlich erstellt von *H. de Lubac*, Surnaturel, Paris 1946. Vgl. *ders.*, Le mystère du surnaturel, Paris 1956; *Rahner, K.*, Geist in Welt (Hrsg. J. B. Metz), München 1964; *ders.*, Hörer des Wortes (Hrsg. J. B. Metz), München 1963.

nach dem Unendlichen und den Wunsch eingepflanzt, ihn zu lieben und von Angesicht zu Angesicht zu schauen.[16] Gott hat den Menschen so strukturiert, daß dieser ständig seine Ohren offen hält, um die Stimme Gottes zu vernehmen, die durch alle Dinge, durch sein Gewissen, durch menschliche Vermittlungen und durch Gott selbst zu ihm dringt. »Die Dinge entstehen aus Gottes Befehl; die Person aus seinem Anruf.«[17]

Das natürliche Verlangen nach Gottesliebe ist nicht ein rein menschliches Bedürfnis, sondern Anruf, den Gott an das Innerste des Menschen richtet, den der Mensch dann hört und in einem Schrei nach Gott beantwortet. *Der Schrei des Menschen ist nur das Echo der Stimme, mit der Gott den Menschen ruft.* Alles dies ist freilich unverdient und könnte auch gar nichts anderes als unverdient sein; denn die Tatsache, daß Gott sich dem Menschen gegenüber in keiner Schuld befindet, ist ein Attribut, das der Gottheit wesensnotwendig zukommt. Diese absolute Gratuität Gottes wird auch in der Schöpfung des Menschen gegenwärtig, der seinerseits zur Gratuität berufen ist. Wie Gott im Verdienst seine eigenen Werke belohnt, so verhält es sich auch mit dem Übernatürlichen: Indem Gott das Verlangen erfüllt, das sich in unserer Natur anmeldet, entspricht er seinem eigenen Anruf und antwortet der Stimme, die er selbst im Innern des Menschen schreien läßt.

Dieses globale Phänomen muß also auch auf eine umfassende Weise gedacht werden: sowohl von unten mit einer korrekten existentiellen Analyse des Geist-Menschen als auch von oben im Lichte des Schöpfungsplans Gottes, der den Geist-Menschen zum Übernatürlichen gerufen hat, das heißt zum Zusammenleben mit ihm. Daß dieses umfassende Phänomen nur im Horizont der Unableitbarkeit und nicht nach dem Modell logischer Notwendigkeit zu begreifen ist, versteht sich aus der Struktur des menschlichen Verlangens nach Gottesliebe: Der Mensch sehnt sich nach dem Absoluten, aber nicht als handelte es sich dabei um seine Beute, nein, er verlangt nach jenem Gott, der sich als Geschenk und Freiheit gibt. Zwar verspürt der Mensch das Bedürfnis nach Liebe, aber er will nur die freie und ungeschuldete Liebe. Wenn er sich der Liebe – so absurd es auch klingen mag – mit Gewalt bemächtigen könnte, so wäre damit die gewünschte Fülle unweigerlich dahin, denn sie wäre ja nicht mehr unverdient geschenkt. Ebenso ist es mit dem Übernatürlichen.

Aus dem Dargelegten wird deutlich, daß es keine reine Natur gibt, die einen eigenen und gesonderten Bereich bildet. Rein natürlich ist nur die

16 *de Lubac, H.,* Le mystère du surnaturel, Paris 1956, 106.
17 *Guardini, R.,* Welt und Person, Würzburg 1962, 113.

Tatsache, daß der Mensch ein persönliches Subjekt ist, das die Gnade Gottes zu empfangen vermag. Das ›Geschaffene an sich‹ ist – als Bedingung der Möglichkeit für eine liebende Selbstmitteilung Gottes – ein formaler Begriff.[18] Um sich in Gnade schenken zu können, schafft Gott – ohne jede Notwendigkeit – ein persönliches Wesen (Subjekt). Dieses Minimum ermöglicht die Vereinigung Gottes mit dem Menschen und des Menschen mit Gott, auf der Erde ebenso wie in der Ewigkeit – derart, daß die Vereinigung niemals Vermischung mit Gott, Absorption Gottes oder Emanation aus Gott bedeutet. Die gnadenhafte Vereinigung zwischen Gott und Mensch findet eine Analogie im Geheimnis der Inkarnation. Auch diese kennt ja weder Vermischung noch Verwandlung, weder Trennung noch Sonderung. Die Naturen sind verschieden, damit sie sich vereinigen können, und sie sind vereinigt, weil sie nicht miteinander vermischt sind.[19] In allem aber, was über diesen rein formalen Aspekt hinausgeht, in der geschichtlichen Konkretion, in den benennbaren Inhalten des Lebens und in all den alltäglichen Geschäften ist die Natur immer von Gnade durchdrungen. Aus diesem Grund kann man nie sagen, was in unseren Erfahrungen ›natürlich‹ und was ›übernatürlich‹ ist, denn aus dem konkreten Lebenszusammenhang läßt sich weder das eine noch das andere säuberlich herausdestillieren. Wenn wir die gesamte Schöpfung im Rahmen des Christusprojekts denken – wie das später geschehen soll – dann wird klar, daß alles von Gnade durchflutet ist.

In diesem Verständnis gewinnen wir die Möglichkeit wieder, allerorten Gnade zu erfahren. Selbstverständlich – und diese Feststellung wird im Laufe unserer Besinnung nach und nach deutlich werden – ist Gnadenerfahrung immer eine vermittelte Erfahrung: In einer Geste, einem Wort, einer Begegnung, einem Gebet, einer Liturgie usf. kann man in die Dimension der Gnade eintauchen, die in all diesen Artikulationen präsent ist, und in ihnen die Erfahrung von Gnade machen.

Aufgrund dieser Interpretation des Verhältnisses zwischen Natürlichem und Übernatürlichem, die beide, ohne Vermischung und ohne Sonderung, die Einheit des menschlichen Lebens ausmachen, sah man im gegenwärtigen theologischen Denken – wie dies auch ganz konsequent in der Konstitution ›Gaudium et Spes‹ des II. Vatikanums geschieht – mehr und mehr von der Kategorie ›natürliches‹ bzw. ›übernatürliches Ziel‹ ab. Man spricht von der ganzheitlichen Berufung des Menschen (Gaudium et Spes 10, 11, 57, 59, 61, 63, 91; Ad Gentes 8). Mehr noch: Wegen des

---

18 *von Balthasar, H. U.*, Karl Barth, Köln 1951, 295–301; *ders.*, Der Begriff der Natur in der Theologie: Zeitschrift für katholische Theologie 75 (1953) 452–464.
19 Vgl. *Mühlen, H.*, Gnadenlehre (Anm 12) 174.

Unverständnisses gegenüber den Worten *natürlich* und *übernatürlich* und wegen der falschen Assoziationen, die sie hervorrufen, fordern viele, man solle diese Kategorien überhaupt aufgeben. Das beste Beispiel liefert das II. Vatikanische Konzil selbst, indem es nur ganz selten den Begriff *Natur* (Gaudium et Spes 7, 8; Ad Gentes 3) und lediglich 14mal die Vokabel *übernatürlich* benutzt. Bezeichnend ist die Tatsache, daß in der Konstitution ›Gaudium et Spes‹, in der es um das Geheimnis des in Universum und Geschichte verwurzelten Menschen geht, nicht ein einziges Mal der Begriff *übernatürlich* gebraucht wird. Der Kommentar von Flick-Alszeghy dazu: »Diese offensichtlich beabsichtigte Zurückhaltung entspricht einer Tendenz in der zeitgenössischen Theologie. In der Tat: Angesichts der bekannten Nachteile gibt es im Augenblick unterschiedliche Versuche, das Geschenk Christi zu erklären. All diese Überlegungen heben – ohne die Transzendenz Christi hinsichtlich des Geschöpfes (das heißt seinen ›übernatürlichen‹ Charakter) aus dem Auge zu verlieren – den positiven Aspekt dieses Geschenks und seinen Bezug zum Gesamt der christlichen Botschaft hervor.«[20] Juan Alfaro hat mit Erfolg versucht, Transzendenz und Immanenz der Gnade in der menschlichen Person als vernunftbegabtem und auf das Unendliche hin dimensioniertem Geschöpf zu beschreiben, ohne sich der Kategorien von Natürlich und Übernatürlich zu bedienen.[21] Die vorliegende Studie möchte nun diese Versuche fortführen.

4. Erfahrung von Gnade in der Festlegung der Gnaden-Sprache

Schon Bedeutung und Gebrauch des Wortes Gnade beinhalten, latent und vielleicht unbewußt, eine Erfahrung von Gnade. Diesen Gesichtspunkt gilt es nun hervorzuheben.

a. Gnade als Haltung des Wohlwollens

Gnade bedeutet ursprünglich das Wohlwollen eines Höhergestellten gegenüber einem Untergebenen. Sie ist eine charakteristische Eigenschaft des Oberen, der ›wohlwollend schaut und sich *huld*-voll niederneigt‹ (Bedeutung des hebräischen *ḥen*). Gnade benennt die offene und begünstigende Haltung eines Menschen, der jemandem gut will und ihm Sympathie entgegenbringt. So nähert sich Ester – trotz ausdrücklichen Verbo-

20 *Flick, M. – Alszeghy, Z.*, Fondamenti di una antropologia teologica, Florenz 1969, 433.
21 El problema teológico de la transcendencia y de la immanencia de la gracia, in: Christologogía y antropología, Madrid 1973, 227–343; *ders.*, Persona y gracia, 345–366.

tes – dem König Artaxerxes und wird von ihm wohlwollend empfangen. Es heißt, sie habe Gnade bei ihm gefunden (Est 8,5). Von Maria sagt das Neue Testament, sie habe Gnade gefunden bei Gott (Lk 1,30; vgl. Gen 18,3; 19,19; 30,27), das heißt, Gott habe sich ihr liebevoll zugewandt. Der Mensch erweist nun die Gnade und die Bedeutung von Gnade, indem er ein freundschaftliches Verhältnis zu anderen herstellt, gütig, liebevoll und wohlwollend ist und Sympathie für alle hegt; er ist nicht gut und wohlwollend, weil die anderen es sind, sondern aus seiner eigenen Haltung heraus. Dies ist Aktion, die von innen her kommt, ist Daseinsweise und nicht einfach Re-aktion auf die Güte der anderen. Gnade steht für eine natürliche ursprüngliche Haltung des Menschen, die in ihm selbst begründet liegt, und nicht Ergebnis der Güte anderer oder Reaktion auf sie ist, die ihn nun auch seinerseits gütig sein ließe. Selbstverständlich muß diese Gnade der Versuchung widerstehen, die ihr die Bosheit der anderen und die Verschlossenheit böser Situationen immer wieder bereiten. Wenn der Mensch trotz alldem gut, wohlwollend und nach wie vor offen dafür bleibt, stets aufs neue zu lieben und freundschaftliche Beziehungen mit jedermann einzugehen, dann tut sich der eigentliche Sinn von Gnade auf – als quellhafte Aktion und Haltung, die sich nicht determinieren läßt durch Bosheit, die von außen kommt. Deshalb spricht das Neue Testament auch von der Barmherzigkeit Gottes, die selbst die Bosheit der Menschen nicht in Schranken halten kann. Gott ist Liebe. Er läßt nicht davon ab, selbst Undankbare und Böse zu lieben (Lk 6,35), und ist in seiner ›Haltung‹ großzügiger Gnade gegenüber den Menschen unerschütterlich.

b. Gnade als reine Ungeschuldetheit

Dieser Sinn von Gnade als ursprüngliche und quellhafte Güte und Wohlwollen eröffnet nun das Verständnis für eine zweite Bedeutung von Gnade: Gnade als *Ungeschuldetheit und Gratis-Sein.* Quellgnade ist wohlwollend, nicht weil sie Antwort auf das Wohlwollen des anderen wäre, sondern weil sie es, wie gesagt, radikal und als Seinsweise ist. Der Mensch ist also Gnade und unentgeltliches Wohlwollen. Ich bin wohlwollend, nicht weil der andere es auch ist. Schönheit und Gnade des anderen veranlassen mich nicht, wohlwollend zu sein. Ich bin es auf eine völlig ursprüngliche und ungeschuldete Weise. Ich liebe den andern nicht, weil er schön und gut ist, sondern er ist schön und gut, weil ich ihn liebe.
Gott zum Beispiel liebt die Menschen nicht wegen ihrer Verdienste, wegen ihrer Schönheit und Güte, sondern er liebt sie einfach, weil Liebe

die eigentliche und tiefste Weise seines Seins ist. Gott ist unableitbare, ungeschuldete und unverdiente Liebe. Sein Wohlwollen gegenüber den Menschen, ja sogar gegenüber Undankbaren und Bösen (Lk 6,35), ist *gratis*, das heißt: allein von seiner Gnade.

c. Gnade als Schönheit und Zauber

Gnade (lateinisch *gratia*) bedeutet weiterhin auch *die Schönheit, den Zauber, den Charme und die Liebenswürdigkeit* eines Menschen (vgl. Sprüche 1,9; 3,22; Lk 4,22; Ilias 14,183; Odyssee 6,237). Jemand ist *grazil*, mit anderen Worten: schlank, zierlich, *graziös*. So sagt man etwa, eine Dame sei eine wahre *Grazie*.* Wenn man genau darauf achtet, was denn Gnade als Schönheit und Zauber eigentlich ausmacht, wird man finden, daß sie immer etwas zu tun hat mit Spontaneität, mit Abwesenheit von Härte, mit lebendiger Ursprünglichkeit. Dagegen wirkt nichts, was Gesetzen, traditionellem Lernen und festgelegten Regeln unterworfen ist, bezaubernd auf uns. Damit etwas wirklich als schön und charmant gilt, muß es aus einer inneren Ursprünglichkeit und aus einer Fülle kommen, die ganz spontan aufbrechen und aufleuchten. Vielleicht kann uns Péguy mit seinen Gedanken zum Keim erahnen lassen, was Gnade als Schönheit sei:

»Der Keim ist das Minimum an Rückstand, das Minimum dessen, was zuvor schon getan wurde, das Minimum von Gewohnheit und Erinnerung. Folglich ist er auch das Minimum an Altern, Rigidität, Verhärtung und Versteifung. Deshalb ist der Keim auf der anderen Seite das Maximum an Freiheit, Spiel, Agilität und Gnade. Der Keim ist von allen Dingen, die es gibt, das, was am wenigsten mit Gewohnheit zu tun hat. In ihm findet sich die absolut geringste Menge an zusammengetragener Materie, die von Gedächtnis und Gewohnheit fixiert ist. Der Keim ist dasjenige, in dem sich die geringste Materie befindet, die der Erinnerung geweiht ist. In ihm gibt es wirklich nur ein Minimum an Vermächtnissen und Erinnerungen, von Papierkram und Bürokratie ganz zu schweigen. Oder noch besser: Der Keim ist das, was der Schöpfung am nächsten kommt und was – im Sinne des lateinischen Wortes ›recens‹ – am rezentesten ist, am frischesten. Im Keim ist das Jüngste zu erkennen, das gerade und wahrhaftig aus den Händen Gottes hervorgegangen ist.«[22]

---

* Anmerkung des Übersetzers: Andere portugiesische Wortspiele an dieser Stelle des brasilianischen Originals, die sich auf das Verhalten von Kindern, auf Gesten von Menschen, auf Witze und andere Dinge beziehen, können im Deutschen nicht wiedergegeben werden.

22 Nota conjunta sobre Descartes y la filosofía cartesiana, Buenos Aires 1946, 102, zitiert von: *J. L. Segundo*, Gracia y condición humana, Buenos Aires–Mexiko 1969, 13.

Im sozialen Bereich menschlicher Beziehungen wird ganz deutlich, was Gnade ist: Die Art, wie jemand spricht, seine Gesten, sein freundlicher Blick, sein Gang, sein Lächeln, seine Gegenwart und überhaupt die Weise, wie er sich gibt, können von Gnade gekennzeichnet sein. Von Jesus sagt Lukas, daß die Worte, die aus seinem Mund kamen, voller Gnade (4,22), das heißt voller Anmut, waren. Die Reaktion auf Schönheit und Anmut sind Bewunderung und Beifall (vgl. Lk 4,22: Alle stimmten ihm bei und staunten).

Theologisch können wir sagen: Schönheit, Zauber und Charme der Schöpfung sind Manifestationen der Gnade, die Gott selbst ist, Manifestationen seines Wohlwollens und seiner Liebe, die sich gnadenhaft-graziös im Menschen verdichten. Menschliche Schönheit und Anmut sind Reflex und Gegenwart der schönen und bezaubernden Gnade Gottes in der Welt. Die Gnade Gottes (Haltung) schafft im Menschen gnadenhafte Grazie (Schönheit, Zauber). Schon Augustinus sagte treffend: »Quia amasti me, fecisti me amabilem – da du mich geliebt hast, hast du mich liebenswürdig gemacht.«

d. Gnade als unverdientes Geschenk und Gunst

Auf dieser selben Linie bedeutet Gnade auch *Gabe, Geschenk* und *Gunst, etwas, das ich unverdientermaßen empfange,* das nicht als Ergebnis meines Bemühens noch meiner Schaffenskraft zu verstehen ist. In diesem Sinn sagen wir: »Das habe ich gratis erhalten . . ., Gott begnadet jemanden . . ., der Richter begnadigte den zum Tod Verurteilten . . .« So empfängt der Mensch von Natur aus oder von Gott Schönheit und Zauber seines Lächelns oder seines Gangs. Sollte sich jemand aber aufgrund von Erziehung, Übung und Training einen Stil von Schönheit und Anmut zulegen, fällt uns das sofort auf. Dann wirkt alles gekünstelt, unnatürlich und bar jeder Spontaneität. Dahin ist die Anmut. Treffend sagte schon Aristoteles (Rhetorik 2,7), daß Gnade (*cháris*) Geschenk bedeutet, weil jedes Geschenk gleichbedeutend ist mit Übermaß, Freiheit und Ungeschuldetheit. Schönheit oder Anmut hat man, oder man hat sie nicht. Man fühlt, daß man sie nicht produzieren kann, sondern daß man mit ihnen begnadet wird. Diese Erfahrung läßt uns unmittelbar auf das theologische Problem stoßen: Der Mensch fühlt, daß er von jemandem heimgesucht wird, dessen Namen er vielleicht gar nicht kennt. Er fühlt sich überhäuft von Gaben und Geschenken, die seine Schöpfungsfähigkeit übersteigen: vom Leben, von Existenz, Bewußtsein, Gewissen, Verstand, Willen, Reflexionskraft, Liebe, von der Möglichkeit, sich auch gegen das Absolute zu entscheiden. All das ist Geschenk. In diesem Bewußtsein zu leben bedeutet die Ungeschuldetheit aller Dinge zu kosten.

e. Gnade als Dank

Als Folge des Bewußtseins, beschenkt zu sein, weiß sich der Mensch zu *Dank*** verpflichtet und fühlt sich gedrängt, ihm auch Ausdruck zu verleihen. Gnade bezahlt man mit Dank, wie auch Liebe nur mit Liebe bezahlt werden kann. Seinem Dank Ausdruck verleihen heißt Gnade erwidern, das Geschenk vergelten, sich dankbar erweisen und sich in einer Dankesschuld wissen. Die einzig mögliche Haltung eines Menschen, der sich be-gnadet, das heißt: von Gnaden (Gaben) überhäuft fühlt, der entdeckt, daß er auf die anderen einen Zauber ausübt, weil er – ohne jedes persönliche Verdienst – von Gott geliebt wird (Haltung), besteht darin, daß er die Hände faltet und Dank sagt.

Zusammenfassend können wir in theologischer Perspektive sagen: (a) Gnade ist die wohlwollende Haltung und Offenheit Gottes, der sich in seiner Liebe den Menschen zuwendet, so daß (b) auf seiten des Menschen jede Art von Schönheit, Charme und Zauber entsteht; dies sind (c) Qualitäten, die als ungeschuldete Gaben und Geschenke Gottes erlebt werden, und die (d) den Menschen dazu veranlassen, dem Geber aller Güter Dank zu sagen. In diesem Sinn formuliert das II. Vatikanische Konzil treffend: »Der Mensch, der auf Erden die einzige von Gott um ihrer selbst willen gewollte Kreatur ist [Gnade als Haltung Gottes, der sich selbst als Gabe schenkt], (kann) sich selbst nur durch die aufrichtige Hingabe seiner selbst vollkommen finden« [der be-gnadete Mensch wird zur Gnade für andere] (Gaudium et Spes 24).

5. Gnade als Ausdruck ursprünglicher Erfahrung von ›Christität‹

Weshalb wird im Neuen Testament der Ausdruck ›Gnade‹ benutzt, um die ursprüngliche Erfahrung des Christusgeheimnisses auszudrücken?[23] Das Wort ist in den Evangelien sehr selten. Mattäus und Markus verwenden es nicht ein einziges Mal. Im Johannesevangelium kommt es nur dreimal im Prolog vor. Bei Lukas findet es sich im Evangelium achtmal

---

* Anmerkung des Übersetzers: Zwischen Gnade (graça) und Dank (graça) besteht in der portugiesischen Sprache verbaler Gleichklang.

23 Vgl. die von *Fortman, E. J.*, zusammengetragenen Daten: Teología del hombre y la gracia, Santander 1970, 34–38.

(1,28.30; 2,40.52; 4,22; 6,32–34: dreimal) und in der Apostelgeschichte siebzehnmal. Nach Lukas 6,32–34 hätte Jesus das Wort nur dreimal gebraucht, und zwar im profanen Sinn und in ein und demselben Zusammenhang: »Wenn ihr nur liebt, die euch lieben, welchen Dank habt ihr da? ... Und wenn ihr nur denen Gutes tut, die euch Gutes tun, welchen Dank habt ihr da? ... Und wenn ihr nur denen leiht, von denen ihr zurückzubekommen hofft, welchen Dank habt ihr da?« (poía hymîn cháris estín). Der Sinn ist klar: Eine solche Liebe ist nicht grundlos und spontan; denn immer ist Bezahlung im Spiel (vgl. Mt 5,46). Liebe zum Feind hingegen ist Gnade (ist bezaubernd und schön), denn sie hat kein Entgelt zu erwarten. In diesem Zusammenhang bewahrt das Wort Jesu (falls es sich nicht einfach um lukanische Sprache handelt) seinen profanen Sinn von Ungeschuldetheit und Überfülle, die dem Leben Zauber verleiht. An den anderen Stellen, an denen Lukas die Vokabel cháris benutzt, spiegelt sie die typische Bedeutung des Alten Testaments in der Version der Septuaginta wider: Gunst und Wohlwollen Gottes, die auf jemanden, in diesem Fall auf Jesus und Maria, ruhen.

Als Ausdrucksträger für das Neue des Christentums gelangte das Wort ›Gnade‹ (cháris) jedoch durch Paulus ins Neue Testament. Im Corpus Paulinum findet sich die Vokabel Hunderte von Malen in den unterschiedlichsten Bedeutungen, von denen wir schon oben sprachen (Wohlwollen: 2 Kor 8,1; Charme, Liebenswürdigkeit: Kol 4,6; Gabe: Röm 12,6; Eph 4,7; Danksagung: 1 Kor 10,30), wobei sie sich jedoch in einer Grundbedeutung konzentriert: Gabe des Vaters in Jesus Christus, ungeschuldete und barmherzige Liebe des Vaters und seines Christus, die den Menschen durchdringen, ihn aus seiner Verlorenheit retten und befreien und ihn zu einem neuen Geschöpf machen (2 Kor 5,17; Gal 6,15).

Paulus spricht von der Gnade des Vaters (2 Thess 1,12; 2,16; 1 Kor 1,4; 15,10; Gal 1,15; Röm 3,24; vgl. Eph 1,6; 2,4–8; 1 Tim 1,14; Tit 2,11–14 usf.) oder auch von der Gnade Christi (2 Kor 8,9; 12,9; Röm 5,15; vgl. 2 Tim 2,1; Tit 3,7). Für Paulus gab sich Gott selbst in Jesus Christus aus reiner Huld, ohne jedes Verdienst des Menschen, und als wir noch seine Feinde waren. Mit dem Begriff ›Gnade‹ drückt er die Erfahrung aus: Gott hat mich zuerst geliebt, Gott liebt mich trotz meiner Sünde, weil er gut, wohlwollend und barmherzig ist. Paulus fühlt sich durch die Gabe begnadet, die Gott in Jesus Christus selber ist. Christus ist die Gnade und der gegenwärtige Gott. Diese begnadende Erfahrung, sich von etwas völlig Unerwartetem überrascht und überhäuft zu fühlen, sagt er mit dem Wort ›Gnade‹ aus.

Im Hintergrund steht das Erlebnis vor den Toren von Damaskus. Im Galaterbrief ruft Paulus es in Erinnerung. *Erstes Bild*: »Ihr habt doch von meinem *früheren Wandel* im Judentum gehört, daß ich über das Maß die Gemeinde Gottes verfolgt habe und sie zu vernichten suchte. In der Treue zum jüdischen Gesetz übertraf ich die meisten Altersgenossen in meinem Volk, und mit großem Eifer setzte ich mich für die Überlieferungen meiner Väter ein« (1,13–14). *Zweites Bild*: »Dann aber hat es ihm gefallen, der mich von meiner Mutter Schoß erwählte und *durch seine Gnade* berufen hat, mir seinen Sohn zu offenbaren, damit ich ihn unter den Heiden verkündigen sollte« (1,15–16). Paulus betont hier also ein Vorher und ein Nachher.[24] Nichts deutete auf seine Bekehrung hin, bis er sich von der Liebe Gottes in Christus, der ihm geoffenbart wurde, begnadet fühlte. Paulus war ein überzeugter Jude und Pharisäer. Zu seiner Bekehrung kam alles als Gabe von Gott, das heißt: als Gnade. Aber die Liebe Gottes (Gnade) setzte nicht einfach vor den Toren von Damaskus ein. Gottes Liebe ist vielmehr ewig, erwählte Paulus, noch ehe er geboren wurde, und machte sich ihn zu ihrem besonderen Ziel. Die explosive Erfahrung des Anrufs, der Liebe, der Bekehrung und der Gnade machten ihn zu einem neuen Menschen.

Seit Paulus ist Gnade vor allem Gott selbst – in seinem grenzenlosen, völlig ungeschuldeten Wohlwollen (erster und zweiter Sinn), das Gott und Jesus Christus als voll und überströmend von Gnade erweist (Joh 1,14: dritter Sinn). Sie geben sich selbst dem Menschen als Geschenk (vierter Sinn), so daß sich dieser Mensch zutiefst begnadet fühlt und sich verpflichtet weiß, Dank zu sagen (fünfter Sinn). Da also Gott selbst die Gabe (Gnade) ist, bedeutet das für den Menschen, daß er ein neues Geschöpf, ein neuer Mensch ist, an Kindes statt angenommen wird, das ewige Leben hat und daß der Geist in seinem Herzen wohnt. Das alles läßt menschliches Leben graziös, bezaubernd, jugendlich und schön sein. Jetzt können wir in der Freiheit der Kinder Gottes leben (Röm 8,14–21; Gal 4,6) und sind Erben und Herren des Alls (Gal 4,1–3). All das schwingt mit, wenn Paulus das Wort ›Gnade‹ benutzt, das das entscheidende Erlebnis seines Lebens benennt.

Wir meinen, daß die hier angestellten Überlegungen die Möglichkeit dazu eröffnet haben, Gnade, die sich auch in unserem Leben ereignen kann, in Erfahrungsbegriffen zu identifizieren. Ehe wir jedoch den Versuch machen, solche Erfahrungen in den verschiedenen Wirklichkeitsbereichen zu artikulieren, in denen sich unser Dasein entfaltet, möchten wir auf zwei

---

24 Vgl. *Segundo, J. L.*, Gracia y condición humana, 17–18.

äußerst wichtige Gegebenheiten aufmerksam machen: Das Gesetz der Inkarnation und die bleibende Gegenwart des Heiligen Geistes.

Die Menschwerdung beschreibt die Weise, in der sich Gott liebevoll der Welt nähern wollte: nicht in der Herrschaft göttlicher Macht oder in der Majestät seines Ruhmes, sondern in Demut, Kleinheit, Stille und Zurückgezogenheit. Der Welt, wie sie vor dem geschichtlichen Ereignis der Inkarnation bestand, begegnete er nicht mit Verachtung, sondern nahm sie an, verbarg sich in ihr und offenbarte sich nach und nach mit allem Respekt. Gott war und ist auch noch mit der Welt, die er angenommen hat, so sehr verbunden, daß er sich nur dann zu erkennen gibt, wenn man zuvor diese Welt akzeptiert. Das hat zur Folge, daß wir an seiner relativen Abwesenheit zu leiden haben, denn wir können ihn nur in der Vermittlung durch die Welt von Angesicht zu Angesicht sehen. Anderseits dürfen wir uns aufs höchste freuen, denn wenn wir uns der Welt zuwenden, wissen wir, daß wir uns vor allem Gott zuwenden. Fern und zugleich nah, zurückgezogen und gleichzeitig gegenwärtig, als Schweigen und Wort veranlaßt er uns, ihn unentwegt zu suchen, denn selbst wenn wir ihn kennen, bleibt er doch nach wie vor der Unbekannte, bis die Schranke der Welt fällt. Solange sie aber nicht fällt, bleibt Theologie immer ein Entziffern der Gegenwart göttlicher Liebe und ein Lernen von Erfahrung zu Erfahrung. Das Gesetz der Inkarnation wie auch unsere oben angestellten Überlegungen zum rechten Verständnis des Verhältnisses zwischen Person und Gnade sagen uns, daß die Erfahrung von Gnade nie reine Gnade, sondern auch Welt ist, wie die Erfahrung von Welt nie bloß Welt, sondern auch Gnade ist. Es ist wichtig, diese grundlegende Feststellung präsent zu halten, damit wir im folgenden den Sinn aller unserer Reflexionen über Erfahrung von Gnade in einer wissenschaftlich-technischen Welt, in der Lage Lateinamerikas und auf dem persönlichen Lebensweg recht verstehen. Niemals geht es um eine Epiphanie, sondern nur um eine vermittelnde Dia-phanie von Gnade, die mit anderen Erfahrungen in Zusammenhang steht. Die Dinge der Welt sind keine Illustrationen von Gnade, sondern Vermittlungen, das heißt Sakramente der Gnade. In ihnen und durch sie kommt die Gnade zu uns.

Wenn wir die christologische Dimension (Menschwerdung) betonen, dürfen wir keinesfalls die pneumatologische Seite weniger hervorheben.[25] Christus und der Heilige Geist sind in der Sprache der Kirchenväter die zwei Hände Gottes, die er uns entgegenstreckt, mit denen er uns faßt,

---

25 Vgl. die Arbeit von *Comblin, J.*, A missão do Espírito Santo: REB 35 (1975), 288–325. Dieser Aufsatz ist von besonderem programmatischem Wert.

umarmt und rettet. Wenn auch im christlichen Denken die inkarnatorisch-christologische Komponente minuziös erarbeitet wurde, so kann man dasselbe leider nicht von der pneumatologischen sagen; ihr Fehlen verursachte schwerwiegende Entstellungen besonders im Verständnis der Gnade und all dessen, was die Erfahrung des Glaubens anbelangt. Sowohl die Sendung des Sohnes als auch die Sendung des Geistes sind – wie wir in den Kapiteln XVII und XVIII sehen werden – ausschlaggebend dafür, daß wir das Christentum verstehen. Das Neue Testament hat das sehr wohl gesehen. Deshalb stellt es an den Ursprung des Erlösungsgeschehens gleichermaßen den Sohn und den Heiligen Geist, Ostern und Pfingsten.

Mehr noch als der Sohn hält sich der Heilige Geist in Geschichtsbewegung und Welt verborgen, obschon er mit beiden aufs innigste verbunden ist. Die Menschen erfuhren ihn als namenlose Kraft, als unfaßbare Dynamik und als Wind, den man zwar spürt, der aber unsichtbar bleibt. Nach Pfingsten jedoch kennen wir seinen Namen: Er ist der Geist Gottes und der Geist Christi, er ist der Heilige Geist. Seine Gegenwart offenbart sich in der menschlichen Erfahrung von Glauben, Heil und Gnade. Hinter diesen Dingen verbirgt er sich, wobei er die Persönlichkeit der Menschen nicht herabmindert, sondern sie erweckt: in ihrer Freiheit, in ihrer schöpferischen Phantasie und in ihren Erfahrungen, die den Wagen der Geschichte am Laufen halten oder seine Fahrtrichtung ändern können. Wenn also von Gnadenerfahrung die Rede ist, könnte man immer auch Erfahrung des Heiligen Geistes sagen. Alles, was Leben, Prozeß, Erfahrung, Erlebnis, Aufbruch von Neuem und Noch-nicht-Dagewesenem, Kraft, Unerschrockenheit, Sprengen von verschlossenen Grenzen, offener Horizont, Transzendenz, geheime, diskrete, aber wirkmächtige Gegenwart ist – all das und noch viel mehr hat mit dem Heiligen Geist und seinem Wirken in der Welt zu tun.

Die Erfahrung von Gnade machen heißt sich von der immer gegenwärtigen Präsenz des Geistes erfassen lassen, die uns überkommt, sich ereignet und uns in dem Maße begegnet, in dem wir uns mit ihm verbinden.

VI. Gnade in der Erfahrung unserer wissenschaftlichen und technischen Welt

Die typische Erfahrung unserer Zeit wird in Wissenschaft und Technik gemacht. Wissenschaft hat ihre Funktion im Wissen, und Wissen bedeutet Macht. Wissenschaft als Wissen und Technik als Macht kennzeichnen die Epochalität des heutigen Menschen, im Unterschied zum geschichtlichen Menschen anderer Zeiten.

1. Wissenschaft und Glaube als unterschiedliche Grundhaltungen

Noch bevor Wissenschaft sich in Inhalten oder in einer konstruierten Systematisierung darstellt, besteht sie in einer bestimmten Grundhaltung. Diese Haltung ist nicht psychologisch zu verstehen, sondern ontologisch: als Seinsweise oder, anders ausgedrückt, als Einheit schaffende und totalisierende Sicht. Wissenschaft als systematisches Gefüge ist schon Gestaltwerdung und Projektion dieser Grundhaltung. Diese ist durch Objektivierung gekennzeichnet. Durch sie entfernt sich der Mensch von der Natur, und in dem Ansinnen, selbst Gegenstand seines Wissens zu werden, wendet er sich auch von sich selbst ab. Durch die Objektivierung wird die unmittelbare Übereinstimmung zwischen Mensch und Welt gebrochen, und es kommt zu einem Dualismus, der Subjekt und Objekt voneinander spaltet, so daß es der Vermittlung durch Sprache bedarf.[1]

---

1 Bei unseren Darlegungen über Wissenschaft und Technik verdanken wir viel den Werken und Vorlesungen von *J. Ladrière*, La science, le monde, la foi, Paris–Tournai 1972; Vie sociale et destinée, Gembloux 1973; L'articulation du sens. Discours scientifique et parole de la foi, BSR, Paris 1970; deutsch: Rede der Wissenschaft – Wort des Glaubens, München 1972; vgl. auch: *Thils, G.*, La fête scientifique: d'une praxéologie scientifique à une analyse de la décision chrétienne, BSR, Paris 1973; *Whitehead, A. N.*, Ciência e mundo moderno, Lissabon o. J.; *Lakatos, L., Musgrave, A.*, Criticism and the Growth of Knowledge, Cambridge 1970; *Habermas, J.*, Erkenntnis und Interesse, Frankfurt 1968, besonders den Teil über Technik und Wissenschaft als Ideologie, 146–148. Zur Grundproblematik vgl. das Werk von *Rombach, H.*, Substanz, System, Struktur. Die Ontologie des Funktionalismus und der philosophische Hintergrund der modernen Wissenschaft, 2 Bd., Freiburg–München 1966. Nach unserer Einschätzung ist dieses Werk nach wie vor noch am gründlichsten und entspricht am besten unseren Überlegungen. Wichtig ist überdies das Buch von *Roqueplo, R.*, L'énergie de la foi, Science-foi-politique, Paris 1973.

a. Eigenart des wissenschaftlichen Projekts

Vorrangige Aufgabe der Wissenschaft ist es, zu verstehen und zu erklären, das heißt: alles zu rechtfertigen, was mit Notwendigkeit geschieht,
eine Beschreibung der Gesetze des Realen zu liefern und Überraschungen angesichts der Ereignisse auszuschließen. So hört zum Beispiel der
Regen auf, ein überraschendes Phänomen zu sein, sobald man jene Gesetze kennt, nach denen Wolken und elektrische Entladungen entstehen,
die dann zusammen dazu führen, daß es zu regnen beginnt.

Wissenschaft interessiert sich für Gründe, Gesetze und Ursachen. Die
Fakten sind nichts weiter als Ausgangspunkte und Phänomene lediglich
Vorwände. Die Wissenschaft begnügt sich nicht mit ihnen. Ihre Intention
besteht vielmehr darin, das intelligible System zu erfassen, das sich hinter
den bloßen Tatsachen verbirgt. Fakten sind nur äußere Züge und Projek-
tionen des Systems. Daraus folgt, daß für die Wissenschaft Verstehen und
Erklären bedeutet, von der Ebene der Fakten zur Ebene des Systems
vorzudringen und sich auf den Standpunkt der *theoria* zu erheben. Diese
bringt den wissenschaftlichen Logos zum Ausdruck, der in sich selbst
seine eigene Klarheit besitzt und damit den Menschen im sinnlichen
Dunkel der Welt der Phänomene Orientierung ermöglicht.

Da diese Haltung Einheit schafft und totalisiert, erzeugt sie eine eigene
Welt, die nicht die Summe der einzelnen Daten ist und damit erst im
nachhinein zustande kommt, sondern ein Stil, zu existieren und zu koexi-
stieren, ist, der den einzelnen Daten erst die Entstehung ermöglicht und
Bedingung für ihr Erscheinen ist. Diese Welt ist also früher, da sie ja der
Grundhaltung selbst entspringt. Vertiefte erkenntnistheoretische Einsichten der letzten Zeit haben gezeigt, daß Wissenschaft aus der Interaktion zwischen Subjekt, Objekt und Sprache entsteht. In ihr artikuliert sich
der Logos (die Verstehbarkeit) der Welt. Dieser benutzt den Menschen
als Medium seiner Enthüllung. Der Logos der Welt erweckt den Logos
des Menschen, und Wissen-schaft wird zum Be-wußt-sein. Die Begegnung beider in einer dialektischen Erfahrung läßt die wissenschaftliche
Haltung entstehen, die sich in der Wissenschaft als Wissenssystem konkretisiert. Ohne die Wirkung des Logos auf den Menschen wird dieser
nicht wach, und ohne das Wachwerden des Menschen tritt der Logos nicht
aus seiner Anonymität hervor. Aus diesem Grund ist der Mensch verantwortlich für seine Welt und für das Durchsichtigwerden der Intelligibilität
der Welt.

Obwohl Wissenschaft das epochale Merkmal unserer Zeit ist, hat sie ihre
Ursprünge in den dunklen Mäandern der Mythologie, in der es immer

darum ging, um die eigentlichen Ursprünge aller Dinge zu wissen. Heute ist sie es, die all die Wünsche aus den alten fremdartigen Magien trägt und erklärt – im geheimen Verlangen des Menschen, mit seinem Wissen und seiner Macht die Geheimnisse der Erde zu beherrschen. Die Wissenschaft hat also die anderen, früheren Welten, die mythische und die metaphysische, nicht ausgelöscht. Sie ist ihre Verlängerung und dialektische Überwindung. Obgleich jene Welten heute ihre epochale Bedeutung eingebüßt haben, behalten sie nach wie vor ihre Gültigkeit: Sie sind Fenster, durch die wir die Wirklichkeit betrachten und konstruieren. In seiner letzten Tiefe ist unser Denken noch immer *sauvage et primitif* und metaphysisch und wird es auch stets bleiben. Was aber das Auftreten wissenschaftlichen Wissens eigentlich bedeutet, können wir nicht ermessen, denn die Wissenschaft befindet sich noch im Prozeß ihres geschichtlichen Werdens. Immerhin aber zeigt sie eine Möglichkeit des Menschen, sich geschichtlich zu entfalten.

b. Eigenart des technischen Projekts

Technik besteht in der Umsetzung von Wissen in die Macht, die Welt zu verändern. Sie ist ein wirkliches kollektives Projekt, das seinen Weg und seine Ziele hat. Mit anderen Worten: Technik ist nicht einfach eine Serie von Entdeckungen und Veränderungen, sondern ein echtes Unterfangen, das Einheit und Eigenbedeutung besitzt. Was schon im Blick auf Wissenschaft gesagt wurde, gilt auch hier, daß wir nämlich den vollen Sinn von Technik noch gar nicht adäquat zu erfassen imstande sind, weil wir ja noch mitten in der Phase ihrer Verwirklichung stecken.

Der potentielle Charakter der Welt begründet das technische Projekt. Denn in der Natur finden sich nicht-stabile Elemente, die offene Möglichkeiten darstellen, dem Menschen zugänglich sind und die der Mensch zu seinem Wohl nutzen kann. Interesse und Nützlichkeit machen die Ziele des technischen Projekts aus. Jedoch: Diese Ziele verursachen eine wahre Spirale je neuer Bedürfnisse und Interessen, so daß es zu einer immer hoffnungsloseren Beschleunigung technischer Anwendungen kommt. Wohin wird das führen? Eine völlig offene Frage! Die Tendenz technischer Manipulation geht dahin, sich vom Anwendungsbereich in der Natur auf die Beeinflussung und Kontrolle gesellschaftlicher Mechanismen auszuweiten. Mißbräuche, die sich auf diesem Gebiet ankündigen, nehmen in einigen Bereichen – wie dem der genetischen Manipulation – geradezu apokalyptische Züge an.

2. Erkenntnistheoretischer Status der Wissenschaft und erkenntnistheoretischer Status des Glaubens

Wer innerhalb der technisch-wissenschaftlichen Welt von Glauben spricht, steht schon in einem anderen erkenntnistheoretischen Modell oder – um einen Ausdruck von Pascal zu benutzen – in einer anderen Wissensordnung. Für die Wissenschaft gibt es die Kategorie des Glaubens nicht. Deshalb kann Glaube auf ihrer Ebene weder in Abrede gestellt noch behauptet werden. Er gelangt einfach nicht in den Horizont wissenschaftlichen Thematisierens. Der Glaube ist innerhalb einer anderen Grundhaltung von Bedeutung.

Glaube drückt nämlich die Grundhaltung jenes Menschen aus, der sich bezogen weiß auf eine transzendente Größe, auf etwas letztgültig Wichtiges, das mit einem Geheimnis in Verbindung steht. Dieses Geheimnis wird in den Religionen Gott und im Christentum Jesus Christus und Heiligste Dreifaltigkeit genannt. Einem Menschen mit dieser Haltung beginnen alle Dinge der Welt als Offenbarungsformen des Transzendenten und des Geheimnisses zu erscheinen. Glaube besagt also, daß der betreffende Mensch freudig die Abhängigkeit von einem Transzendenten annimmt und die Wirklichkeiten der Welt als dessen Erscheinungsformen deutet.

Die Grundhaltung des wissenschaftlichen Geistes orientiert sich nicht am Geheimnis, sondern am Logos von Rationalität und Macht. Für sie gibt es ja keine geheimnisvolle Instanz, die durch Vernunft oder manipulative Prozesse nicht verletzt werden dürfte. In dieser Beleuchtung zeichnet sich der Unterschied in den erkenntnistheoretischen Modellen von Wissenschaft und Glaube ab.

Jedes von beiden besitzt seine rechtmäßige Autonomie und seine eigene Art von Intelligibilität. Das II. Vatikanische Konzil überwand Jahrhunderte voller Polemik, als es sagte: »Die Heilige Synode macht sich . . . die Lehre des Ersten Vatikanischen Konzils zu eigen, daß es ›zwei verschiedene Erkenntnisordnungen‹ gibt, nämlich die des Glaubens und die der Vernunft, und daß die Kirche keineswegs verbietet, ›daß die menschlichen Künste und Wissenschaften bei ihrer Entfaltung, jede in ihrem Bereich, jede ihre eigenen Grundsätze und ihre eigenen Methoden gebrauchen‹. Daher bejaht sie ›in Anerkennung dieser berechtigten Freiheit‹ die rechtmäßige Eigengesetzlichkeit der Kultur und vor allem der Wissenschaften.«[2]

2 Pastoralkonstitution ›Gaudium et Spes‹ Nr. 59.

Diese Feststellungen des Konzils bedeuten keinen Rückzug aus apologetischer Verzweiflung, der dem Gegner schließlich Recht gibt, nachdem alle Versuche, ihn zu überzeugen, fehlgeschlagen sind. Sie stellen vielmehr einen objektiven Schritt nach vorn in dem Sinn dar, daß das Problem jetzt endlich richtig gestellt ist, und zwar nicht mehr auf der Ebene von Inhalten, sondern von fundamentalen Haltungen der betreffenden Menschen.

Aber da ergibt sich eine Schwierigkeit: Welche Art von Einheit besteht zwischen den verschiedenen Ordnungen, von denen jede legitim und autonom ist? Ist der Mensch dazu verurteilt, insuliert auf unterschiedlichen Erkenntniskontinenten zu leben? Schließlich erlebt doch der konkrete Mensch in einer vitalen Gleichzeitigkeit immer wieder verschiedene Grundhaltungen: das wissenschaftliche, das politische, das glaubensmäßige Projekt usf. Daher die Frage: Ist jedes Projekt mit seinen je eigenen Weisen von Totalisierung ein in sich geschlossenes Absolutum, oder waltet eine Interaktion zwischen den Projekten, so daß das eine für das andere offen ist? Wie ist dann aber diese Offenheit zu verstehen?

Wir vertreten hier die These, daß in der Radikalisierung einer jeden dieser Ordnungen der gemeinsame Nenner aller erscheint: das Einmünden in ein Nicht-Wissen, Nicht-Können und in ein dunkles Geheimnis. Dieses macht die Form aus, in der das Geheimnis Gottes oder der Gott des Geheimnisses erscheint, und zwar als ontologische Grundlage und ständige Offenheit aller erkenntnistheoretischen Modelle des Menschlichen. Wir möchten das an der Grundhaltung der Wissenschaft belegen. Auf der Suche nach der Dimension ihrer eigentlichen Fundamente stoßen Wissenschaft und Technik auf ihre Grenzen. Damit erleben sie das Auftauchen einer nicht mehr wissenschaftlichen Wirklichkeit, die jedoch ihre wissenschaftliche Haltung erst begründet.

3. Die Radikalisierung der Ordnung der wissenschaftlichen Erkenntnis als mögliches Auftauchen der Ordnung von Glaube und Gnade

Weithin hat die wissenschaftliche Haltung ihr Anfangsprojekt von Wissen und Macht über die Natur schon verwirklicht: Was implizit war, ist mittlerweile expliziert worden, die geeigneten Methoden sind gefunden, Selbstsicherheit ist aufgebaut, Konsequenz wurde erreicht, und in ihren eigenen Augen wurde die Wissenschaft inzwischen zu einer konstitutiven Dimension des menschlichen Bewußtseins. Deshalb konnte sie in alle

Welt exportiert werden, denn sie entsprach den Bedürfnissen des menschlichen Bewußtseins im Westen wie im Osten. Obwohl sie sich zunächst im Westen artikulierte, ist sie dennoch nicht westlich, sondern einfach menschlich.

Trotzdem blieb Wissenschaft nicht nur operatorisches Wissen, das heißt: umgestaltende Technik. Schon seit dem vorigen Jahrhundert, nein: schon vorher, seit Kant, bestand immer eine doppelte Sorge: Wissenschaftlichkeit und Technizität. Mit anderen Worten: Besonders das europäische Denken sorgte sich immer um die Dimension der Grundlagen von Wissenschaft (Wissenschaftlichkeit), wie auch um die ethische Dimension von Macht und deren Grenzen (Technizität). Diese zwei charakteristischen Züge wissenschaftlich-technischer Grundhaltung veranlassen Wissenschaft und Technik offenbar dazu, ihren je eigenen Bereich zu übersteigen. So beweisen beide, wenigstens in wichtigen Sektoren ihrer Tätigkeit, daß sie reif genug geworden sind, sich zu sorgen um eine Bewußtmachung ihrer spezifischen Grundlagen, ihrer Grenzen und ihres eigenen Horizonts (erkenntnistheoretischen Standes), von dem aus sie operieren. Wissenschaft fragt sich selbst nach den Bedingungen, unter denen sie überhaupt erst möglich wird, sowie nach den Ambitionen, die sie verwirklicht. Darüber hinaus versucht sie, die Komponenten der Bewegung, die sie artikuliert, zu verdeutlichen. Indem sie dies also tut, hinterfragt sie selbst ihre Begriffe und begibt sich in einen Prozeß der Radikalisierung, für den ja bereits die Philosophie das erste Modell abgegeben hat.[3] So machte sich die Wissenschaft auch die Sorge der Philosophen zu eigen, trat in Distanz zu sich selbst und schuf damit – indem sie ihre eigenen Grenzen und den relativen Geltungsbereich ihres Diskurses anerkannte – eine reale Chance zur Selbstüberwindung. Namen wie Einstein, Max Born, Heisenberg, von Weizsäcker, Jordan, Wittgenstein und J. Monod, um nur einige berühmte zu nennen, erwiesen sich als Meister kritischen Bewußtseins gegenüber ihrem eigenen wissenschaftlichen Horizont.

Zunächst einmal konstatierte man, daß das wissenschaftliche Faktum immer gesetzt wird, was besagt, daß es Projektion eines vorgängigen hermeneutischen Modells ist: Der Forscher findet nur das, was zu suchen er ausgezogen ist. Das hermeneutische Modell ist aber seinerseits immer Projektion des Menschen, seiner Fragen wie auch seines gesellschaftlichen Interesses. Sobald dieses Modell einmal gesetzt ist, herrscht Objek-

<hr />

3 Vgl. *Ladrière, J.,* Intégration de la recherche scientifique dans la vie chrétienne, in: La science, le monde la foi, 35–53, bes. 37–38. Auch: Les sciences humaines et le problème du fondement, in: Vie sociale et destinée, 198–210.

tivität, weil man ja ein Verhältnis zwischen Modell und Erfahrung herstellen will. Aber das Modell ist Produkt des Menschen. Aus diesem Grund hat die Wissenschaft, soviel ihr auch an wissenschaftlicher Objektivität gelegen sein mag, immer eine anthropologische, politische und gesellschaftliche Seite. Heute mehr als in irgendeiner anderen Phase der Geschichte unterliegt die Wissenschaft der Kontrolle durch die politische Macht. Damit große Forschungsprojekte zustande kommen – ein einzelner Forscher in seinem Privatlabor ist heute unvorstellbar geworden –, bedarf es aufwendiger Mittel, über deren Verwendung immer in Funktion politischer Interessen entschieden wird. Es ist die Politik, die der Wissenschaft die Bedingungen diktiert, die Aufgaben stellt und die Ziele festsetzt.

Diese phänomenologische Feststellung bestätigt ihrerseits, daß Wissenschaft eine Grundhaltung des Menschen, eine Seins- und Lebensweise in der Welt ist. Deshalb ist sie kein bloßes Instrument. Sie ist auch Instrument, aber vor allem ist sie eine menschliche Haltung, die das Instrument hervorbringt. So ist es durchaus berechtigt zu sagen, die Atombombe sei vor allen Dingen eine geistige Atmosphäre, die fähig ist, dieses Ungeheuer zu produzieren. Nicht so sehr die Atombombe ist eine Gefahr oder ein Problem. Das eigentlich Problematische ist der Geist, der es fertig bringt, die Atombombe zu produzieren. Warum hat sich der Mensch im Lauf der Geschichte auf Wissen ausgerichtet, auf Entfernung von der Natur und Manipulation an dieser und an sich selbst? Offenbar sah er einen Sinn darin und suchte auf diese Weise nach menschlicher Verwirklichung. Aber was für eine menschliche Verwirklichung kündigt sich da an? Wissenschaft und Technik weisen den Menschen als ein vervollkommnungsfähiges Wesen aus, das die Welt transzendiert und in der Lage ist, die Welt und sich selbst zu hinterfragen. Aber sein Frageimpetus ist allumfassend: Fragen wurden schon an die Welt gerichtet, fragend ist der Mensch schon sich selbst angegangen, und alles deutet darauf hin, daß das Fragen der Menschen kein Ende haben wird. Der Mensch ist eine einzige offene Frage. Woher kommt ihm die Antwort, die ihn befriedigt und damit den Sinn seines Suchens erfüllt? Kann die Wissenschaft das leisten? Gegen Ende seines ›Tractatus logico-philosophicus‹, in dem er auf eine bis heute unüberbotene Weise wissenschaftliches Sprechen einer kritischen Überprüfung unterzieht, kommt L. Wittgenstein zu dem Schluß: »Wir fühlen, daß selbst, wenn alle *möglichen* wissenschaftlichen Fragen beantwortet sind, unsere Lebensprobleme noch gar nicht berührt sind« (Satz 6.52).[4]

4 *Wittgenstein, L.*, Schriften I, Frankfurt a. M. 1969, 82.

Wissenschaft kann alle Phänomene der Welt erklären, die Welt selbst ist Geheimnis.[5]

Wissen setzt Nicht-Wissen, Forschung Ignoranz voraus. Was ist es also, das den Menschen unentwegt nach Wissen streben läßt und ihn zur Domestizierung der Welt treibt? Offenbar ist der Mensch von einem Dämon beherrscht, der ihn unablässig zur wissenschaftlichen und technischen Eroberung anstachelt. Dennoch kann er diesen Dämon nicht in den Schlingen seiner eigenen Wissenschaft einfangen, denn er hat ihn nun einmal nötig, um Wissenschaft von sich selbst treiben zu können. Wissenschaft wird es niemals fertig bringen, ihre eigenen Grundlagen zu erfassen. Sie baut auf diesem Fundament auf, aber sie weiß nicht, was es eigentlich ist. Wenn sie es verstehen und in einer Formel erfassen will, setzt sie es schon voraus, gerade weil sie es ja in einer Formel packen will. Wissenschaft kommt immer im nachhinein. Deshalb kann man sagen, Wissenschaft habe Nicht-Wissen zur Grundlage, sie basiere auf einem Geheimnis, das seinerseits a-rational sei. Zwar sucht sie nach absoluter Rationalität und den ausdrücklichen Gründen für alles, aber es gelingt ihr nicht, dieses Fundament rational zu erheben. Ja, die Vernunft selbst, nächstliegende Grundlage der Wissenschaft, ist a-rational. Das heißt: Gründe beginnen mit der Vernunft; sie selbst ist ohne Grund; denn es gibt keinen plausiblen Grund, der die Existenz von Vernunft fordert. Sie ist absolut ungeschuldet. Sie ist einfach da, und so begründet sie Rationalität auf einer a-rationalen Grundlage. Es gibt demnach das A-rationale. Dieses erkennt die Wissenschaft nun als ihre Grenze an. So stößt sie auf das Geheimnis. Geheimnis ist hier aber nicht das, was nicht mehr erkannt werden kann, sondern das, was allem Erkennen vorausgeht und was auch dann noch bleibt, wenn das Erkennen schon abgeschlossen ist. Es ist das Fundament, das Wissen und Wissenschaft erst ermöglicht.

Dieselbe Erfahrung tut sich auch auf von der Erfahrung der Technik her – Technik als Quelle von Macht und Veränderung von Welt und Mensch. Welches sind ihre Grenzen? Unversehens hat sich das technische Projekt dermaßen geäußert und ausgeweitet, daß sich der Mensch der schrecklichen und zerstörerischen Gefahr bewußt wurde, die es bedeutet. Diese zerstörerische Macht entgleitet mehr und mehr einer kleinen und noch kontrollierbaren Elite, die zuvor die Entscheidung hatte, und gelangt in immer zahlreichere Hände. Physische, chemische und bakteriologische Waffen können unseren ganzen Planeten in Gefahr bringen; die Ausbeutung der Reichtümer der Natur ist so weit fortgeschritten, daß man ihre

5 Ebd. 84.

Erschöpfung vorausberechnen kann; das Gefälle im Ökologiehaushalt und der Bruch des Menschen mit der Natur beeinträchtigen mittlerweile schon ganze Bevölkerungen. So stehen wir vor dem Problem, die Macht der Technik kontrollieren und eingrenzen zu müssen. Aber nach welchen Kriterien?[6] Technik ist um so perfekter und exzellenter, je besser sie ihr Ziel – das ja Macht ist – erreicht. Wenn man eine absolute Waffe herstellt, die alle anderen Waffen überflüssig macht, weil sie alles zerstören kann, dann gilt eine solche Waffe als wissenschaftlich-technischer Erfolg. Wer wird die Macht überhaupt noch einschränken können? Wissenschaftlich-technische Kriterien mit Sicherheit nicht, denn diese zielen doch auf immer kohärentere Wirkungen ab. Hier wird sich die wissenschaftliche Grundhaltung selbst zu Optionen aufgerufen fühlen, die von einer anderen Grundhaltung inspiriert sind, von einem Humanismus oder einem Glauben. Sie wird ihre Grenzen spüren und eine Position einzunehmen haben, die sich von ihrer eigenen unterscheidet. In dieser Radikalisierung tritt dann aus dem wissenschaftlich-technischen Projekt jene Dimension hervor, in der es bezeichnend wird, von Gnade und nicht mehr von Wissenschaft und Macht zu sprechen, und die damit für die Wissenschaft selbst zu einer Hilfe und einem Korrektiv werden kann. Jetzt geht es nicht mehr um die Erklärung, sondern um die Suche nach Sinn.

Wissenschaft hat zu tun mit dem *Wie* dieser Welt: wie sie entstanden ist, wie sich ihre Phänomene zeigen, und wie ihre Strukturgesetze angelegt sind. Nichts aber hat sie zu tun mit der Tatsache, daß die Welt überhaupt existiert. Welt ist Voraussetzung für sie. Die Existenz der Welt selbst kann wissenschaftlich nicht erklärt werden. Es gibt keinerlei Grund, der die Existenz der Welt zwingend forderte. Die Welt ist schlicht da und bedeutet – auch für die Wissenschaft – eine ungeschuldete und unableitbare Gabe. Ich kann untersuchen, *wie* die Rose ihre Farben zum Blühen bringt und *wie* ihre inneren Strukturen sind. Jedoch: »Die Ros' ist ohn' warum; sie blühet, weil sie blühet; sie acht' nicht ihrer selbst, fragt nicht, ob man sie siehet« (Angelus Silesius). Ich kann einen Gummibaum erschöpfend untersuchen, beobachten, wie sich seine Frucht bildet, und überlegen, was sich technisch mit ihm anfangen läßt. Aber in jedem Fall setze ich die Existenz des Gummibaumes selbst schon voraus. Einen Grund, der seine Existenz zwingend notwendig macht, gibt es nicht. Er ist ungeschuldetes Geschenk der Natur.

Für Wissenschaft ist also die Welt ein Geheimnis und die Existenz der Dinge, die sie erforscht, eine Gnade, eine weder reflektierte noch thema-

---

6 Vgl. *de Lima Vaz H.*, O ethos da atividade científica: REB 34 (1974) 45–73.

tisierte Voraussetzung. Doch die Wissenschaft, die Bewußtsein wird, über das reflektiert, was sie tut, ihre eigenen Fundamente erarbeitet und sie zu erobern sich bemüht, stößt schließlich auf das, was Gnade bedeutet und im Horizont der Ordnung des Glaubens zum Ausdruck kommt. Nicht die Theologie leistet eine solche wissenschaftliche Radikalisierung. Die Wissenschaft selbst hat sich radikalisiert und sich Rechenschaft von ihren Grenzen gegeben. So kann sie verstehen, daß eine andere Ordnung auftaucht, in der das thematisiert wird, was sie in ihrem wissenschaftlich-technischen Modell nur erahnen konnte: Gnade und Glaube.

In der Radikalisierung des Horizonts also, an dem Punkt, an dem dieser über sich selbst hinauswächst, eröffnet sich die Möglichkeit einer Gemeinsamkeit und eines bedeutsamen Gesprächs, in dem es um Gott in der Welt geht, um seine Gnade, um Sünde und Unheil, mit einem Wort: um Glauben.

4. Die Ordnung der Gnade: Wissenschaft und Technik als Gnade und Un-Gnade

Im Bereich des Glaubens wird genau das zum Thema, was an der Grenze des wissenschaftlichen Arbeitens auftauchte: das Geheimnis und das Namenlose, das sich als Seinsgrund aller Dinge ankündigt. Für den Glauben ist Gott die gründende Kraft von Wissenschaft, Technik und von allen Dingen in der Welt. Gott ist somit kein Phänomen oder ein Seiendes wie alle jene, die die menschliche Erfahrung antrifft. Wäre er das, dann wäre er ein Teil der Welt und damit irgendein Phänomen. Dann wäre er analysierbar, beschreibbar und Inhalt wissenschaftlichen Sprechens. Gott existiert nicht wie Dinge existieren, sondern ist Fundament der Existenz. Seine Seinsweise ist die des Geheimnisses. Das Wesen des Geheimnisses besteht aber darin, unsagbar zu sein, unerreichbar durch menschliches Reden, immer transzendent, immer präsent und immer Fundament – auch des Bemühens, das Fundament selbst zu thematisieren, und des Versuchs, es ins Wort zu heben. Gott wird also als der Absolute erkennbar, der sich weder außerhalb noch oberhalb der Welt befindet, sondern in der Wurzel der Welt selbst ist. Die Welt ist Manifestation Gottes. Gott ist in ihr zugegen, aber er geht nicht in ihr auf, als wäre er ein Teil der Welt. Etwas Ähnliches geschieht mit dem Menschen. Der folgende Vergleich soll angeführt werden, um zu verdeutlichen, was es bedeutet, daß Gott nicht in die Welt als ein Teil oder ein Stück von ihr eingeht und daß die Welt Manifestation Gottes ist: Der Mensch kann ein Buch, ein Standbild oder eine Rede hervorbringen. All diese Dinge sind nicht der Mensch selbst, sondern Manifestationen von ihm. Der Mensch geht nicht ein in seine Produkte, sondern bewahrt ihnen gegenüber eine ständige Transzendenz. Zwar kommen die Dinge von ihm, sie künden von ihm und existieren aufgrund des Vermögens des Menschen, aber sie sind nicht der Mensch selbst. Ähnlich verhält es sich mit Gott: Er erzeugt alles und ist in allem als sein Fundament präsent. Selbst aber bewahrt Gott immer seine Transzendenz.

Die Welt als Totalität samt all ihren Phänomenen, die sich in ihr zutragen, ist Bekundung Gottes. Sie ist reine Ungeschuldetheit seitens des Geheimnisses, das sich so in die Geschichte hinein projiziert. In der Ordnung des Glaubens wird alles von Gott aus gesehen. So erklärt es sich, daß alle Dinge der Welt grundsätzlich Sakramente Gottes, Zeichen und Bilder seines Geheimnisses sind. In der Ordnung des Glaubens ist die Welt weniger Ding als vielmehr Symbol. Ihre tiefste Wirklichkeit besteht darin, offenbarendes Zeichen Gottes zu sein. Die Welt ist Brücke zu Gott. In einem Agraphon sagt Jesus Christus: »Die Welt ist eine Brücke, über die du gehen sollst. Bleib nicht auf ihr stehen.« Die Welt ist Übergang zu Gott. Erst hier, in Gott, kann der Mensch zur Ruhe kommen, weil er hier endlich seine Identität findet.

Im Licht des Glaubens ist plötzlich alles Gnade. Dieser Ausdruck, den Bernanos verwendet, aber der heiligen Theresia vom Kinde Jesu entlehnt hat, muß natürlich recht interpretiert werden: Es heißt nicht, im geschichtlichen Bereich sei alles Gnade. Auf dieser Ebene gibt es selbstverständlich auch Un-Gnade. Aber in der Betrachtung des ontologischen Fundaments ist alles Gnade, denn alles wird ja vom Geheimnis erzeugt und erhalten: Gutes wie Böses, Gnade wie Un-Gnade. Wenn es nur ein Fundament und nur ein Absolutes gibt, dann wird alles, was existiert, und zwar auch Hölle und Un-Gnade, von diesem getragen. Damit ist nicht gesagt, das Geheimnis sei für alles verantwortlich. Wer so dächte, dächte das Geheimnis wie eine Zweitursache und würde das Fundament als ein Ding in der Welt darstellen, das das Böse hervorbringt. Doch die Grundlage, Gott, bringt das Böse nicht hervor, sondern setzt die Möglichkeit, daß der Böse sein Böses tut. Das Böse kommt vom Menschen, wohingegen das *Vermögen* der Freiheit, Böses zu tun, nicht vom Menschen ist, sondern von Gott gegeben wird.

In diesem ontologischen Sinn – in dem alles vom allmächtigen Gott her gesehen wird, dem nichts entgeht, nicht einmal die Hölle – kann man jetzt den Satz verstehen: Alles ist Gnade. Falsch wäre es indes, die Formulierung im historischen Sinn zu begreifen: Ob Gnade oder Un-Gnade, alles ist Gnade. Denn wäre Gott in einem epiphanischen und innerweltlichen Sinn Urheber gleichermaßen von Gnade und Un-Gnade. Gott erscheint nicht innerweltlich. Er ist immer transzendent und Fundament und eben nicht Phänomen. Wenn man den Satz ›Alles ist Gnade‹ nicht richtig versteht, kann man mit ihm alles geschichtliche Unglück legitimieren. Deshalb müssen wir festhalten: Da Gott Fundament sowohl von Gnade als auch von Un-Gnade ist, kann dem Menschen noch aus der Un-Gnade ein Motiv zur Hinwendung zu Gott werden. Keine Un-Gnade ist dermaßen Un-Gnade, absolut Un-Gnade, daß sie nicht noch einen Aufruf hin zu dem Fundament enthielte, das Gott ist. Wäre sie absolute Un-Gnade, dann würde sie sich ja selbst begründen und wäre ein Absolutum. Un-Gnade ist nur relativ Un-Gnade; denn sie ist Un-Gnade des Geschöpfs und nicht Gottes. So schlecht ein Geschöpf auch sein mag, es gelingt ihm doch niemals, sich von Gott unabhängig zu machen und das ontologische Band zum Schöpfer zu zerreißen. Daher rührt es, daß selbst Un-Gnade für den, der dazu in der Lage ist, noch Anlaß wird, die Gnade Gottes zu erfahren. Denn Un-Gnade bringt keine Gnade hervor, sondern ist Anlaß dafür, daß der Mensch gerade in der Tiefe der Un-Gnade noch den transzendenten Träger sieht, der sie ermöglicht: Gott. Aus dieser Sicht lehren Jesus und das Neue Testament die Feindesliebe. Diese ist nicht ein bloß voluntaristisches Gebot, sondern es steckt in ihr – implizit – auch ein Motiv ontologischer Art: So arg der Feind auch sein mag, es gelingt ihm dennoch nicht, den Glanz Gottes zu verdunkeln und seine geheimnisvolle Gegenwart auszulöschen. Deshalb ist selbst noch der Feind immer liebens- und achtenswert. Deshalb liebt Gott auch Undankbare und Böse (Lk 6,35); denn er liebt ja sich selbst, der sich auch in den Undankbaren und Bösen widerspiegelt. Das Böse hört niemals auf, Anlaß zur Gotteserfahrung zu sein. Un-Gnade, so entwürdigend sie auch sein mag, ist auch immer – wiewohl Un-Gnade – Anruf, die Gnade zu erfahren. Das berechtigt keineswegs dazu, die Un-Gnade aufrechtzuerhalten oder ihr in der Welt freien Lauf zu lassen. Wir müssen ihr den Kampf ansagen und uns bemühen, sie mit allen Kräften zu überwinden. Trotzdem bestätigt sie ihrerseits die Vorherrschaft der Gnade, denn es wird ihr niemals gelingen, die Gnade in Schranken zu halten oder sie gänzlich im Horizont der Un-Gnade zu absorbieren.

Zusammenfassend wiederholen wir: Im Licht des letzten Fundaments, Gottes, ist alles Gnade. Denn alles bezieht sich auf Gott. Alles wird von ihm getragen. Alles hat in ihm seine ontologische Grundlage.

5. Wie erscheinen Gnade und Un-Gnade historisch in Wissenschaft und Technik?

Die ontologische Betrachtung ist wichtig, damit der Absolutheitscharakter Gottes gewahrt bleibt, der ja keinen Konkurrenten kennt und dessen Gnade immer – auch im Bösen – siegreich bleibt. Gnade ist nicht irgendein Inhalt neben anderen Größen, der definiert und in der Welt aufgespürt werden könnte. Wenn dem so wäre, dann wäre Gnade eine phänomenologische Bestimmung und könnte in der Optik der Wissenschaft erfaßt werden. Wie wir aber schon weiter oben sagten, ist Gnade Gegenwart und Wirkmacht Gottes in der Welt. Gnade ist Gott selbst als Kommunikation mit dem Geschöpf, als Glanz in der Welt und Schönheit im Kosmos. Wie aber stellt sich Gott dar? Wir sahen, daß er sich immer als Fundament darstellt. Dieses Fundament tritt in der Radikalisierung jedweder Artikulation hervor – in dem Fall, um den es hier geht, in der Radikalisierung der Ordnung von Wissenschaft und Technik.

Dennoch ist das Fundament nicht etwas Statisches, etwas, das sich verborgen hält und in Zurückgezogenheit lebt. Vielmehr nimmt es geschichtlich Gestalt an und erscheint in Wissenschaft und Technik als die *Weise*, in der Wissenschaft gemacht und Technik abgewickelt wird. Gnade ist kein Ding neben anderen Dingen in der Welt, sondern eine göttliche Art und Weise der Dinge in der Welt. Aber wie zeigt sich diese göttliche, graziösgnadenhafte und wohlwollende Weise der Dinge in der Welt? Wer so fragt, fragt nach konkreten Gestalten von Gnade oder auch nach Vermittlungen der Gegenwart Gottes in der Schöpfung. Wie und auf welche Weise erscheint die Gegenwart Gottes in der Welt?

Die göttliche und graziös-gnadenhafte Weise ist weder mechanisch noch epiphanisch, sondern gibt sich als Angebot der menschlichen Freiheit. Sie ist kein Überstülpen einer Macht, sondern liebevoller Dialog. Deshalb tritt sie als Geschichte und Begegnung, als Anerkennung und Annahme auf. Sie erdrückt den Menschen nicht, sondern ruft ihn auf, sich auszudrücken. Die göttliche Vor-Gabe ist Aufruf zur antwortenden Rück-Gabe seitens des Menschen. Diese Begegnung ist der Glanz Gottes in der Welt und seine Gnade, die sich in allen Dingen zeigt.

Wenn sich der Mensch der Begegnung verschließt, nimmt die Gnade keine geschichtliche Gestalt an. Denn sie gibt sich nur als Fundament – selbst der Möglichkeit, daß sie abgewiesen wird. Gnade ist also immer zugegen, einmal verdrängt als verborgenes Fundament und ein andermal akzeptiert, ausdrücklich gemacht und ins menschliche Leben aufgenommen. Ihre Annahme schafft einen Lebenstyp, den man graziös und schön nennen kann, ihre Ablehnung erzeugt einen Typ selbstgefälligen und falschen Lebens voller Stolz, Hybris, Gewalt und Herrschsucht. Ein solches Leben manifestiert Ungnade, das andere hingegen ist Sichtbarwerdung und Sakramentalisierung der Gnade in der Welt.

Wie erscheint Gnade im Rahmen von Wissenschaft und Technik? Welche geschichtliche Konkretion nimmt Un-Gnade an? Betrachten wir zunächst die Bekundung von Un-Gnade in Wissenschaft und Technik.

a. Un-Gnade als Hybris und Selbstgefälligkeit

Un-Gnade in wissenschaftlichem Gewand tritt dann auf, wenn sich die Wissenschaft als einzigen erkenntnistheoretischen Kontinent und als einzig wirklich menschliche, wirklich berechtigte und reife Ordnung hinstellt, nicht als eine neben anderen, sondern als die heutzutage einzig vernünftige und mögliche. Der Sinn, den sie in die Welt hineinprojiziert, wäre der einzig mögliche: ein immer vollständigeres und zufriedeneres Wissen. So reduziert sie alles auf einen univoken Sinn, nivelliert sämtliche Unterschiede und vergewaltigt alle Erfahrungsordnungen, die es im menschlichen Leben sonst noch gibt. Sie mutet wie ein totalitäres Unternehmen an, das sich allein imstande dünkt, Sinn zu verwirklichen. Entweder unterwerfen sich ihr alle, oder sie entledigt sich ihrer als Anachronismen oder toten Ballastes in der Geschichte der Menschen.

Eine solche Gefahr wohnt dem wissenschaftlichen Logos inne, der auf höchste Vernunftmäßigkeit und Intelligibilität abzielt. Der wissenschaftliche Logos sieht aufgrund seiner inneren Struktur von jedwedem Bezug auf ein Transzendentes oder eine höhere Bestimmung ab. Er analysiert alles, was ihm begegnet, und versucht es zu verstehen. Er steht also ständig in der Gefahr, sich in sich selbst zu verschließen. Wo es dazu kommt, tritt jener selbstherrliche Wissenschaftler auf, der in seiner Aufgeblasenheit und Unverschämtheit keine Grenzen kennt, sich weigert, andere Seins- und Lebensweisen gelten zu lassen, den Menschen zum Maß aller Dinge macht und bedingungslos bis zu göttlicher Überhöhung des Menschlichen sich selbst behauptet. Diese wissenschaftliche Methode hat objektiv vor nichts mehr Achtung. Sie zerstört die Gleichgewichtsverhältnisse im Leben und unterwirft alles ihrer Macht, zu analysieren und zu manipulieren. Das in sich selbst geschlossene Wissenschaftsmodell schafft eine Karikatur vom Reich Gottes. Gnade ist lediglich als Fundament zugegen – soviel gibt immerhin auch diese Haltung zu –, doch ist sie völlig verdrängt, prägt sich in der Geschichte nicht aus, führt zu keiner Begegnung und schafft weder Schönheit noch Gefälligkeit noch Anmut. Gewalt, Überdruß des Gleichartigen und Ähnlichen und schamlose Manipulation des Menschen sind Manifestation des Fehlens von Gnade.

Im Bereich der Technik sind die Folgen noch gnaden-loser. Hier erweist sich Un-Gnade nämlich im Anhäufen von Wissen und technischer Macht in den Händen einiger weniger Nationen, die sich den anderen aufdrängen, sie in Unterwerfung oder Abhängigkeit halten. Menschen halten Wissen und technologische Macht für sich zurück und bedienen sich ihrer mißbräuchlich zum Schaden anderer, die sie ausbeuten und an den Rand drängen. Un-Gnade zeigt sich in der Verarmung ganzer Erdteile, denen der Zugang zu Freiheit, Gesundheit und den Erträgen des Fortschritts entzogen wird, damit eine kleine Gruppe von Menschen Nutznießer sein und, Bestien ähnlich, ständig dicker werden kann. Die Zerstörung der Ökologie, der Einsatz fortgeschrittener Entdeckungen für militärische Vernichtungszwecke; die Manipulation des Menschen, der als ein Objekt neben anderen in der Natur gilt, wie ein Tier manipuliert und konditioniert werden kann und dem man seine geistige und ethische Dimension raubt; die Benutzung von Massenkommunikationsmitteln wie Radio, Fernsehen und Verkehrsmittel mit dem Zweck, den Menschen zu einem Sklaven eines Wertsystems zu machen, in dem es nur um Produktion und Konsum geht und das dem Unterbewußtsein geschickt eingeimpft wird, damit der Mensch von innen her nur noch in Übereinstimmung mit den Werten der ausbeuterischen und törichten Machtelite denkt und handelt – dies und so vieles andere sind Formen, unter denen Un-Gnade erscheint, verkörpert in der Art, wie die technische Welt heute weithin organisiert ist und benutzt wird.

Dieser entmenschlichende Gebrauch fußt auf einer geistigen Haltung des Menschen, der sich gegenüber jeder würdigeren und höheren Beziehung verschließt und sich schon nicht mehr danach fragt, warum man all das produziere, und wozu soviel Macht gut sei. Die manipulatorische Macht genügt sich selbst und schafft immer mehr Macht in den Händen von immer weniger Gruppen von Menschen oder Nationen, die – in dem Maß, in dem sie die Schwäche der eigenen Macht spüren – immer gewalttätiger werden. So bahnt sich eine geistige Lage an wie in den ältesten Zeiten namenloser Helden und Dichter. Menschen ohne Namen und ohne Gesicht entstehen, anonyme Gesellschaften von Technikern, Physikern, Wirtschaftsfachleuten, Atomwissenschaftlern, Psychoanalytikern, Mathematikern, Statistikexperten und Strategen – stimmlose Gespenster in einer Welt, die zur Wüste geworden, in der jeder Sinn verloren gegangen ist und in der, wie Hölderlin sagt, die Götter entschwunden sind, ohne eine Spur zurückzulassen – einer illusionären Welt von einer langweiligen und toten umfassenden Gleichartigkeit. Diese Erscheinungsformen sind die Enthüllung von Un-Gnade. Un-Gnade ist nämlich nicht etwas neben Technik und Wissenschaft, sondern Wissenschaft und Technik selbst, insofern sie sich selbst begründen wollen, sich in sich verschließen, sich zum einzigen totalisierenden Prinzip der Erfahrung erheben und damit zu Instrumenten eines maßlosen Machtstrebens werden. In einer solchen gewaltsamen Synthetisierung ertaubt der Mensch für jeden Anruf, der nicht wissenschaftlich-technisch ist. Er ist nur noch eindimensionaler Mensch. Er hat sich als Mensch und Offenheit aufgegeben. Er antizipiert, was in der Ordnung des Glaubens absolute Frustration und Hölle heißt.

b. Gnade als Poesie, Freiheit, Befreiung und Achtung

Wissenschaft erscheint von dem Augenblick an als Gnade, in dem sie ihren geschlossenen Zirkel des Logos der Objektivität aufbricht und sich ständig auf das Geheimnis verwiesen weiß. Dann ist sie nicht mehr selbstherrlicher Stolz, sondern im weiteren Horizont des Fundaments, das sie erst möglich macht und einsetzt, Gottes nämlich, demütige Annahme ihrer selbst. Aufgrund dieser Haltung, die die *Haltung* des Glaubens ist, weiß sich Wissenschaft als eine Möglichkeit und eine Ordnung neben anderen, als Ordnung von Wissen und Macht, die dem Menschen ermöglicht, sich der Welt zu bemächtigen, den Logos der Natur aufzudecken und so wirklich zum freien und verantwortlichen Herrn der Welt zu werden. In der Perspektive der Glaubensordnung ist die Wissenschaft das Mittel, mit dem der Mensch den verborgenen Logos der Welt aufdeckt, womit er zu einer Art Demiurg wird, durch den die intelligible Struktur der Welt zutage tritt. Der Mensch vervollkommnet und vervollständigt mit seiner Tätigkeit die Welt. Die Tatsache, daß die Welt durch den Menschen zum Sein kommt, bewirkt, daß sie an ihm teilhat und durch ihn in die Sphäre des Göttlichen erhoben wird. Die wissenschaftliche Enthüllung der Welt ist Werk der Gnade, das durch die Arbeit des Menschen vermittelt wird; ohne den Menschen, allein aus eigener Kraft, könnten die ursprünglichen Möglichkeiten der Welt sich niemals entfalten und geschichtliche Gestalt annehmen. Wissenschaft ist Vervollkommnung der Welt und damit Gnade, die den Plan, die Weisheit und Liebe Gottes einlöst, erhöht und konkret bekundet. Wissenschaft als kollektives Unternehmen enthüllt also die Wahrheit der Welt, selbst dann, wenn sie von Menschen ausgeführt wird, die andere Absichten mit ihr haben oder diese Dimension der Wissenschaft völlig ignorieren. Sie geht ihren Weg der Vervollkommnung, die Gnade ist. Nur dem Glauben ist es gegeben, den

Sinn des Werks, das sich durch die Ordnung der Wissenschaft verwirklicht, zu erkennen und zu bewundern.

Für die Wissenschaft sind das Suchen nach ihrer letztgültigen Grundlage und deren Bewußtmachung durchaus nicht belanglos. In der Annahme ihrer Grenzen, des Geheimnisses, der Ungeschuldetheit von Welt und Vernunft artikuliert sich eine andere Seinsweise von Wissenschaft und Wissenschaftler. Dieser läßt sich jetzt nicht mehr vom Dämonischen des Hochmuts und von der dunklen und allmächtigen Gewalt der Technik einfangen. Er ist frei, denn er weiß, daß Wissenschaft eine der Möglichkeiten für den Menschen ist, sich der Wirklichkeit zu nähern und Wirklichkeit zu schaffen. Er ist sich der Versuchung bewußt, zu der die Wissenschaft für ihn werden kann – in der Selbstherrlichkeit, Objektivierung und Aggressionslust, die sie enthält. Er kann sich von der Gefahr fernhalten, die jedem Logos innewohnt. Gnade bedeutet die Chance, dem Bösen zu entgehen, das als Möglichkeit im erkenntnistheoretischen Status der Wissenschaft steckt. Gnade ist der Sieg über die Versuchung der Selbstverschließung. Sie ist nicht nur Befreiung von den immanenten Gefahren, sondern auch Genuß wissenschaftlicher Freiheit, die der Wissenschaft eine eigene Frische und eine ursprüngliche Transparenz vermittelt. Gnade bewirkt, daß Wissenschaft als Offenbarung der Rationalität des Wirklichen ihrer eigentlichen Bestimmung treu bleibt, daß sie mit Achtung ihrem Forschungsauftrag nachgeht, wie jemand ein Geschenk empfängt, daß sie einen eigenen Stil hat, zu forschen, Optionen zu treffen und Probleme anzugehen und zu formulieren, der Mensch und Welt vermenschlicht und sie nicht nur im Hinblick auf ein Machtinteresse instrumentalisiert.[7] Wissenschaft, die ihren wirklichen Bedürfnissen nachkommt, die nichts mit Totalitarismus gemein hat, sondern auch andere Haltungen gegenüber der Wirklichkeit gelten läßt, bringt nicht nur den Wissenschaftler, sondern auch den Weisen hervor. Dieser bleibt im Bereich der Wissenschaft, genießt aber in ihr die Enthüllung des in der Welt verborgenen Geheimnisses, eines Geheimnisses, das er nicht selbst schafft, sondern als dessen Artikulations- und Offenbarungspol er sich fühlt. So weiß sich der Mensch als Organ, das Gott benutzt, um seine Gegenwart in der Welt als Ordnung, Rationalität und latente Möglichkeiten zu bekunden. Hier nun ist Raum für die Poesie, die die kontemplative Dimension des Menschen gegenüber der Welt ist. Die Welt bleibt Welt, und Wissenschaft bleibt Wissenschaft. Aber in einer tieferen Sicht weisen

---

7 Vgl. die sehr treffenden Reflexionen von *Ladrière, J.*, Fonction propre de la grâce à l'égard de la science, in: La science, le monde, la foi, 45–53.

sowohl Welt als auch Wissenschaft auf eine andere Wirklichkeit hin, die in ihnen erstrahlt: die Liebe Gottes, seine Güte, seine Rationalität, seine Ordnung und, mit einem Wort schließlich, seine Gegenwart in der Welt, die Gnade heißt.

Die Technik als Instrumentalisierung der Wissenschaft ist ihrerseits eine Form, in der die Gnade in der Welt aufleuchten kann. Unter der Voraussetzung, daß die Risiken nicht übersehen werden, die zweifelsfrei in ihr stecken und die weiter oben schon genannt wurden, bietet sie eine immense Chance zur Schaffung von mehr Gerechtigkeit und größerer Freiheit von Widrigkeiten, durch die die Welt den Menschen gefangen, krank, hungrig und von Naturkräften bedroht hält. Technik vermag die Wirklichkeit einer bewohnbareren, brüderlicheren, gerechteren, freieren und gesünderen Welt herbeizuführen. Dies alles sind Formen, in denen Gottes Liebe und Liebenswürdigkeit gegenüber den Menschen konkrete Gestalt annimmt. Die Technik ist Instrument dieser Menschen- und Gottesliebe.

Die Technik legt auch die Wurzeln für einen neuen Humanismus. Denn sie macht es dem Menschen möglich, seine Umwelt zu verändern und ein neues Modell für sein Verhältnis zur Natur zu entwerfen. Dieses ist nicht etwas dem Menschen rein Äußerliches, es wirkt vielmehr auch bestimmend auf ihn ein. Wenn er sich der Macht der Technik als von Gott geschenkter und erhaltener Gabe bewußt ist, kann er – nach den Gesetzen, die er entdeckt, und auf eine vernünftige, folgerichtige und menschliche Weise – das Angesicht der Erde verändern. Unter ihrem humanisierenden Aspekt kann Technik als Instrument und Quelle von Güte und Harmonie unter den Menschen angesehen werden. Aufgrund der Veränderungen, die sie bewirkt, kann sie sogar ein Bild dessen darstellen, was Antizipation des Reiches Gottes besagt. All dies sind Möglichkeiten, die die Technik verwirklichen kann und die so dem konkrete Gestalt verleihen, was Gnade in der Welt darstellt.

6. Gnade gedeiht nicht auf den Ruinen von Welt und Mensch

Abschließend möchten wir noch einmal hervorheben: Gnade kann in sich selbst nicht ausgesagt werden, noch existiert sie, wie andere Wirklichkeiten existieren. Da sie Gott-selbst-in-der-Welt ist, eignet ihr auch die Seinsweise Gottes. Gott ist aber nur dann real, wenn er als radikaler Sinn dieser Welt, als ihre Grundlage und ihre absolut offene und herausfordernde Zukunft aufscheint. Ähnlich verhält es sich mit der Gnade: Sie scheint in der Welt auf, und insofern sie sich als Güte, Schönheit, Ungeschuldetheit, Transparenz und allgemeine Stimmigkeit ankündigt, können wir sie sichtbar erfassen und begreifbar aussprechen. Diese Stimmigkeit, Schönheit und Transparenz aller Dinge besitzt einen Wert in sich. Man kann sie aufspüren und genießen, um so mehr, je mehr ihr Gegenteil nicht nur möglich ist, sondern auch in der Welt geschichtlich wirklich wird. Doch werden die konkrete Schönheit, die Transparenz der Dinge und die Ursprünglichkeit der Harmonie – im Licht der Ordnung des Glaubens und Gottes betrachtet – zu Gestalten und Manifestationen der Gnade Gottes oder Gottes selbst, wenn er sich selbst der Welt mitteilt. Gnade gedeiht nicht auf den Ruinen von Welt und Mensch. Vielmehr setzt sie das Menschliche und Geschichtliche voraus. Eine klassische Sentenz der Scholastik sagt: Gratia supponit naturam – Die Gnade setzt die Natur voraus.[8] Die Natur in ihrer rechten Ordnung erscheint einer Tiefenschau im Horizont des Glaubens als Ungeschuldetheit und Manifestation dessen, was Gott ursprünglich in der Welt bedeutet, das heißt: Sie erscheint als Gnade.

Gnade ist also kein Ding, sondern eine Seinsweise aller Dinge. Wenn man diese nämlich von ihrem letzten Fundament her, *sub specie Dei*, sieht, dann offenbaren sie nicht nur ihre geschöpfliche Natürlichkeit, sondern Gott selbst, der sich der Schöpfung mitgeteilt hat und in ihr präsent ist. Die Natürlichkeit der Dinge tritt in den Horizont von Wissenschaft und Technik, die Gnade dieser Natürlichkeit ist beheimatet im eigentlichen Horizont des Glaubens.

Nur wer aus einer solchen Grundhaltung von Glauben und Gnade lebt und handelt, vermag in der Welt Gnade, aber auch ihre Abwesenheit in der Gestalt von Un-Gnade zu sehen. Ihm leuchtet dann auf, daß die sogenannte Humanisierung der Wissenschaft, das Entstehen technischer Macht, die den Logos der Welt offenbart, und eine verantwortliche Beherrschung der Natur nicht nur natürliche Daten, sondern im Tiefsten Bekundungen Gottes selbst sind, der in der Welt sichtbar wird und handelt. Denn Gott geht ans Werk, indem er sich menschlicher Vermittlungen und wissenschaftlich-technischer Erzeugnisse des Menschen bedient. Gott löscht also den Menschen nicht aus, sondern erhöht ihn und läßt ihn an seinen Gütern, seiner Schönheit, seiner Würde und seiner Liebe zu allen Dingen teilhaben. In dem Maße, in dem sich der Mensch dieser Dimension bewußt wird und sich praxistisch in sie hineinbegibt,

---

8 *Ratzinger, J.,* Gratia supponit naturam, in: ders., Dogma und Verkündigung, München–Freiburg 1973, 161–182.

lebt er in der Gnade und aus der Gnade. Indem er aber so lebt, erhöht und heiligt er seine eigene wissenschaftliche und technische Tätigkeit und bewirkt, daß beide ihre wahre Bestimmung erreichen und bewahren, und dazu beitragen, daß die Welt auf ihre Umgestaltung im Reich Gottes vorbereitet wird.

VII. Erfahrung von Gnade in der Wirklichkeit Lateinamerikas – Herausforderungen

Unsere bisherigen Überlegungen zum Thema Gnadenerfahrung in der wissenschaftlich-technischen Welt gelangen in der Wirklichkeit Lateinamerikas zu einer typischen Konkretion; denn Gnade und Un-Gnade bekunden sich auf diesem Teil des Erdballs auf eine ganz besondere Weise. Als originäre Erfahrung unserer Zeit und als epochale Daseinsweise des modernen Menschen reihen sich Wissenschaft und Technik in einen konkreten Zusammenhang ein, der Lateinamerika sein spezifisches Merkmal aufprägt. Es ist der Zusammenhang von Abhängigkeit, Beherrschung und Randdasein gegenüber den großen Zentren. Wissenschaft und Technik sind in ihrer konkreten Anwendung gewaltige Instrumente, mittels deren Imperium und Zentrum ihr Satelliten-Regime im südamerikanischen Erdteil aufrecht erhalten. Wenn man sich diesen Faktor von Abhängigkeit und Beherrschtwerden – von dem die hauptsächlichen Komponenten der Unterentwicklung dann im einzelnen abhängen – nicht vor Augen hält, läuft man Gefahr, Opfer eines falschen Bewußtseins zu werden und damit die Fähigkeit einzubüßen, im Licht von Glauben und Prophetie die eigentlichen Manifestationen dessen ausfindig zu machen, was Gnade bzw. Un-Gnade bedeutet, oder beide überhaupt noch auseinanderzuhalten.

1. Die Bedeutung des Ortes, von dem aus man reflektiert

Mehr als bei vielen anderen Problemen erweist sich bei diesem Thema die besondere Bedeutung des Ortes, von dem aus die theologische Reflexion angestellt wird. Der hermeneutische Ort liegt in diesem Fall nämlich nicht im herrschenden System, sondern an seiner Peripherie. Die Reflexion geschieht von einem Standpunkt aus, der als rebellisch und kritisch gilt; sie lehnt die bestehende Gesellschaftsform und die Form des herrschenden Regimes ab, und zwar nicht in einer apriorischen Stellungnahme, sondern als Ergebnis einer Analyse der Wirklichkeit, die nicht gründlicher sein könnte. Die theologische Reflexion greift nicht nur auf ihre eigenen Produkte zurück, indem sie ihre klassischen Quellen entfaltet, die da sind: Bibel, Überlieferung, kirchliches Lehramt und theologische Vernunft, sondern geht auch von dem kulturellen Raum aus, in dem sie angesiedelt ist, und liest und deutet ihn im Licht des christlichen Glaubens. Theologie ist in diesem Sinn immer zweiter Akt. Ein bestimmtes Verständnis der sie umgebenden Wirklichkeit wird an sie herangetragen. Sie nimmt diese Interpretation kritisch auf, weil sie besser mit der Wirklichkeit und mit dem Glauben in Einklang zu stehen scheint als andere Interpretationen durch Gruppen, die nur das etablierte System stützen. Das theologische Reflektieren gründet also auf dieser gesellschaftsanalytischen Deutung und spürt in diesen Gegebenheiten Manifestationen von Gnade oder Un-Gnade auf. Unser eigenes theologisches Verständnis ist demnach durch ein kulturelles Verständnis vermittelt, das besonders im Bereich der rebellischen Soziologie, Wirtschaftswissenschaft und Politologie erarbeitet wurde.

Das Phänomen, daß der gesamte lateinamerikanische Erdteil unterentwickelt ist, hat die besten Analytiker herausgefordert, den eigentlichen Wirkmechanismus, die Logik seines Funktionierens und mögliche Auswege zu erforschen. In unserer Studie übernehmen wir die Deutung der sogenannten Dependenztheorie.[1] Sie ist eine Theorie und nicht eine abgesicherte Wahrheit und damit eine Etappe in der Forschung. Die Dependenztheorie hat ihre inneren Grenzen: Zwar liefert sie eine gute Diagnose der Struktur der Unterentwicklung, aber der sachgerechte Aufweis von gangbaren Wegen, auf denen man aus der Unterentwicklung herauskommen könnte, gelingt ihr nicht. Was uns hier jedoch im Blick auf unsere Überlegungen vorrangig interessiert, ist, wie die genannte Theorie die Unterentwicklung erklärt. Diese wird als ein globaler und dialektischer Prozeß definiert, der sich aus der Entwicklung des industriellen Kapitalismus ergibt. Dessen Grundmechanismus, der seinen wissenschaftlich-technischen Fortschritt und seinen steigenden Wohlstand erzeugen und erhalten soll, besteht darin, daß ein Zentrum oder eine Metropole samt ihrer Peripherie bzw. ihrem Außenstellensystem geschaffen wird. In dieser Satellitenzone entstehen Abhängigkeit, wirt-

---

1 Die Bibliographie zu dieser Frage ist immens. Bemerkenswert ist der Beitrag brasilianischer Autoren. Genannt seien nur Namen wie: Fernando Henrique Cardoso, Gunder Frank, Floristán Fernandez, Celso Furtado, Hélio Jaguaribe. Eine gute Orientierung bietet *Arroyo, G.,* Pensamiento latino-americano sobre el subdesarrollo y dependencia externa; *ders.,* Consideraciones sobre el subdesarrollo de America Latina, in: Fe cristiana y cambio social en América Latina, Salamanca 1973, 305–322; 323–334. Vgl. auch: *Comblin, J.,* Théologie de la pratique révolutionnaire, Paris 1974, 118–127; *Poblete, R.,* La teoría de la dependencia: análisis crítica, in: Liberación: diálogos en el CELAM, Bogotá 1974, 201–220.

schaftliche Stagnation, gesellschaftliches Gefälle und politische Spannungen ohne eigenständige Lösungen. Entwicklung und Unterentwicklung sind damit zwei Seiten ein und derselben Medaille. Beide sind immer zusammen anzutreffen, und zwischen beiden besteht enge Interrelation. Unterentwicklung ist also grundsätzlich weder ein Problem technischen Rückstands noch eine der Entwicklung vorausgehende Phase. Sie ist vielmehr ein politisches Problem und deshalb eine Folge der Entwicklung innerhalb des kapitalistischen Systems. Die Wirtschaft des einen Landes ist von der Wirtschaft des anderen Landes nicht unabhängig. Die Metropolen der fortgeschritteneren Länder haben die Wirtschaften der in Wissenschaft und Technik abhängigen Länder absorbiert. So haben sich ein Zentrum und eine Peripherie mit einem System ungleichen Austausches entwickelt, das Ungleichheiten erzeugt: Die Peripherie liefert billige Rohstoffe, während ihr vom Zentrum hochentwickelte Wissenschaft und Technik angeboten werden. Entwicklung tendiert nicht dazu, Unterentwicklung zu überwinden, sondern dazu, das Verhältnis der Abhängigkeit zu erhalten. Es kann zwar innerhalb des Bereichs der Unterentwicklung durchaus beträchtliche Entwicklung geben, aber an der Struktur der Abhängigkeit ändert sich nichts. Das Imperium behält Satellitenländer und trägt seine Produktions- und Konsumformen und auch sein Kulturethos, das alle Lebensbereiche organisiert, in sie hinein. Damit aber werden die betreffenden Länder daran gehindert, durch ein selbstgetragenes Nationalprojekt ihren Weg zur Autonomie zu finden. Abhängigkeit enthüllt sich als Unterdrückung.

Ein solches Deutemodell der lateinamerikanischen Wirklichkeit schließt tiefgreifende Konsequenzen auch für die Theologie ein. Die Theologie hat die herrschende Form des Zusammenlebens als unterdrückerisch und als Sünde und Ungerechtigkeit im Weltmaßstab anzuklagen. Sie hat anzukündigen, daß die Bande der unterdrückerischen Abhängigkeit gesprengt werden müssen. Die Theologie predigt also Befreiung und ist bestrebt, jene Kräfte zu begünstigen, die sich dafür aussprechen, daß diese Knechtschaft abgeschüttelt wird.[2] Obwohl gangbare Lösungen problematisch sind und man aus strategischen Gründen nicht davon träumen kann, daß die Fesseln der Abhängigkeit gesprengt werden, hat die Theologie immer wieder die Befreiung als Ideal und als ein innerhalb eines langen und mühseligen Geschichtsprozesses anzustrebendes Ziel in Erinnerung zu rufen.

2 Vgl. *Gutiérrez, G.*, Theologie der Befreiung (aus dem Spanischen von Horst Goldstein), München–Mainz ²1976, *Boff, L.*, Teologia da Libertação: Grande Sinal (1974); zehn Artikel zum Thema.

Ein anderer Typ theologischen Verständnisses hingegen, dem es um Verteidigung oder Verherrlichung der herrschenden Gesellschaft geht, betrachtet möglicherweise das als Gnade, was wir als Un-Gnade anklagen, und ruft zu einem Ja auf, wo wir zu kritischer Ablehnung raten würden. So wird verständlich, daß der hermeneutische Ort, von dem aus wir die uns umgebende Wirklichkeit sehen und deuten, alles andere als irrelevant ist. Es gibt keine dritte Position. Entweder denkt Theologie die Wirklichkeit kritisch und wirkt damit befreiend, oder sie hört auf, Theologie zu sein, und gliedert sich in die Reihen der ideologischen Kräfte ein, die einen Status quo stützen, der fälschlicherweise als recht und billig gilt.

Mit einer solchen Positionserklärung erkennt die Theologie ihren Ort in der von Konflikten zerrissenen Welt an, ergreift Partei und verschließt sich nicht in einer angeblich neutralen und transzendenten Instanz. In Wirklichkeit würde ein solcher Anspruch ihren wahren Standpunkt offenbaren: daß sie die etablierten Kräfte begünstigt und auf der Seite der Ordnung steht, die nur eine kleine Anzahl aus der Gesamtbevölkerung privilegiert, während sie den größten Teil an den Rand des Geschehens drängt.[3]

Nachdem wir nun unsere hermeneutischen Koordinaten bestimmt haben, werden wir in der gebotenen Kürze eines Kapitels die Linien nachzeichnen, die in unserer lateinamerikanischen Wirklichkeit Gnade und Un-Gnade transparent werden lassen.

2. Die Realität Lateinamerikas als ›widergespiegelte‹ und abhängige Wirklichkeit

Das Zeichen, unter dem Lateinamerika – schon vor seiner Entdeckung – lebte und noch heute lebt, ist das der Abhängigkeit von aufeinander folgenden hegemonialen Zentren. Im Jahre 1494, noch ehe wir im Bewußtsein Europas überhaupt existierten, übergab uns Papst Alexander VI. im Vertrag von Tordesillas an Portugal und Spanien, die großen Imperien des 15. und 16. Jahrhunderts. Die Kulturatmosphäre, die mit der Vernichtung der Zeugen-Völker (Azteken, Majas, Inkas und anderer Eingeborener) hier etabliert wurde, ist keine selbständige Quell-Wirklichkeit, sondern eine abhängige Reflex-Wirklichkeit, eine bloß ›widergespiegelte‹ Realität. Produktionssystem, Arbeitsteilung, Formen gesell-

---

3 *Assmann, H.,* La dimensión política de la fe como praxis de liberación histórica del hombre, in: Teología desde la praxis de la liberación, Salamanca 1973, 15–26.

schaftlichen und politischen Zusammenlebens, Religion und Sitten – in einem Wort: das Kulturethos, das all diese Dinge umgreift – entstanden nicht hier, sondern wurden uns von den imperialistischen Metropolen eingepflanzt. Diese bewirkten somit, daß wir von Anfang an in allem zu spät kamen.[4]

In der unerbittlichen universalen Ausbreitung der wissenschaftlich-technischen Haltung exportierte man zu uns her die Ideale von quantitativem Fortschritt, Massenproduktion, Massenkonsum und privater Aneignung der Natur- und Produktionsgüter. So entstand eine Fortschrittsmentalität der Ausbeutung der Welt, der Beschleunigung der Geschichte und des zügellosen Rennens zur Überwindung des Abstandes, der arme und reiche Völker, entwickelte und unterentwickelt gehaltene Länder voneinander trennt – gerade im letzten Punkt ohne bedeutenden Erfolg. Nach wie vor fühlt sich unser ganzer Kontinent an den Rand der technischen, kulturellen und auch religiösen Welt gedrängt.

Die politische Unabhängigkeit, die im vorigen Jahrhundert erobert werden konnte, stellt nur einen Teilschritt im langen Prozeß wirklicher Befreiung dar. In fast allen Ländern bedeutete sie die Übernahme des Systems der Abhängigkeit von den alten Metropolen in einer noch raffinierteren Form, indem nämlich die Regierungen der jeweiligen Länder dazu dienten, die Unterdrückungsstrukturen zu erhalten. Die Souveränität der Nation durch Selbstbestimmung des Volkes wurde nicht erreicht. Das Volk selbst wurde und wird weiterhin von nationalen Eliten und Oligarchien manipuliert, die mit den Eliten in den Imperien verbündet sind.

Die gegenwärtige Abhängigkeitssituation ist die geschichtliche Fortsetzung der Abhängigkeit, in die Lateinamerika im 16. Jahrhundert vom expansionistischen Imperialismus des Westens gestürzt wurde, der heute wiederum seine ausgeprägteste Gestalt im modernen Industriekapitalismus hat. Aufgrund der in den Metropolen getroffenen Entscheidungen hat dieser Prozeß die Lebensäußerungen auf unserem Subkontinent insgesamt geprägt. Alles wurde draußen bestimmt: wie wir zu denken haben, was wir lernen müssen, was es zu produzieren gilt, wie wir die Dinge herzustellen haben, welches soziale Regime in den Produktionsbeziehungen gelten muß und wie die internationale Arbeitsteilung zwischen Peripherie und Zentrum zu sein hat. Diese Infrastruktur bedingte Ideologien und kulturelle Formen, die sich ihrerseits mit dem Unterdrückungsge-

---

4 Vgl. *Cobian, R. A.*, Factores económicos y fuerzas políticas en el processo de liberación, in: Fe cristiana y cambio social en América Latina, 33–64.

schäft verbanden, es rechtfertigten und das Volk davon überzeugten, daß die einzige Möglichkeit, wirtschaftliche und soziale Entwicklung zu erwirken, immer noch darin besteht, mit den hegemonialen Zentren des Imperialismus ein Bündnis einzugehen und sich ihnen zu unterwerfen.

Das herrschende Abhängigkeitssystem stellt einen umfassenden Prozeß dar. Um der größeren Klarheit willen heben wir drei Grundachsen hervor, in denen sich das System der Abhängigkeit verdichtet. Dabei betrachten wir es als eine rein akademische und im Grund belanglose Diskussion, welche dieser drei Achsen die primäre ist, ob die wirtschaftliche, die kulturelle oder die politische. Denn zwischen ihnen besteht ein dialektisches Verhältnis. Eine Lösung – so scheint uns – kann nicht durch die Veränderung einer der Prioritäten gefunden werden, sondern durch die Schaffung von Volksbasen mit einem neuen Bewußtsein, das imstande ist, ein Alternativprojekt zu entwerfen und es mittels einer neuen Befreiungspraxis auch in die Tat umzusetzen.

a. Abhängigkeit in Wirtschaftssystem und Arbeitsteilung

Wirtschaftliche Abhängigkeit kann man sich nur strukturell vorstellen, das heißt in der Gestalt der Produktionsstrukturen. Diese entstand von der Entdeckung unseres Erdteils an in historischen Schritten. Mit der militärischen Niederlage der Zeugen-Völker war die Achse zunächst darauf ausgerichtet, die Kolonie brutal zu plündern und ihre Reichtümer in die iberischen Metropolen zu schaffen. Dabei dienten diese aber nur als Vermittler zu anderen Metropolen wie England und den Niederlanden, in denen dann der Industriekapitalismus entstanden ist. Daran schließt sich die Phase des neokolonialen Paktes an, in dem es um Wachstum nach außen ging: Die Metropole bestimmt, was für den Export und den Konsum durch das Zentrum produziert wird. Als nächstes folgt die Konsolidierung des Binnenmarkts durch die Nationalisierung von Kapital und Produktionsgütern, die die Importe ersetzen; doch wegen des Bündnisses der nationalen Oligarchien mit den Eliten des Zentrums, die die Kontrolle über den Staat haben, wird das Regime der Abhängigkeit nur noch ärger. Unsere gegenwärtige Periode ist schließlich – einem treffenden Ausdruck von Darcy Ribeiro zufolge – durch rekolonisierende Industrialisierung oder Internationalisierung des Marktes gekennzeichnet. Das heißt: Große transnationale Unternehmensgruppen, deren Entscheidungszentren in den imperialen Ländern liegen, bestimmen im Bereich der Produktionsstruktur, was produziert werden soll, wer produziert, mit welchen Techniken produziert wird und in welche Länder die Erzeugnisse exportiert werden sollen. Die Metropolen entscheiden für sich und ihre Satelliten, welche Bedürfnisse in einem bestimmten Augenblick geweckt und durch noch herzustellende Produkte befriedigt werden müssen.

In einer Zusammenfassung seiner Analyse sagt Celso Furtado: »Der charakteristische Zug des Kapitalismus in seiner gegenwärtigen Evolutionsphase besteht darin, daß er von einem nationalen oder multinationalen Staat absieht, der beanspruchen würde, allgemein gültige Kriterien aufzustellen, die das Gesamt wirtschaftlicher Aktivitäten disziplinieren könnten. Nicht als ob heutzutage die Staaten sich weniger um kollektives Interesse sorgten. In dem Maße vielmehr, in dem die Wirtschaften an Stabilität gewannen, konnte der Staat seine Aktion auch im sozialen Bereich ausweiten. Da jedoch Stabilität und Expansion dieser Wirtschaften grundsätzlich von internationalen Transaktionen abhängen und diese der Kontrolle der großen Unternehmen unterstehen, neigen die Beziehungen der nationalen Staaten zu den letzteren dazu, zu Beziehungen der Macht zu werden. Erstens kontrolliert das Großunternehmen innerhalb der Wirtschaften der jeweiligen Länder die Innovation – die Einführung neuer Prozesse und neuer Produkte –, die sicherlich das hauptsächliche Instrument internationaler Expansion ausmacht. Zweitens sind die Konzerne für den Großteil der internationalen Transaktionen verantwortlich und haben praktisch die Initiative in diesem Bereich in der Hand. Drittens operieren sie international unter einer Leitung, die dem vereinzelten Zugriff einer Regierung großteils entgeht. Viertens verfügen sie über eine große Liquidität außerhalb der Kontrolle der jeweiligen Zentralbanken und haben leicht Zugang zum internationalen Finanzmarkt.«[5]

In dieser letzten Phase drängt der Kapitalismus aller Welt ein und denselben Warenkorb und internationale Konsumgewohnheiten auf. Die Länder des Zentrums haben die Produktion von Wissenschaft und Technik in ihrer Hand, exportieren sie und halten die betreffenden Länder, die für entsprechende Lizenzen hohe Gebühren zu zahlen haben, in ihrer Abhängigkeit. Wegen der niedrigen Löhne und des reichen Angebots an Arbeitskräften errichten die Metropolen gern ihre Fabriken in den Satellitenländern und exportieren von dort aus ins eigene Zentrum oder in andere Länder. Hier stehen wir also vor der strukturellen Tatsache wirtschaftlicher Abhängigkeit, für die ›Gefälle im Handelsaustausch‹ schon gar kein passender Ausdruck mehr ist. Sie ist ein aufgezwungenes Kulturethos mit massiv einheitlichen Ausdrucksformen im gesamten Bereich des kapitalistischen Systems.

5 *Furtado, C.*, O mito do desenvolvimento econômico, Rio de Janeiro 1973, 34.

Die Bevölkerung der kapitalistischen Welt beläuft sich gegenwärtig auf 2,5 Milliarden Menschen. Von dieser Gesamtzahl leben etwa 800 Millionen im Zentrum des Systems und 1,7 Milliarden an seiner Peripherie. Das Bruttosozialprodukt des Zentrums beträgt 1,6 Billionen Dollar, während das der Peripherie ganze 340 Milliarden erreicht, das entspricht für die Bevölkerung der Länder des Zentrums, mehr oder weniger gerundet, 2000 Dollar pro Kopf und 200 Dollar für die Völker in den abhängigen Ländern.[6]

Solche Daten können nur andeuten, welches menschliche Drama von Hunger, Elend, Ausbeutung und Marginalität sich hinter ihnen verbirgt.

b. Gesellschaftlich-kulturelle Abhängigkeit

Die Einfuhr eines bestimmten Typs von produktiver Entwicklung war auch für die Ausprägung der gesellschaftlichen Klassen verantwortlich. Noch heute imitieren die durch das Abhängigkeitssystem privilegierten Klassen Werte und Verhaltensweisen der Metropolen. Ihre Kultur ist antipopulistisch, elitär und reine Nachäfferei.[7] So gab es in Brasilien Generationen – und sie sind auch heute noch nicht ganz ausgestorben –, die sich schämten, Brasilianer zu sein und die Sprache der Provinz, portugiesisch, zu sprechen. Ihre Wäsche ließen sie in London waschen. Die Industrialisierung als Ausweitung der Konsumgesellschaft in der Metropole drängte die Mehrheit der Bevölkerung an den Rand des gesellschaftlichen Geschehens. Ihrer archaischen Produktionsmethoden beraubt, ließen sie sich von der Faszination der großen Städte verführen und bildeten um sie herum ganze Gürtel unbeschreiblichen Elends. In die Dynamik der Industriegesellschaft konnten sie nicht eingegliedert werden, und die Konsumideologie nahm keine Notiz von ihnen, weil sie über keine Kaufkraft verfügten.

Die Marginalisierung eines riesigen Teils der lateinamerikanischen Bevölkerung ergibt sich unmittelbar aus der rekolonisierenden Industrialisierung durch das kapitalistische System. Währenddessen nähren die Regierungen der peripheren Länder die Illusion, auch ihre Völker könnten den Wohlstand erreichen, zu dem das Zentrum inzwischen gelangt ist. Die Beschleunigung der Geschichte, die dann aber notwendig wird, hat feste Termine. Von dem Soziologen Fernando Bastos de Ávila stammt

---

6 Ebd. 38, Anm. 21.
7 *Llach, J. J.,* Dependencia cultural y creación de cultura en América Latina: Stromata 30 (1974) 5–23.

der erregende Vergleich mit dem Flugzeug auf der Rollbahn: »In demselben Maß, in dem sich das Flugzeug der Möglichkeit abzuheben nähert, sieht der Pilot das Ende der Rollbahn kommen. Ähnlich einem Flugzeug nähert sich ein Entwicklungsland immer rascher dem fatalen Punkt, an dem es mit unerbittlicher Notwendigkeit entweder abhebt oder sich überschlägt.«[8] Bestimmte Termine müssen nun einmal eingehalten werden; ohne sie kommt der Entwicklungsprozeß nicht zustande, und der Abstand zwischen reichen und armen Ländern wird nur noch größer.

Jeder Fortschritt und jede Art von Beschleunigung fordern ihren Preis. Es gibt unumgängliche Konflikte: Man kann nicht hohe Raten wirtschaftlichen Wachstums erzielen und gleichzeitig große Sozialinvestitionen tätigen. Die Entscheidung für ein beschleunigtes Wirtschaftswachstum, Grundlage für den Wohlstand aller Bürger, setzt einen gewissen Grad sozialer Ungerechtigkeit voraus, der aber häufig die Grenzen des für Gerechtigkeit und Menschlichkeit Erträglichen übersteigt.

Der gesellschaftliche Preis, den wir für das Wachstum aufzubringen haben, ist nicht gerechtfertigt, weil er ein ungeheures Maß an Marginalität und Armut hervorruft. Allein in Brasilien leben 75 % der Bevölkerung unter Bedingungen relativen Randdaseins.[9] Das brasilianische Modell für Politik und Wirtschaft bringt dem größten Teil der Bevölkerung keinen direkten Vorteil. Zwar verlangt es, daß alle beim wirtschaftlich-sozialen Aufbau mitwirken, dagegen trägt es nicht dazu bei, daß auch alle anteilmäßig von dem produzierten Reichtum, den erzielten Freiheiten und anderen erzeugten Gütern profitieren.

Die Menge gesellschaftlicher Mißlichkeiten ist nicht gerecht auf alle verteilt. Vielmehr lastet sie schwer gerade auf der Klasse, die ohnehin schon seit Jahrhunderten alles nur Erdenkliche zu entbehren hat, auf der Klasse der Lohnabhängigen. Man hat sie um dieses Opfer nicht gebeten, sondern es ihnen unter Zwang auferlegt, und sie hatten keine Möglichkeit, ihre Stimme zu erheben und mit den Mitteln der Klassendemonstration ihre unmenschliche Lage bewußt zu machen.

Da Fristen nun einmal drängen, kam es in fast allen Ländern Lateinamerikas zu einer handgreiflichen Verzerrung der ursprünglichen Absicht ihrer jeweiligen Regierungen. Diese verfolgten anfänglich nämlich das Ziel sozialer Entwicklung durch Wirtschaftswachstum. Die Verzerrung besteht nun darin, daß sich die ganze Kraft des Staates auf wirtschaftliche Entwicklung konzentriert, welche jetzt aber nicht mehr als Mittel auf dem

8 A missão social da Igreja hoje, in: Missão da Igreja do Brasil, São Paulo 1973, 159.
9 Vgl. *Langoni, C. G.,* Distribuição da renda econômica do Brasil, Rio de Janeiro 1973, 64; *Jaguaribe, H.,* Brasil: crise e alternativas, Rio de Janeiro 1974, 52–66.

Weg zu gesellschaftlicher Entwicklung, sondern als Zweck in sich selbst angesehen.wird – in der Überzeugung, wirtschaftliche Entwicklung berge in sich schon die Dynamik, aus sich selbst heraus auch in soziale Entwicklung einzumünden. Diese Verzerrung brachte in klassischer Formulierung der frühere Präsident der Republik Brasilien, Médici (1970–1974), zum Ausdruck, als er, zwischen Schrecken und Ratlosigkeit, ausrief: »Der brasilianischen Wirtschaft geht es gut, dem Volk geht es schlecht.«

Es gibt Schmerzen und Opfer, die man auf sich nehmen muß, wenn man wirklich – sei es geistig, wirtschaftlich oder gesellschaftlich – wachsen will. Aber es gibt auch Leiden, Armut, Elend und menschliche Schmerzen, die die Folge von Ungerechtigkeit, unmenschlichen Verhältnissen im Zusammenleben und in der Güterverteilung und von maßloser Machtgier sind.

Gewichtige Gruppen denkender Menschen in der reichen Welt sind sich inzwischen schon der Ungerechtigkeit des Kultursystems bewußt geworden, das im Westen bereits seit Jahrhunderten besteht, basierend auf der Quantität und auf dem Totalitarismus von wirtschaftlicher Macht, Wissenschaft und Technik, die in seinem Dienst stehen. Der um sich greifende Ekel, die gesellschaftliche Krankheit der Riesenstädte und das saft- und kraftlose Leben in ihnen offenbaren zur Genüge die Morbidität eines solchen Kulturethos. Aber Verbitterung ohne eine geistige Dimension des Menschseins, der schöpferischen Askese und des Sinnes für gesellschaftliche Gleichheit genügt nicht. Die soziale Un-Gnade der modernen Welt unter dem Regime des Kapitalismus hat ihr teuflisches und entmenschlichendes Gesicht gezeigt.

Die kritiklose Übernahme importierter Modelle, die mittlerweile schon in die Krise geraten sind und von den besten Köpfen weithin angefochten werden, hat in Lateinamerika größere systemimmanente Widersprüche als in den Metropolen selbst erzeugt.

c. Politische Abhängigkeit

Politische Abhängigkeit erweist sich in den Machenschaften, die die Metropole einfädelt, um auch weiterhin führend zu bleiben. Dazu bedient sie sich der Eliten im Innern der Satellitenländer. In einer bestimmten Phase waren dies die nationalen, mit dem ausländischen Kapital liierten Oligarchien, die den Staatsapparat kontrollierten. Dabei galt dieser als eine Art Lehen, um das sich die verschiedenen, aber allesamt mit den wirtschaftlichen und politischen Interessen des Auslandes verbundenen Gruppen in einem gegenseitigen Konkurrenzkampf zu bewerben hatten. Freilich spielt sich der Prozeß nicht ganz so durchsichtig ab, wie er hier geschildert wird. Er geht hin und her, auf und ab. Da ist insbesondere der ideologische und kulturelle Bestandteil, der gleichsam die Wirkung von Schmieröl hat, damit wirtschaftliche Interessen als verzeihlich durchgehen können. Die Ideologie der bestehenden Ordnung, die Überzeugungsmittel, über die das System verfügt, die Werte, die es über alle Kanäle an den Mann bringt, die Form des Unterrichts von der Grundschule bis hinauf zur Universität, den man seiner kritischen Funktion entkleidet und für die Werte der herrschenden Klasse instrumentalisiert hat, all diese und viele andere Elemente werden aufgewendet, um die Bevölkerung davon zu überzeugen, daß die Interessen jener Gruppe auch die Interessen von Nation und Volk sind und daß der einzige Weg zum Fortschritt über das bestehende politisch-wirtschaftliche Modell führt. Entscheidend ist, daß es auf wirtschaftlicher, gesellschaftlicher und politischer Ebene zu einer Integration und zu einem allgemeinen Konsens kommt, damit so das Bündnis zwischen heimischen und ausländischen Eliten gestützt wird.

Trotzdem zwangen die politische Bewußtseinsbildung in den sechziger Jahren und das Entstehen verschiedener Formen von Populismus die genannten Eliten, nicht mehr unbedingt Konsens und Integration anzustreben. In fast allen Ländern des Erdteils wurde ein militärisches Machtregime errichtet. Diese Entwicklung signalisiert den Beginn eines dritten Kolonialpaktes – des militärisch-industriell-universitären Komplexes. Gerade Brasilien wurde ein typischer Fall dieses neuen Kolonialpaktes mit ausgeprägten Kennzeichen: Obwohl seine wirtschaftliche Entwicklung beachtlich ist, kommt das Land von seiner Struktur der Abhängigkeit und Unterentwicklung nicht los. Streitkräfte und Bourgeoisie überantworteten das nationale Entwicklungsprojekt den großen Unternehmen. Die Metropole liefert den inländischen Eliten Technologie, Kapital und Ausbildung ihrer besten Köpfe nach den Regeln der Ideologie des Systems. Das Ansteigen des Bruttonationalprodukts vollzieht sich in Maßstäben internationaler Rekorde, was ideologisches Material in Hülle und Fülle dafür liefert, den Ausnahmezustand zu rechtfertigen, obwohl die Verteilung des Einkommens nach wie vor beschämend ungleich und willkürlich ist. Die Funktion der Streitkräfte ist nicht mehr moderierend, sondern eminent politisch. Sie betrachten sich als die letzte Reserve der westlichen Welt im Kampf gegen Kommunismus und subversive Kräfte, die sich inzwischen bewußt geworden sind, daß das aufgezwungene Regime ungerecht ist. Das technokratisch-militärisch-universitäre Bündnis, das das Regime in den USA letztlich charakterisiert, wurde vom Pentagon in die Filialländer exportiert. Angesichts der vermeintlichen Unfähigkeit und ideologischen Unzuverlässigkeit der Zivilisten in den lateinamerikanischen Ländern fühlen sich die Offiziere mit ihrer wissenschaftlichen Ausbildung qualifiziert genug, die politische Macht in ihrem Staat zu übernehmen. Sie sind nicht mehr einfach Prätorianerchefs, sondern eine wirkliche, gut ausgebildete und ideologisch kompakte Klasse.

Den Streitkräften obliegt die Aufgabe, Ordnung und Sicherheit zu gewährleisten, damit die Technologie den wirtschaftlichen Sprung schaffen kann. Das Pentagon entwarf eine Ideologie, die in ihren Grundzügen äußerst vereinfachend und unverhohlen manichäisch, aber gerade deshalb voller ideologischer Kraft ist: die Lehre von der Nationalen Sicherheit. Diese besagt: Die Welt ist in zwei Sphären aufgeteilt, einesteils die westliche, freie und christliche Welt und anderenteils die kommunistisch-sozialistische, unterdrückerische und atheistische Welt. Zwischen beiden Teilen herrscht Krieg. Die Länder Lateinamerikas gehören zur westlichen Hemisphäre und haben sich deshalb der Kriegsstrategie der westlichen Welt anzuschließen. Politik ist auch eine Form von Krieg. Den lateinamerikanischen Streitkräften kommt die Aufgabe zu, gegen den Kommunismus zu Felde zu ziehen, der hier unter dem Deckmantel von Subversion, Bewußtseinsbildung, Populismus und Fortschrittlichkeit die Kirchen infiltriert. Dieser Krieg wird nach einer höchst wirksamen politischen, kulturellen und gesellschaftlichen Methodologie geführt. Wir leben in Kriegszeiten, deshalb herrschen auch Ausnahmemethoden. Nutzen aus dieser unerbittlichen Befriedung zieht die mittelständische und bürgerliche Klasse, denn so hat sie die notwendige Ruhe, um große Investitionen zu tätigen und bedeutende Gewinne zu erzielen.[10]

Das Regime kommt einer Vormundschaft gleich. Dem Volk verbleiben nur ganz geringe Formen der Mitbestimmung. Fast alle grundlegenden Instrumente, mit denen es seinen berechtigten Forderungen Gehör verschaffen könnte, wurden ihm genommen. Wer unter diesen Umständen nur von strukturellen Veränderungen spricht, stellt sich außerhalb des Systems und bringt sich in eine durch ihre Folgen gefährliche Lage. Denn die technokratisch-militärischen Regimes fürchten die Freiheit des Volkes und die Verwirklichung der Demokratie.

Zusammenfassend können wir sagen: Das Unterdrückungsregime, das für Lateinamerika kennzeichnend ist, strukturierte sich im Laufe seiner Geschichte immer in Abhängigkeit vom hegemonialen Weltsystem, zunächst gegenüber Portugal und Spanien, dann gegenüber England und schließlich gegenüber den USA. Das Kulturethos mit seinen Ausdrucks-

---

10 Vgl. *Comblin, J.*, Movimientos e ideologías en Américan Latina, in: Fe cristiana y cambio social en América Latina, 101–127 (111–113).

formen in Wirtschaft, Politik, Wertsystem, Sittenkodex und Weltanschauung wurde bedingt durch diese Artikulation der Abhängigkeit. Nicht selten konnte sie im Gewand von Nationalismus, Fortschrittsglauben usf. auftreten, die sich oft sogar das Flair der Befreiung zulegten. In Wirklichkeit aber sind sie raffinierte Formen, unter denen die Unterdrükkung das kritisch-oppositionelle Vokabular übernimmt und dennoch weiter in Geltung und wirksam bleibt.

3. Lateinamerika – ein Erdteil kolonialer und ideologisch manipulierter Christenheit

Das allgemeine Regime der Abhängigkeit infizierte auch das Christentum, das hierher eingeführt und eingepflanzt wurde. Wir dürfen nie vergessen, daß Lateinamerika die einzige koloniale Christenheit ist, die die Geschichte aufweist – mit allen Folgen des Kolonialismus. Die europäische Christenheit war nicht kolonial, sondern kolonialistisch mit einer vom historischen Kolonialismus hervorgebrachten Mentalität des Absolutismus gegenüber der Wahrheit und den religiösen und politischen Formen. Ein Rückblick auf die Jahrhunderte christlichen Lebens auf unserem Erdteil liefert keinen sehr ermutigenden Saldo für das Evangelium. Ausbeutung und Elend auf einem katholischen Kontinent! Die katholische Kirche ist – wie so viele offizielle Texte bekennen – mitverantwortlich für die gegenwärtige Lage von Unterdrückung und Abhängigkeit. Messianische Inspiration, endzeitliche Hoffnung und die revolutionären Werte universaler Brüderlichkeit, die zum Wesen des christlichen Glaubens gehören, wurden hier der imperialistischen Ideologie einverleibt. Diese machte aus der Kirche eine religiöse Form expansionistischer Ideologie des christlichen Abendlandes.

a. Die Kirche als Gefährtin der Herrschaft

Trotz der unschätzbaren Verdienste der Kirche, die all unsere Länder missioniert, die Unendlichkeit der Urwälder nicht gefürchtet, den Glauben zu den Eingeborenen gebracht und ihn unter der kolonisierenden Bevölkerung wachgehalten hat, dürfen wir nicht verkennen, daß sie gemeinsame Sache mit dem Imperium machte. Dieses kam nicht hierher, um einen Volksstamm zu gründen und eine Nation aufzubauen, sondern um die heimischen Reichtümer auszubeuten und fremden Interessen zu dienen. Die Ausbreitung von Glauben und Imperium ist das Zeichen, unter dem die Eroberung ihr Werk antrat. Die Evangelisierung geschah nach dem Muster des reaktionären, antireformatorischen und kriegerischen Katholizismus der iberischen Halbinsel. Der Indianer wurde dem Ungläubigen gleichgesetzt, den es zu beugen und zu bekämpfen galt. Die Mission war ein heiliger Krieg. Eine Begegnung gab es nicht. Der konstantinische Totalanspruch, der seit Jahrhunderten im christlichen Europa herrschte, setzte sich mit Feuer und Schwert durch. Ein theologisches Verständnis der Religionen von Eingeborenen und zivilisierten Ureinwohnern wie Azteken, Majas und Inkas gab es nicht. Man sah in ihnen das Werk des Satans, aus dem der Teufel ausgetrieben werden mußte, wenn man es nicht gar zu liquidieren hatte. Wie zeitgenössische Zeugnisse belegen, wurde der Indianer nicht selten als Nicht-Mensch, als vernunftloses und bestialisches Wesen betrachtet.[11] Ihn zu unterwerfen und ihm seine Reichtümer zu entreißen, gehörte zum Vorhaben des europäischen Menschen, der hierher kam. In seiner mutigen, prophetischen Anklage sagt Bartolomeu de las Casas: »Der letzte Grund, weshalb die Christen so viele, so edle und eine so endlose Zahl von Seelen töteten, war einzig die Tatsache, daß sie als letztes Ziel das Geld und das Ideal hatten, sich in nur wenigen Tagen mit Reichtum vollzusaugen und auf höhere Stufen emporzusteigen, die ihnen gar nicht zustanden.«[12]

Die Kirche war Gefährtin der unterdrückerischen Kolonisierung. Ohne den geringsten Versuch einer Ekklesiogenese, verpflanzte sie einfach die kirchlichen Institutionen von Europa hierher.[13] Die Abhängigkeit von der Metropole, die wir als eine Konstante in der politisch-wirtschaftlichen Geschichte Lateinamerikas ausgemacht haben, findet in einer noch schärfer akzentuierten, weil sakralisierten und dogmatisierten Form ihre Parallele in der katholischen Kirche.

b. Die Kirche als Komplizin der Herrschaft

Es kann nicht geleugnet werden, daß über weite Strecken der lateinamerikanischen Geschichte hin die offizielle Kirche auf seiten der Machteliten stand und die etablierten Mächte und die nicht dem Volk angehörenden Klassen begünstigte. Deshalb bekennen die Bischöfe in Medellín: »Die

11 *Dussel, E. D.*, Historia de la fe cristiana y cambio social en América Latina, in: Fe y cambio social, 65–99.
12 Brevísima relación de la destrucción de las Indias, Buenos Aires 1966, 36.
13 Vgl. *Hoornaert, E.*, Formação do Catolicismo brasileiro 1550–1800, Petrópolis 1974; *Wetzel, H. E.*, O condicionamento histórico étnico-cultural da Igreja no Brasil, in: Missão da Igreja no Brasil, 27–47.

Kirche gesteht ein, daß im Laufe ihrer Geschichte nicht alle ihre Glieder, ob Kleriker oder Laien, sich immer treu gegenüber dem Geist Gottes verhalten haben« (Einführung zu den Beschlüssen, Nr. 2). Mit ihrem offiziellen Teil befand sich die Kirche eben nicht an der Spitze der Bewegungen, die für die Befreiung von der Metropole und für die Befreiung der Sklaven kämpften, und in jüngster Vergangenheit setzte sie sich eben nicht für Arbeiter- und Populismusbewegungen ein, die sich für mehr Mitbestimmung und soziale Gerechtigkeit engagierten. Ihre Klassensituation hinderte sie sogar daran, vom Evangelium her Bewußtsein zu wecken für die Lage von Armen und Randexistenzen. Die Kirche war Komplizin des Abhängigkeitsregimes und trug dazu bei, daß sich willkürlich soziale Schichten ablagerten.

Auf der Bischofssynode im Jahre 1974 sagte Dom Hélder Câmara in Rom: »Ohne unsere Vorfahren, die Bischöfe und Priester in Lateinamerika oder in den reichen Ländern, verurteilen zu wollen, müssen wir zugeben, daß wir uns im allgemeinen so sehr um die Erhaltung der Autorität wie auch der gesellschaftlichen Ordnung gesorgt haben (und teilweise auch heute noch sorgen), daß wir einfach nicht entdecken konnten, wie sehr die sogenannte ›soziale Ordnung‹ eine in Schichten abgelagerte Unordnung ist.«[14]

Trotzdem lebte das christliche Volk, das von den Offiziellen der klerikalen Orthodoxie sich selbst überlassen und verachtet wurde, auf seine Weise den christlichen Glauben. Dabei gelang ihm, wie der Historiker Eduardo Hoornaert meint, die originellste Konkretion des Christentums in der gesamten Geschichte Brasiliens: die katholische Volksreligiosität.[15] Diese ist keine dekadente Form der offiziellen Religiosität, sondern eine eigenständige und legitime Weise, nach dem Evangelium zu leben, der jedoch das abstrakte und elitäre Gebaren des Klerus völlig fehlt. Wenn sie auch Zweideutigkeiten und entfremdende Elemente enthält, so stecken in ihr doch ebenfalls zutiefst befreiende Werte. Mit dieser seiner spezifischen Religiosität war das Volk, das in der pointierten Sprache von Capistrano de Abreu »hundertmal entmannt und hundertmal zur Ader gelassen worden war«, imstande, seinem Leben Sinn zu verleihen, Kraft zu schöpfen um zu überleben, christlich zu bleiben und nicht der Verzweiflung oder der Revolte zu verfallen.

14 REB 34 (1974) 976.
15 Vgl. *Hoornaert, E.*, Formação do catolicismo brasileiro, 98–136.

c. Die Kirche solidarisch mit der Befreiung

Die Kirche ist präsent im Drama unseres Erdteils. Wie könnte sie es da unterlassen, auch im Prozeß der Befreiung präsent zu sein? Trotz ihrer Kompromisse und ihrer Komplizenschaft mit den metropolitanen Mächten lebte in ihr zu allen Zeiten die vom Evangelium inspirierte Erinnerung an die menschliche Würde des Indianers, des Negers und des Armen. Immer trug die Kirche auch einen Keim von Befreiung in sich. Auf dem ganzen Kontinent gibt es eine legendäre Tradition von priesterlichen Patrioten, die – oft unter Einsatz ihres eigenen Lebens – für konkrete Freiheiten kämpften, angefangen von Las Casas und Vieira bis hin zu Camilo Torres und Dom Hélder Câmara.[16] »Das Wenige, das ein von den Metropolen im Stich gelassenes, ungebildetes und von seiner Regierung nicht erzogenes Volk gelernt hat, hat es dem Klerus zu verdanken«, schreibt einer der großen brasilianischen Historiker, José Honório Rodrigues.[17] Denn der niedere Klerus, der mitten unter dem Volk lebte, seine Probleme selbst hautnah erfuhr und alle seine Bedürfnisse und Sorgen kannte, war einer der wirksamsten Vorkämpfer für freiheitliche Ideale und soziale Gerechtigkeit.

Die große Kehrtwende in Medellín ist aus dieser Überlieferung zu verstehen, die zwar nicht immer bestimmend, wohl aber stets gegenwärtig war. In Medellín sprach sich endlich auch die offizielle Kirche massiv zugunsten des Projekts der ganzheitlichen Befreiung für unseren Erdteil aus. Die Identifizierung der neuen Kirche mit Armen und ungerecht Zukurzgekommenen verlieh dem Befreiungsprozeß einen bis dahin ungeahnten Impuls und Öffentlichkeitscharakter. Der Kirche wurde bewußt, daß ihre Aufgabe vom Evangelium her untrennbar mit dem menschlichen und politischen Los der an den Rand gedrängten Klassen verbunden ist. Wenn diese ihre Grundrechte nicht wahrnehmen können, muß die Kirche einsehen, daß sie gegenüber dem Evangelium gescheitert ist. Das Heil, das sie verkündet, nimmt auch in diesen ganz konkreten innergeschichtlichen Dimensionen Gestalt an. Nur von hier aus hat es einen Sinn, eine vollere Befreiung im Reich Gottes zu verkündigen. Um dessentwillen entwarfen Theologen unseres Erdteils die Theologie der Befreiung, der es darum geht, die Praxis des Glaubens in Solidarität mit dem Befreiungsprozeß zu übersetzen, der inzwischen in allen Ländern in Gang ist.

---

16 *Ders.*, A tradição lascasiana no Brasil: REB 35 (1975).
17 O clero e a Independência: REB 32 (1972) 309–320, hier 309.

VIII. *Noch einmal: Erfahrung von Gnade in der Wirklichkeit Lateinamerikas – Antworten*

1. Reaktion auf die Wirklichkeit: Befreiendes Bewußtsein und Befreiungspraxis

Die Überlegungen im vorigen Kapitel tragen die Kennzeichen einer stark negativen Diagnose. Aber das ist nur die eine Seite des Ganzen. Daß wir Lateinamerikaner uns der Wirklichkeit unserer Abhängigkeit bewußt wurden, verursachte eine Reaktion auf allen Ebenen von Reflexion und Praxis. Das soll rasch in einigen Einzelheiten dargelegt werden.

a. Entwurf einer kritischen Analyse von der Peripherie her

Der erste Schritt bestand in einer entschiedenen Bewußtwerdung der lateinamerikanischen Wirklichkeit gegenüber der Weltgesellschaft. Wir entdeckten die wahren Dimensionen von Rückständigkeit, Armut, Elend und Randdasein. In den Analysen schälte sich eine Diagnose heraus, die auf unterschiedliche Weisen gedeutet wurde. Da war zunächst jene Interpretation, die Unterentwicklung im Sinne eines reinen technischen Rückstandes beschreibt und als Heilmittel Industrialisierung anpreist. Dann gab es eine politische Deutung, derart, daß zwischen den verschiedenen Ländern ein und desselben wirtschaftlichen und politischen Systems Interdependenz bestehe, so daß eine kräftige Hilfe von außen notwendig sei, um die Unterentwicklung zu bezwingen. Schließlich wurde die Dependenztheorie entwickelt, für die Unterentwicklung eine Folge der hemmungslosen Entwicklung in den Ländern der Metropole ist. Die Dependenztheorie stellt den ersten großen Versuch dar, soziologisch von der Peripherie her zu denken. Sie deckt den strukturellen Charakter der Unterentwicklung als einen umfassenden und dialektischen Prozeß des westlichen Systems auf. Die Abhängigkeit bezieht sich nicht nur auf das Ausland, sondern ist auch ein internes Phänomen und schafft im Innern des Landes noch einmal ein Verhältnis Zentrum – Peripherie.

Die lateinamerikanischen Vertreter der Dependenztheorie schlugen politische Strategien vor, die dazu führen sollten, die unterdrückerischen

Bande zu zerreißen und einen Befreiungsprozeß in Gang zu bringen. Entwicklung setzt Veränderung der eigenen Sozialstruktur und Schaffung einer neuen Gesellschaft voraus. Diese Forderung führte zu einem großen Interesse daran, heimische Werte, das Kulturethos des Volkes und historische Bewegungen in der Vergangenheit kennenzulernen, die zwar immer scheiterten, aber dennoch Wege in die Freiheit antizipierten.[1] Damit neue Normen des Zusammenlebens geschaffen werden können, bedarf es der Mobilisierung aller gesellschaftlichen Kräfte und einer Neuplanung bezüglich der wirtschaftlichen Quellen und der Produktivkräfte. Man kann und darf nicht erwarten, daß die Metropolen von ihrer Unterdrükkung ablassen. Die vorgeschlagene Strategie ist offensichtlich revolutionär; denn die neue Unabhängigkeit gründet auf der lateinamerikanischen Befreiung. Infolge dieses neuen Verständnisses kam es auf unserem ganzen Erdteil zu einer breiten politischen Bewußtwerdung. Waghalsige Gruppen gingen zur revolutionären Praxis in der Art von städtischen und ländlichen Guerillas über. Ihre Unternehmungen führten in eine Sackgasse, denn sie verschärften nur noch die repressiven Kräfte. Revolutionen macht man nicht rein voluntaristisch. »Die Menschen machen nur die Revolutionen, die von selbst wachsen.«[2] Man muß sich ihren Gesetzen und objektiven Bedingungen unterwerfen und nicht den voluntaristischen Befehlen einer revolutionären Ideologie.

Gemäßigtere Vertreter der Dependenztheorie empfahlen – mit wesentlich mehr historischem Fingerspitzengefühl und im Bewußtsein der Notwendigkeit politischer und strategischer Vermittlungen einer jeden Revolution – eine Veränderung *des* Systems auf dem Weg von Veränderungen *im* System. Das bedeutet keinen Verzicht auf das Ideal der Befreiung, sondern eine Strategie, sie geschichtlich und prozessual zu verwirklichen. Es ist bereits eine Befreiung im Prozeß.

Die Engpässe der von der Dependenztheorie formulierten Alternative dürfen nicht verkannt werden. Es reicht nicht, die Struktur von Abhängigkeit und Unterdrückung zu diagnostizieren und einfach eine neue vorzuschlagen. Sind die objektiven geschichtlichen Faktoren gegeben, die sie als gangbaren Weg ausweisen? Eine nur regionale Revolution auf dem lateinamerikanischen Gesamterdteil ist politisch undurchführbar. Das System verfügt über genügend Zwangsmöglichkeiten, um die Nationen wieder auf Vordermann zu bringen, die sich von ihm entfernen wollen. Der Fall Chile ist da beispielhaft. Die politische Alternative der Depen-

---

1 Vgl. die ganze Nummer 1/2 der Zeitschrift ›Stromata‹ 1974, die dem Thema ›Kulturelle Abhängigkeit und kulturelles Schaffen in Lateinamerika‹ gewidmet ist.
2 *Comblin, J.*, Théologie de la pratique révolutionnaire, Paris 1974, 65.

denztheoretiker ist noch nirgends verwirklicht worden. Sie ist unzureichend. Das Imperium kann, wie so viele andere in der Vergangenheit, das interne Gleichgewicht wiederherstellen und auch sein Fortbestehen für lange Zeit garantieren.

Die Herausforderung des wirtschaftlichen und politischen Modells in Brasilien ist für die Dependenztheorie eine große Schwierigkeit. Da Brasilien ein Regime hat, das sich den Metropolen anschließt und großzügig sowohl Hilfe von außen als auch die Anwesenheit der multinationalen Konzerne annimmt, ist es unleugbar imstande, Fortschritt zu erzielen. Soziale Ungerechtigkeit ist der Preis, den man bewußt dafür zahlt: Der Kuchen muß doch erst einmal wachsen, damit er gerecht unter eine möglichst große Zahl verteilt werden kann. Das wirtschaftliche Wachstum kann solche Ausmaße erreichen, daß es dem Land möglich wird, mit einigen Bereichen der Metropole kräftig zu konkurrieren und ein Subimperium auf die Beine zu stellen. Die bemerkenswert verbesserten Lebensbedingungen bei den herrschenden Klassen werden sich auch positiv für die anderen Klassen auswirken. Die Theoretiker der Integration ins Imperium sprechen voller Sympathie von der Kanadisierung Brasiliens als Modell, das für den ganzen Erdteil gelte. Es sei am pragmatischsten und bringe unmittelbare Lösungen.

Die Dependenztheorie erfaßt sachgerecht die *Tatsache* der Abhängigkeit. Diese darf allerdings nicht auf wirtschaftliche Faktoren allein als umfassende Ursache für Unterentwicklung eingeengt werden. Es existieren noch andere gesellschaftliche und kulturelle Variablen, die ihrerseits auch Unterentwicklung mitbestimmen, ohne jedoch direkt mit ökonomischer Abhängigkeit zu tun zu haben. So gibt es Bevölkerungen, die noch in einer traditionellen Kultur leben; Kategorien wie Fortschritt, Reform und Befreiung haben für sie keinen Kultur- oder Wertkontext: Sie gelten für Völker mit typisch westlicher Kultur. Wir stehen hier vor dem Problem eines anderen Weltbilds und eines anderen Kulturethos, das von der Dependenztheorie nicht sachgemäß erfaßt wird. Überdies gibt es biologische und gesundheitliche Probleme: Wie kann ein Volk, das – wie im Falle Brasilien – zu 70 % aus Kranken besteht, einen beschleunigten und befreienden Fortschritt realisieren? Was also vor allem nottut, ist ein nationales Bewußtsein, das imstande ist, sein eigenes Projekt zu entwerfen und dann einen Befreiungsprozeß in Gang zu bringen. Voraussetzung dabei ist natürlich, daß man sich der totalen Interkommunikation der modernen Welt wie auch des Angewiesenseins des einen Landes auf das andere bewußt ist.

Sowohl in der kapitalistischen als auch in der sozialistisch-kommunistischen

Welt herrscht die industrielle Konsumgesellschaft. Sie macht ausgeklügelte Techniken und die Bereitstellung großer Kapitalmengen erforderlich. Nehmen wir an, ein Land habe sich befreien können; die Befreiung führt sicherlich zur Unabhängigkeit, aber noch nicht zur Entwicklung; denn die Satellitenländer (die jetzt befreit und keine Satelliten mehr sind) verfügen über keine eigene Technologie. Kein Land kann sich allein entwickeln. Zu diesem Problem schreibt Comblin: »Man steht vor dem Dilemma: sich befreien und sich nicht entwickeln oder sich entwickeln und sich unterwerfen. Dies ist die Zwickmühle. Ein dritter Weg ist nichts als ein Kompromiß: Man schränkt die Entwicklung ein, um sich eine gewisse Autonomie zu bewahren, oder man schränkt die Abhängigkeit ein und wählt nur ein paar Bereiche, die entwickelt werden können. Aber das führt uns weit über das hinaus, was die einfache Dependenztheorie besagt.«[3]

Jede gesellschaftliche Veränderung ist auch ein Problem wissenschaftlicher Rationalität und historischer Machbarkeit, die beide nicht selten den humanitären Idealen einer vollen und ganzheitlichen Befreiung widersprechen. Es gibt tiefgreifende Reformen, die nichts zu tun haben mit Entwicklungsideologie und der Ausbreitung eines Abhängigkeits- und Unterdrückungsregimes; wir meinen echte revolutionäre Reformen, die eine langsame Überwindung eines ganzen Typs von Gesellschaft vorbereiten.

b. Entwurf einer eigenständigen Theologie in einem Gefangenschaftsregime

Die Pastoraltheologie in Lateinamerika hat die Herausforderung akzeptiert, die die mit wissenschaftlichem Instrumentarium analysierte Wirklichkeit darstellt. Unter großen Anstrengungen gelang es ihr, sich von den Schemata einer Theologie zu befreien, die – ohne Verbindung mit der historischen Praxis des christlichen Glaubens – auf Orthodoxie und Reinheit von Formeln ausgerichtet war, und sie begann, ihre eigenen konkreten Probleme zu bedenken.[4] Randdascin und Armut von Millionen von

---

3 Ebd. 127.
4 Vgl. *Alonso, A.*, Una nueva forma de hacer teología, in: Iglesia y Praxis de liberación, Salamanca, 50–88; *Vidales, V.*, Cuestiones en torno al método de la teología de la liberación (MIEC-JECI, Documento 9), Lima 1972; *Dussel, E. D.*, Método para una filosofía de la liberación, Salamanca 1974; *Ellacuría, I.*, Tesis sobre la posibilidad, necesidad y sentido de una teología latino-americana, in: Teología y Mundo moderno (Festschrift für K. Rahner), Madrid 1975, 325–350; *Boff, L.*, Que é fazer teologia a partir da América Latina em cativeiro, in: Teología do cativeiro e da libertação, Lissabon 1976, 26–36; eine gekürzte

Menschen sind nicht nur eine soziologische Feststellung. Für den Glauben bedeutet dieser Sachverhalt eine Verkörperung von Sünde und Ungerechtigkeit. Christlicher Glaube sieht in der lateinamerikanischen Geschichte und Gesellschaft die Zurückweisung des Planes Gottes, der Brüderlichkeit, Teilhabe, Gerechtigkeit und Solidarität will. Theologie betreiben heißt nicht mehr nach einer Rationalität forschen, die in einem als Festhalten an abstrakten Wahrheiten definierten Glauben steckt. Theologie treiben bedeutet kritisch auf die Praxis des christlichen Glaubens reflektieren. Wie oben schon angedeutet, herrschte auf unserem Erdteil eine Glaubenspraxis, die nicht zu mehr Menschlichkeit intendierenden gesellschaftlichen Veränderungen führte, sondern allzu leicht dahingehend manipuliert wurde, willkürliche Situationen zu sakralisieren. Barbara Ward sagte 1971 auf der Bischofssynode in Rom: »Die Gewissensbildung unter Christen beschränkte sich häufig auf die Beobachtung des Gebots der Sonntagsmesse und der Kirchengebote bezüglich Geschlechtlichkeit und Ehe. Aber die Tatsache, daß man lebte wie im Evangelium der reiche Prasser mit dem armen Lazarus vor seiner Tür, galt nicht als Verfehlung!«

Auf der Bischofsversammlung in Medellín (1968) wurde sich die lateinamerikanische Kirche bewußt, daß es einer neuen Glaubenspraxis bedarf, die ein Element von Umgestaltung und Befreiung ist. So entstand thematisch die Theologie der Befreiung. Diese stellt einen Versuch dar, das tätige Engagement christlicher Liebe kritisch in Begriffen sozioökonomisch-politisch-religiöser Befreiung zu artikulieren. Dieser Typ von Theologie, der charakteristisch ist für unseren Erdteil, artikuliert sich in Schritten, die kurz hervorgehoben werden sollen.

aa. Sozio-analytisch-strukturelles Verständnis der Wirklichkeit

Ausgangspunkt ist die Wirklichkeit in einer möglichst ernsthaften und wissenschaftlichen Vermittlung. Dabei hat man weithin die mittels der Dependenztheorie erstellte Analyse mit den kritischen Anreicherungen, die wir oben andeuteten, akzeptiert. Diese eher soziologische Analyse hat durch eine philosophisch-kulturelle Überlegung einen Schritt weitergeführt. Denn eine nur soziologische Diagnose ist unzureichend, auch wenn sie die Abhängigkeitsmechanismen, das daraus resultierende Randdasein und die schreienden Ungerechtigkeiten aufzeigt. Kapitalismus, Industrialisierung und selbst das sozialistische Regime sind Figurationen einer

Fassung dieses Aufsatzes findet sich in deutscher Übersetzung in: *Rahner, K., u. a.* (Hrsg.), Befreiende Theologie (Urban-Taschenbuch 627), Stuttgart 1977, 46–61.

grundlegenderen Entscheidung des Menschen, eines Kulturethos, das seine Geschichte von Konkretionen hat. Der Mensch hat sich für einen Lebenssinn entschieden, der auf Wissen und Macht über Welt und Mitmenschen ausgerichtet ist. Dieser Sinn wurde unter vielen Formen geschichtlich konkret, angefangen von den griechischen Ursprüngen bis in unsere Zeit. Im Augenblick hat er die Form des industriellen Kapitalismus mit seinen großen multinationalen Konzernen angenommen. Jede Revolution, die nicht an diesen Daseinssinn als Wissen (Rationalität) und Macht (Wille zur Herrschaft) über alles, was der Mensch sich nur wünschen mag, rührt, sondern ihn unverändert läßt, ist keine echte Revolution, wie der Sozialismus im russischen Imperium zeigt. Wir sind heute Gefangene eines Kulturethos mit seiner Last von Institutionen und geschichtlichen Ausprägungen, die es dem Menschen nicht erlauben, sich menschlich zu entfalten. Der Fortschritt fordert den Preis gesellschaftlichen Unrechts und das Blut derer, die geopfert werden müssen, damit einige wenige einen Vorteil haben. Aus dem Boden dieser Unterdrückung sprossen die Sehnsüchte nach Befreiung. Hier stehen wir vor einem utopischen Projekt, das alles umgreift und eine eschatologische Dimension im Sinne von umfassender Befreiung von Sünde und Tod hat.

Aber eine Diagnose, die der Wirklichkeit entspricht, und die Erarbeitung der utopischen Lösung genügen noch nicht. Worauf es ankommt, ist die Strategie der Durchführung. Wie soll man im Rahmen der bestehenden Verhältnisse einer Welt in Gefangenschaft die Befreiung verwirklichen? Revolutionäre Endlösungen haben – worauf wir weiter oben schon aufmerksam gemacht haben – utopischen Charakter und sind politisch nicht machbar. Dagegen können revolutionäre Veränderungen im System einen geschichtlichen Prozeß in Bewegung setzen, der allmählich zu einer Überwindung des derzeit noch herrschenden Kulturethos führt und ein anderes, vielleicht weniger ungerechtes und unrechtes entstehen läßt.

bb. Theologisches Verständnis

Auf der Grundlage dieser Sicht der Wirklichkeit entwickelt die Theologie im Licht des Wortes Gottes ihr Verständnis. In den gegebenen Verhältnissen deckt sie Gnade und Sünde auf und sieht in den verworrenen Interessen der Menschen Annahme beziehungsweise Ablehnung des Plans Gottes. Das christliche Bewußtsein fühlt sich zu wirksamem Engagement aufgerufen, damit es möglich wird, aus dieser Situation herauszukommen, die Gott und den Bruder beleidigt. Die Betonung liegt auf dem Sinn der befreienden Glaubenspraxis. Theologie als Reflexion auf diese

Praxis ist ein zweiter Akt, durch den die Praxis ehrlicher und wirksamer werden soll.

Eine solche Theologie hat eine doppelte Aufgabe: Erstens hat sie sich selbst von einem gewissen Typ universalisierender ›Theologie‹ zu befreien, weil diese einer Glaubenspraxis verhaftet ist, die sich ihren wirtschaftlichen und politischen Voraussetzungen gegenüber kritiklos verhält. Sodann muß sie die befreienden Dimensionen aufdecken, die im christlichen Glauben und seinen großen theologischen Themen stecken, aber von einem gewissen Glaubensverständnis und christlichen Lebensstil verschüttet wurden: so die gesellschaftliche und politische Dimension in Themen wie Reich Gottes, Eschatologie, Sünde, Gnade, Befreiung durch Jesus Christus und die befreienden Dimensionen von Katechese, Verkündigung und Sakrament. Zweitens hat die Theologie die theologischen Perspektiven einzulösen und zu verstärken, die in jedem echten Befreiungsprozeß stecken, selbst wenn dieser von Menschen getragen wird, die nicht einmal einen Bezug zum Christentum haben. Denn das Theologische in ihrem Handeln hängt nicht von der ideologischen Deutung ab, die sie ihm geben, sondern von der jeweiligen objektiven Dimension der Befreiung und Schaffung von mehr Menschlichkeit. Die Praxis trägt, sofern sie eine wirklich befreiende Praxis ist, in sich selbst eine christliche Dichte. Die umfassende Befreiung ist eine eschatologische Wirklichkeit und fällt unter die Dimension des Utopischen. Gerade jedoch weil sie eschatologisch ist, wird sie schon jetzt in der Geschichte antizipiert und auch in begrenzten Befreiungsaktionen vermittelt, die insgesamt einen Prozeß bilden. Obgleich keine der partiellen Befreiungen für sich alleine genommen die umfassende Befreiung ausmacht, wäre diese ohne jene reine Spiegelfechterei und eben keine eschatologische Wirklichkeit, die in der Geschichte vorbereitet und antizipiert wird. Somit findet die eschatologische Befreiung ihre Konkretisierungen in Politik, Wirtschaft, Kultur, Religion usf. All diese Dinge haben zu tun mit dem Reich Gottes. Deshalb können sie auch eine Dimension von Heil bzw. Verderben beinhalten. Treffend sagt dazu ein ausgezeichneter lateinamerikanischer Theologe: »Selbstverständlich kommt das eschatologische Heil Gottes nicht allein durch einen Prozeß der Befreiung der geschichtlich-politischen Dimension. Ebenso wenig kommt es aber ohne ihn. Die politische Dimension ist nicht alles, aber etwas, was zur Wirklichkeit der Erlösung gehört.«[5]

5 Vgl. *Scannone, J. C.*, Die Dialektik von Herr und Knecht – ontologische Reflexionen zur Praxis der Befreiung, in: Hünermann P./Fischer G., Gott im Aufbruch, Freiburg–Basel–Wien 1974, 119–167.

Die Theologie der Befreiung hat ihren Höhepunkt in einer neuen Glaubenspraxis, die dem Menschen in seinem Befreiungsprozeß helfen soll. Natürlich kommt es weder dem Glauben noch der Kirche zu, Strategien und detaillierte Taktiken auf politischem Gebiet zu entwickeln, da sie damit die Eigenständigkeit der Politik mißachten würden. Was sie aber tun können, ist, sich die grundlegenden Optionen für Befreiung zu eigen zu machen, aus denen Christen und andere Menschen leben. Der christliche Glaube konkretisiert in seinem spezifischen pastoraltheologischen Bereich sein Engagement in einer Handlungsstrategie, die die politischen und gesellschaftlichen Dimensionen von Glauben, Verkündigung des Evangeliums, Liebe usf. wirksam werden läßt.[6] Wie muß zum Beispiel die Katechese aussehen, damit sie wirksam wird und es nicht bei einer Bebilderung der Religion bewenden läßt? Welche konkreten Schritte muß die Kirche tun, um dazu beizutragen, daß ungerechte Situationen überwunden werden, die sie theologisch als Bruch mit Gott und dem Bruder deutet? Es ist Sache des Glaubens, bis an die Wurzeln der Probleme vorzustoßen und – bei aller Beachtung der unterschiedlichen Ebenen von Rationalität – klar herauszustellen, daß eine politische und wirtschaftliche Lösung unzureichend ist, in der man sich nicht um einen neuen Menschen und um eine neue, brüderlichere und gerechtere Haltung gegenüber der Wirklichkeit müht. Außer dieser Verkündigung muß sie nach den Vermittlungen suchen, die ein solches Projekt geschichtlich gangbar werden lassen.[7] Hier gibt es zahllose Varianten. Immer aber geht es um eine Strategie, die historisches Gespür fordert. Es kann sein, daß die objektiven Bedingungen, einen qualitativen Sprung vorzuschlagen, nicht gegeben sind. Denn man kann ja nicht – ohne Gefahr, die Lage des Unterdrückten zu verschärfen – Befreiung um jeden Preis wollen. Auch Warten hat seinen Sinn, wenn es darum geht, das Engagement nicht seiner Wirkung zu berauben. Darum ist es gerade Sache des Glaubens, selbst in einem allgemeinen Unterdrückungsregime eine mystische Dimension der Befreiung zu entwerfen und zu leben.

---

6 Vgl. *Gutiérrez, G.*, Praxis de la liberación, teología y evangelización, in: Liberación: diálogos en el CELAM, Bogotá 1974, 68–100.

7 Ein allgemeiner Überblick über diese Problematik in der lateinamerikanischen Theologie ist zu finden in: Panorama de la teología latinoamericana I und II. Arbeitsgruppe SELA-DOC, Salamanca 1975.

2. Gnade für die Un-Gnade in der lateinamerikanischen Wirklichkeit

Die theologische Reflexion muß den Versuch unternehmen, in konkreten geschichtlichen Situationen den Plan Gottes zu erkennen, in unserem Fall: die Dimension von Gnade und Un-Gnade in den Gegebenheiten Lateinamerikas. Wie weit wird in der Zeit die eschatologische Gnade antizipiert und verwirklicht, und – für den Fall, daß sie abgelehnt wird – wie weit bricht Unheil in die Welt ein? Unsere Überlegungen haben uns vielleicht dazu veranlaßt, das Zünglein an der Waage entschieden zur Seite der Un-Gnade ausschlagen zu sehen. Aber ist das wirklich so? Woher weiß denn die Theologie, daß das, was sich sozio-analytisch als Un-Gnade darstellt, auch theologisch Un-Gnade ist? Diese Frage verpflichtet uns, nun, wenn auch in Kürze, dem Problem der Kriterien des theologischen Verständnisses nachzugehen. Dieses Thema bedürfte einer gründlichen Untersuchung. Dafür ist hier nicht der Ort. Trotzdem möchten wir auf einige Anhaltspunkte hinweisen, die unsere Überlegungen werden leiten müssen.

a. Einige Markierungen für das theologische Verständnis

Es gibt nicht zwei voneinander getrennte Wirklichkeiten, von denen eine Gegenstand sozio-analytischer und die andere theologischer Betrachtung wäre. Die Wirklichkeit ist ungeteilt. Deshalb gibt es auch nicht zwei Zielsetzungen, eine für die Kirche, und die andere für die Welt. Das eschatologische Ziel der Welt ist auch das eschatologische Ziel der Kirche. Infolgedessen kann man sagen: Gnade und Un-Gnade kommen nicht abseits (innerhalb der Grenzen des kirchlichen Bereichs) vor, sondern sind Dimensionen ein und derselben Wirklichkeit. Was wir allerdings erleben, ist eine Differenz in Optik und Erfahrung, die zu einer Differenz im Verständnis führt. In sozio-analytischer Sicht wird die Welt in ihrer Konfliktgeladenheit betrachtet, und die tieferen Gründe von Armut, Elend und Ausbeutung werden aufgespürt. Diese erscheinen als Folge einer bestimmten Lebensweise, in welcher der Mensch die Güter der Erde nach Art des Privatbesitzes von Produktionsmitteln in Beschlag nimmt. An der Basis des Dramas, das die westlichen Gesellschaften und besonders Lateinamerikas kennzeichnet, steht der zum Wirtschaftssystem erhobene Egoismus und Individualismus.

Der Glaube richtet sein Augenmerk auf diese durch sozio-politisches Verständnis vermittelte Wirklichkeit. Wo die gesellschaftspolitische Wissenschaft soziale Ungerechtigkeit, Randexistenz, Verarmung usf. sieht, erblickt der christliche Glaube die Gegenwart von Sünde, die Verzerrung der Beziehungen zwischen Mensch und Mensch, den Bruch in der Beziehung Gottes zur Geschichte. Freilich erschöpft sich das Verständnis des Glaubens nicht in einer solchen gesellschaftsanalytischen Vermittlung, sondern hat seinen eigenen Horizont. Denn es besitzt eine Perspektive, die nicht notwendig der wissenschaftlichen Deutung bedarf. Der Glaube kann die Wirklichkeit auch auf eine ihm eigene Weise erfassen, die – in einer Formulierung von Lúcio Gera – symbolisch und sakramental ist.[8] Das heißt: Das Volk erfährt mit einemmal intuitiv die Heils- oder Unheilsbedeutung der Situation. Es sieht, daß die Gegebenheiten dem Plan Gottes widersprechen. Armut, Demütigung, Verletzung der Menschenrechte und Ausbeutung der Arbeit lassen sich nicht mit dem Heilsprojekt Gottes vereinbaren. Mehr noch: Christen wissen, daß jedes Verlangen nach Befreiung und nach der Errichtung einer brüderlicheren und gerechteren Gesellschaft Gnade Gottes ist, die die Menschen zur verändernden Praxis bewegt. In diesen Zeichen der Zeit (Sakramenten und Symbolen) erahnen sie den Weg, den der Wille Gottes die Menschen führen will. Der Glaube weiß von seinen Quellen her (nämlich der bis heute in Schrift und Tradition lebendig gebliebenen Reflexion der geschichtlichen Gemeinde, die immer bemüht war, die Realität im Licht Gottes und Jesu Christi zu sehen) vom Fortbestehen des Bösen in der Welt, von seiner Strukturierung in Person und Gesellschaft, aber auch von der unbesiegbaren Gegenwart der Gnade als historischer Befreiung. Im Licht seines Glaubens ist der Christ, trotz aller Zweideutigkeit im Verhältnis von Sünde und Gnade, zudem gewiß, daß die Gnade einen Mehrwert hat. Sie hat keinen Konkurrenten, sondern bleibt letztlich immer siegreich. In anderen Worten: Die Fähigkeit zu Ablehnung und Sünde im Menschen überflügelt doch nicht seine Aufnahmefähigkeit gegenüber dem Gnadenangebot und der Verwirklichung des absoluten Sinns. Gnade ist immer größer, weil selbst die Negation vom Ungeschuldeten lebt: vom Nein-sagen-*Können*. Diese Macht ist dem Menschen gegeben und wird von Gott respektiert. Gnade sucht dann andere Wege, und der Sinn findet andere Möglichkeiten. Es ist wie mit dem Wasser, das sich von keinem Hindernis aufhalten läßt: Entweder es dringt ein und setzt seinen Weg fort, oder es sammelt sich an, bis es die Barriere überspült, oder es höhlt – wie das Sprichwort sagt – den Stein, freilich nicht mit

---

8 *Gera, L.*, Cultura y dependencia, a la luz de la reflexión teológica: Stromata 30 (1974) 169–193; *ders.*, La Iglesia frente a la situación de dependencia, in: Teología pastoral y dependencia, Buenos Aires 1974, 18–19.

Gewalt, sondern mit Ausdauer, bis es triumphiert. Diese Glaubenshaltung schafft unbesiegbare Hoffnung. Was sein soll, hat Macht. Niemand kann es aufhalten. Eines Tages wird die Gerechtigkeit siegen, und die geschichtliche Gnade wird unter den Menschen Früchte bringen.[9]

Aufgrund der Überlegenheit der Gnade über die Sünde rechnet der Glaube mit einer Umkehrung des Bösen und der Un-Gnade in Gutes und Gnade.[10] Alles hängt davon ab, wie sich der Mensch gegenüber dem Bösen, dem Elend und der Sünde verhält. Da die Gnade stärker ist als die Sünde, vermag sie im Menschen sogar aus der Misere noch den Weg zu menschlicher Größe zu machen. Das ist kein Argument dafür, das Böse in der Welt Platz greifen zu lassen. Wir haben die Voraussetzungen dafür zu schaffen, daß sich in der Geschichte das Kreuz Christi und das Martyrium der Gedemütigten und Beleidigten nicht fortsetzen. Für den Fall aber, daß sie dennoch fortbestehen, kann der Mensch immer noch größer sein als sie: Er kann sie in Freiheit aufnehmen und besiegen. So offenbart er Größe noch in der Demütigung und zerstört damit alles Großtun, das auf den menschlichen Machtwillen gebaut ist. In diesem Sinn konnte Augustinus das ›felix culpa‹ singen. All dies ist keine Rechtfertigung der Sünde; es ist eine Apologie der Gnade, die eben nicht von der Sünde in Schranken gehalten werden kann. Darum kann für den Glauben die Umkehrung des Bösen ein Kriterium geschichtlicher Interpretation sein. Das Leiden des lateinamerikanischen Volkes durch all die Jahrhunderte hindurch muß doch einen Sinn haben! Ja, es geht schwanger mit einer großen geschichtlichen Wende, einer menschlicheren und brüderlicheren Menschheit. Es kann nicht völlig absurd sein.

Die Verhältnisse in Lateinamerika erhellen die Gleichzeitigkeit von Gnade und Un-Gnade. Nur eine oberflächliche und ideologische Analyse könnte säuberlich scheiden: Gnade hier und Un-Gnade dort. Wo aus geschichtlichen Gründen Freiheit und Unterdrückung, Heil und Verderben, Unkraut und gutes Getreide zusammen zu finden sind, begegnet man zugleich Gnade und Un-Gnade und umgekehrt. In keinem Augenblick der Geschichte, so schlimm er auch sein mag, ist alles Unterdrückung und bleibt Gnade völlig aus dem Spiel; in keiner Lage, so gut sie auch sein mag, ist alles Gnade und Befreiung und fehlen Sünde und Unterdrückung. Angesichts dessen kann keine in sich kohärente theologische Deutung die Menschen in Unterdrückte und Unterdrücker und die Länder in entwickelte und unterentwickelt gehaltene aufteilen. Zwar wird sie die

9 Vgl. *Meesters, C.*, O futuro do nosso passado – O que deve ser, tem força: REB 35 (1975) 261–287.
10 Vgl. *Gera, L.*, Cultura y dependencia (Anm. 8) 174.

Angemessenheit eines bestimmten Typs gesellschaftswissenschaftlicher Analyse nicht übersehen, aber sie wird sich vollauf auch die Grenzen ihrer Gültigkeit bewußt machen. Der Glaube übersteigt solche Grenzen. Er kann sich nicht in solcher Aufteilung erschöpfen, ohne sein Wesen als Glaube zu verlieren. So skandalös es einem politischen Menschen – der ja ein Interesse daran hat, festzustellen, wer wer ist – auch erscheinen mag, der christliche Glaube muß immer daran festhalten, daß jeder Mensch Unterdrückter und Unterdrücker, Begnadeter und Be-ungnadeter in einem ist. Niemand ist so unterdrückerisch, daß er sich der befreienden Gnade entziehen könnte. Und niemand ist so begnadet, daß in ihm nicht auch die unterdrückerische Sünde wohnte. Mit anderen Worten: So viel Unterdrückung Lateinamerika in seiner Geschichte auch erfahren haben mag und noch weiterhin erfahren wird, Freiheit und Befreiung sind mitten in ihm wirksam. Vielleicht begegnet man ihnen nicht auf der Ebene von Politik und Wirtschaft. Doch sie sind in anderen Artikulationen menschlichen Lebens zu finden, in denen das Volk wirklich es selbst sein und die Freiheit leben kann, die ihm von den Mächtigen zwar versagt wurde, die es aber dort kosten konnte, wohin die Kontrolle des Imperiums nicht zu gelangen vermochte, wie etwa in Volksreligiosität, Musik, Sitten und Bräuchen, in der warmen menschlichen Beziehung, die alle lateinamerikanischen Völker auszeichnet, in der Dichte der Großzügigkeit, in der Fähigkeit, zu dulden und dennoch sich zu freuen, auf Festen zu tanzen und seinen Karneval zu feiern.[11]

Solche Manifestationen sind für den Glauben Kanäle, in denen sich der Sinn mitteilt und Gnade – trotz allem – in der Welt offenbar wird.

Mehr als andere Realitäten läßt die Lage Lateinamerikas den strukturellen Charakter von Gnade und Un-Gnade durchscheinen. Christliches Reflektieren leidet an einem schwerwiegenden Mangel. Er besteht darin, daß man anstehende Probleme nicht in ihren strukturellen Aspekten behandelt. Die theologische Tradition hat zwar gründliche Analysen über die personale Dimension, die Windungen des bewußten Lebens im Prozeß von Ablehnung und Umkehr angestellt. Aber über die institutionellen und strukturellen Implikationen hat sie sich nicht den Kopf zerbrochen. Wenn sie die Probleme des gesellschaftlichen Wandels anspricht, tut sie das folglich entweder in naiver oder voluntaristischer Weise. In Lateinamerika läuft das menschliche Drama jedoch in seiner ganzen strukturellen Dichte ab, die unabhängig ist von konkreten Willensent-

---

11 Vgl. *Hoornaert, E.*, Formação do Catolicismo brasileiro 1550–1800, Petrópolis 1974, 98–136.

scheidungen einzelner Menschen. Deshalb kann man auf wirklich gute und wohlgesonnene Menschen stoßen, die mitten in einer Struktur leben, die ihrerseits immer wieder Unterdrückung hervorbringt. Ihrer Absicht nach sind sie gegen jede Art von Privilegien. Dennoch befinden sie sich in einer Klassensituation von Privilegierten einer Willkürgesellschaft und begünstigen – unbewußt oder sogar gegen ihren Willen – die strukturelle Ungerechtigkeit. Hier wird deutlich, wie die gegenwärtige Daseinsbedingung des Menschen gleichzeitig die des Unterdrückten und Unterdrükkers, des Gerechten und des Sünders ist.

Die Betrachtung dieser theologischen Markierungen wird uns dabei helfen können, die Gegebenheiten Lateinamerikas im Sinn von Gnade und Un-Gnade zu deuten.

b. Un-Gnade als Abhängigkeit und strukturelle Unterdrückung

In der Sicht des Glaubens stellt sich die Lage von Abhängigkeit und Unterentwicklung des lateinamerikanischen Kontinents als eine große soziale und strukturelle Sünde dar. Die Symptome, die diese Abhängigkeit bezeichnen, sind untrüglich: Hunger, Kindersterblichkeit, endemische Krankheiten, billige Arbeitskraft, Verschlechterung des Lohnniveaus, frühzeitiger Schulabgang, weil die Kinder der Familie helfen müssen zu überleben, Fehlen von Mitbestimmung und Freiheit in der Forderung nach Grundrechten, politische Korruption, Besitz eines Großteils des nationalen Reichtums in der Hand kleiner Eliten, die sogar den Staat unter ihrer Kontrolle haben, usw. Eine solche Lage führt zu unmenschlicher Lebensweise; das Randdasein erlaubt es dem Menschen nicht mehr, Mensch zu sein. Derartige Symtpome, die per se Erscheinungsformen der Sünde sind und Sünde in der Welt strukturieren, sind nicht naturbedingt und schicksalhaft. Sie resultieren aus einer noch größeren Sünde, einer grundlegenden Option, die abzielt auf die Anhäufung von Reichtum und Macht in den Händen egoistischer Minderheiten, denen jeder Sinn für die soziale Bedeutung der Güter von Erde und Kultur abgeht. Das Kulturethos, das die kapitalistische Mentalität strukturell prägt, ist zutiefst unmenschlich und antievangelisch. Die oben genannten Symptome sind Verkörperungen einer Seinsweise, die man als Glaubender nicht unterstützen darf, sondern anklagen muß, weil sie die Menschen beleidigt und Gott leugnet, obgleich sie seinen Namen ständig im Munde führt.

Diese strukturelle Sünde nimmt noch raffiniertere Formen an, wenn sie sich im Unterdrückten selbst einnistet, so daß dieser in seinen Vorstellungen und Begriffen dem Unterdrücker Raum gewährt und, wenn auch unbewußt, die Werte des bestehenden Systems und das Bild des Menschen akzeptiert, so wie es ihm die imperialen Regimes und ihre Agenten vorgaukeln. So gelangt die Ideologie der herrschenden Klasse zur Geltung eines nationalen Wertes, wird in der Schule gelehrt und durch alle Kommunikationskanäle verbreitet. Die Intelligentsia, der notwendigen Kritikfähigkeit bar, verinnerlicht ihre Ideale und spielt, ohne es bewußt zu wissen, das Spiel der Unterdrückung. Die Leute können persönlich die besten Absichten hegen, unter strukturellen Gesichtspunkten aber sind sie herodianische Akteure der Sünde der Welt. Wo also ist Gnade anzusiedeln, auf der persönlichen oder strukturellen Ebene? Wie oben angedeutet, lebt der Mensch in beiden Dimensionen. Deshalb ist er, konkret gesehen, immer Gerechter und Sünder zugleich, Erbe einer Geschichte der Sünde, die er persönlich zwar nicht geschaffen hat, die sich aber seit Beginn der Entstehung des lateinamerikanischen Kontinents unter verschiedenen Formen als Abhängigkeit von den hegemonialen Zentren Europas entwickelt hat; anderseits ist er aber auch Erbe der Gnade, die in einer solchen Situation auf unterschiedliche Weise vermittelt wird: durch den Lebensstil des Volkes, die Werte, die sich im Lauf der Geschichte herauskristallisiert haben, das Verlangen nach Befreiung und menschlicher Förderung usw.

Christen, die sich der Verknüpfung zwischen Persönlichem und Strukturellem bewußt sind, können sich nicht mehr mit persönlicher Heiligkeit und der Umkehr allein des Herzens begnügen. Sie wissen, daß sie – um persönlich begnadet zu werden – dafür kämpfen müssen, daß auch die gesellschaftlichen Strukturen von ihren Wurzeln her verändert, bekehrt werden, das heißt: sich der Gnade Gottes öffnen.[12] Solange dies nicht geschieht, leben sie mit all ihrer persönlichen Güte in einer schrecklichen Zweideutigkeit; denn ihr Wohlwollen gebiert, auch gegen ihren Willen, zugleich Gnade und Un-Gnade. Darum fühlen sich Christen lebenslanger Vergebung bedürftig und können sich nicht pharisäisch auf einem nur innerlichen und privatisierenden Christenleben ausruhen.

Dieser Widerspruch wird noch augenfälliger, wenn er sich im innerkirchlichen Raum findet, wo man ein in besonderer Weise geschärftes Bewußtsein für den strukturell sündigen Charakter des Kulturethos erwarten könnte, das auf unserem Erdteil gelebt wird. Wie schon gesagt, lebte und predigte die Kirche das Evangelium unter politisch-imperialen Bedingungen, wobei sie sich dem System eher eingliederte, als daß sie sich kritisch

---

12 Vgl. *Falla, R.,* La conversión desde la antropología política, in: Teología y mundo contemporaneo, 393–418.

von ihm distanzierte. Diese Tatsache macht die strukturelle Sünde noch schwerer. Das Böse erscheint in seiner vollendetsten Form, wenn es von Christen getan wird, die zwar guten Willens, aber naiv und unkritisch sind.

c. Gnade als Verlangen nach Freiheit und Befreiungsprozeß

Der Glaube sieht in der kontinentalen Bewußtwerdung über das Regime von Abhängigkeit und Unterdrückung, das unsere Gesellschaften kennzeichnet, einen Einbruch der Gnade. Er betrachtet als Gnade die Bewußtseinsbildung, der es darum geht, aus neuem Bewußtsein umgestaltende Praxis werden zu lassen, das heißt: einen Prozeß der Befreiung in Gang zu setzen, in dem sowohl der Unterdrückte als auch der Unterdrücker durch einen neuen Menschentyp überholt werden, der mehr Fähigkeit zu Liebe, Gemeinschaft und gesellschaftlicher Gerechtigkeit besitzt. Gnade Gottes ist, daß allenthalben in Lateinamerika eine Gärung im Gang ist, die gegen den seit Jahrhunderten geltenden Lebensstil protestiert. Gnade Gottes ist, daß in der Jugend und bei denkenden Menschen insgesamt ein Empfinden für soziale Ungerechtigkeit und ein Sinn für die dringende Notwendigkeit befreiender Veränderung wach geworden sind. Gnade Gottes ist, daß eine soziologische Reflexion entstand, die imperiale Ideologien entlarvt und zu einem freiheitstiftenden Ideal ermuntert. Gnade Gottes ist, daß eine Pädagogik der Unterdrückten entworfen wurde, damit diese sich selbst befreien können, nicht um revanchistisch selbst zu Unterdrückern zu werden, sondern um mehr Mensch, freier, mehr handelndes Subjekt der Geschichte und verantwortlicher für das Geschick der Gemeinschaft zu werden. Gnade Gottes ist das Empfinden für Solidarität mit den Ärmsten der Erde, den Marginalisierten, die nunmehr als menschliche Personen angesehen werden, mit denen es Seite an Seite zu kämpfen gilt, damit die Liebe zwischen den Menschen weniger schwierig wird. Gnade Gottes ist das neue Bewußtsein der lateinamerikanischen Kirche, die endlich für die geschichtlichen Kompromisse, die sie mit den etablierten Regimes eingegangen war, Buße tut und sich mit dem Befreiungsprozeß solidarisiert. Gnade Gottes ist die Entdeckung der Werte des Volkes, der Volkskultur, des Kerns seines Ethos, das sich von der offiziellen herrschenden Ideologie nicht anstecken ließ, und seiner Religiosität, mit der es seiner Existenz Sinn gab und gegen alle irdische Hoffnung dennoch Hoffnung nährte. Gnade Gottes ist, daß soviele Propheten auftreten, die – in ihrer Leidenschaft für Gerechtigkeit – zu Märtyrern werden, indem man sie totschweigt, verfolgt, foltert und sogar ermordet; zugunsten derer, die weder Chance noch Stimme haben, vertreten sie ein Anliegen, das ihnen wichtiger erscheint als ihr eigenes Leben. Gnade Gottes ist der Weg von Theologie und Kirche, die auf die Schreie des Volkes hören wollen, in der Kultur, die sich hier allmählich entwickelt, eine neue Inkarnation des Evangeliums suchen und sich um eine Glaubenspraxis bemühen, die sich am Aufbau der Welt engagiert, damit die neue Welt, die Gott allen Menschen bringen wird, vorbereitet und antizipiert werden kann.

Es ist ein Sieg der Gnade Gottes, daß das Volk, obwohl gesellschaftlich und politisch unterdrückt, dennoch frei sein konnte, frei in der Art und Weise, wie es sich seine Kultur, Religiosität, Musik, Küche und Sprache schuf. Alle Unterdrückung brachte es nicht fertig, das Volk zu entmenschlichen. Es lernte, mit einer Langmut zu leiden, die an den Gott unseres Herrn Jesus Christus erinnert. Niemals hörte es auf, gastfreundlich zu sein, gütig, fröhlich und mit Liebe Festen, Musik und Zusammenleben hingegeben. Was säkularisierte Kleinbürger wie Resignation und Fatalismus anmuten mag, kann für das Volk sehr wohl die Art sein, Kraft zu schöpfen, damit es weitermachen und überleben kann: »Gott ist Vater, Gott ist gut; Gottes Wille geschehe!«

Gnade Gottes ist schließlich auch die unbesiegbare Gewißheit, daß wir mit einem neuen Gesellschaftstyp schwanger gehen, der der Menschen und Gottes würdiger ist als die heute bestehende Ordnung. Geboren aus den Widersprüchen des derzeitigen Systems, wird er mehr Gemeinschaft aller mit allen und mehr Freiheit und Gerechtigkeit für alle ermöglichen.

Bei den Besten dieser Leute herrschen jene Gefühle einer tiefen Versöhnung über alle Widersprüche hinweg, die ein Jude auf ein Stück Packpapier schrieb, bevor er in die Gaskammer ging, und die treffend das zum Ausdruck bringen, was derzeit in Lateinamerika geschieht:

»Herr, wenn du in deiner Herrlichkeit kommst, gedenke nicht nur der Menschen guten Willens. Erinnere dich auch der Menschen bösen Willens. Denk' aber dann nicht an ihre Grausamkeiten, Mißhandlungen und Gewalttaten. Erinnere dich der Früchte, die wir aufgrund dessen brachten, was sie an uns getan haben. Gedenke der Geduld der einen und des Mutes der anderen, der Kameradschaft, Demut, Großmut und Treue, die sie in uns entfachten. Und laß eines Tages, Herr, die Früchte, die wir brachten, ihre Erlösung sein«.

IX. Erfahrung von Gnade im Leben jedes Menschen

Bisher waren wir bemüht, die Erfahrung von Gnade im weiten wissenschaftlich-technischen Horizont unserer Zeit zu artikulieren. Im folgenden wollen wir uns einer noch konkreteren Ebene unserer lateinamerikanischen und brasilianischen Wirklichkeit zuwenden. Es geht um das konkreteste Konkrete, um die Existenz jedes einzelnen. Obgleich in ihren gesellschaftlich-kulturellen Kontext eingetaucht, tritt die Person doch auch immer aus dieser allgemeinen Konstellation in ihrer unverwechselbaren Individualität hervor. In gewissem Sinn ist jedes Individuum eine Totalisierung des Alls. Darum hat es einen absoluten Sinn in sich selbst. Jeder Mensch macht seine eigene Erfahrung von Gnade, durch die er sein persönliches und einzigartiges Ja zum Geheimnis der Liebe ausdrückt.

Um Gnade erfahren zu können – dies sollten unsere bisherigen Darlegungen gezeigt haben –, müssen wir ein Hindernis überwinden, das für das moderne Empfinden besonders charakteristisch ist: den Geist der Geometrie. Wir haben uns nämlich daran gewöhnt, das Gesamt unseres Lebens in säuberlich voneinander getrennte Teilbereiche aufzugliedern: auf der einen Seite Gott, auf der anderen Welt und zwischen beiden der Mensch. Die Theologen waren sehr darauf bedacht, christliche Glaubenserfahrung in Dogmen, Kanones, Normen und Traditionen festzuhalten. Dieses Denken kommt zwar den Vorstellungen der exakten Wissenschaften entgegen, kann aber für die Theologie selbst verhängnisvoll werden. Gewiß geht Gott in die menschlichen Begriffsschemata ein, aber er sprengt sie auch. Wenn es um heilige Dinge geht, bedarf es eines anderen Denkens: des Geistes der Feinfühligkeit, der Herzlichkeit und Freundlichkeit. Zum Intellekt hat sich das Herz, die Herz-lichkeit, hinzuzugesellen, zum Wissen das Schmecken und zur instrumentellen Vernunft die weisheitliche und sakramentale Vernunft. Mit dem Geist der Feinfühligkeit und Herz-lichkeit übersteigen wir die Aufteilungen geometrischen Denkens. Wir beginnen, den Sinn der Dinge, der über praktische Zwecke und menschliche Interessen hinausgeht, zu erfahren und zu kosten. Wir entdecken jene tiefere Dimension, auf der – unter Achtung der wissenschaftlichen Wahrheit der Welt – uns die letzte Wahrheit des Alls eröffnet wird. Mit dem Geist der Feinfühligkeit betrachten wir die Welt, insofern sie in Verbindung und Rückbindung (Re-ligion) mit einem Geheimnis steht, das in der christlichen Überlieferung Ungeschuldetheit und göttliche Gnade der Dinge und in den Dingen heißt. Dieser Geist schafft Herzlichkeit und Freundlichkeit gegenüber jeder Erscheinungsform von Leben und Welt. Er öffnet uns die Augen für andere Dimensionen, die in allen Phänomenen vorhanden sind: Die Dinge sind nicht mehr bloß Dinge, sondern auch Sakramente Gottes und seiner Liebe. Die stumpfe und undurchsichtige Immanenz der Welt und die abstrakte Transzendenz Gottes weichen der Transparenz Gottes in der Welt. Wenn wir als Christen von Gnade sprechen, haben wir ein ähnliches Phänomen vor Augen. Gott, der in der Welt zugegen ist, verwandelt die Welt. Ohne ihre spezifische Dichte aufzugeben, wird sie zum Sakrament und Medium konkreter Mitteilung Gottes.

Unsere vorhergehenden Überlegungen sollten die theologische Wirklichkeit der Welt verdeutlichen. Welt ist immer durchdrungen und durchwirkt von der Gnade Gottes, denn trotz des Vorhandenseins der Sünde und des Neins von seiten des Menschen verweigert sich die göttliche Liebe nie und hört niemals auf, sich den Menschen mitzuteilen. Gott ist immer in vollkommener Weise in der Welt präsent, die Welt jedoch ist nicht immer in derselben vollkommenen Weise in Gott. Welt und Mensch lassen Gott nicht immer durchscheinen und können es verhindern, daß die Gegenwart Gottes zutage tritt und phänomenologisch wahrnehmbar wird. Aber diese Hindernisse zerstören die Präsenz Gottes nicht, sie verhindern nur, daß sie in der Welt geschichtlich Gestalt annimmt, und erschweren die Erfahrung der Gnade.

Der Mensch lebt ständig im göttlichen Milieu der Gnade. Gnade ist wie das Leben selbst, in dem der Mensch sich vorfindet. Aber was ist Leben? Wie erfahren wir es? Wir können das Leben nicht definieren, weil wir nicht aus ihm heraustreten können. Wenn man es definieren will, setzt man es schon voraus, denn, um es definieren zu können, muß man zuvor leben. Was wir allenfalls können, ist, uns der Strukturen des Lebens, die in uns sind, bewußt zu werden und uns im Leben einzurichten, nicht um das Leben selbst, sondern unsere Position ihm gegenüber zu definieren. Etwas Ähnliches geschieht mit der Gnade und der Gnadenerfahrung. In den Maschen unserer Begriffe läßt sich Gnade nicht fassen, weil sie es ist, die uns hält und betrifft. Gnade erfahren heißt die heilsmächtige Lebensatmosphäre erfahren, die uns durchdringt, und heißt jene Ungeschuldetheit walten lassen, in der wir uns bewegen. In allem, was wir denken und tun, erfahren wir implizit auch Gott und seine Gnade. Freilich sind wir uns dessen nicht in jedem Fall bewußt. Aber unser Nicht-Wissen macht die

Tatsache nicht zunichte. Denn die Wirklichkeit ist größer als unser Bewußtsein von ihr. Dieses wirkt innerhalb der Wirklichkeit, erfaßt sie, stellt sie dar, macht sie sich zu eigen, weist sie ab, verändert sie oder gewinnt mit ihr geschichtliche Gestalt. Ein modernes Geschwätz hat die Wirklichkeit auf das Bewußtsein reduziert. Die Ontologie hat begonnen, über das Ontische zu dominieren. Durch die Betonung des Bewußtseins wurde das Mysterium zu einem reinen Problem oder zu einem bloßen Rätsel herabgemindert. Die Folge davon ist der Einbruch der Angst. Diese ist die Form, in der das Geheimnis – unbewußt und namenlos, aber unentwegt – im Bewußtsein präsent ist. Das akzeptierte Mysterium und eine als vom Bewußtsein verschieden angenommene Wirklichkeit schaffen Dialog, Austausch, Liebe, den Exodus des einen hin zum anderen, wechselseitiges Sich-Schenken, gegenseitige Bereicherung, Freude und Heiterkeit im Neuen.

Wenn wir in einer göttlichen Sphäre der Gnade leben und uns bewegen (vgl. Apg 17,28), dann ist jegliche Situation geeignet, uns in die Erfahrung von Gnade einzuführen. Diese Tatsache wollten wir in den vorausgehenden Kapiteln darlegen. Jetzt möchten wir aus diesem Gesamtrahmen einige ausdrucksstarke Momente des persönlichen Lebens auswählen (und Auswahl ist immer Ergebnis subjektiver Kriterien), in denen sich ganz deutlich die Gegenwart dessen zeigt, was Gnade bedeutet. Wir wiederholen: Selbstverständlich befindet sich Gnade nicht nur in diesen existentiellen Knotenpunkten, denn sie erfüllt ja das ganze und jedes Leben. Nur: In diesen Hoch-Zeiten des Lebens scheint sie mit überzeugendem Glanz auf.[1]

1 Vgl. die hauptsächliche Literatur zu dieser Frage: *Guardini, R.*, Freiheit, Gnade, Schicksal. Drei Kapitel zur Deutung des Daseins, München 1948, 125–189; *ders.*, Unterscheidung des Christlichen, Mainz 1935, 335–360: Der Glaube an die Gnade und das Bewußtsein der Schuld; *Langemeyer, B.*, Die Frage nach dem gnädigen Gott heute: Geist und Leben 43 (1970) 125–135; *ders.*, Das Phänomen Zufall und die Frage nach der göttlichen Vorsehung: Geist und Leben 45 (1972) 25–41; *Fransen, P.*, Pour une psychologie de la grâce divine: Lumen Vitae 12 (1957) 209–240; *Meisner, W. W.*, Foundations for a Psychology of Grace, Glen Rock 1965; *Lewis, H. D.*, Our Experience of God, London 1959; *Rabut, O.*, L'expérience mystique fondamentale, Tournai 1969; *Maréchal, J.*, A propos du sentiment de présence de Dieu chez les mystiques, in: Études sur la psychologie des mystiques 1, Brügge 1929, 69–129; *Boff, L.*, A atualidade da experiência de Deus, Rio de Janeiro 1974.

1. Die Erfahrung des spezifisch Geistigen im Menschen als Erfahrung von Gnade

Besonders Karl Rahner verdanken wir die theologische Bearbeitung dieser Art von Erfahrung.[2] Haben wir schon einmal erfahren, was im Menschen typisch geistig ist? Dabei denken wir nicht so sehr an die Erfahrung, daß Menschen denken, ein Kunstwerk auf sich wirken lassen, ein Musikstück genießen oder sich über eine bestimmte Freundschaft freuen. Selbstverständlich wird in diesen Seinsweisen unwiderlegbar deutlich, was Geist ist. Es gibt aber noch andere Formen, in denen auf eine vielleicht noch ursprünglichere Weise aufleuchtet, was Geist als Freiheit und inneres Bestimmtsein ist und was er vermag. Situationen, die offenbar weniger menschlich sind, zeigen auf eine noch echtere Weise das Menschliche im Menschen. Haben wir nicht schon einmal – in einer Situation, da wir uns mißverstanden fühlten – geschwiegen, obschon wir uns auch hätten rechtfertigen können? Den Mund gehalten, als wir vielleicht einmal innerlich ungerecht verletzt wurden? Ganz ehrlich und ganz ungeschuldet verziehen? Haben wir nicht schon einmal die Erfahrung gemacht, daß wir mit großer Mühe unserem Gewissen gefolgt sind und uns ein reines Herz bewahrt haben, obgleich wir mit ein paar Winkelzügen sogar persönliche Vorteile hätten erlangen können? Haben wir nicht schon einmal auf einen persönlichen Nutzen freiwillig verzichtet, den andere beifällig begrüßt hätten, der aber unseren eingeschlagenen Lebensweg gefährdet hätte? Versuchen wir nicht, in einer grundlegenden Entscheidung unseres Herzens Gott die Treue zu bewahren und ihn aufrichtig zu lieben, obschon wir manchmal wirklich nichts mehr spüren; kämpfen wir dann nicht mit der Versuchung, es uns bequem zu machen und einen zwar durchaus ehrenhaften, aber weniger steinigen Weg einzuschlagen? Vielleicht hat der eine oder andere von uns – wer weiß! – auch ein inneres Ja gesagt zu seinen intellektuellen, emotionalen und kommunikativen Grenzen, zu einer Krankheit oder sogar einem moralischen Fehler, ohne Revolte oder Jammern, sondern indem er sein schweres Dasein mutig immer wieder auf sich nimmt und trägt.

Wenn wir all das schon einmal mitgemacht haben, dann haben wir wirklich erfahren, was das spezifisch Geistige im Menschen, was die lebendige Transzendenz ist, was nicht einfach ein Stück der Welt ist, was vielmehr größer ist als die Welt, glänzender als Erfolg und erfüllender als simples Glück. Geist ist kein Teil des Menschen. Geist ist der ganze Mensch in

---

2 Über die Erfahrung der Gnade, in: Schriften zur Theologie IV, Einsiedeln 1964, 105–109.

seiner transzendenten Seinsweise und mit seiner Fähigkeit, bestimmte Dinge zu überwinden und sich über das Lustprinzip hinaus zu orientieren. Wer diese Daseinsart (Geist) radikal lebt, begreift selbst Unglück und Ungnade als Chancen zu wachsen. Ein geistiger Mensch reift auch durch Un-Gnade. Ein Tor jammert und verzagt und fühlt sich in seinem Unverstand bestätigt.

Indem wir Geist in dieser Weise erfahren, erfahren wir zugleich, was Gnade und Übernatürliches bedeuten. Geist ist dann aber nicht mehr einfach Geist. Er ist der Heilige Geist, der in uns lebt und uns bewegt.

Wenn wir uns dem Geheimnis des Lebens übergeben, wenn wir aufhören, uns selbst zu gehören, wenn wir uns nicht mehr an die erste Stelle setzen, sondern uns in den Dienst der anderen stellen und selbst zum Geschenk für sie werden, wenn wir glauben und hoffen, daß trotz alldem nichts aus dem Plan des Geheimnisses herausfällt und deshalb auch kein Mißgeschick und keine Un-Gnade, so grausam sie auch erscheinen, uns von der Liebe Gottes trennen können, dann erfahren wir tatsächlich jene Wirklichkeit, die das Christentum Gnade nennt.

Solche Erfahrung berechtigt uns nicht zu der Feststellung: »Siehst du! Jetzt habe ich Gnade!« Wer so redet, verläßt den Boden der Gnade, denn wir besitzen die Gnade nicht, wenn wir nicht von ihr besessen werden. Allenfalls können wir sie suchen und finden, oder besser gesagt: Wir werden von ihr gefunden, wenn wir uns selbst vergessen.

2. Daß überhaupt etwas existiert, ist Gnade

Es gibt überhaupt keinen Grund dafür, daß überhaupt etwas existiert. Nichts in der Welt, ja nicht einmal die Welt selbst, existiert notwendigerweise. Und dennoch existiert sie mit all ihren Dingen und Geschehnissen. Sie ist reine Ungeschuldetheit, die als Tatsache einfach da ist und auf eine sie transzendierende Ursache verweist, welche die Existenz der Welt rechtfertigt. Das erfahren wir tiefer im Bereich des persönlichen Daseins. Der Mensch tritt nicht als ein An-sich auf. Er schafft sich nicht selbst. Um überhaupt auf die Welt zu kommen, hängt er von anderen ab. Wenn er geboren wird, haben ihn zuvor schon andere in der Welt geliebt und angenommen. Immer ist der Mensch als etwas Geschaffenes zu verstehen, insofern er als Person erst in dem Maße menschlich lebt, in dem er sich auf das wechselseitige Spiel von Geben und Nehmen, von Freundschaft, Liebe, Diensten, Auskünften usf. einläßt. Im Raum der Freiheit, in dem das Proprium des Menschen am besten sichtbar wird, machen wir die unverwechselbare Erfahrung, daß die Begegnung unverdientes Geschenk ist und die Liebe und das Nicht-geplant-Sein menschlicher Gegenseitigkeit Zufall sind. Daß der Mensch als Person existiert, ist somit absolut unableitbar. Alle machen wir die Erfahrung, daß wir immer wieder an Grenzen stoßen. Es gibt keinen Grund in der Welt, der es notwendig macht, daß ich mit meinen persönlichen, rassischen, kulturellen, religiösen, physischen, psychologischen und hormonellen Merkmalen existiere. Und dennoch existiert die Tatsache, daß ich existiere. In einem dynamischen und geschichtlichen Sinn kommt dem Menschen seine Natur im Vollsinn nicht von Anfang an zu. Als Menschen haben wir einen ganzen Weg zurückzulegen, auf dem wir erst nach und nach in der Begegnung mit vielfältigen, unterschiedlichen Phänomenen, auf die wir stoßen, unsere Identität erlangen. Freiheit ist die Form, durch die und in der der Mensch sich in der Welt zum Ausdruck bringt, sich entfaltet und sein Selbst erobert. Unsere vollgültige Natur als Person (immer in einem geschichtlichen Sinn) erreichen wir erst am Ziel des Weges und nicht schon zu Beginn. Sie erwächst aus dem Engagement für Freiheit und aus der Verwirklichung von Freiheit, durch die die Person ihre Persönlichkeit schafft. Diese Schöpfung ist nicht schicksalhaft. Sie ist keine mechanische Folge eines festen Planes. Sie erwächst vielmehr aus dem Spiel der Freiheiten, die andere uns geschenkt haben, aus unvorhergesehenen Begegnungen und aus der Geschichte, deren Zukunft nicht immer kontrollierbar ist. So stehen wir vor der Dimension von Ungeschuldetheit und Unableitbarkeit, die jede persönliche Existenz begründet.

Der moderne Mensch hat keine Schwierigkeit, solche Erfahrung von Ungeschuldetheit auf personaler Ebene zu machen. Die Sache wird für ihn erst dann schwierig, wenn es um die Welt geht, die er ja mit dem heutzutage zur Verfügung stehenden wissenschaftlichen Instrumentarium dargestellt sieht.[3] Das von der klassischen Physik geschlossener Systeme gezeichnete Weltbild orientiert sich an Kategorien wie Ordnung, physikalische Notwendigkeit und unveränderliche Naturgesetze. Der Zufall war ein Problem für die Wissenschaftsphilosophie und für die Religion. Man suchte ihn im Horizont des noch nicht entdeckten Sinns von Naturgesetzen anzusiedeln. Zufall war Nichtwissen der wirklichen Ursache. Heute ermöglicht uns die moderne Wissenschaft der offenen Systeme, insbesondere im Bereich von Atomphysik und Biochemie, von Quan-

---

3 Vgl. die sehr treffende Behandlung der Frage durch *Langemeyer, B.*, O. F. M., Das Phänomen Zufall (Anm. 1); *Monod, J.*, Zufall und Notwendigkeit, München 1971; *Eder, G., Wickler, W., Kern, W.*, Gesetzmäßigkeit und Zufall der Natur, Würzburg 1968, *Mussard, J.*, Gott und der Zufall, 3 Bde., Zürich 1970.

tentheorie (Planck) und von der Theorie der Unschärfe subatomarer Elemente (Heisenberg), eine andere Art von Erfahrung. Die Grunderfahrung ist jetzt die von Zufall und Wahrscheinlichkeit. In diesem Zusammenhang bekommen Ausdrücke wie ›Glück‹ und ›Pech‹ Sinn. Auf dem Hintergrund des Zufalls müssen nun Naturgesetze und Sinn gedeutet werden. Physikalische Gesetze sind statistische Gesetze und die Konkretisierung einer Wahrscheinlichkeit unter tausend anderen. Gestaltung und Machbarkeit der Welt setzen Zufall und Wahrscheinlichkeit voraus. Mit anderen Worten: Die Welt ist weder ein für allemal fertig, noch von blinder und innerer Notwendigkeit beherrscht. Sie ist machbar. Unter künstlich geschaffenen Bedingungen kann es zu neuen Konstellationen von Atomen und Molekülen kommen. Der Atomprozeß entwickelt sich in Sprüngen, in diskontinuierlicher Form, in Quanten (Max Planck). Die möglichen Kombinationen können nicht alle vorausgesehen werden, denn es herrscht ein Prinzip der Unschärfe und Unbestimmbarkeit, das eine zufällige Kombination nicht ausschließt. Diese Erkenntnis gilt insonderheit für die Kombination, die für das Leben auf der Erde verantwortlich ist: die DNS-Kette. In einem bestimmten Augenblick der Geschichte unseres Planeten trat eine unter Millionen Wahrscheinlichkeiten ein. Es entstand Leben, das durch die exakte Verdoppelung der Reihe gekennzeichnet ist. Die Diversifizierung in unterschiedliche Lebensarten (pflanzliche, tierische usf.) ist auf Unregelmäßigkeiten in der Übertragung der DNS-Kette zurückzuführen, die sich ihrerseits als Notwendigkeiten etablierten. Dieser physikalische Zufall, der im Ursprung des Lebens steckt, begleitet das Leben unentwegt in seinem Ablauf, im Wachsen, im Altern und im Sterben. Obwohl die DNS-Kette das Bestreben hat, ihren Bestand zu wahren, häufen sich Unregelmäßigkeiten in solcher Menge, daß der Organismus langsam anfängt, sich aufzulösen, bis er schließlich ganz stirbt.

Angesichts solcher wissenschaftlicher Erkenntnisse sind nicht wenige Stimmen zu vernehmen, die Zufall und Unbestimmbarkeit als die universalsten Kategorien verkünden, die für die Deutung der Welt geeigneter seien als Begriffe wie Ordnung und Harmonie.

Jedoch: Der Zufall macht nur eine Seite der Wirklichkeit aus. Denn all die zufälligen Verbindungen streben danach, ihrerseits eine Ordnung und ein System mit relativer Stabilität zu entwickeln. Deshalb sagt der große Denker der allgemeinen Systemtheorie, Ludwig von Bertalanffy: »Als Kennzeichen der modernen Wissenschaft kann man die Tatsache bezeichnen, daß sich das Schema der isolierbaren Einheiten, die nach Zufälligkeit in einem einzigen Sinn wirken, als unzulänglich erwiesen hat. So tauchen jetzt auf allen Gebieten der Wissenschaft Begriffe auf wie Totalität, holistisch, organismisch, Gestalt usf., die alle insgesamt bedeuten, daß wir letztlich im Sinn von Systemen mit interaktionistischen Elementen denken müssen. In ähnlicher Weise lagen auch Begriffe wie Teleologie und Zweckhaftigkeit außerhalb des Wissenschaftsbereiches ... Diese werden vielmehr als Pseudoprobleme ohne jede innere Verbindung mit der Wissenschaft gedeutet, als ob sie allenfalls eine mißverstandene Projektion des beobachtenden Geistes in eine von Gesetzen ohne Zweck regierte Natur wären. Dennoch gibt es diese Aspekte, und man kann sich keinen lebendigen Organismus – von seinem Verhalten und von der menschlichen Gesellschaft ganz zu schweigen – vorstellen, ohne das in Betracht zu ziehen, was in unterschiedlicher und ein wenig unscharfer Form Anpassung, Finalität, Intentionalität usf. genannt wird.«[4] Diese Systeme kann man allerdings nicht von einem Prinzip oder von einem unumstößlichen Gesetz ableiten. Die Unbestimmbarkeit unvorhersehbarer Elemente bleibt bestehen, so daß neue Einheiten entstehen, die zwar ihre Finalität haben, welche aber erst a posteriori untersucht werden kann.

Der Glaube an einen persönlichen und vorhersehenden Gott braucht sich von einem solchen Weltbild nicht bedroht zu fühlen. Gott ist nämlich keine Kategorie, die zur unmittelbaren Erklärung innerweltlicher Phänomene herhalten muß. Gott ist vielmehr Ausdruck für das Geheimnis, daß die Welt überhaupt existiert, die als Faktum kein wissenschaftliches Problem ist, obgleich natürlich ein Sinn und eine Erklärung für die Existenz der Welt zu fordern bleiben. Für den Glauben ist Gott derjenige, der alles in Bewegung gesetzt hat. Die Bewegung kann sich freilich durchaus durch zufällige Kombinationen entwickeln und auch bestrebt sein, zunehmend komplexere Systeme und Einheiten zu bilden. Allerdings werfen diese Systeme und Einheiten die Frage nach einer endgültigen und eschatologischen Einheit auf. Wohin geht die Fahrt? In Richtung auf eine totale Unordnung oder auf ein gutes und geordnetes Ziel? Der Sinn des Zufalls ist nicht das kosmische Chaos, sondern eine Ordnung, die für neue Synthesen und Systeme offen ist. Dadurch wird eine mögliche letzte Ordnung antizipiert. Glaube an Gott heißt Glaube an einen letzten Sinn. Wer an Gott glaubt, ersetzt nicht den Zufall innerweltlicher Phänomene einfach durch irgendeine höhere Vorsehung. Die göttliche Vorsehung ist nicht auf derselben Ebene angesiedelt wie derartige Phänomene. Glaube an

4 Teoria Geral do Sistemas, Petrópolis 1973, 71–72; vgl. *Churchman, C. W.*, Introdução à teoria dos sistemas, Petrópolis 1972, 229–296.

Gott schließt die Überzeugung davon ein, daß Gott der Welt Autonomie beläßt und das Spiel ihrer Kombinationen nicht anrührt. Das darf man nicht deistisch verstehen, sondern muß es im Sinn einer rechten Theologie der Säkularisierung begreifen. Gott kommt als weltliches Phänomen nicht unmittelbar vor, sondern als Prinzip und Grundlage, die alles erst möglich machen. Das konkrete und unmittelbare Geschehen der Phänomene wickelt sich im Spiel der Wahrscheinlichkeiten ab. Dadurch bilden sich Systeme und Einheiten, die Sinn und Zweckhaftigkeit darstellen. An Gott glauben besagt mithin, daß ein solcher erzeugter, innerweltlicher Sinn nicht völlig scheitern kann, sondern daß er einen letzten Sinn für den gesamten Kosmos antizipiert. Jesus nennt diese letzte Totalisierung der Wirklichkeit samt dem letzten Sinn ›Reich Gottes‹. Innerweltliches Glück- bzw. Pechhaben sind also von einem höheren Sinn umschlossen. Sie verwirklichen oder verfehlen die wissenschaftlich erfaßbaren Sinnelemente. Trotzdem erschöpft sich das Wissen nicht in dieser wissenschaftlichen Möglichkeit. Es wirft auch die Frage nach Zukunft und Totalität auf, und hier führt es vor die Dimension der Ungeschuldetheit und des Unverdientseins: Die Welt als Gesamt-Faktum ist unableitbar; die innerweltlichen Phänomene richten sich nach einer wissenschaftlichen Unableitbarkeit, die Zufall heißt; dieser richtet sich seinerseits auf die Zusammensetzung von Einheiten mit teleologischen und systematischen Merkmalen, die es wahrscheinlich machen, daß im Gesamt der Schöpfung ein guter Sinn und Zweck hervortritt. Der christliche Glaube beinhaltet weiterhin einen beispiellosen Präzedenzfall, der die unerbittliche Kette von Leben und Tod sprengt: die Auferstehung Jesu Christi. Durch sie gibt es Hoffnung und Gewißheit, daß die Wirklichkeit als ganze einen glücklichen Ausgang haben wird. Die Gnade des Anfangs verbindet sich mit der Gnade des Endes zu einem großen Zusammenhang der Gnade. Aber um das wahrzunehmen, bedarf es der weisheitlichen Vernunft, die das analytisch-instrumentelle Denken übersteigt.

3. Die Erfahrung der Ungeschuldetheit des Unvorhergesehenen

Jorge Faria Lima fährt mit seinem Wagen durch einen der langgestreckten Straßentunnel in Rio de Janeiro. Plötzlich überholt ihn so ein Kerl und bremst vor ihm wild ab. Jorge muß wie verrückt auf die Bremse treten. Für eines seiner üblichen Schimpfwörter aus der Fuhrmannssprache fehlt ihm die Zeit. Vor ihm bricht ein Stück der Unterführung ein. Der Wagen mit dem Fahrer, der gerade an ihm vorbeigeschossen ist, zerschellt. Jorge schießt ein einziger Gedanke durch den Kopf: Warum der? Weshalb bin gerade ich mit heiler Haut davongekommen?! Warum hat der mich gerade in dem Augenblick überholt, so daß das irrsinnige Bremsen mich vor dem Tod bewahrt hat? Warum gerade *ich*? Für Jorge ist der Fall wirklich alles andere als Zufall. Er erfährt Vorsehung und möchte jemandem danken. Er spürt, daß er danken muß. Ihm wird klar, daß er begnadigt wurde und daß er Gnade nur mit Dank beantworten kann. Jorge dankt Gott und seinem geheimnisvollen Plan. Als Autofahrer macht er die Erfahrung von etwas absolut Unverdientem. Er erfährt das Ereignis nicht als zufälliges Produkt irgendeiner unbeteiligten Kraft, nein, für ihn hat das alles mit einer Person zu tun, die die Dinge leitet. An dieser Stelle werden vielleicht die Worte G. K. Chestertons verständlich: »Der ärgste Augenblick für einen Atheisten ist der, wenn er das Gefühl hat, danken zu müssen, aber nicht weiß wem.« Es gibt Ereignisse, die so mit Sinndichte geladen sind, daß man sie einfach nicht angemessen als ›Glück‹ oder ›Pech‹ erklären kann. Durch sie scheint das Handeln einer persönlichen und transzendenten Ordnung hindurch. Hier muß man dann auch ›Glück‹ von Gnade unterscheiden. Glück kann sich, wie oben dargelegt, im zufälligen Spiel der Wahrscheinlichkeiten ergeben. Daß jemand im Lotto gewinnt, braucht man nicht als Gnade zu erleben. Im Lotto hat man gewöhnlich entweder Glück oder Pech. Wenn jemand einen Lotteriegewinn als Gnade deutet, kann dies rein subjektiv sein, es läßt sich einem anderen nicht eindeutig mitteilen; dieser kann immer noch an eine glückliche Konstellation reinen Zufalls denken. Die Dimension von Gnade wird erst dann aktuell, wenn das Ereignis eine so große menschliche und existentielle Dichte besitzt, daß es den Menschen vor die Entscheidung für Gott führt. Der wirklich erfüllende Sinn wird dem Menschen so klar, daß er ihn unmittelbar auf eine transzendente Instanz verweist und zum Danken einlädt. Damit Gnade Gnade sein kann, muß sie – so paradox das auch klingen mag – als Krönung von Mühen, Suchen und schmerzvollem Hoffen dem Menschen widerfahren. So feierten Abraham und Sara, Elkana und Anna, Zacharias und Elisabet, die alle kinderlos waren, die Geburt des Isaak, des Samuel und Johannes des Täufers als Gnade Gottes. Kinderhaben liegt für ein fruchtbares Ehepaar durchaus im Horizont der konkreten Möglichkeiten, nicht aber für ein unfruchtbares. Dieses steht vor einer unüberschreitbaren Grenze. Nachwuchs übersteigt seine konkreten Möglichkeiten. Und da wird aus Tränen, langen Gebetsnachtwachen und großem Hoffen ein Kind geboren: Das konkret (nicht metaphysisch) Unmögliche wird möglich. Das ist Gnade Gottes. Diese Gnade befreit den Menschen nicht von der Notwendigkeit, sich zu enga-

142

gieren und auf die Suche zu gehen. Paternalismus dagegen ist billige ›Gnade‹, für die man weder gekämpft noch gelitten hat. Deshalb erhebt sie den Menschen auch nicht, noch bewegt sie ihn, ein Danklied zu singen. Ganz im Gegenteil, sie demütigt ihn, weil sie ihn in der früheren Situation von Abhängigkeit und Hilfsbedürftigkeit beläßt. Gnade, die den Menschen erhöht, muß Geschenk aus einer Eroberung sein. Das Werk, das dann entsteht, ist in einem ganz Gottes und ganz des Menschen. Beide feiern eine begnadende Begegnung. Das ist Gnade.

4. Die Erfahrung des Ungeschuldeten in gesetzlichen Beziehungen

Die Ungeschuldetheit und Unverdientheit, die in unserem ganzen Leben präsent ist, manifestiert sich auch in gesellschaftlichen und gesetzlichen Beziehungen einer Gemeinschaft. Ein Krimineller wird wegen seiner Vergehen verurteilt. Hier kommt das Strafgesetz zur Anwendung. Wenn der Gesetzgeber – etwa zu Weihnachten – von seiner Autorität Gebrauch macht und die Strafe aufhebt, abwandelt oder verkürzt, weiß sich der Verurteilte begnadigt. Deshalb sprechen wir von Begnadigung. Aber der Gesetzgeber ist von Gesetzes wegen natürlich nicht verpflichtet, die Begnadigung auszusprechen. Wenn er es dennoch tut, tut er es ungeschuldet.

Eine ähnliche Erfahrung kann man auch in der zivilen Verwaltung machen. Gesetze haben ihre Geltung. Aber man kann immer noch sagen: »Sehen Sie doch mal zu, was sich machen läßt«, man kann die Gesetze wohlwollend auslegen. Und wenn dann – trotz aller Eindeutigkeit der Gesetze – das Problem gelöst wird, fühlt man sich begnadigt. Denn der betreffende Beamte könnte ja auch, wenn er böswillig wäre, die Dinge auf die lange Bank schieben, die Geschichte bürokratisch komplizieren oder den Tenor des Gesetzes in einem engen Sinn interpretieren. Deshalb sagen wir zu Recht: Bei Feinden werden Gesetze, bei Freunden wird Gerechtigkeit angewandt. Diese Redeweise macht den Unterschied zwischen Gesetzmäßigkeit (Übereinstimmung zwischen dem Gesetzesbuchstaben und seiner Ausführung) und Gerechtigkeit (Übereinstimmung zwischen dem Geist eines Gesetzes und dem Problem eines konkreten Menschen) ganz deutlich. Echte Gerechtigkeit erschöpft sich nicht in einer gesetzlichen Kodifizierung, sondern achtet gerade auf das, was der Text des Gesetzes nicht erfaßt: die Besonderheit eines jeden Menschen mit seinem je eigenen Problem. Wenn jemand sich in seiner Forderung nach Gerechtigkeit – mit Rücksicht auf seine Person und trotz geltenden Rechts – verstanden weiß, dann fühlt er sich wirklich begnadigt. Denn er hat erfahren, was das Unverdiente ist.

5. Die Erfahrung des Ungeschuldeten im Bereich der Kreativität

Einer der menschlichen Erfahrungsräume, in denen die Ungeschuldetheit am besten zu beobachten ist, ist zweifelsfrei der der spontanen Kreativität, wie Dichtung, Musik, Künste, die Gaben des Verstandes und des Herzens. Verwundert und ihn bewundernd stehen wir vor einem Volksdichter, der – des Lesens und Schreibens unkundig – Stunden um Stunden eine unvorstellbare Folge von kombinierten Wörtern, Gedanken und Situationen darbietet. Idee und Reim fließen aus unbedingter Spontaneität. Die geschickten Pinselstriche eines Malers oder die Finger eines Gitarrenspielers schaffen binnen weniger Augenblicke ein neues Universum von Farben und Tönen. Eine solche Kreativität sprudelt wie eine Quelle. Nichts von alledem könnte erzwungen oder willentlich produziert werden. Menschen dieser Art sind wie Orte, an denen ein ›Daimon‹ oder ein ›Genius‹ am Werk ist. Deshalb nennen wir Menschen mit großer und spontaner Kreativität gewöhnlich auch Genies. Der Dichter, Musiker oder Schriftsteller fühlt sich von Inspiration gepackt. Einerseits schafft er das Werk, seine Kräfte, ja sein tiefstes Ich sind ganz und gar engagiert, nicht selten reibt er sich im Ausdruck völlig, bis zur Erschöpfung auf. Anderseits fühlen sich solche Menschen aber auch besessen von etwas, das sich oberhalb, innerhalb oder außerhalb ihrer selbst befindet, das sie zum Schaffen treibt und sie immer wieder anstößt, die innere Erfahrung nach außen zu vermitteln. Ein Dichter kann geradezu sagen: Das Wort verschlingt mich; der Maler: Form und Farbe bemächtigen sich meiner; der Musiker: die Musik und ihre Leichtigkeit reißen mich hin. Das ist die Erfahrung des Ungeschuldeten.

Künstlerischer Schöpfergeist entbindet nicht von Arbeit, Studium und Askese. Sie sind als Vorbereitung auf die Inspiration notwendig. Dennoch kann Inspiration selbst nicht einfach erzeugt werden. Sie überkommt einen. Deshalb sind der günstige Augenblick und die Verbindung unwägbarer Faktoren wichtig, damit es wirklich zu einem Ausbruch von schöpferischer Einfallskraft kommen kann. An dieser Stelle wird der Unterschied zwischen Technik und Kreativität sichtbar. Technik kann man zu jeder Stunde und in einem x-beliebigen Augenblick ausüben. Kreativität dagegen bedarf des richtigen Augenblicks, und man kann sie nicht zwingen, sich zu jedem Zeitpunkt zu zeigen. Was der Mensch mit seinem willentlichen Einsatz leistet, ist die Arbeit. Der Ertrag schöpferischen Vermögens ist das Werk. Aber, wie wir oben schon andeuteten, das Werk macht die Arbeit nicht überflüssig. Arbeit hat eine andere Funktion: Sie verleiht der Kreativität Form und lenkt sie, unterwirft sie der Strenge einer ordnungschaffenden Askese, durch die es dem Künstler gelingt, alles auszudrücken, was er vermag, ohne sich im dionysischen Rausch dessen zu verlieren, was er besitzt. Durch intensive Arbeit waren Genies imstande, sich zu einer wahren Universalität zu erheben und zu allen Menschen und zu allen Zeiten zu sprechen.

Mit Kreativität haben auch Phantasie und schöpferische Imagination zu tun. Moderne Untersuchungen[5] haben überzeugend gezeigt, daß Phantasie kein bloßer Wahn und auch kein Mechanismus ist, mit dem man aus der konfliktträchtigen Wirklichkeit fliehen könnte. Phantasie ist vielmehr Schlüssel und Erklärung für echten Schöpfergeist, auch in der Wissenschaft. Mit Imagination und Phantasie bricht man unmittelbare oder wissenschaftliche Evidenzen auf, gibt man die bisher akzeptierten Voraussetzungen auf und beginnt, heterodox zu denken und die Lösung in einer anderen Richtung zu suchen. Phantasie deckt die Grenzen der Wirklichkeit auf. Diese ist, wie oben schon gesagt, die Konkretisierung einer Wahrscheinlichkeit, ohne daß all die anderen, zahllosen Wahrscheinlichkeiten damit erledigt wären. Der Mensch kann von ihnen träumen und das Noch-nicht-Erlebte entwerfen. Und sie können Realität werden, denn das Leben ist nun einmal stärker als die Strukturen, die es tragen, und die Stützen, die es absichern. Das entscheidende Wort haben nicht die nackten Tatsachen. Das wirklich schöpferische Wort ist noch nicht gefallen. Befreiung ist noch nicht gänzlich geschehen. Phantasie hält den Primat von Zukunft und Hoffnung über die Brutalität der Fakten und die Last der Gegenwart aufrecht. Durch sie offenbart der Mensch sein eigentlich innerstes Wesen, seine Fähigkeit nämlich, ständig alle Grenzen zu übersteigen und jenseits ihrer zu leben. Bei Harvey Cox heißt es: »Phantasie ist Humus. Daraus wächst des Menschen Fähigkeit, zu erfinden und zu erneuern. Die Phantasie ist die reichste Quelle menschlicher Schöpfungskraft. Theologisch ausgedrückt, ist sie das Bild des Schöpfer-

---

5 *Sartre, J.-P.*, L'imaginaire, Psychologie phénoménologique de l'imagination, Paris 1940; *Roy L. Hart*, Unfinished Man and imagination, New York 1968; *Lynch, W. F.*, S. J., Christ and Apollo: The Dimensions of the Literary Imagination, New York 1960; *Kelsey, M. T.*, Dreams, the Dark Speech of the Spirits: A Christian Interpretation, New York 1968; *Cox, H.*, Das Fest der Narren, Das Gelächter ist der Hoffnung letzte Waffe, Stuttgart–Berlin ²1970; *Alves R.*, Il figlio del domani, Brescia 1974, 59–184.

gottes im Menschen. Wie Gott, so schafft der Mensch in seiner Phantasie ganze Welten ex nihilo, aus dem Nichts.«[6] Phantasie nährt im Menschen das Prinzip Hoffnung und dessen utopische Dimension, mittels deren er die Geschichte bewegt, sich stets aufs neue auf Zukunft hin öffnet, unentwegt erneuert und von den Verhärtungen seiner eigenen Konstruktionen befreit. Im Horizont von Imagination und Phantasie zeigt sich die Ungeschuldetheit, wie sie ist: unverdient.

6. Die Erfahrung des Ungeschuldeten im Erfolg

Erfolg ist Ergebnis von Gabe und menschlicher Eroberung zugleich. Ohne Gabe und Anfangsimpuls gibt es keinen schöpferischen Willen, ohne Mühe, Arbeit und Kampf keinen Sieg. Die glückliche Verbindung von Begabung und Anstrengung macht das Leben begnadend und verleiht ihm Fülle, die wir als persönliche Verwirklichung, Lebensglück und Sinndichte erleben. Unverdientheit wird sichtbar, denn im Erfolg spielen so viele Variable, die sich der Beeinflussung durch den Menschen entziehen, eine Rolle, daß der Mensch nicht anders kann, als zu danken. Er freut sich über die erreichte Fülle, teilt sie dem Kreis seiner Freunde mit, spielt und veranstaltet ein großes Fest.

Die Gnade der Unverdientheit tritt dann zutage, wenn der Mensch anerkennt, daß auch in seiner Anstrengung ein Geschenk steckt. Pelé, König des Weltfußballs, soll gesagt haben: »Lassen Sie mich, bitte, den Fußball spielen, den Gott mir gegeben hat.« Und Johan Cruyff, eine der Größen des europäischen Fußballs und Schöpfer eines neuen Spielstils, meinte: »Damit ich ein guter Spieler werden konnte, habe ich unerläßliche Gaben bekommen.« Dies anzuerkennen führt zu Demut, Einfachheit und zu dem Gefühl, von jemandem heimgesucht zu sein, der größer ist als man selbst. Erfolg braucht den Menschen nicht stolz zu machen oder blind werden zu lassen für Grunddimensionen des Lebens, wie Offenheit für jedermann, die Fähigkeit, mit und bei Freunden auch einmal so mir nichts dir nichts Zeit zu vertun und sich ein Auge für das Nutzlose der Schönheit, der Zärtlichkeit und des Alltäglichen in seiner dunklen Undurchsichtigkeit zu bewahren. Eine solche Haltung schafft im Gegenzug Sympathie auf seiten der anderen, wirklich menschliche Bewunderung und persönliche Transparenz.

Wenn die Unverdientheit nicht erkannt und anerkannt und der Erfolg

---

6 Das Fest der Narren, 81.

einzig auf die menschliche Anstrengung zurückgeführt wird, entstehen Aufgeblasenheit, Inflation des Ichs und Stolz, die den Betreffenden sich stets auf den ersten Platz setzen lassen. Alles wird dann künstlich und theatralisch. Die Menschen tragen Masken, werden schwierig im Umgang und sorgen sich neurotisch um ihr eigenes Image. Zwar können wir den Erfolg der Leute bewundern, aber allmählich entwickeln wir eine Antipathie gegen sie. Sie verlieren Glanz, Faszination und Kommunikation. Isolierung und leidvolle Einsamkeit sind schließlich die Strafe für den angeberischen und stolzen Erfolgsmenschen. So wird in bitterer Weise deutlich, was Un-Gnade inmitten einer nicht anerkannten Gabe ist.

7. Die Erfahrung des Ungeschuldeten in Fest und Spiel

Eine Hoch-Zeit des Lebens, in der die Ungeschuldetheit geradezu greifbar wird, ist das Fest.[7] Das Fest kann nicht mit Begriffen wie Zweck oder praktischer Nutzen, sondern allein als völlige Absichtslosigkeit bezeichnet werden. Dem Fest eignet nämlich als Feier von Lebensfreude Sinn in sich selbst. Wer feiert, behauptet, die Welt sei gut. In der begrenzten Zeit des Festes erleben wir, daß Menschen und Dinge sich versöhnen können. Die Zeit der Uhren bleibt stehen. Für ein paar Momente ruhen menschliche Konflikte. Die Festgemeinschaft genießt die Vorwegnahme des Paradieses. Ein Festtag ist ein freier Tag, ohne knechtliche Arbeit, in der es um handfeste Interessen geht. Feiern kann man nur, wenn man die Alltagsgeschäfte unterbricht. Deshalb ist ein Fest ein Tag, der sich von allen anderen Tagen des Kalenders unterscheidet: Man unterbricht, um zu feiern. Feiern beinhaltet einen Überschwang und einen Bruch mit den üblichen Maßnahmen, Formalitäten und wirtschaftlichen Sorgen. Das Fest ist ein Phänomen des Reichtums. Aber Reichtum ist nicht gleichbedeutend mit einem dicken Bankkonto. Reichtum des Festes ist Reichtum des Herzens, der Freude und der Behauptung, daß die Welt gut ist. Allein diese Art von Reichtum verhindert es, daß der Überschwang – was bei Leuten, die viel Geld haben, häufig geschieht – zur Orgie entartet. Das Motiv festlicher Freude ist, wie Josef Pieper, der sich intensiv mit diesem Phänomen befaßt hat, sagt, immer dasselbe: ». . . daß einer besitzt oder empfängt, was er liebt . . . Freude ist eine Äußerung der Liebe. Wer nichts und niemanden liebt, kann sich unmöglich freuen, und wenn er noch so

7 *Cox, H.,* Das Fest der Narren 31–77; *Pieper, J.,* Zustimmung zur Welt. Eine Theorie des Festes, München 1963; *Caillois, R.,* L'homme et le sacré, Paris 1950, 121–162; weitere Bibliographie bei: *Boff, L.,* A oração no mundo secular, Petrópolis [3]1975, 41–44.

verzweifelt danach verlangt. Freude ist die Antwort darauf, daß einem Liebenden zuteil wird, was er liebt.«[8] »Ubi caritas gaudet, ibi est festivitas – Wo die Liebe sich freut, da ist das Fest«, schreibt Johannes Chrysostomos.[9]

Der Mensch sucht immer nach Gelegenheiten zu feiern. Die Liturgie versteht das sehr wohl. Sie macht aus jedem einzelnen Tag einen Grund zu feiern, weil die Welt, die Menschen, das Heil und die Gegenwart Gottes gut sind. Darum gipfelt jedes liturgische Feiern in der Danksagung.

Die Festlichkeit des Festes hängt weder von Vorbereitungen für das Fest noch vom Willen der Teilnehmer ab. Daß ein Fest gelingt, ist unverdient. Es glückt in dem Maß, in dem jeder Gast wirklich rein in seinen Intentionen und fähig ist, sich vom Unverdienten selbst ergreifen zu lassen. Dann wird das Fest zu einem echten Geschenk, und alle genießen es, zusammenzusein, zu essen und zu trinken, zu singen, zu tanzen, Gefühle auszutauschen und sich das Herz gegenseitig zu öffnen.

8. Gnade als Glück in Freude und Schmerz

Nur wenige Dinge zeigen uns so deutlich, was Gnade ist, wie das Leben selbst mit all seiner Spontaneität, seinen Widersprüchen und seinem Reichtum. In einem ersten Moment ist das Leben Freude zu leben, Üppigkeit, Geschicklichkeit, Flexibilität, Freiheit und Spontaneität, alles Elemente, die in Pflanzen, Tieren, Kindern und in allem schließlich, was lebt, aufbrechen. Leben ist Explosion, Eroberung des Weltraumes, Freude am Sein. In einem zweiten Moment jedoch stößt das Leben auf Hindernisse. Da ist Widerspruch. Widerstände müssen überwunden werden. Schmerz muß ertragen sein, und dem Tod entgeht niemand. Alles gehört zum Leben: Leben ist Freude, Leben ist Leid. Doch dem Menschen fällt es schwer, zu beidem gleichzeitig ja zu sagen und beides als zwei Seiten ein und desselben Phänomens: seines eigenen Lebens, zu akzeptieren. Das eine will er, das andere flieht er. Hier aber kommt Gnade ins Spiel – als Synthese von Freude und Leid im Reichtum des Lebens. Gnade steckt in der Freude, wie leicht zu verstehen ist; aber auch Leid ist nicht leer von Gnade, wie allerdings nur wenige glauben. Leonardo Coimbra sagt dazu: »Die Gnade ist vor dem Schmerz das Lächeln der Freude; nach dem Schmerz ist sie die zurückgewonnene Einheit.«[10]

8 *Pieper, J.,* Zustimmung zur Welt, 42.

9 De sancta Pentecostes, hom. 1: PG 50, 455

10 A alegria, a dor e a graça, Porto 1916, 170.

Wer Freude und Glück nicht in sich selbst und um jeden Preis sucht, kann verstehen, daß es auch im Schmerz Gnade geben kann. Freude und Glück sind immer Ergebnis. Wir haben nach dem Rechten, Gerechten, Guten und Wahren zu trachten. Als Frucht kommen dann auch Freude und Glück. Beides kann es nicht geben, wenn man sich zuvor nicht um Gerechtigkeit und Wahrheit bemüht hat. Dabei können im Eifer dieses Mühens Widersprüche und Hindernisse entstehen, die Leid und Schmerz mit sich bringen. Doch dies ist ein würdiger Schmerz und ein würdiges Leid, sie allein haben einen evidenten Sinn, denn sie entstehen aus dem Kampf, der die Ursachen dieses Leidens überwinden will. Sie mit Einsicht und Tapferkeit ertragen zu können, ist Frucht der Gnade.

Im Christentum herrschte immer eine enge Verbindung zwischen Schmerz und Liebe. Liebe (portugiesisch *amor*) – reimt sich wirklich nur auf Schmerz (*dor*). Dennoch wurzelt nicht Liebe in Schmerz, sondern Schmerz in Liebe. Aus diesem Grund schafft auch nicht Gemeinschaft im Kreuz Liebesgemeinschaft, sondern umgekehrt Liebesgemeinschaft ist die Grundlage für Kreuzesgemeinschaft. Deshalb hat Askese auch keinen Sinn in sich selbst und ist keine Norm, sondern eine Technik: Schmerz ertragen können, wenn Liebe es erfordert. Erlittene Liebe bringt Glück und stille Freude. Sie ist Gegenwart der Gnade.

Nur ein begnadeter, dem Geheimnis Gottes zugetaner Mensch versteht, wie jemand glücklich Schmerz ertragen kann, wie zum Beispiel den Briefen des Paulus und den Akten der Märtyrer zu entnehmen ist, die selbst noch sangen, als man sie folterte, nicht, weil sie an die Vergeltung dachten, sondern weil sie sich im Besitz des gnädigen Gottes fühlten, der sie glücklich machte. Das widerstreitet jedem Eudämonismus (Suche nach Glück an sich). Ein Eudämonist sucht das Glück und findet Tränen. Der Christ dagegen besitzt das Glück (Gott). In dieser Kraft kann er das Leid ertragen, das aus den Kämpfen gegen die Versuchungen resultiert, die ihm Gott rauben wollen, und deshalb sucht er den Schmerz, um sich zu stärken und zu reinigen. Dieser Schmerz nun ist begnadend und von Liebe bewohnt. Dante wußte intuitiv um diese Seite der Gnade. Er besang sie nämlich als »luce intellettual piena d'amore; amor di vero ben pien di letizia; letizia che trascende ogni dolzore – Licht der Erkenntnis, sich voll Liebe zeigend, Liebe zum wahren Gut, das voll von Wonne; Wonne all' andre Süße übersteigend« (Paradiso 30, 40–42).

9. Die Erfahrung des Ungeschuldeten in der menschlichen Begegnung

Das wesentliche Fest besteht für den Menschen in der Begegnung.[11] Vielleicht stoßen wir hier auf das Phänomen, das Gnade am klarsten durchscheinen läßt. In der Begegnung gibt es nichts Vorgeplantes und Konstruiertes. Begegnung kommt durch irgendeinen ›Zufall‹ zustande, durch ganz banale Dinge: Der Omnibus kommt zu spät, oder man trifft jemanden auf der Straße und plaudert mit ihm. Vielleicht öffnen sich da die Menschen füreinander, und es beginnt die Geschichte zweier Freiheiten, die sich gegenseitig auftun und ihr Dasein erfüllen. In der Begegnung geht es keineswegs darum, einfach beisammen zu sein. Sondern es dreht sich darum, daß die Menschen füreinander nicht mehr irgendwelche Leute unter tausend anderen sind, sondern daß sie füreinander einzigartig geworden sind. Dann kann es zum Austausch von Vertrauen, Gedanken und Gefühlen kommen. Jetzt kann ich mich mit meinen Geheimnissen dem anderen überantworten und sicher sein, daß er mich versteht, daß wir gemeinsam die Last des Lebens tragen und auch Verzeihung erlangen können. Zur vollen Begegnung kommt es, wenn die Menschen ihre Begegnung als wechselseitiges Geschenk und Engagement erleben und nicht bloß als Sympathie und Ausstrahlen persönlichen Gutseins. Die Atmosphäre, die dann entsteht, ist die der Freiheit, die den anderen anders sein läßt. Da die gegenseitige Offenheit weder gefordert noch erzwungen wird, wird sie als ungeschuldet erfahren. Sie schafft die Möglichkeit, daß ich mich von meinem eigenen Ich befreie, reicher werde und die Horizonte der Kommunikation erweitere. Menschen erfahren Sinnfülle und Freude, die Energien freisetzt, damit sie Opfer bringen und das Leben und ihre Mitmenschen akzeptieren können.

Zur Begegnung kann es auf vielen Ebenen kommen: im persönlichen Bereich, in der Familie, im Beruf oder auch in einer ganzen menschlichen Situation oder in einer gesellschaftlichen Klasse. Selbst im alltäglichen Leben kann man eine erfüllte Stunde, die wirkliche Bejahung eines anderen, ehrliche Verzeihung oder eine edle Geste der Hilfe erleben. Oder man begegnet menschlich und geistig reifen Menschen, deren Le-

---

11 Vgl. *Bollnow, O. F.,* Die Begegnung, in: ders., Existenzphilosophie und Pädagogik, Stuttgart–Berlin–Köln–Mainz 1968: »Alle Begegnung ist letztlich ein Geschenk, das dem Menschen zufällt. Alle Begegnung ist, wie Buber es mit dem der religiösen Sphäre entnommenen Begriff ausdrückt, Gnade. In diesem Sinn kann er zusammenfassen: ›Das Du begegnet mir von Gnaden – durch Suchen wird es nicht gefunden‹.« (89).

ben für viele zur Orientierung geworden ist. Im Gespräch mit solchen Menschen entdecken wir Lösungen für unsere inneren Probleme oder sehen Licht und erfahren Kraft für unseren Weg. In solchen Situationen können wir die begnadende Erfahrung geistigen Entzückens, der Gewißheit einer anderen lebendigen und persönlichen Welt, einer tiefen Zuneigung und selbstlosen Dankes machen.

Begegnung als Gnade findet ihre überzeugendste Ausprägung in der Liebe, in der die eigentliche Freude im gegenseitigen Schenken und in der freien Bindung beider an ein und dasselbe Geschick besteht.

Jede Begegnung zwischen zwei Personen ist in Zeit, Ort und Situation angesiedelt, die allesamt inhaltlich gefüllt sind. Deshalb hat jede Begegnung eine unleugbare kosmologische, gesellschaftliche und wirtschaftliche Dimension, die die Konkretheit des Menschen ausmacht. So kann es vorkommen, daß – wie bei uns in Lateinamerika – jemand einer massiven Situation der Armut und des Elends begegnet, Liebe in sich empfindet und sich auf das Geschick einer unterdrückten Klasse einläßt. Eine solche Begegnung kann eine wahre Umkehr bedeuten, in der sich der Mensch einer unerwarteten Welt von neuen Werten, Herausforderungen und Bedürfnissen öffnet. Durch sie wird eine andere Form von Begegnung entlarvt, die reiche Gesellschaften in ihrem Egoismus überschwenglich zelebrieren. Sie reduzieren christlichen Glauben auf den Bereich von Intimität und Privatleben und entziehen sich dabei der Verpflichtung, die ein praktizierter Glaube im Sinn der Liebe stellt, die sich für die Befreiung anderer aus unmenschlichen und ungerechten Situationen engagiert.[12] Diese Liebe findet ihren Bezug nicht in einem isolierten, sondern in einem situierten Du, das heißt: in den Vielen, die ein und dasselbe Drama erleiden. Dies ist die typische Art der Begegnung, wie Jesus Christus sie gelebt hat, der sich für alle hingegeben hat und gestorben ist und nicht nur für einige wenige, mit denen er persönlich Kontakt pflegte. In dieser Hingabe leuchten in ihrer ganzen Fülle die Ungeschuldetheit der Liebe und das, was befreiende Gnade bedeutet, auf.

10. Die Erfahrung von Liebe als Ungeschuldetheit

Die dichteste Form der Begegnung ist die Liebe. In ihr leuchtet Gnade nicht nur wie in der Begegnung auf, sondern tritt wirklich zutage, denn

---

12 Vgl. *Assmann, H.,* Teología desde la praxis de la liberación, Salamanca 1973, 67–70.

Gnade identifiziert sich ja mit Liebe. Entweder ist die Liebe ungeschuldet und unverdient, oder sie ist keine Liebe. Deshalb wird die Gnade auch als Mitteilung der Liebe Gottes an die Menschen definiert. Die menschliche Liebe ist Folge der göttlichen. Sie ist Antwort, die die menschliche Natur der Liebe gibt, die sie geschaffen hat. Sie liebt, weil sie zuvor geliebt worden ist. Da aber Gott Liebe ist, ist alle Liebe göttlich. Zu Zeiten Homers hieß es: In jeder Liebe steckt ein Gott. Deshalb ist sie so faszinierend und macht den Menschen wahnsinnig, so daß er außer sich gerät. Liebe sprengt das rein Menschliche und bringt das Göttliche im Menschen zutage.

In der Liebe gibt es immer ein Gegenüber. Lieben heißt immer den anderen und im Grunde den großen Anderen, Gott, lieben. Liebe strebt nach Gemeinschaft mit dem anderen. So sagte ein antiker Mystiker: »Liebe ist eine einigende und konkretisierende Kraft.«[13] Damit es zur Vereinigung kommen kann, müssen die zwei Liebenden tatsächlich zwei bleiben; obwohl sie zwei sind, können sie eins werden. Das Gegenüber ist in der Liebe nicht außerhalb, sondern innerhalb des Menschen, ja, ist er selbst. Lieben ist primär *sich selbst* lieben. Die Liebe, die wir zu uns selbst haben, ist nämlich das Maß, mit dem wir auch die anderen lieben. Der Herr sagt ja: ›Du sollst den Nächsten lieben wie dich selbst!‹ Die Voraussetzung für das ›Du sollst den Nächsten lieben!‹ ist das ›Liebe dich selbst!‹ Warum das ›dich selbst‹? Weil der nächste Nächste, der andere, der einem am stärksten verbunden ist, das ›dich selbst‹ ist. Wer *sich* liebt, macht aus dem Ich ein *Du*. Darum ist Liebe ihrem Ursprung nach Eigenliebe. Bei Augustinus steht zu lesen: »Wenn du dich nicht selbst lieben kannst, kannst du nicht wirklich den anderen lieben.«[14] Pondus meum, amor meus:[15] Ich trage meine Last, und daß ich sie trage, geschieht aus Liebe zu mir selbst. Sich selbst lieben heißt ja sagen zu seiner eigenen Existenz,[16] etwa mit den Worten: ›Es ist gut, daß es dich (mich) gibt! Welch ein Glück zu existieren!‹ Der Mensch fühlt sich ins Dasein geworfen und existiert unverdientermaßen. Darüber freut er sich, ohne Angst. Er akzeptiert sich, obwohl er sich auch auflehnen könnte. Voller Genuß verkostet er die Ungeschuldetheit der Existenz.

Freilich: Eigenliebe ist nicht gleichbedeutend mit egoistischer Liebe, die sich ganz auf das Ich konzentriert, sich auf dem Ich ausruht und sich ins

---

13 Dionysios Areopagites, De divinis nominibus, 15, 180.
14 Sermo 368; 5: PL 39, 1655.
15 *Augustinus*, Confessiones 13,9.
16 Dieses ist die Grundthese des wichtigen Buches von *Pieper, J.*, Über die Liebe, München 1972.

Ich zurückzieht. Diese Liebe liebt sich nicht selbst so, wie das Ich es selbst ist. Was ist das Eigentliche in dem Satz: »Liebe den Nächsten wie *dich selbst*«? Was ist das *Eigentliche* der Eigenliebe? Was ist das *Eigentliche* des Menschen, der sich selbst liebt? Das *Eigentliche* des Menschen ist die Tatsache, daß er ein Knoten von Beziehungen nach außerhalb seiner ist, ein Ich, in dem viele Dus wohnen, und nicht einfach ein in sich selbst eingeschlossenes Ich. Das Ich ist nur dann ein wahres und nicht ein egolatrisches Ich, wenn es sich offen hält, sich selbst übersteigt und sich mitteilt. Sich selbst lieben schließt die abrahamitische Verpflichtung ein, aus seiner inneren Heimat aufzubrechen und immer auf der Suche nach dem anderen zu sein. Sich selbst lieben heißt nicht sein Ich, sondern den anderen lieben, der mein Ich erst möglich macht und wirklich schafft. Daraus ergibt sich: Je mehr ich *mich* gebe, desto mehr bin ich. Je mehr ich auf mein Selbst verzichte, desto mehr erhalte ich. Je mehr ich mich öffne, desto erfüllter werde ich. Die Ökonomie der menschlichen Person ist etwas Paradoxes: Hier geht es ums Schenken und nicht ums Anhäufen, ums Geben und nicht ums Zurückhalten. Der andere entsteht also aus dem Inneren des eigenen Ich.

Durch die Liebe zum Nächsten, der ich selbst als Offenheit für den anderen bin, kann ich auch die anderen wirklich lieben. Die anderen lieben heißt dann ja zu ihnen sagen, wie man zuvor auch ja zu seiner eigenen Existenz gesagt hat. Jetzt heißt es: »Großartig, daß es dich gibt! Es ist gut, daß du lebst!« Freilich darf dabei nicht vergessen werden, daß diese Worte auch Feinden und solchen Leuten gelten, die nicht liebenswürdig sind. Je mehr ich mein Leben mit all seinen Widersprüchen, Überraschungen, Höhen und Tiefen akzeptiere und begrüße, desto mehr bin ich imstande, auch das Leben der anderen zu akzeptieren und zu begrüßen. Die anderen ablehnen heißt auch den anderen in sich selbst ablehnen. Nur wem es gelingt, die Existenz zu bejahen, die alles Existieren schafft und erhält, nämlich Gott, nur der ist auch imstande, aufrichtig und ohne viele Worte zu allen Existenzen ja zu sagen, und zwar auch zu denen, die ihn verfolgen und hassen. Wer Gott liebt, für den ist alles möglich. Schon bei Goethe steht: »Ein Herz, das liebt, kann niemand hassen«;[17] und schon lange vor Goethe sagte Dante, als seine Beatrice erschien: »Für mich gab es keinen Feind mehr«[18]. Wenn nun dieser Jemand Gott selber ist, Beatrice den Absoluten bildlich darstellt, dann wird verständlich, daß die Liebe zu Gott die Liebe zu allen einschließt, die

17 Die Laune des Verliebten, 5. Szene.
18 Vita Nuova 2.

er liebt, Feinde nicht ausgenommen, weil ja Gott auch Undankbare und Böse liebt (Lk 6,35).

Den anderen lieben heißt ihm Recht zu seiner Existenz geben. Es gibt ja keinen Grund zu existieren. Das Leben ist gratis. Jemanden lieben bedeutet, ihm Recht zum Sein geben, weil Liebe den geliebten Menschen für den anderen wichtig sein läßt. »Einen Menschen lieben heißt ihm sagen: Du wirst niemals sterben« (G. Marcel). Du *mußt* existieren. Du darfst nicht sterben. Ein Grund für die Existenz beginnt zu existieren, weil jemand für jemand anderen wichtig geworden ist. Daher kommt es auch, daß man, wenn man liebt, jünger wird und das Gefühl hat, ein neues Leben zu beginnen.

Dieses ganze komplexe Phänomen der Liebe steht im Horizont des Unverdienten, Ungeschuldeten. Wer Liebe und Gnade sagt, wiederholt sich. Der Mensch bedarf der Liebe, aber einer freien und ungeschuldeten Liebe. Nur diese erfüllt, reißt hin, bringt unsagbares Glück und unbeschreibliche Freude. Nur wer von wahrer Liebe weiß, kann die heiligsten Worte des Christentums ermessen: Gott ist Liebe (1 Joh 4,8. 16), Liebe kommt von Gott (1 Joh 4,7) und stirbt niemals (1 Kor 13,8). Liebe ist göttliche Gnade in menschlicher Freude.

11. Gnade ereignet sich – unwichtig aber ist, wann, wo und wie

Christliche Denker haben in der Vergangenheit moralisch und religiös klare und eindeutige Situationen beschrieben, die zeigen sollten, wie Gnade in der Welt wirkt. Der Nachteil dieser Verfahrensweise besteht freilich darin, daß man ein wichtiges Moment aus dem Auge verlor. Allzu leicht vergaß man nämlich, daß die Gnade-als-Liebe-Gottes-in-der-Welt immer in der Welt am Werk ist, selbst in zutiefst zweideutigen Situationen. Die Liebe Gottes (Gnade) hängt weder von unserer Liebe noch von unserer inneren Reinheit ab. Gott schenkt sich ständig und grundlos. Manchmal werden wir sogar von solchen Manifestationen überrascht – dort, wo wir sie am wenigsten erwartet haben, wo es mit Moral und Sitten drunter und drüber geht. Hat nicht auch Jesus Christus bei den Frommen seiner Zeit Anstoß erregt mit seinen Beispielen, die so gar nicht dem guten Ton entsprachen und nicht in das Schema des Wahren, Guten und Anerkannten paßten? Um die Gnade der Nächstenliebe zu verdeutlichen, wählt er das Beispiel des häretischen Samaritaners; für die Entschlossenheit im Gehorsam das des heidnischen Römers; für das Vertrauen das der Syrophönizierin; für das Mitleid das der Prostituierten Maria

Magdalena. Immer wieder beschuldigt er die Juden, sie seien blind und außerstande, Gott abseits der dafür vorgesehenen Plätze wahrzunehmen.

Mit den zwei Beispielen, die wir im folgenden anführen, beabsichtigen wir nicht, anormale Situationen zu rechtfertigen. Sie sollen nur dazu einladen, über die Kategorien von Gut und Böse hinauszuschauen und einen Standpunkt zu beziehen, von dem aus es trotz allem möglich ist, die verborgene Gegenwart Gottes zu erfassen.

Es war im Hinterland Brasiliens, dort, wo selbst Gott seine Freiheit von den heiligen Gesetzen der Religion hat.

Severino: »Herr Pfarrer, kann ich etwas Weihwasser bekommen?«

»Hier ist es, mein Sohn! Aber kann ich auch wissen, wozu?«

»Ja sicher, Herr Pfarrer, ich will mir mein Haus segnen!«

»Gut, aber sollte ich als Priester das nicht tun? Ich komm zu Ihnen.«

»Nein, lieber nicht, Herr Pfarrer. Ich schäm mich, es zu sagen. Aber Sie sollen's wissen. Ich lebe mit einer Frau zusammen, und wir haben doch nicht kirchlich geheiratet. Sie hat zwei Fehler. Erstens ist sie eine Negerin, und zweitens hab ich sie aus der Prostitution geholt. Ich werd versuchen, mit ihr zu leben. Ich will ihr Verständnis entgegenbringen, Zärtlichkeit. Wenn sie gesund wird und in der Lage ist, die Frau von nur einem Mann zu werden, soll sie meine Frau werden. Jetzt ist's noch zu früh. Jetzt können Sie uns noch nicht zu Hause besuchen. Wir leben noch im Stand der Sünde. Deshalb muß ich selbst unser Haus mit Weihwasser segnen. Aber Gott soll ihr doch helfen. Wenn's klappt, werd ich Sie einladen, und Sie sollen die Hochzeit halten.«

Der Mann hatte wahre Liebe, indem er der Negerin, der Prostituierten einen Vertrauensvorschuß einräumte. Denn er war davon überzeugt, sie könne gesunden. Sein Grundprojekt war von einer großen Reinheit, die als solche mehr gilt als alle Einzelakte in sich betrachtet.

Einige Monate später konnte der Pfarrer Severino und die Frau besuchen. Die Trauung fand tatsächlich statt. Man feierte sogar ein kleines Fest.

Johannes sagt, Christus sei das wahre Licht, das jeden Menschen erleuchtet, der in diese Welt kommt (Joh 1,9). Er erleuchtet die einen so und die anderen so, jeder lebt ja in einer ganz konkreten Situation, die allzu oft ihre Grenzen hat und manchmal sogar tief zweideutig ist. Wenn das Licht, das mich erleuchtet, nicht Severino trifft, kann ich dann sagen, das Licht, das ihn erleuchtet, stamme nicht von Gott?[19] Ihm ist viel vergeben

---

19 Treffend sagte schon der Mystiker *Angelus Silesius* im ›Cherubinischen Wandersmann‹: »Ich weiß, die Nachtigall straft nicht des Kuckucks Ton: du aber, sing' ich nicht wie du, sprichst meinem Hohn.«

worden, weil er viel geliebt hat.

Spanische Ordensschwestern, irgendwo in einem Städtchen des Amazonasurwalds, bescheiden und zugleich heldenmütig tätig, bewirteten schon seit Tagen einen kranken Mann in ihrem Haus. Er schien Aussatz zu haben. Das war es aber nicht, sondern nur eine häßliche Mykose. Was tun? Die Schwestern sagten: »Wir wollen ihn bei uns behalten!« Irgendwann kam dann eine der Ordensfrauen durch eines der Sträßchen, schon ganz am Rand der kleinen Stadt. Da sieht sie ein Schild: Pflegeheim für Kranke.

»Wie, hier ein Pflegeheim? Wem gehört das Haus?«

»Dona Sinhá.«

»Ist sie zu Hause?«

»Nein. Aber sie kommt bald wieder.«

Ein paar Stunden danach klingelt's im Kloster: Dona Sinhá. Sie hat die Schwester gesucht.

»Sie hatten nach mir gefragt, Schwester?«

»Ja. Gehört Ihnen das Pflegeheim?«

»Ja.«

»Aber, wozu haben Sie denn das Haus?«

»Das Pflegeheim ist für alle Kranken und für Leute, die kein Dach über'm Kopf haben.«

»Schauen Sie sich doch mal diesen Mann an«, sagt die Schwester.

»Aussatz?«

»Nein. Nur Mykose.«

»Ja, ich nehm ihn mit ins Pflegeheim.«

»Aber, Dona Sinhá, wie unterhalten Sie denn eigentlich Ihr Heim?«

»Schwester, verstehen Sie mich bitte! Ich hab 'ne Bar. Ich muß ja leben. Und die Frauen hier haben keine Arbeit, die müssen aber auch leben. Viele sind Prostituierte. Ich auch. Die arbeiten mit mir zusammen. Ich weiß, ich weiß, daß das gegen das Gesetz Gottes ist. Aber akzeptiert Gott nicht auch das Gesetz des Lebens? Es zerreißt mir das Herz, wenn ich Ihnen das sage. Aber ich weiß weder ein noch aus. Mit der Bar komm ich 'rum, auch die anderen Frauen. Alles, was von meinem bescheidenen Leben übrig bleibt, geht in das Pflegeheim. Ich kann eine ganze Reihe Kranke unterhalten. Bezahlen tun sie nichts. Das Essen koch ich ihnen. Die Wäsche wasch ich für sie und kauf die Medikamente. Sie bleiben bei uns, bis es wieder geht. Alles umsonst. Ich tu's ja nur, um meine Sünden wieder gutzumachen.«

Auch im Sumpf wachsen Lilien. Gerade die sind oft die weißesten und makellosesten. Eben wegen des Gegensatzes. Gott kennt keine Grenzen für seine Gegenwart. Er kommt, wann er will und über wen er will, in jeder Situation.[20]

Alles, was wir hier überlegt haben, führt nicht nur bis in den Vorhof der Gnade, sondern zeigt schon Formen ihrer Präsenz in der Welt. Wir haben es nicht bloß mit einer Einladung zu tun, die göttliche Gnade von fern zu erahnen, eine Gnade, die von jenem unverdienten Beschenktwerden, das wir in unserer Existenz so häufig erfahren, verschieden wäre. In solchen Vermittlungen teilt sich die göttliche Gnade selbst mit. In ihnen erscheint sie als ungeschuldete Güte, Freude am Leben und Sinnfülle. Gnade ist das alles. Aber sie ist noch mehr. Sie ist auch Einwohnung der Heiligsten Dreifaltigkeit, Vergöttlichung, Teilhabe am göttlichen Wesen, Gleichgestaltung mit dem Sohn Jesus Christus. Aber alles das sind letzte Explikationen von Erfahrungen, die der Mensch schon jetzt macht und die wir oben kurz zu beschreiben versuchten. Angesichts des Reichtums, den sie verbergen und den der Glaube offenbart, verflüchtigen sich diese Erfahrungen beinahe. Aber sie nehmen die erfüllende Tiefe vorweg, die die menschliche Existenz so groß macht.

---

20 Vgl. *Grings, D.*, A força de Deus na fraqueza do homem, Porto Alegre 1975: In seinem Roman ›Die Kraft und die Herrlichkeit‹ beschreibt Graham Greene die paradoxe Situation eines Priesters, der sich im Stande der Sünde befindet. Bei der religiösen Verfolgung träumt er davon, über die Grenze zu gehen, um beichten zu können. Auf seiner Flucht wird er zu einem Engel der Barmherzigkeit für alle, denen er begegnet. Es gelingt ihm nicht, sich selbst aufzugeben, weil er sich immer für das Heil der anderen eingesetzt hat. »So offenbart sich ein moralisch und christlich verpfuschtes Leben als von der Gegenwart Gottes bewohnt« (151). Von der Gegenwart Gottes bewohnt sein heißt aber schon im Paradies leben. Treffend heißt es schon bei *Angelus Silesius* im ›Cherubinischen Wandersmann‹: »Mensch, wird das Paradies in dir nicht erstlich sein, so glaube mir gewiß, du kommest nimmer drein.«

Dritter Teil

Theologische Entfaltung der Erfahrung von Gnade

X. Die Universalität der befreienden Gnade und ihre geschichtlichen Konkretionen

Unsere Ausführungen über Gnadenerfahrungen in ihren unterschiedlichen Ausdrucksformen haben verdeutlicht, daß eine solche Erfahrung nicht nur einigen wenigen Menschen zugänglich ist. Sie bildet die existentielle Atmosphäre aller Menschen. Das menschliche Leben ist durchdrungen und in seiner ontologischen Grundlage getragen von der Güte und Liebe Gottes, der alles schafft und bewegt. Menschsein heißt im Raum des Göttlichen leben, weil der Mensch in jeder Bewegung, die er tut, in Transzendenz lebt. In seiner Geschichte ist der Mensch imstande, den Bezug zum letzten Fundament seines Lebens und zur lebendigen Transzendenz, die sich in seinem Leben ankündigt, anzunehmen und ja dazu zu sagen. Wer dieses Ja in allen möglichen Formen seines persönlichen Weges, gesellschaftlicher Organisation und tätiger Weltbewältigung spricht, ermöglicht es der anwesenden Gnade, sich kundzutun und ihrerseits ihre Geschichte zu schaffen. Dies ist die Geschichte der Konkretionen von Gnade in der Welt, das heißt: die Geschichte der Formen, in denen die Gegenwart Gottes das Leben der Menschen durchdringt.

Niemand lebt außerhalb dieser Atmosphäre, denn wir sind alle getragen von Gott und gründen in ihm. Was der Mensch in seiner Freiheit vermag, ist, ein entweder positives oder negatives Verhältnis zu dieser göttlichen Atmosphäre einzunehmen. Gott kann für jedermann verwirklichende Offenheit und erfüllende Zukunft sein. Wer das behauptet, behauptet auch, Gnade sei universales Angebot an alle Menschen, denen dadurch die Möglichkeit des Heils eröffnet wird.

1. Zeugnis aus der christlichen Erfahrung

Das christliche Bewußtsein hat sich stets Rechenschaft von der Universalität der befreienden Gnade gegeben. Der Gott des Neuen Testamentes ist ein Gott der Liebe zu allen Menschen. 1 Tim 4,10 sagt, daß er der Retter aller Menschen, weil der Gott aller Menschen ist. Im Leben jedes einzelnen gibt er sich als Sinn, Liebe, Güte, Zukunft, Hoffnung und grenzenlose Realisierung zu erkennen. Mit anderen Worten: Der eigentliche Sinn Gottes wird als jene geheimnisvolle und umfassende Wirklichkeit konkret, die menschliche Existenz mit Sinn erfüllt.

Das Neue Testament ist voll von Wendungen, die die Erfahrung der universalen Liebe Gottes, die sich unterschiedslos allen Menschen anbietet, zum Ausdruck bringen: »Gott will alle Menschen retten und zur Erkenntnis der Wahrheit gelangen lassen« (1 Tim 2,4).[1] Die Universalität menschlichen Gefallenseins hat ihr Gegenstück in der Universalität des Erlösungsangebotes (Röm 3,23–26). Wie alle in Adam gestorben sind, so können auch alle in Christus das Leben erlangen (Röm 5,12–21). Der Sinn der gesamten Geschichte wird im Weg des auferstandenen Jesus Christus klar. Er ist gleichsam der personale Spiegel, in dem das gemeinsame Geschick von Mensch und Kosmos abzulesen ist (vgl. Eph 3,9; Kol 1,26); alles, was im Himmel und auf Erden existiert, ist sozusagen einem einzigen Haupt unterstellt, das heißt, es gewinnt Sinn im Licht dessen, was mit Jesus geschehen ist (vgl. Eph 1,10). So besteht für alle Wirklichkeit die Gewißheit, daß sie an der Universalität von Sinn und Erlösung teilhat.

Die Behauptung, daß das Heilsangebot allumfassend ist, macht exakt die Frohe Botschaft aus: Für Gott sind alle Menschen liebenswert, und deshalb können auch alle zu ihm gelangen. Freilich nähern sie sich Gott nicht durch magische Machenschaften oder einen einfachen physischen Mechanismus. Erlösung ist menschlich und spielt sich folglich im Horizont menschlicher Freiheit ab. Die Liebe Gottes vergewaltigt niemanden, sondern lädt zur Antwort der Liebe ein. Sie unterjocht niemanden, sondern ruft zu einem Weg auf, auf dem Gott und Mensch sich gemeinsam geschichtlich verwirklichen und so zusammen Heilsgeschichte schaffen, die damit die Frucht zweier Freiheiten und der Ertrag zweier liebender Bewegungen ist. Die Texte des Neuen Testaments, die von der Lästerung des Heiligen Geistes sprechen, die weder in diesem noch im zukünftigen Leben verziehen wird (Mt 12,31–32; Mk 3,28–29; Lk 12,10),[2] wollen der göttlichen Macht zu verzeihen natürlich keine Grenze setzen. Sie müssen von der Disposition des Subjekts her interpretiert werden: Obwohl dieses Gnade als Gnade erkennt, weigert es sich existentiell, sie in sein Leben

1 Vgl. *Dion, K. M.*, La prédestination dans saint Paul: RScR 53 (1965) 5–43; *Koch, K.*, Zur Geschichte der Erwählungsvorstellung in Israel: ZAW 67 (1955) 205–226; *Rowley, K. H.*, The Biblical Doctrine of Election, London 1950.

2 Vgl. *Murphy-O'Connor, J.*, Péché et communauté dans le Nouveau Testament: RB 74 (1967) 161–193. Der Sitz im Leben scheint die judenchristliche Gemeinde in Palästina gewesen zu sein. Man machte große Anstrengungen, um die Juden zu bekehren. Daß diese den Messias verkannten, ist verzeihlich. Unverzeihlich aber ist, daß andere Juden, obwohl zum Christentum bekehrt, später ins Judentum zurückfielen und damit das verrieten, zu dem sie sich zuvor in freier Entscheidung bekannt hatten.

aufzunehmen. Die Abweisung von Person und Botschaft Jesu (seitens des Volkes) ist vergebbar. Denn seine bescheidene Herkunft, die Anfechtbarkeit seiner Verkündigung, die überhaupt nichts mit Zurschaustellung zu tun hatte, wie auch seine wenig ›messianische‹ Haltung mögen dazu beigetragen haben, daß das Volk das Geheimnis, das sich in ihm verbarg, übersah; daß dieser Jesus Christus der Sohn Gottes und wirklich der messianische Gesandte des Vaters war. Lästerung gegen den Heiligen Geist setzt jedoch voraus, daß der göttliche Charakter der Wirksamkeit Jesu anerkannt wird. Obgleich die Pharisäer wissen, daß die Werke, die Jesus tut, von Gott stammen, schreiben sie sie dem Satan zu. In einem Maximum an menschlicher Perversion weisen sie mit vollem Bewußtsein frontal das Angebot Gottes ab, der in der Geschichte präsent wird. Solange eine solche Haltung fortbesteht, kann es zu keiner Heilsbegegnung kommen; in ihr werden Verdammnis und absoluter Bruch vorweggenommen.[3]

Im Bewußtsein, daß Gottes Liebe grenzenlos ist, kann die christliche Überlieferung im Einklang mit Augustinus sagen: »*Deus non deserit, nisi deseratur* – Gott verläßt niemanden, wenn dieser ihn nicht zuvor schon verlassen hat« (PL 44,935; 942). Auf der Synode von Quiercy (835) kam es zu der treffenden Formulierung: »Der allmächtige Gott will ausnahmslos alle Menschen retten (1 Tim 2,4), obgleich tatsächlich nicht alle gerettet werden. Für die, die gerettet werden, ist die Rettung Geschenk.

---

3 Vgl. auch andere Schriftstellen. Hebr 6,4–6: »Es ist unmöglich, Menschen, die einmal erleuchtet (getauft) worden sind, die himmlischen Gaben (Eucharistie) gekostet und Anteil am heiligen Geist (Auflegung der Hände) empfangen haben, die Gottes herrliches Wort und die Kräfte der künftigen Welt gekostet haben, dann aber gefallen sind, erneut zur Umkehr zu bringen; denn sie schlagen ihrerseits den Sohn Gottes ans Kreuz und machen ihn zum Gespött.« Hier geht es um die subjektive Bereitschaft des Sünders und nicht um die objektive Unmöglichkeit der Vergebung auf seiten Gottes. Wer sich so radikal dem Licht verweigert, den kann nichts mehr beeindrucken. Solange eine solche Haltung fortbesteht, scheint ein Lernprozeß ausgeschlossen. Vgl. *Ramos-Regidor, J.*, El Sacramento de la Penitencia, Salamanca 1975, 164–165. In 1 Joh 5,16 heißt es: »Wer sieht, daß sein Bruder eine Sünde tut, die nicht zum Tode führt, soll bitten, und Gott wird ihm Leben geben, allen nämlich, deren Sünde nicht zum Tode führt; denn es gibt Sünde, die zum Tode führt. Aber von dieser spreche ich nicht, wenn ich sage, daß er bitten soll.« Sünde, die zum Tode führt, ist für Johannes offensichtlich eine Sünde von äußerster Schwere, die den Ausschluß aus der Gemeinschaft bedingt (1 Joh 2,19; 4,4–5; 5,12: Vgl. *Schnackenburg, R.*, Die Johannesbriefe, Freiburg 1963, 227ff.). Johannes sagt nicht, diese Sünde könne nicht verziehen werden. Was er meint, ist vielmehr, daß das Gebet der Gemeinschaft, das in der Regel Vergebung erwirkt, hier keine Wirkung zeigt. Der Grund liegt allerdings nicht darin, daß das Gebet schlichtweg unwirksam ist, sondern darin, daß die Schwere der Sünde die Vermutung nahelegt, dem Betreffenden mangle es an der notwendigen Bereitschaft zur Reue. Daraus ergibt sich als Folge die Unmöglichkeit von Vergebung. Vgl. *Murphy-O'Connor, J.*, Péché et communauté, 171–172; *Cordero, M. G.*, Las diversas clases de pecados en la Biblia: Pecados irremisibles?, in: Semana Bíblica Esp., Madrid 1959, 70–75.

Für die, die dem Verderben anheimfallen, ist das Verderben eigene Schuld« (DS 623).[4] In Trient sahen sich die Konzilsväter genötigt, die radikale Position Calvins zurückzuweisen, der ihnen zufolge die Menschheit in zwei Gruppen aufteilt: in die, die zum Heil, und die, die zum ewigen Verderben vorherbestimmt sind. Nach Calvin ist die Geschichte die Bühne, auf der das Drama des göttlichen Gerichts gespielt wird. Dieses zeigt, wer die Verdammten und wer die schon Geretteten sind. Armut und Faulheit verraten die Verdammten, während Reichtum und Arbeitseifer Kennzeichen der Geretteten sind. Diese Vorstellung schuf – wie Max Weber in seiner vieldiskutierten These zu bedenken gab – jene kapitalistische Mentalität, die die Anhäufung von Reichtum als Garantie für das ewige Heil betrachtet. Wer sich jedoch an den Worten des Evangeliums orientiert, muß feststellen, wie weit wir uns schon von der Verheißung Christi: Das Reich Gottes gehört den Armen (Lk 6,20), entfernt haben und wie wenig wir nur noch seine durchaus ernstzunehmenden Warnungen beherzigen: »Wie schwer ist es doch für die Begüterten, in das Reich Gottes hineinzugelangen!« (Lk 18,24), und: »Wer Schätze für sich ansammelt, hat keinen Reichtum bei Gott« (Lk 12,21). Deshalb heißt es auch auf dem Konzil von Trient: »Wer behauptet, die Rechtfertigungsgnade werde nur den zum Leben Vorherbestimmten zuteil, alle übrigen Gerufenen aber würden zwar gerufen, ohne aber die Gnade zu empfangen, da sie durch göttliche Macht zum Bösen vorherbestimmt seien, der sei ausgeschlossen« (6. Sessio, Canon 17, DS 1567).

In ihrem Bemühen, falsche Sicherheiten aufzubrechen, die den Menschen davon hätten freisprechen können, sich für seine eigene Heilsgeschichte verantwortlich zu fühlen, hat sich die Theologie immer bemüht, zwei Extreme zu vermeiden: einerseits die Lehre der doppelten Vorherbestimmung (Heil – Verdammnis) und anderseits die Theorie der Apokatastasis, nach der alle Menschen letztlich doch gerettet werden. Beide Deutungen wollen dem Menschen Sicherheit geben: Man wird entweder gerettet oder verdammt. Keine jedoch respektiert die Freiheit des Menschen, weil sie das Element des Unvorhergesehenen außer Betracht läßt, das die Geschichte beinhaltet. Geschichte wiederholt nicht immer dasselbe, sondern kennt Neues und Unwägbares. Geschichte bedeutet entweder Wachstum in Richtung auf das endgültige Reich Gottes oder aber Abirren vom Weg zu ihm. Heil hängt auch vom Menschen ab, von seiner Liebe, die er praktiziert oder an der es fehlen läßt, und von der

4 »Deus omnipotens omnes homines sine exceptione vult salvos fieri (1 Tim 2,4), licet non omnes salventur. Quod autem quidam salvantur, salvantis est donum; quod autem quidam pereunt, pereuntium est meritum.«

Qualität, mit der er in der Geschichte seine Freiheit in die Tat umsetzt. Um die Universalität der Gnade und die universale Ungeschuldetheit der Liebe Gottes zu garantieren, erarbeitete die christliche Tradition zwei Grundpositionen:

● Gott gewährt Ungetauften und Erwachsenen, die nie von der Verkündigung gehört haben, jene Gnade, die für ihr Heil wirklich hinreichend ist (DS 2305 gegen Jansenius; DS 2425–2439 gegen Paschasius Quesnel).

● Gott versagt Sündern, so blind und hartgesotten sie auch sein mögen, niemals seine Gnade (DS 1542–1543: Konzil von Trient, 6. Sessio, Kapitel 14).

Ausgehend von diesen zwei Formulierungen, können wir, mit einer kritischen Akzentsetzung, der Sache insofern schon näherkommen, als wir feststellen: Nur eine metaphysische Darstellungsweise Gottes – als des höchsten Wesens, das sich als ontische Größe außerhalb der Welt befindet – konnte jene falschen Probleme schaffen, die den Theologen Angst machten und mit der Idee der Vorherbestimmung die Gläubigen in Panik versetzten: Die einen seien für die Seligkeit und die anderen für die ewige Verdammnis bestimmt.

2. Theologische Erörterung des Problems:
Wille Gottes – Freiheit des Menschen

Traditionell stellte man folgende Frage, die unter den Voraussetzungen einer Metaphysik Gottes und seines ewigen Ratschlusses zwar durchaus legitim, aber des Geheimnisses seiner Liebe kaum würdig war: Wie kann man ernsthaft von einem Heilswillen Gottes sprechen, wenn trotzdem nicht alle Menschen gerettet werden? Fordert nicht der Primat von Gnade und göttlicher Allmacht die Aussage, daß Gott – wiewohl er die Menschen in ihrer Freiheit achtet und sie sogar zu deren Vollzug bewegt – alle effektiv retten kann? Wenn aber trotzdem einige dem Verderben anheimfallen, wie kann man dann Gott von Schuld freisprechen? Bekanntlich stellt dieses Problem für Augustinus die große *quaestio disputata* dar. Um das Problem zu lösen, schufen Theologen des 16. Jahrhunderts die sogenannten Gnadensysteme und lösten damit endlose Diskussionen aus, die ein ganzes Jahrhundert theologisch in Verwirrung brachten.[5]

---

5 Die Bibliographie zu dieser Frage ist riesengroß, so daß wir nur einige Titel hervorheben können: *Flick, M.* und *Alszeghy, Z.*, Il Vangelo della Grazia, Florenz 1964, 251–319; *Auer, J.*, Das Evangelium der Gnade, Regensburg 1970, 41–70; 240–254; *Rabeneck, J.*, Grundzüge der Prädestinationslehre Molinas: Scholastik 31 (1956) 351–369; *Rondet, H.*, Préde-

a. Das Gnadensystem, das von Gott ausgeht

Das hier darzustellende System stammt aus thomistischer Tradition und geht auf Domingo Bañez († 1604) zurück. Das thomistische Denken ist grundsätzlich durch seine geniale Deutung griechischer Metaphysik im Rahmen der heilsgeschichtlichen Perspektive der Bibel gekennzeichnet. Gott ist der Mittelpunkt des gesamten thomistischen Weltgebäudes. Damit ein bestimmtes Verständnis überhaupt die Qualifikation *theo*logisch beanspruchen kann, muß sie immer von Gott ausgehen. Denn Gott ist der letzte und transzendente Grund allen Seins und allen Handelns.

Gottes universaler Heilswille wird in Welt und Geschichte mittels der hinreichenden Gnade und der wirksamen Gnade verwirklicht. Durch die hinreichende Gnade befähigt Gott alle Menschen zum Heil; sie gibt ihnen das Wollen. Durch die wirksame Gnade bewirkt er, daß das Wollen der Menschen zum Tun wird; sie gibt ihnen das Tun. Im heilerwirkenden Tun des Menschen ist Gott derart zugegen, daß er zum verantwortlichen Grund des Heils wird. Ohne das innere Handeln Gottes wäre es dem Menschen unmöglich, vom einfachen Wollen zur effektiven Tat zu schreiten. Deshalb hieß es: Gott bestimmt den Menschen physisch zum Heil voraus. Selbstverständlich macht Gott dabei die Freiheit des Menschen nicht überflüssig, sondern macht ihn nur noch freier. Trotzdem ist die Gegenwart Gottes in der Tat des Menschen so beschaffen, daß sie unfehlbar ist, stets triumphiert und stets wirksam ist.

Wie kann dann der Mensch überhaupt noch verlorengehen? Es gibt zwei alternative Antworten auf diese Frage: Entweder werden alle gerettet oder nur die, die zur Herrlichkeit vorherbestimmt sind. Bañez antwortet: Gerettet werden die, die absolut sicher zur ewigen Seligkeit bestimmt sind. Dazu erhalten sie die hinreichende und die wirksame Gnade. Alle übrigen sind nicht zur Seligkeit bestimmt, das heißt: Angesichts ihres bösen Lebens verhindert Gott nicht, daß sie das Heil verfehlen. Damit ist aber nicht gesagt, daß sie zum Verderben vorherbestimmt sind. Vielmehr sieht Gott in seinem Vorherwissen voraus, daß sie sich verweigern wer-

stination, Grâce et Liberté, in: ders., Essais sur la théologie de la grâce, Paris 1964, 201–241; *Trapé, A.*, A proposito dí predestinazione. S. Agostino e i suoi critici moderni: Divinitas 7 (1963) 234–284; *Couto J. F.*, Hoffnung im Unglauben. Zur Diskussion über den allgemeinen Heilswillen Gottes, Paderborn 1973; *Maury, P.*, La prédestination, Genf 1957; *Otto, H.*, Antwort des Glaubens, Stuttgart 1972, 199–206; *Simonin, Th.*, Prédestination, prescience et liberté: NRTh 85 (1963) 711–730; *Löhrer, M.*, Gottes Gnadenhandeln als Erwählung des Menschen, in: Mysterium Salutis 4/2, Einsiedeln 1975, 773–827; *Farrelly, M. J.*, Predestination, Grace and Free Will, Westminster, Maryland 1964.

den. Deshalb wird ihnen nur die hinreichende Gnade zuteil, die freilich nicht zur wirksamen Gnade wird. Diese Gnade, die – da Gott ja im menschlichen Handeln präsent ist – in ihrer Heilswirksamkeit unfehlbar ist, empfangen sie nicht.

Das Verdienst dieser Theorie besteht darin, daß es den absoluten Vorrang der Initiative Gottes wahrt. Trotzdem muß die Frage gestellt werden: Entspricht sie der wirklichen Universalität des Heilsangebots Gottes? Ist die hinreichende Gnade nicht einfach eine überflüssige Konstruktion, da sie ja konkret zu keiner Wirkung führt? In Wirklichkeit erweist sie sich doch als nicht-hinreichend. Der göttliche Plan gibt dem menschlichen Vorhaben keinen Raum. Heilsgeschichte hat in diesem Verständnis nichts mit Menschen zu tun; sie ist auch nicht die Frucht menschlicher Freiheit. Sie ist lediglich die Geschichte der Freiheit Gottes, der einige dazu bestimmt, Gefährten seiner Liebe zu sein, während er andere sich selbst überläßt. Obwohl er dazu imstande ist, verhindert er nicht, daß sie zugrunde gehen. Es dürfte deutlich geworden sein, daß diese Theorie schließlich doch gerade in dem Punkt versagt, den sie eigentlich erklären sollte. Sie geht davon aus, daß die Tat Gottes immer unfehlbar und wirksam ist. Da sie jedoch feststellt, daß die Bösen verurteilt werden können, muß sie zugeben, daß Gott doch nicht in jedem Fall unfehlbar und wirksam ist. Deshalb nimmt sie zu dem Grundsatz von der Vorherbestimmung zur Seligkeit Zuflucht. Dadurch sprengt sie die Logik ihres Systems. Nur Unheil wird als Werk des Menschen ausgewiesen, nicht aber Heil.

b. Das Gnadensystem, das vom Menschen ausgeht

In Anbetracht der soeben genannten Schwierigkeiten entwarf der Jesuitentheologe Luis de Molina († 1600) ein anderes Gnadensystem. Mit aller Entschiedenheit geht er vom Geist des Humanismus aus, der für seine Zeit charakteristisch ist, und spricht der Freiheit des Menschen und dessen Verantwortung in der Welt einen neuen Wert zu. Die hinreichende Gnade, die Gott allen Menschen anbietet, wird erst aufgrund menschlicher Mitarbeit zur wirksamen Gnade. Heil ist die Frucht des Geschenks einer Eroberung. Gott weiß in seinem Vorherwissen voraus, wer sich dem Geheimnis seiner Liebe öffnen und wer sich ihm verschließen wird. Die, die sich für ihn entscheiden, prädestiniert er, nachdem er ihre Verdienste gesehen hat. Die anderen jedoch schließt er – ebenfalls in der Voraussicht ihrer schuldhaften Ablehnung – von der Herrlichkeit aus, ohne ihnen allerdings die Gnade zu versagen, die sie zurückweisen. In der Logik dieser Theorie muß der Mensch handeln, als ob alles von ihm selbst abhinge, und vertrauen, als ob alles von Gott abhinge.

Die Thomisten haben freilich ihre Fragen an diese Lösung: Wie wird hier der absolute Primat der göttlichen Gnade gewahrt? Da Erlösung letztlich doch mehr vom Menschen als von Gott abhängt, in welchem Sinn kann man dann sagen, das Heil komme von oben? Das Kriterium der Vorherbestimmung liegt nicht bei Gott, sondern beim Menschen.

c. Das Gnadensystem, das von der heilsgeschichtlichen Situation ausgeht

Die augustinische Schule operiert, in der Tradition Augustins, nicht mit metaphysischen Gedankengängen. Sie betrachtet den Menschen in seiner konkreten Lage, in der er sich von zwei möglichen Alternativen herausgefordert fühlt: einem Leben nach dem Fleisch oder einem Leben nach dem Geist. Die gegenwärtige Situation ist gekennzeichnet von der Konkupiszenz. Denn der Mensch wird hin und her gerissen von den Mächten, die ihn zum Fleisch, zum Egoismus und zur Verschlossenheit in sich selbst verführen wollen, und von den Kräften des Geistes, der Liebe, der Begegnung und der Gemeinschaft mit Gott und den Menschen. Die hinreichende und die wirksame Gnade bewegen und stärken die Kräfte, die auf Geist und Gemeinschaft hin orientiert sind, vermitteln dem Menschen eine Neigung, die stärker ist als fleischliche Konkupiszenz und lassen ihn in seinen verschiedenen Dimensionen auf die Liebe zu Gott und den Menschen ausgerichtet sein. Freude und Genuß am Guten siegen über die negativen Kräfte der Begehrlichkeit des Fleisches. Augustinus spricht von der *delectatio victrix*, der siegreichen Zuneigung zu den Gütern des Geistes und der rechten Ordnung der Dinge im Plan Gottes. Das Handeln der Gnade wird also nicht durch die Betrachtung der metaphysischen Ordnung begründet, die sich ihrerseits auf die effiziente Kausalität Gottes stützt. Das Handeln Gottes durchdringt das menschliche Tun, indem es den Menschen nicht ersetzt, sondern ihn mit größerer Intensität und Zuwendung ans Werk gehen läßt. Hier wird nicht abstrakt von Freiheit und Gnade gesprochen, sondern konkret: von einem freien Menschen in einer Situation der Gnade *und* der Un-Gnade, der seine Lage annimmt, die ihm entgegenstehenden Hindernisse zu überwinden sich bemüht und immer wieder aufs neue versucht, mit dem konkreten Willen Gottes, der sich in den situationsbedingten Vermittlungen bekundet, in Einklang zu kommen.

d. Neuformulierung des Problems:
Primat der Liebe und Vorrang des Geheimnisses

Alle oben referierten Systeme, besonders aber das von Molina und
Bañez, befriedigen insofern nicht, als es ihnen insgesamt an einer Reflexion über die Nichtobjektivierbarkeit des Geheimnisses Gottes mangelt.[6]
Die Transzendenz des Handelns Gottes kommt nicht zur Geltung, denn
es wird vorausgesetzt, daß Gott in univoker Weise eine Zweitursache in
der Reihe der geschaffenen Ursachen ist. Der Ausgangspunkt scheint uns
unangemessen. Denn hier wird von Gott als einer objektivierbaren und
dem Menschen gegenüberstehenden Instanz gesprochen, ohne daß die
Differenz in den Logiken, der menschlichen und der göttlichen, hinreichend bedacht würde. In diesem Sinne teilen die Diskussionen des 16.
Jahrhunderts durchaus das Seinsverständnis, das für die Moderne typisch
ist, und bleiben insofern auch nicht von dessen Konsequenzen verschont.
In dieser Epoche wurde das Sein als unbegrenztes Seiendes und Gott als
das höchste Seiende gedacht. Die Vorherrschaft des Seienden führte
dazu, daß man jede nicht-objektivierbare Wirklichkeit wie Gott, Gnade,
Geheimnis und Heilsplan *enti*-fizierte und ver-*ding*-lichte. Die Folgen
liegen bei dem hier zur Diskussion stehenden Thema, der Prädestination,
auf der Hand: Die Theologen gelangen zwar zum Höhepunkt ihrer spekulativen Befähigung und Betätigung, verstehen es jedoch nicht, mit klaren
und differenzierten Gedankengängen die Antinomien, in die sie geraten
sind, zu lösen. Die Vernunft erweist sich als unfähig, die Polarität zwischen menschlicher Freiheit und Handeln Gottes aufrecht zu erhalten,
und begibt sich unter den Zwang der Entscheidung: entweder Gott oder
der Mensch.

Ein Denken, das sich nicht an der Vernunft als letzter Entscheidungsin-
stanz orientiert, sondern am Geheimnis – in dessen Horizont dann auch
die Vernunft fungiert – vermag diese Polarität zu wahren, weil es die
Vernunft nicht als letzte Wirklichkeit, sondern als Bekundung des Geheimnisses versteht, das sich in dieser Polarität verbirgt und sich in sie
zurückzieht. Gott ist nicht das, was wir Gott nennen. Er ist Geheimnis.
Was wir Gott zu nennen pflegen, ist Symbol für seine eigentliche Wirklichkeit. Unser Gott, der Gott der Sprache der Theologen, ist eine Projek-

---

6 Siehe die Kritik an den Systemen bei: *Löhrer, M.,* Mysterium Salutis 4/2, 783–789; *Auer, J.,*
Das Evangelium der Gnade, 246–249; *Flick-Alszeghy,* Il Vangelo della Grazia, 309–319;
Farrelly, M. J., Predestination 28–37; *Ferreras, G.,* Sobre la gracia y su tología: Naturaleza y
gracia 22 (1975) 59–90 (die treffendste Kritik an den Voraussetzungen traditioneller
Abhandlungen).

tion unserer Vernunft, ist Bild und Darstellung. Freilich ist dieses auch die einzige Form, in der sich der Mensch, ohne sterben zu müssen, dem Geheimnis nähern kann. Aber das Denken, das sich die Kraft des Denkens bewahren will, muß zugleich auch immer die Erinnerung daran lebendig halten, daß die Darstellung noch nicht Gott selbst, sondern allenfalls ein Weg zu ihm ist.

Theologisches Reden geht immer nur über die Darstellung Gottes, nicht aber über Gott selbst. Über Gott kann man gar nicht sprechen. Wir können lediglich von Gott ausgehend reden, wenn wir uns vom Unaussprechlichen seines Geheimnisses berühren lassen, das immer im heiligen Schweigen bleibt. Dann aber hört Theologie auf, Theologie zu sein, und wird als Mystik und Gotteserfahrung neu geboren.[7] Damit verweigern wir uns jeder Art von Rationalismus, der latent in den oben skizzierten Systemen steckt. Gründe beginnen mit der sie begründenden Vernunft. Die Vernunft selbst jedoch hat keinen Grund zu existieren, sondern ist Geheimnis. Deshalb können wir das Geheimnis Gottes nicht mit der Vernunft begreifbar machen. Wer das wollte, würde das Opfer menschlicher Hybris und eines Kryptoatheismus. Wir können uns jedoch vom Geheimnis anrühren lassen. Wir können die tiefste und beglückendste Erfahrung unseres Lebens von ihm machen. Im Rahmen dieser Erfahrung besteht dann auch Raum für einen rationalen Diskurs, der das Geheimnis aber nicht durch irgendeinen geschaffenen Begriff eliminieren oder auch nur ersetzen, sondern dazu helfen soll, das Licht der leuchtenden Schatten des Geheimnisses zu erblicken. So behält das Geheimnis stets den Vorrang vor der Vernunft, wird zu ihrem Grund und hört auf, eine beängstigende Grenze für sie zu sein.

Die theologische Entwicklung, die Gott zu einem Seienden machte, und die metaphysische Übersetzung seines Heilswillens in ewige Ratschlüsse mußten dahin führen, wohin sie in der Tat führten: in eine theologische Sackgasse und eine falsche Alternative: entweder Primat der göttlichen Gnade oder Primat der menschlichen Freiheit.

Wenn Gott Geheimnis ist, dann darf man das göttliche Vorherwissen nicht im Sinne einer zeitbezogenen Priorität mißverstehen, als ob sich Gott auf derselben Ebene befände wie der Mensch und sich auch in der Folge des Vorher und Nachher bewegte. So geht unser menschliches Sprechen vor, nicht aber Gott. Als Geheimnis und Fundament aller Dinge ist er ständig gegenwärtig, für ihn sind Vorher und Nachher ein ewiges Jetzt. Deshalb ist es barer Anthropomorphismus, wenn wir als Menschen

---

7 Vgl. *Boff, L.*, Experimentar Deus johe, Petrópolis 1974, 126–190.

von ewig vorhergeplanten Ratschlüssen, von einem noch unbestimmten menschlichen Willen und von bedingt Zukünftigem (*futuribilia*) in Gott sprechen. In einem ewig gleichzeitigen Akt kennt Gott die möglichen Modi, in denen sein Wesen abgebildet wird, ebenso wie die zeitliche Folge, in der sie verwirklicht werden.

Diese Verdinglichung von Gott und Gnade hat auch das Verständnis von menschlicher Freiheit erfaßt. Man spielt mit einer nur noch abstrakten Freiheit gegenüber einer ebenfalls abstrakten göttlichen Gnade. Worum es aber tatsächlich geht, ist der freie Mensch innerhalb eines bestimmten und konkreten Freiheitsraumes, in dem die Gnade als gnadenhafter Anruf konkret wird, der den Menschen in den vielfältigen situationsbedingten Vermittlungen dazu einlädt, Gott zu empfangen. Gnade ist nicht ein Stück Gottes, sondern Gott selbst, insofern er sich selbst mitteilt und sich als Sinn, Hoffnung, Liebe, Starkmut usf. gibt. Der sogenannte göttliche Beistand ist nicht etwas Äußerliches, das zur Tat des Geschöpfs hinzukäme. Sondern Gott ist als lebendiges ontologisches Fundament einer jeden Tat schon in aller Determination präsent und trägt sie. So hängt auch die Freiheit von Gott ab, der sie genau zu dem macht, was sie sein muß, nämlich frei. Das Handeln des Geheimnisses mindert nicht die Freiheit oder macht sie gar überflüssig, sondern konstituiert erst Freiheit als Freiheit.

Handeln kommt nicht als Produkt teils Gottes, teils des Menschen zustande. Wer so dächte, siedelte Mensch und Gott auf ein und derselben Ebene an. Gott bewahrt stets seinen Charakter als Geheimnis und Transzendenz. Unter diesem Blickwinkel betrachtet, ist Handeln immer ganz und gar das Werk Gottes. Anderseits bewahrt der Mensch immer seinen Charakter als Geschöpf und Immanenz. Unter diesem Gesichtspunkt ist das Tun auch ganz und gar Leistung des Menschen. Daraus folgt, daß jedes Tun ganz auf Gott und ganz auf den Menschen zurückgeht. Die Unterscheidung liegt also nicht im Werk, sondern im Handelnden. Der eine ist Schöpfer, der andere ist geschaffenes und schaffendes Geschöpf. Ontologisch gesehen liegt zwischen beiden eine absolute Differenz. Allerdings ist der Mensch nicht nur schaffendes Geschöpf, sondern auch Kind Gottes, das sich mit dem Geheimnis im Dialog befindet und deshalb in absoluter Nähe zu ihm steht, zu dessen eschatologischer Epiphanie es in der Fleischwerdung des Wortes kam. Auf ontologischer Ebene (vom Sein her betrachtet) gibt es keine in sich schlechte Tat, denn sie hängt ja in jedem Fall von Gott ab. Das Böse liegt erst auf moralischer Ebene, insofern die geschaffene Freiheit, die zum Dialog aufgerufen ist, als geschaffene und deshalb abhängige und fehlbare Freiheit sich in freiem

Entschluß dieser Abhängigkeit von Gott entziehen kann – nicht ontologisch, denn sie könnte überhaupt niemals ohne Gott existieren. Aber als Freiheit kann Freiheit Unmögliches wollen. Das ist die Sünde. »Deshalb findet die Sünde ihren absoluten Anfang im Geschöpf. Freilich ist dieser Anfang kein Werden, sondern ein schrittweises Sichauflösen, ein Vakuum, das im Gewebe des Seins entsteht. Wenn der Mensch eine gute Tat tut, gelangt er in eine tiefere Abhängigkeit von Gott, denn er gewinnt immer größeren Anteil an der göttlichen Vollkommenheit.«[8]

Mit der Freiheit – so will uns scheinen – geschieht etwas Absolutes im Menschen. Deshalb gibt es für den Menschen die Möglichkeit absoluter Verwirklichung oder absoluten Scheiterns. Dieses Absolutum der Freiheit ist im wahrsten Sinne des Wortes absolut und damit ein Geheimnis. Mit anderen Worten: Es entzieht sich jeder Möglichkeit verstandesmäßiger Selbstbegründung. Jedesmal, wenn man Argumente für Freiheit findet, stößt man auf die Determination und eben nicht auf die Freiheit. Zugang zur Freiheit gibt es nur über die Freiheit selbst und nicht über die Vernunft. Zwar eignet ihr eine vernunftmäßige Komponente, aber ihre eigentliche Identität liegt nicht im Bereich der Rationalität. Deshalb weiß nur der von Freiheit, der sie verwirklicht, wie auch nur der von Liebe etwas versteht, der tatsächlich liebt. Freiheit ist ein Urfaktum, das in seiner reinen Unableitbarkeit einfach da ist. Trotz aller Umstände, in denen Freiheit in die Tat umgesetzt werden muß, ist sie Spontaneität. Obwohl eingetaucht in die Wirklichkeit, schafft sie Wirklichkeit: positive bzw. negative Selbst-Verwirklichung des Menschen, je nachdem ob er das Geheimnis, das die geschaffene Freiheit schuf, annimmt oder abweist.

Im übrigen behandeln die verschiedenen Systeme die Frage ausschließlich auf der Ebene des Individuums: Wie werde ich gerettet? Kann ich meine Seele retten? Unter dem Einfluß der Rückbesinnung auf die biblischen Quellen und des Bewußtseins von der gesellschaftlichen und kosmischen Dimension der Person sind wir heute zu der Erkenntnis gelangt, daß die Frage nach dem endgültigen Sinn nicht von der Frage nach dem Sinn der Wirklichkeit als ganzer getrennt werden kann. Denn der Mensch ist kein Atom in einer chaotischen Welt, sondern Komponente einer universalen und kosmischen Geschichte. In ihm offenbart sich der Sinn des Ganzen, und durch ihn wird sich das Ganze des in ihm verborgenen Sinns bewußt. Die Vorherbestimmung des einzelnen muß im Zusammenhang der universalen Vorherbestimmung verstanden werden. Vorher-Bestimmung bedeutet eine vorherige Bestimmung der ganzen Schöpfung

---

8 *Flick-Alszeghy,* Il Vangelo della Grazia, 317.

im Sinn der Liebe Gottes. Zur Liebe wurden alle Dinge, vor allem aber der Mensch berufen. Da Gott Gefährten in der Liebe haben wollte, rief er alles Sein aus dem Nichts und gab ihm die Fähigkeit, wie Gott zu lieben. Im Menschen ist die Liebe keine ontologische Fatalität oder geschöpfliche Unumgänglichkeit, sondern Frucht einer Freiheit und eines göttlichen Geschenks. Hier – im Herzen der freien Schöpfung – entsteht ein Risiko: Freiheit kann sich in ihrer Nicht-Rationalität der Begegnung verschließen. Trotz des Neins ist das letzte Ziel erreicht, weil der Mensch – wie mit einer Nabelschnur – ontologisch mit Gott verbunden bleibt und noch im Akt der Ablehnung die Liebe des Ewigen besingt. Moralisch jedoch kommt es auf der Ebene des Freiheitsvollzugs als Ergebnis und Folge des menschlichen Neins zu absolutem Scheitern. Dies ist die Hölle, die Gott weder geschaffen noch gewollt hat, die aber durch die rebellische Freiheit des Menschen existiert.

e. Worin besteht das eigentliche Problem?

Trotz der vorgebrachten Kritiken muß die Frage gestellt werden: Worum ging es eigentlich, und was war überhaupt die Intention der verschiedenen Gnadensysteme? Vielleicht kann dieses grundsätzliche Problem, das von einer unsachgemäßen Fragestellung und von endlosen Disputen weithin verdeckt war, heute – im Horizont unserer Zeit und ohne jene Hoffnungslosigkeit, die es früher hervorrief – neu formuliert werden. So könnten wir endlich die Wahrheit der theologischen Tradition der letzten vier Jahrhunderte bergen.

Die radikale Wahrheit, um die es ging und die für uns erhellend ist, besteht darin: Die Liebe Gottes, die sich auf alle Menschen erstreckt und jeden einzelnen erreicht, hat den Primat. Gott will höchstes Glück für die Schöpfung und ganz besonders für den Menschen. Gott, der selbst das höchste Glück ist, bietet sich allen an. Diese Liebe auf seiten Gottes bedeutet nicht, daß sie eine Reaktion gegenüber der guten Tat des Menschen wäre. Denn schon vor der ersten guten Tat irgendeines Menschen liebt Gott uns, weil sein inneres Wesen Liebe ist und nichts anderes als Liebe sein kann. Da Gott uns liebt, sind wir gut und liebenswürdig. Trotzdem wäre diese Liebe keine Liebe, wenn sie sich nicht einer Freiheit anböte. Liebe vergewaltigt niemanden, weil sie nicht die Struktur der Macht, sondern die Gestalt der Schwäche und Verwundbarkeit hat. Dies ist keine Schwäche der Liebe, sondern ihre Kraft und ihre Größe. Liebe verlangt nach einer liebevollen Antwort. Der Mensch ist das Wesen in der Schöpfung, das das *vor*gegebene Wort der Liebe ver*nehmen* und in Verantwortung eine *Ant*wort *geben* kann. Da er eine geschaffene und darum begrenzte Freiheit ist, ist seine Antwort keineswegs festgelegt. Denn er hat die schreckliche Möglichkeit, sich zu verweigern. Dies ist seine Größe und zugleich auch sein Drama. Geschichtlich betrachtet, benutzte er die Freiheit, um nein zu sagen. Deshalb kann er aus freiem Entschluß für immer zugrunde gehen. Gott ist verwundbar, seit es eine geschaffene Freiheit gibt. Trotz dieser Ablehnung der Liebe läßt Gott nicht davon ab, zu lieben, zu vergeben und sich erneut anzubieten. Die Lehre von der Prädestination behauptet noch einmal den absoluten Primat der Liebe Gottes und die abgrundtiefe Radikalität menschlicher Freiheit. Diese Polarität ohne jedes Wenn und Aber zu bewahren, war immer der Sinn der katholischen Lehre.

Das Dunkel besteht fort. Aber es ist dort, wo es in aller Demut zu sein hat: nicht in der Ablehnung des Bemühens um Einsicht, sondern in der Anerkennung ihrer Grenzen. Jetzt gibt sich der Verstand Rechenschaft darüber, daß das Geheimnis nicht gänzlich in seine Kategorien eingeordnet werden kann. Statt zu revoltieren und sich selbst zum Maß aller Dinge zu erheben, erkennt die Vernunft an, daß sie vom Geheimnis abhängt. Das Geheimnis anzuerkennen, heißt die unlogische Willkür der Fakten zu akzeptieren und sie als Träger eines Sinns einzuschätzen, der über die Logik von Vernunft und Wissenschaft mit ihrer Tendenz zur Universalisierung und Verabsolutierung des Begriffs hinausgeht. Die Vernunft realisiert sich im Kontext des Geheimnisses und nicht außerhalb seiner Geltung. Sie weiß sich erleuchtet durch die Undurchdringlichkeit des göttlichen Dunkels. Hierin besteht der theologale Charakter der Theologie, insoweit sich diese als Rationalität innerhalb des Glaubens versteht. Keineswegs will sie dem Geheimnis ein Ende setzen. Sie besingt seine grenzenlose Tiefe. Theologie wird dann zur Doxologie: »O Tiefe des Reichtums, der Weisheit und der Erkenntnis Gottes! Wie unerforschlich sind seine Gerichte, wie unergründlich seine Wege! Wer hat den Sinn des Herrn erkannt? Oder wer ist sein Ratgeber gewesen? Oder wer hat ihm etwas gegeben, so daß er ihm jetzt zurückerstatten müßte? Aus ihm und durch ihn und zu ihm hin ist alles. Ihm gebührt die Ehre in Ewigkeit. Amen« (Röm 11,33–36). Dies kann nur der verstehen, der den Geist der Geometrie überwindet und sich im Geist des Einfühlungsvermögens orientiert, wer über die analytisch-instrumentelle Vernunft hinaus, die in unserer wissenschaftlich-technischen Welt vorherrscht, auch weisheitlichem und sakramentalem Denken Raum gibt.

3. Geschichtliche Konkretionen universaler befreiender Gnade

Über die Gegenwart Gottes in der Welt (Gnade) kann man nicht in abstrakt-universalisierenden Begriffen sprechen. Wenn Gott die tiefste Präsenz eines jeden Seins ist und wenn jedes Sein konkret ist, dann ist auch diese göttliche Präsenz für jedes und für alle konkret. Dazu sagt R. Bacon in einer merkwürdigen Wendung: »Unum individuum excellit omnia universalia de mundo – Ein einziges Individuum ist mehr wert als alle Universalia der ganzen Welt zusammen.«

a. Das konkrete Leben als Ort der Heilsbegegnung

Gnade und Erlösung fallen nicht wie ein Strahl vom Himmel, sondern suchen sich ihren Weg durch menschliche Geschehnisse hindurch. Jeder Mensch existiert in seinem kulturellen und geschichtlichen Lebensraum. Er hat teil an einem kollektiven Geschick und ist an Chancen und Realisierungen der Gemeinschaft, der er eingegliedert ist, beteiligt. Sein persönlicher Weg mit aller archetypischen, psychologischen, familialen und erziehungsmäßigen Last, die ihm ein unverwechselbares Kennzeichen aufdrückt, seine Lebens- und Arbeitsgefährten, sein Beruf usf., all diese Dinge sind Medien und Sakramente, die Gnade oder Un-Gnade vermitteln. Die Kultur, die der Mensch assimiliert, die Wertüberlieferung seines Volkes, die Denker, Dichter, Humanisten und Religionsvertreter seines Raumes und die sichtbare Gestalt seiner eigenen Religion, all dieses macht die konkrete Form aus, in der die göttliche Gnade Geschichte wird – Gnade, in der der Mensch wächst und die ihm dazu hilft, Antwort zu geben, sich zu entscheiden und sich dem Geheimnis seiner selbst, seiner Mitmenschen und Gottes zu öffnen. All diese Elemente stellen Formen dar, in denen Gott gnadenhafte Güte und Sympathie einen jeden Menschen erreichen, trotz aller Sünde, die durch dieselben Kanäle kommt.

Der Heilswille Gottes ist nichts Abstraktes, das ein ewiger Plan bliebe, sondern ein *concretum concretissimum historicum*, das in der Geschichte vermittelt wird und die Geschichte zur Heils- bzw. Unheilsgeschichte macht. Gnade und Heil stellen ein gemeinsames Werk des Einzelmenschen und seiner Welt dar, des einzelnen und der Gemeinschaft, mit der er zusammenlebt. Einer ist verantwortlich für die Gnade des anderen. Jeder Mensch muß Sakrament des Heils auch für den Mitmenschen sein. Hier liegt der tiefste Sinn der Nächstenliebe, die selbst den Feind mit einschließt. Es herrscht eine universale Solidarität von Gnade und Heil. Der konkrete Weg göttlicher Liebe geht durch meine menschliche Liebe zu jedem, mit dem ich zusammentreffe. Gott bevorzugt dieses Medium, um zu offenbaren, wer er selbst ist: das Geheimnis der Liebe, das sich mitteilt und andere Liebende schafft, die ihrerseits lieben können, wie Gott selbst liebt. In der Geschichte der Liebe in der Welt vergeschichtlicht sich die Gnade Gottes.

b. Die Religion als Feier und Mitteilung von Gnade

Die Religionen bilden in ihrer ursprünglichen und positiven Bedeutung die institutionellen Formen, die die Beziehung des Menschen zum Absoluten ausdrücken. Religion ist immer Re-aktion auf eine vorhergegangene Aktion, Ant-wort des Menschen auf das vor-gegebene Wort Gottes. Sie ist ein ganz ursprüngliches Phänomen, das auf kein anderes noch grundlegenderes zurückgeführt werden könnte und das die Offenheit des Menschen gegenüber einem Transzendenten bezeugt, gegenüber etwas endgültig Wichtigem und einem umfassenden Sinn, der die Wirklichkeit als ganze mit all ihren Widersprüchen erhellt. Religion ist bereits Annahme von Gnade und Feier der Begegnung mit der Gottheit. In diesem Verständnis können wir, ohne auch nur das Geringste des eigentlich christlichen Anspruchs aufzugeben, sagen, die verschiedenen Religionen seien die gewöhnlichen Wege zu Gott. Oder mit anderen Worten: Alle Kulturen erarbeiteten im Lauf der Geschichte ihre Antwort auf das ihnen vorgetragene göttliche Wort. Konkret gesagt: Jeder Mensch hat seinen Ort in einer religiösen Überlieferung, die eben die seines Volkes ist. Auf diesem ganz bestimmten und präzisen Weg ereignet sich der Besuch Gottes, und Heilsgnade wird dem situierten Menschen sakramental vermittelt. Diese theologische Wertung der Religionen schließt nicht ein Ja zu allem, was im einzelnen in ihnen geschieht, ein. Denn möglicherweise sind in ihnen auch diabolische Elemente anzutreffen, die auf der Ebene von Diskurs, Gebaren und Ethik nur schlecht die Erfordernisse des Mysteriums Gottes und des Geheimnisses des Menschen darstellen. Dennoch bilden die Weltreligionen – trotz aller Zweideutigkeit, auf die man in ihnen (wie auch in der biblischen und christlichen Religion) hinweisen kann – Mitteilungswege für Gnade und Vergebung und für die Zukunft, die Gott den Menschen verheißt.[9]

9 Zu dieser Problematik siehe: *Heislbetz, J.*, Theologische Gründe der nichtchristlichen Religionen (Quaestiones Disputatae 33), Freiburg 1967; *Thils, G.*, Propos et problèmes de la théologie des religions non chrétiennes, Tournai 1966, bes. 146–154; 186–196; *Boff, L.*, Die Kirche als universale sacramentum salutis und die Religionen der Erde, in: ders., Die Kirche als Sakrament im Horizont der Welterfahrung, Paderborn 1972, 426–441.

176

Die geschichtlichen Konkretionen der Gnade haben selbst noch einmal eine Geschichte. Sie dienten den Menschen, die mit ihnen in Kontakt traten, als Instrumente der Ermunterung und Gnade. So können und müssen in der östlichen Welt etwa Tschuang-tse, Lao-tse, Buddha, Gandhi und andere oder in der abendländischen Welt die Briefe Senecas, die stoischen Maximen des Mark Aurel und die Philosophie Platos im Lichte des Glaubens als Mitteilungswege der Gnade verstanden werden. Denn sie alle sind Werk der Gnade und entwickelten sich im Lauf der Geschichte für zahllose Menschen zu einer bleibenden Atmosphäre der Gnade. Im Kontakt mit solchen bevorzugten Zeugnissen des Geistes fühlt sich der Mensch berufen, sich zum Geheimnis Gottes zu erheben, sich ihm anzuvertrauen und in seinem Leben dem geheimnisvollen Plan des göttlichen Lichtes nachzuspüren. Etwas Ähnliches geschieht auch im Raum des Christlichen. Jesus von Nazaret wird par excellence und in endgültiger Weise als Gnade Gottes, die in der Welt gegenwärtig ist, geliebt (vgl. Tit 2,11). Seine Geschichte in Leben, Tod und Auferstehung begründet den konkreten Weg, auf dem Menschen aller Zeiten, auch Nichtchristen, den Sinn ihres Lebens und eine entzifferte Zukunft für ihren Tod finden. In der Nachfolge Jesu Christi war auch Franziskus Werk der Gnade Gottes in der Welt. Sein Beispiel, sein herzliches Verhältnis zu allen Geschöpfen, seine allumfassende Brüderlichkeit und sein Sinn für Versöhnung mit den verschiedensten Realitäten wie Krankheit und Tod blieben der Welt als ein Licht, das anderen Menschen leuchtet. Diese entdecken sich in Franziskus wieder und entfalten so latente Dimensionen ihres Lebens. Das ewige Wirken der Werke der Gnade durch die Jahrhunderte hindurch ist die Gegenwart der göttlichen Gnade und ihrer aufrüttelnden, erregenden, heilenden, erhebenden und heiligen Bedeutung in der Welt.

c. Das Christentum als sakramentaler Ausdruck von Gnade

Aus den Weltreligionen ragt das Christentum heraus. Es versteht sich grundsätzlich nicht als Religion, sondern als das göttliche Leben selbst, insofern es das menschliche durchdringt. Die religiösen Ausdrucksformen dieses Lebens schöpfen den Reichtum des Lebens bei weitem nicht aus; deshalb kann und muß es darüber hinaus auch eine weltliche Ausdrucksform geben. Im Christentum ist das menschliche Bewußtsein, das von der Gnade Gottes angerührt war, zu seinem vollen Licht gelangt; in ihm wurde dieses Bewußtsein geschichtlich thematisiert. Es gibt eine Geschichte dieses Bewußtseins. Altes und Neues Testament sind die schriftlichen Zeugnisse des Selbstbewußtseins eines Volkes, das sich stets von der Gegenwart und Treue Gottes führen ließ. Im Rahmen dieser Überlieferung hat die Gestalt Jesu von Nazaret ihren Ort und geschah das für die Weltgeschichte entscheidende Ereignis: die Auferstehung. In ihr wurde antizipatorisch das endzeitliche Ziel kund, das allen Geretteten und dem ganzen Kosmos verheißen ist. In Jesus Christus offenbarte Gott gänzlich seinen Liebesplan und die Bestimmung aller Dinge, Reich Gottes zu werden, in dem er alles in allem sein wird (vgl. 1 Kor 15,28). In ihm sagte er ja und amen zu allen Sehnsüchten nach Verwirklichung, die das menschliche Herz hegt (vgl. 2 Kor 1,20). In ihm befand sich Gott in absoluter Unmittelbarkeit und der Mensch in radikaler Gemeinschaft mit ihm. Deshalb wird er als ewiger Sohn des Vaters verstanden und geliebt, weil er – als menschgewordener Gott selbst – unter den Menschen wohnt.

Die Gnade, die die Welt durchdringt, erreichte in Jesus Christus und seiner Gemeinschaft (der Kirche) ihren dichtesten sakramentalen Ausdruck. Christus ist das Ursakrament Gottes und seine Gemeinschaft das Wurzelsakrament Christi.[10] Die Kirche muß in der Welt Zeichen der allumfassenden Gnade und der unermeßlichen Liebe Gottes sein. Sie muß das Sakrament der unerhörten Hoffnung sein, die in der Auferstehung konkret geworden ist, und das Sakrament der Freude, in der Welt des Vaters, versöhnt mit allen Geschöpfen, als Brüder und Schwestern zu Hause zu sein.

Als geschichtliche Größe und gesellschaftliches Phänomen ist die Kirche die greifbare Gestalt des Christentums. Indem sie ihm Gestalt gibt, setzt sie sich aber auch Grenzen. Denn sie muß ja eine bestimmte Sprache, bestimmte Zeichen und eine bestimmte Art und Weise von Präsenz in der Welt benutzen, die alle Bezüge zu einer bestimmten Kultur aufweisen. Wenn Menschen anderer Kulturräume sich dieser konkreten Form von Christentum anschließen sollen, dann bedarf es einer besonderen Berufung. Alle Menschen sind zum Christentum berufen. Aber nicht alle sind gleichermaßen dazu berufen, Christentum in einer bestimmten Kirche zu leben, die, als geschichtlich bedingte, an bestimmte kulturelle Elemente gebunden ist. Obwohl alle Menschen Christen werden sollen, jeder einzelne innerhalb der ihn umgebenden Kultur, sind nicht alle dazu berufen, sakramentale und ekklesiale Zeichen zu sein. Es ist eine besondere Gnade, Glied der römisch-katholischen und apostolischen Kirche zu sein. Diese Gnade schafft allerdings keinerlei Vorrechte, die die Mitglieder der Kirche von den übrigen Menschen absondern wür-

10 Vgl. mein Buch: Die Kirche als Sakrament im Horizont der Welterfahrung.

den. Sie begründet eine schwerwiegende heilsgeschichtliche Pflicht: das Bemühen, Zeichen und Werkzeug Jesu Christi und seiner Befreiung in der Welt zu sein.

Das Eigentliche der Kirche liegt nicht so sehr darin, vermittelndes Instrument von Gnade und Erlösung zu sein. Denn diese werden weltweit allen Menschen angeboten, und alle Menschen werden von den Sakramenten des Lebens, der Religion und der Kultur ja auch tatsächlich erreicht. Die spezifische heilsgeschichtliche Funktion der Kirche besteht vor allem darin, in der Welt Gnade sichtbar zu machen, sie Bewußtsein und Geschichte werden zu lassen und selbst Sakrament der uneingeschränkten und universalen Liebe Gottes zu allen Menschen zu werden.

d. Das wahrhaft universale Gnadensakrament: Der Tod

Schließlich muß noch ein wirklich universales Sakrament der Gnade genannt werden, das alle Menschen angeht: der Tod. Der Tod, von seiner menschlichen Seite her betrachtet, bedeutet nicht nur das Ende des irdischen Lebens. Er begründet für den Menschen auch die Chance, das Ziel seines geschichtlichen Weges zu erreichen. Ziel heißt hier so viel wie Bestimmung, Konvergenz und Vollsinn. Die menschliche Geschichte ist Verwirklichung oder Zerstörung von Sinn. Der Tod stellt somit für den Menschen die Möglichkeit dar, seine letzte große Synthese zu schaffen, die seine ganze Vergangenheit einerntet, um dann in die Welt des Ewigen hinüberzugehen. Jede freie Tat des Menschen bildet die Synthese seines bisherigen geschichtlichen Lebens; sie faßt stets einen ganzen Weg zusammen, der aus der Vergangenheit kommt und in die Zukunft führt. Im Tod bietet sich dem Menschen die Chance, eine Tat der Liebe bzw. des Sichverschließens zu setzen, die seine ganze irdische Vergangenheit umgreift und ihm damit den Charakter des Definitiven und Letzten verleiht. Des Letzten und Definitiven deshalb, weil dem Menschen gerade im Tod die Chance der Entscheidung gewährt wird. Dieser Akt hat, im Unterschied zu anderen Handlungen, eine eigene Qualität: Er ist der letzte und damit auch derjenige, der die letzte Synthese ermöglicht. Nach ihm kommt die Ewigkeit. Deshalb kann man sagen, im Tod eröffne sich die Möglichkeit einer totalisierenden Entscheidung. *Im* Tod (weder vorher, denn das wäre ja noch Zeit, noch nachher, denn das wäre ja schon Ewigkeit, sondern *im* Tod) endet die Verbindung des Menschen mit seiner irdischen Situation und beginnt die neue, himmlische Situation. So tut sich die Möglichkeit einer totalen Befreiung von allen Bindungen ans Irdische auf, und es besteht die Chance, daß der Geist zum Licht gelangt, der Wille seine Freiheit ganz und gar verwirklicht und das menschliche Projekt sich voll entfaltet.

Da dieser dichte und drängende Augenblick die Struktur letzter Aufgipfelung hat, können wir die Hypothese als vernünftig und mit der Güte Gottes übereinstimmend betrachten, nach der es in diesem Moment zu einer radikalen Begegnung mit Gott, mit dem auferstandenen Herrn und mit der letzten Wahrheit der Schöpfung kommt. Wenn diese Begegnung bejaht wird, bedeutet sie Gnade und Heil; wenn sie abgelehnt wird, führt sie in ewiges Scheitern. Da alle Menschen sterben, werden auch alle mit dem Angebot Gottes konfrontiert. Seine erlösende Gnade erreicht ausnahmslos jeden Menschen. So wäre der Tod das universale Sakrament par exellence, das unterschiedslos alle Menschen beträfe, von Gott den Menschen angeboten würde und deshalb universale Heilschance bedeutete.[11] Im Tod haben alle Menschen die Chance, Christen, das heißt: christusförmig, zu werden. Alle können Kirche werden, das heißt: Gemeinschaft derer, die zu Christus gehören. So können alle gerettet werden. In diesem Sinn müssen die vielen Aussagen der Tradition über die Heilsnotwendigkeit der Kirche verstanden werden, besonders aber die eine, die sich auf die Kirche als umfassendes Heilssakrament bezieht. Im Tod tut sich für die Kirche die Möglichkeit auf, wirklich universal zu sein. In der persönlichen Eschatologie konkretisiert sich im kleinen, was in der universalen Eschatologie volle Wirklichkeit sein wird. Dann wird es nur noch eine Herde und einen Hirten, eine erlöste Menschheit und eine Kirche geben, die Kirche der Herrlichkeit und Gottes.

Im Tod, wenn alles auf dem Spiel steht und sich das ewige Schicksal des Menschen entscheidet, ist die Kirche präsent, und es verdichtet sich, was universaler Heilswille Gottes im tiefsten bedeutet. Treffend heißt es schon bei Klemens von Alexandrien: »Wie der Wille Gottes ein einziger Akt ist und Welt heißt, so ist auch seine einzige göttliche Absicht das Heil der Menschen und heißt Kirche« (Paidagogos 1,5).

In allen Menschen, im Leben wie im Tod, ist das göttliche Fundament wirksam, das Leben und Liebe ist und Lebenskraft, Sehnsucht nach Befreiung und Streben nach Glück und dem Guten anregt und begründet. In allen Menschen gibt es tiefe und ausreichende Kräfte, die sie immer wieder auf der Linie der Begegnung und des absoluten Sinnes – der existentialen Bezeichnung für Gott – zur vollen persönlichen Verwirklichung drängen. Dies stellt die konkrete Form dar, in welcher sich der

---

11 Vgl. *Boff, L.*, Vida para além da morte, Petrópolis [3]1974, 34–45; *ders.*, A ressurreição de Cristo e a nossa ressurreição na morte, Petrópolis [3]1974, 92–101.

Heilswille Gottes bekundet, der sich auf jeden persönlich und auf die menschliche Gemeinschaft insgesamt erstreckt.

Wie wir noch sehen werden, ist für den christlichen Glauben die letzte Grundlage, auf der alles existiert und Bestand hat, Jesus Christus. Er ist universaler Erlöser und Befreier. In ihm wird das Heil Fleisch und bietet sich umfassend allen Menschen an. Durch ihn haben wir auch Zutritt zum letzten Geheimnis der Schöpfung: zur Heiligsten Dreifaltigkeit, die in der Welt und im Herzen des Gerechten wohnt. Der universale Heilswille Gottes findet im trinitarischen Geheimnis seine transzendente Bedeutung: Das Heil der Menschen ist die Gegenwart von Vater, Sohn und Heiligem Geist in der Welt und die Gegenwart der Welt in Vater, Sohn und Heiligem Geist. Der Sinn aller Schöpfung besteht also darin, Bedingung für die Selbstmitteilung der Dreifaltigkeit und Feier dieser Selbstmitteilung zu sein, so daß Schöpfer und Geschöpf zwar ihre Identität bewahren und doch Gott alles in allem wird (vgl. 1 Kor 15,28).

XI. Die habituelle Gnade – die Gnade Gottes im Grundprojekt des Menschen

Der Heilswille Gottes versetzt uns Menschen in eine Atmosphäre, in der die göttliche Liebe den Primat hat. Gleichwohl soll nicht verkannt werden, daß der Mensch es durchaus in der Hand hat, sich im Lauf der Geschichte, die sich auf das Reich Gottes zu bewegt, auch zu verweigern. Gott läßt nicht nach, die Menschheit zu lieben. Seine Liebe findet immer den Weg geschichtlicher Vermittlungen, um jeden einzelnen Menschen in seiner konkreten Gegebenheit zu erreichen. Sie durchdringt das geschichtliche Projekt der Menschheit einer Nation, eines politischen oder wirtschaftlichen Systems und gelangt bis in das Herz von Mensch und Gesellschaft.

Habituelle Gnade ist die ständige Gegenwart des konkreten Heilswillens und der göttlichen Liebe in der Welt. Damit diese Gegenwart nun auch wirksam wird, reicht die einfache gnadenhafte Sympathie Gottes nicht aus. Es bedarf auch der Gegenwart des Menschen in Gott. In dieser tiefen Begegnung verwirklicht sich die ständige Präsenz der Gnade. Die katholische Tradition spricht hier von habitueller Gnade.[1]

1. Wie die habituelle Gnade zu denken ist

Die ganze Theologiegeschichte hindurch dachte man die Wirklichkeit der habituellen Gnade in einem sehr begrenzten Horizont. Es ging um den Bezug zur Person, wobei Person als Individuum verstanden wurde, und vom Individuum betrachtete man fast nur die Seele. Auch unter diesem Gesichtspunkt wird eine Vertiefung des Menschenverständnisses dringend notwendig. Der Mensch ist gleichsam ein Knoten aktiver Beziehungen, die in alle Richtungen laufen. Person und Individualität haben höch-

1 Vgl. die Literatur, die mit unserer Linie übereinstimmt: *Fransen, P.,* Der Gnadenstand, in: Mysterium Salutis 4/2, Einsiedeln 1975, 954–964; *ders.,* Pour une psychologie de la grâce divine: Lumen Vitae 12 (1957) 209–240; *Flick-Alszeghy,* Il Vangelo della Grazia, Florenz 1964, 143–167; 191 ff.; 342–355; *dies.,* L'opzione fondamentale della vita morale e la grazia: Gregorianum 41 (1960) 593–619; *Reiners, H.,* Grundintention und sittliches Tun (Quaestiones Disputatae 30), Freiburg 1960, 47–74: *Blomme, R.,* Widerspruch in Freiheit, Limburg 1965, 115–122; *Libanio, J. B.,* Pecado e opção fundamental, Petrópolis 1975.

ste Bedeutung; dennoch darf nicht übersehen werden, daß sie in eine biologische, genetische, gesellschaftliche und kulturelle Infrastruktur eingebettet sind. Die menschliche Person ist nicht einfach sie allein, tabula rasa, ein jungfräuliches Blatt oder ein Nullpunkt. Sie ist schon Ertrag einer ganzen Geschichte, die ihr vorausgeht und in jedem Menschen kulminiert. Die Person steht mit den Mitmenschen nicht in der Beziehung eines einfachen Nebeneinander, sondern organischer Verbindungen, insofern sie in unterschiedlichen Organisationsformen lebt, von der einfachsten, der Familie, bis hin zu den kompliziertesten Organismen wie Universität, Fabrik, gesellschaftliches und politisches System. In ähnlicher Weise tritt auch der Mensch nicht in Bezug zur Natur, weil er ein Teil von ihr wäre, sondern weil er sie vermenschlicht und durch berufliche Tätigkeit und wissenschaftlich-technisches Engagement verändert. Solche Beziehungen haben nichts Mechanisches an sich, sondern sind aktiv, bewußt und geschichtlich. Wie die Person Mitmenschen und Welt verändert, indem sie zu ihnen in Relation tritt, so erfährt sie selbst auch Veränderungen durch die Welt und Mitmenschen. Die konkrete Person ist immer dieser komplexe Knoten von Beziehungen, und man kann sie nicht verstehen, wenn man von den Realitäten, die sie konkret und wesentlich ausmachen, absieht.

Eine solche Verzahnung Mensch-Mitmensch-Welt muß immer mitgedacht werden, wenn wir von der Person sprechen, die in ihrem Grundprojekt von der göttlichen Gnade bewohnt ist. Andernfalls mystifizieren wir unsere Anthropologie, so als ob der Mensch ein vereinzeltes und luftiges Atom wäre ohne Bedingungsfeld und ohne biologische und kulturelle Vergangenheit, die doch Körper und Seele entscheidend mitgeprägt haben.

Trotz dieser Überlegungen müssen wir aber auch festhalten, daß es im Menschen eine gänzlich unreduzierbare Dimension gibt, die den Kern des Knotens aus den vielen Beziehungen bildet und sein freies *Ich* ist. Die Person ist nicht nur die Summe aller Bedingungsfaktoren und darf nicht als bloßes Resultat der Geschichte verstanden werden. Ebensowenig ist sie ein bloß kulturelles Produkt. Als Person ist sie ein absoluter Anfang. Die Person ist kein Mittel zum Zweck, sondern Zweck in sich selbst. Sie versteht sich nicht in Anknüpfung an etwas Vorgegebenes, sondern einzig von ihrer eigenen Spontaneität und inneren Freiheit her, durch die sie scheitern oder sich selbst umfassend verwirklichen kann. Es gibt keinen Grund dafür, daß ich, so wie ich bin und wie ich zum Ganzen stehe, in der Welt existiere. Zwar kann mich meine Umwelt beeinflussen, konditionieren und zutiefst prägen. Nichtsdestoweniger bin ich kein mechanischer

Roboter. Denn ich reagiere ja, mache mir die Dinge auf eine höchst persönliche Weise zu eigen, sage nein und bilde mir meine eigene Synthese vom All, so rudimentär, befremdend oder wenig folgerichtig sie auch sein mag. Daher ist die Kategorie, die das Geheimnis der Person am besten verdeutlicht, die Kategorie der Präsenz. Eine Person ist einfach da und tritt mir entgegen. Ich kann sie akzeptieren oder abweisen. Sie ist die Präsenz eines herausfordernden Geheimnisses.

Das Problem allen Denkens und aller Organisation besteht in der Frage, wie man diese zwei Pole wahren kann: Mensch und Welt, Mensch und Mitmensch, Welt und Gott. Wie kann man die Person so denken, daß immer auch das Gesellschaftliche, das mit ihr gegeben ist, eingeschlossen ist, und wie kann man so von Gesellschaft sprechen, daß immer auch das Persönliche, das in ihr steckt, mitgesagt ist? Person und Gesellschaft kreuzen sich, durchdringen einander in ihrem Mittelpunkt und berühren sich nicht einfach tangential.[2]

Im Lauf der Geschichte war das Denken immer wieder zwei Versuchungen ausgesetzt:

a) Die Person im Rahmen von Gesellschaft und Kultur zu denken und aufzulösen, so daß sie nichts mehr gilt. So entsteht ein Bild vom Menschen, das von dessen Übereinstimmung mit den gesellschaftlichen Rollen ausgeht, die er spielt. Es entsteht das Bild eines roboterhaften Menschen, der – ohne eigene Moral und persönliche Freiheit – je nach Machbarkeit und Manipulierbarkeit Baustein eines totalitären Systems ist. Die Gesellschaft wird ohne die Personen gedacht. Offensichtlich kulminiert das Ganze in einem Imperialismus von gesellschaftlichen Rollen, Strukturen und Funktionen. Diese Versuchung droht allen modernen Strukturalismen und Funktionalismen, insonderheit aber jenen, die von wissenschaftlich-technischen Modellen inspiriert sind. Treffend folgert deshalb Ludwig von Bertalanffy, der Theoretiker der Allgemeinen Systemtheorie: «Die menschliche Gesellschaft ist keine Gemeinschaft von Ameisen oder Termiten, die von ererbten Instinkten regiert und durch Gesetze des übergeordneten Ganzen kontrolliert würde. Die Gesellschaft gründet auf Verwirklichungen des Individuums und ist zum Untergang verurteilt, wenn das Individuum zu einem Zahnrad in der gesellschaftlichen Maschinerie wird. Dies, so scheint mir, ist die Vorschrift, die eine Organisationstheorie geben kann: Sie ist kein Handbuch für Diktatoren jedweder Denomination, die sich durch wissenschaftliche Anwendung eiserner Gesetze menschliche Wesen möglichst wirksam unterwerfen

---

2 Vgl. *Dahrendorf, R.*, Homo sociologicus, Opladen[11]1972, bes. 35 ff. 52 ff.

wollen, sondern eine Warnung, daß der Leviathan der Organisation das Individuum nicht verschlingt, ohne selbst seinen unvermeidlichen Ruin zu besiegeln.«[3]

b) Die andere Versuchung besteht darin, den Menschen in der Unwiederholbarkeit seines persönlichen Ichs zu denken und ihn darauf zu reduzieren. Die Tradition westlichen und christlichen Denkens neigt zu diesem Darstellungstyp. Ausgehend von der Fähigkeit des Menschen, sich zu verweigern, zu protestieren, sich auf Transzendenz zu orientieren und die den geschichtlichen Mechanismen innewohnenden Entfremdungen zu überwinden, wird das Bild eines absolut schöpferischen, völlig freien und von allen Fesseln befreiten Menschen entworfen. Aber einen solchen Menschen gibt es nicht. Er muß ja trinken, essen, schlafen und sich dem täglichen harten Kampf ums Brot unterwerfen, wobei der Kampf auf einem Feld ausgetragen wird, das nicht mehr dem gehört, der es zuerst sieht, sondern das innerhalb eines politischen und wirtschaftlichen Systems schon einen Herrn hat. Die konkrete Person ist immer umgeben von einer bestimmten Infrastruktur und eingegrenzt durch einen Rahmen aus Geschlecht, Rasse, Kultur, Religion, Klasse, Beruf, Einkommensverhältnissen usf. Dies alles ist auch Person und gehört zu ihr.

Geschichtlich betrachtet, ist keines dieser beiden Bilder realistisch. Eine dialektische Gegenüberstellung beider macht es möglich, sachgerechter zu begreifen, was Person tatsächlich ist. Im Menschen gibt es Reduzierbares und Nichtreduzierbares. Es gibt Geschichte, die beschrieben und erzählt werden kann, und gleichzeitig gibt es eine andere Geschichte, die sich dem Erzählen entzieht, weil es in ihr um die persönliche Intimität eines jeden einzelnen geht. Es gibt ein unmittelbares Da-Sein, in einer absoluten Gegenwart, aber es gibt auch ein Eingegliedertsein dieser Gegenwart in die Welt. Und schließlich ist noch eine manipulierbare Infrastruktur zu nennen, gegen die aber jenes Heilige, Nichtmanipulierbare im Menschen steht, das der Raum seiner freien Innerlichkeit ist. Wie Ortega y Gasset treffend sagte: »Yo soy yo y mi circunstancia, y si no la salvo a ella, no me salvo yo – Ich bin ich und meine Umwelt, und wenn ich sie nicht rette, dann rette ich auch mich selbst nicht.«

Aus diesen Überlegungen ergeben sich für unser Thema der habituellen Gnade gewichtige Folgen. Bezieht sich habituelle Gnade nur auf den nicht reduzierbaren Kern der Menschen? Wie kann man sich einen Stand der heiligmachenden Gnade überhaupt vorstellen, wenn der Mensch nicht nur die Innerlichkeit des Herzens, sondern ein aktives Bündel von

---

3 Teoria Geral do sistemas, Petrópolis 1975, 81.

Beziehungen ist, die *wesenhaft* seine Natur ausmachen, die die Natur eines in einer bestimmten Gesellschaft und in einem bestimmten Typ von Weltbeziehungen verleiblichten Geistes meint? Gnade erfaßt den ganzen Menschen, das heißt, sie erfaßt auch die Beziehungen zu den anderen und zur Welt. Heiligung des Menschen impliziert notwendigerweise auch Heiligung all seiner Relationen und umgekehrt.

2. Menschliches Leben als geschichtlicher Aufbau eines Projekts

Was wir bisher bedacht haben, erlaubt uns, konkreter die Struktur menschlichen Lebens zu verstehen. Diese wird nicht durch die Summe der Akte gebildet, als ob diese in sich selbst subsistierende Atome wären. Die Einzelakte haben teil an der Struktur der Person, sind also einerseits einzigartig und nicht reduzierbar, während sie anderseits in das komplexe Gewebe des Sozialen eingefügt sind. Die konkrete Person ist also die Synthese dieser Dialektik. Wer von Geist spricht, sagt Einheit und Synthese. Der Mensch als geistiges, in der Welt verleiblichtes Wesen ist ein Sein, das lebt, solange es imstande ist, unentwegt eine Synthese mit allen Differenzen, denen es begegnet, einzugehen und sich so seine Welt zu bauen. Sein Leben ist Sinneinheit und Geschichte. Zwar kommt es dann und wann zu Brüchen, die aber immer wieder in eine neue Synthese aufgenommen werden. Einzeln genommen, konkretisieren seine Akte einerseits die Einheit des Lebens, anderseits bekunden sie sie.

Die Einheit des Lebens heißt Grundprojekt. Es setzt eine grundsätzliche Option voraus, der es gelingen muß, die vielfältigen Erscheinungsformen des Lebens und die unterschiedlichen Initiativen des Menschen miteinander zu verbinden und zu einem Ganzen zusammenzuschließen, wie ein Faden die Perlen einer Halskette zusammenhält. Allerdings braucht diese Grundoption nicht gleich auf der Ebene des expliziten Bewußtseins konzipiert zu werden. Es ist wohl so, daß der Sinn des persönlichen Lebensweges nach und nach in eine bestimmte Richtung entwickelt wird und so langsam die Einheit des Lebens erwirkt.[4]

Zunächst kommt die Grundentscheidung in den tiefsten Sehnsüchten des Unbewußten und in der Neigung des persönlichen Naturells zum Ausdruck. Besser verdeutlicht wird sie dann in der Erziehung, in der die

---

4 Vgl. die in Anm. 1 angegebene Literatur, genauerhin: *Libanio, J. B.*, Pecado e epção fundamental, 42–69.

erlernten Daten, die mannigfaltigen Einflüsse und vielseitigen Begegnungen sie genauer festlegen, eine Hauptlinie definieren und so allmählich dem Grundprojekt Form und Kontext verleihen. Die Träume der Kindheit, die Kämpfe der Jugend, die Erfahrungen in Familie und Beruf, das gelebte Leben selbst sind dann noch einmal vielfältige Faktoren, die das Fundamentalprojekt oder die Grundentscheidung näher bestimmen. Da der Mensch keine Insel, sondern immer ein ganzer Kontinent mit Verbindungen zur Natur und zu den Mitmenschen ist, gehören die Bezüge, die sich aus dieser Verflochtenheit ergeben, auch zum persönlichen Grundprojekt und qualifizieren es. Anliegen, die mit gewissen Institutionen verbunden werden, und der Sinn für innerhalb einer geschichtlichen Situation und in der Struktur einer Epoche sich ereignende Geschehnisse beinhalten ihrerseits Projekte, die der einzelne sich im Rahmen seines persönlichen Projekts entweder zu eigen macht oder aber ablehnt.[5]

Eine solche Option braucht sich nicht in einem Einzelakt auszuweisen. Denn dieser Akt wäre für sich allein ja noch kein Lebensprojekt, sondern eher eine einzelne Konkretion dieses Projekts. Das Grundprojekt weist die Merkmale einer Einheit auf, die nicht erst im nachhinein aufgrund von Taten entsteht, sondern diesen schon vorausliegt.[6] Es ist wie ein Horizont, der die individuellen Akte ermöglicht und in Erscheinung treten läßt, wie eine Weltanschauung oder ein Lebensstil, der sowohl die persönliche Dimension in ihrer Innerlichkeit als auch den gesellschaftlichen und kulturellen Charakter der Grundoption offenbart. Die Akte des Menschen, einzeln betrachtet, manifestieren, behaupten, begradigen, vertiefen, verlängern oder korrigieren, differenzieren oder verfälschen den Grundentwurf oder schieben ihn beiseite. Keine Tat, so gut oder sündhaft sie auch sein mag, ist aus sich selbst definitiv und irreversibel. Solange der Mensch in Raum und Zeit lebt und sich in der materiellen Welt bewegt, kann kein Akt ihn absolut ausdrücken oder definieren. Immer kann er ihn in Abrede stellen, zurücknehmen, seine Richtung verändern. Dennoch verdeutlicht jeder Akt mehr oder minder klar die Grundoption, weil zwischen grundsätzlichem Vorhaben und konkreten Einzelakten Interaktion besteht. Die Akte konkretisieren und vergeschichtlichen das Grundprojekt, das sich seinerseits in Einzelakten ausdrückt. Zwar kann es Taten geben, die die Grundentscheidung derart untergraben, daß sie sich selbständig machen und die Formulierung eines anderen Grundprojektes erzwingen. Trotzdem dürfen wir uns die Grundoption nicht wie das Werk

5 Vgl. *Ladrière, J.*, Vie sociale et destinée, Gembloux 1973, bes. 66–78.
6 Vgl. *Ramos-Regidor, J.*, El pecado como acción humana, in: El sacramento de la penitencia, Salamanca 1975, 99–103.

eines Architekten vorstellen, der zunächst die Zeichnung macht und dann den Entwurf Schritt für Schritt ausführen läßt. Der Gesamtplan des Lebens ist vielmehr in jedem konkreten Schritt gegeben und nimmt im Verlauf des Lebens immer klarere Konturen an.

Dieser Lebensentwurf, der dialektisch aus dem Innern der Person und aus ihrem Beziehungsgeflecht mit der Welt, in der es zuvor schon andere Projekte gibt, entsteht, verleiht dem Lebensweg des Menschen seine spezifische Einheit.

3. Treue zu einer auf Gott hin offenen Grundoption als habituelle Gnade

Aus den hier vorgetragenen Überlegungen ergibt sich folgende Frage: Was bedeutet eine Grundoption im Sinn der Offenheit für Gott, die ein ganzes Leben lang in Treue durchgehalten wird? Kommt in einem solchen Projekt nicht genau das zum Ausdruck, was in der theologischen Überlieferung des Westens habituelle Gnade genannt wird? Einer solchen Grundentscheidung, die habituelle Gnade bedeutet, haften alle Merkmale des Habitus an, wie Aristoteles und Thomas von Aquin ihn beschreiben. Habitus – Haltung – ist keine vorübergehende Disposition oder zeitweilige Fähigkeit,[7] sondern ständiger Besitz und permanente Qualität des menschlichen Grundprojekts.

Eine fundamentale Entscheidung für Gott besitzt ihr eigenes Gewicht. Im Verständnis Jesu Christi, der das alttestamentliche Gebot wiederholt, ist sie eine Liebe von ganzem Herzen, aus ganzer Seele, mit allen Gedanken und mit aller Kraft, das heißt eine bedingungslose Liebe, die das gesamte Leben umfaßt und sich Gott als absolutem Sinn und den Menschen erfüllender Wirklichkeit überantwortet. Option für Gott ist freilich nicht irgendeine Entscheidung, sondern eine Option für jene Instanz, die uns unbedingt angeht und deshalb Motor und treibende Kraft unseres tiefsten Lebenssinns ist. Diese Liebe liebt Gott über alles. Konkret bedeutet das, daß diese Liebe Opfer im Sinn von Treue und Verzicht fordern und somit den Menschen auf den Weg des Leidens führen kann, damit die auf Gott

---

7 Metaphysik V, 20, 1022 b 4; Summa theologiae I/II, q. 50, a, 1; *Bourdieu, P.,* definiert Habitus wie folgt: »Systeme dauerhafter Dispositionen, strukturierte Strukturen, die prädisponiert sind, um als strukturierende Strukturen zu wirken«, oder: »ein System dauerhafter und übertragbarer Dispositionen, das alle bisher gemachten Erfahrungen integriert, jederzeit als Matrix für Wahrnehmungen, Einschätzungen und Handlungen funktioniert und so die Erfüllung unendlich differenzierter Aufgaben ermöglicht« (Esquisse d'une théorie de la pratique, Genf-Paris 1972, 175 bzw. 178).

ausgerichtete Grundoption nicht ins Wanken gerät. Sie impliziert seitens des Menschen ein äußerst aktives Engagement und einen tiefen Vollzug der Freiheit.

Die Entscheidung für Gott kann im Laufe des Lebens an Intensität gewinnen. Sie kann einen Prozeß der Reifung und Verdeutlichung durchmachen und schließlich zu einer nicht näher beschreibbaren Übereinstimmung des Herzens mit Gott gelangen, wie es die Geschichte von Heiligen und Mystikern belegt: »Nicht mehr ich lebe, sondern Christus lebt in mir« (Gal 2,20).

Auf eines muß jedoch hingewiesen werden: Damit von einer echten und konsequenten Grundentscheidung für Gott die Rede sein kann, bedarf es nicht als Bedingung *sine qua non* einer ausdrücklichen Nennung des heiligen Namens Gottes. Worauf es vielmehr ankommt, ist die Wirklichkeit, die sich hinter dem heiligsten Namen ›Gott‹ verbirgt. So kann es vorkommen, daß jemand ein Lebensprojekt lebt, das sich an den höchsten Werten orientiert, an menschlichem Leben, an Wahrheit, Gerechtigkeit und Offenheit gegenüber dem Transzendenten, das sich in der Unantastbarkeit eines jeden Menschen zeigt; daß er dafür kämpft und eine ganze Reihe an sich legitimer Dimensionen des Lebens opfert. Dieses Projekt reicht dann in der Tat an jene höchste und unaussprechliche geheimnisvolle Wirklichkeit heran, die wir Gott nennen. Jener Mensch lebt tatsächlich in Gemeinschaft mit Gott und schöpft aus ihm die Kraft, die nötig ist, damit er in Treue, Starkmut und Ausdauer fortwährend sein Grundprojekt ohne Abstrich und Anflug von Verrat verwirklichen und bis zum Martyrium gehen kann.

Eine solche Grundentscheidung zu leben heißt das zu leben, was wir Stand der heiligmachenden oder habituellen Gnade nennen. Dieses Leben ist ständig in das *milieu divin* eingetaucht, das die geschichtliche Manifestation der höchsten Gnade ist.

Die Gegenwart der habituellen Gnade besteht auch dann fort, wenn der Mensch gelegentlich Taten begeht, die mit seiner Fundamentalentscheidung nicht in Einklang stehen. Freilich darf es sich dabei nur um Dinge handeln, die weder an den Kern der Grundoption rühren noch ihn gar zerstören oder Ausdruck einer anderen Fundamentalentscheidung und der wahren Identität der Person sind. Selbstverständlich haben auch jene Handlungen verräterische Wirkung und sind tatsächlich Sünde. Dennoch sind sie nicht von einer solchen Dichte, daß sie den endgültigen Bruch mit Gott bedeuten und damit die Todsünde ausmachen. Die Haltung von Liebe, Offenheit und unentwegtem und unersättlichem Suchen nach Gott bleibt bestehen, so daß der betreffende Mensch in der heiligmachenden

Gnade verbleibt. In dieser Dimension zu leben und in ihr trotz aller Versuchungen durch die *passio huius saeculi* auszuharren, ist Werk der Gnade, die ständig präsent ist und den Menschen mit dem Gefüge all seiner Beziehungen heiligt. Habituelle Gnade erweist sich als *operativ*, das heißt, sie hilft dem Menschen, zu einer immer größeren Übereinstimmung zwischen seinem grundlegenden Lebensprojekt und dessen Umsetzung in konkrete und konsequente Handlungen zu gelangen. Aber sie erweist sich auch als *performativ*, das heißt, sie führt den Menschen zu seiner Einheit, indem sie ihn zu einer stets intensiveren Gemeinschaft erhebt und zu einer immer entschiedeneren Vorherrschaft von Liebe, Verständnis, Barmherzigkeit, Fähigkeit zum Verzeihen, Aufrichtigkeit, Güte und Sensibilität für alles wirklich Menschliche und Göttliche.

Was die habituelle Gnade an Beziehungen zum Vater, zum Sohn und zum Heiligen Geist beinhaltet, ist damit noch keineswegs gesagt. Unsere späteren Überlegungen werden zu entfalten haben, worin der ganze theologische Reichtum, der in einem auf Gott hin offenen Grundprojekt liegt, im einzelnen besteht.

4. Der Sinn von Verdienst, Mehrung, Minderung und Verlust der habituellen Gnade

Von unseren bisherigen Betrachtungen her öffnet sich jetzt auch ein Weg zum Verständnis dessen, was in der klassischen Theologie unter den Stichworten ›Verdienst, Mehrung, Minderung und Verlust der habituellen Gnade‹ erwogen wurde.

a. Der Sinn des Verdienstes

Wenn wir einmal von der biblischen Problematik absehen, in der das ewige Leben dargestellt wird, zum Beispiel als Lohn (vgl. Mt 5,12; 20,8; 1 Kor 3,8), Siegespreis (1 Kor 9,24), Siegeskranz (2 Tim 4,8; 2,5; Apk 2,10; Jak 1,12), Gegengabe und Vergeltung (Kol 3,23–24; Hebr 10,35) für die guten Werke, die die Gerechten des ewigen Lebens würdig machen (2 Thess 1,5; Lk 20,35; Apk 3,4), und wenn wir weiterhin die von der Reformation entfachte Diskussion hier einmal auf sich beruhen lassen, können wir sagen, daß die Theologie mit dem Ausdruck *Verdienst*[8]

---

8 Vgl. Mysterium Salutis 4/2, Einsiedeln 1975, 977–982; *Grings, D.*, A força de Deus na fraqueza do homen, Porto Alegre 1975, 100–109; *Auer, J.*, Das Evangelium der Gnade,

den dialogalen Charakter der Gnade zum Ausdruck bringen will. Wie wir in unseren Überlegungen schon mehr als einmal betont haben, bedeutet Gnade nicht nur Liebe, die Gott zu den Menschen hat, sondern auch menschliche Liebe, die Entsprechung findet. Verdienst ist Gnade, vom menschlichen Lebensweg und von menschlicher Mitarbeit her betrachtet. Das Grundprojekt auf Gott hin (habituelle Gnade) verwirklicht sich geschichtlich. Es wird von Gott bewegt, beseelt und durchdrungen. Dennoch entläßt Gott den Menschen nicht aus der Pflicht, seinen Weg zu gehen. Denn er wurde ja als Schöpfer und Mitarbeiter Gottes geschaffen. Das Movens auf seinem Lebensweg ist Gott. Aber der Mensch muß als Pilger selbst vorwärts seinen Weg gehen.

Wenn wir unter Verdienst im Sinn kommutativer Gerechtigkeit die Verpflichtung verstehen, jemandem wegen guter Leistungen, die er erbracht hat, ein Entgelt zukommen zu lassen, dann kommen wir nicht an der kategorischen Feststellung vorbei, daß niemand vor Gott auch nur das geringste Verdienst erwerben kann. Denn die Taten des Menschen »sind im Blick auf Gott nicht die Werke irgendeines anderen, sondern Gott selbst ist der Urheber dieser Handlungen (insofern er dem Menschen die Möglichkeit zu handeln, den Impuls zur Handlung und die Wirklichkeit der Handlung selbst zugesteht). Diese Feststellung gilt in der natürlichen und erst recht in der übernatürlichen Ordnung.«[9] Verdienst verstehen wir hier im Horizont der Verheißung Gottes, allen, die nach seinem Willen und in der Aufrichtigkeit ihres auf Gott hin ausgerichteten Grundprojekts leben, es mit der Seligkeit im Reiche Gottes zu vergelten. Die Schrift ist voll von Stellen, an denen gelehrt wird, daß gute Werke belohnt und böse Taten bestraft werden (vgl. Mt 5,12; 6,1–6.16.18; 10,32–33; 25,31–46; Mk 9,41–43; Lk 14,12–13; 19,11–27). Ein Glas Wasser, das jemand einem Jünger gegeben hat (Mt 10,42), oder eine noch so kleine mitleidsvolle Zuwendung zu den Letzten der Erde (Mt 25,31–46) macht den Menschen im Urteil des höchsten Richters würdig des Gottesreichs. Verdienst will betonen, daß Gott seine Verheißungen denen gegenüber, die seine Stimme hören und in die Tat umsetzen, auch verwirklicht. Verdienst stellt keine Bedingung für das höchste Glück dar, sondern ist schon dessen Gegenwart und Genuß im Leben des gerechten Menschen. Die guten Werke sind keine Eintrittskarte für den zukünftigen Himmel. Sie vermitteln bereits in der gegenwärtigen Zeit, was Himmel bedeutet. Dieser

Regensburg 1972, 215–238; *Pesch, O. H.*, Die Lehre vom Verdienst als Problem für Theologie und Verkündigung, in: Wahrheit und Verkündigung, München 1967, 1865 bis 1907.
9 *Flick-Alszeghy*, Il Vangelo della Grazia, 667.

beginnt auf Erden mit dem rechten Leben des Menschen und seiner Welt und kommt in der Endzeit zu seinem Höhepunkt. In der Frage des Verdienstes hat es viele falsche Probleme gegeben, die darauf zurückzuführen sind, daß der Himmel und die kausale Beziehung zwischen diesem einerseits und den guten Werken anderseits falsch dargestellt wurden. Der Himmel galt als eine Größe, die von den guten Werken unterschieden war. Dagegen meinen wir, daß sich der Himmel – wiewohl in den Grenzen der Zeit – schon in den guten Werken selbst verwirklicht und von der Geschichte mit dem Ziel der endzeitlichen Vollentfaltung getragen wird.

In der katholischen Theologie wurden offiziell zwei Thesen vertreten, die die zwei Seiten der einen Wirklichkeit der Gnade darstellen. Einmal wird die Gnade aus der Sicht des Menschen (Verdienst) und das anderemal aus der Sicht Gottes (Gabe) betrachtet. So ist der Himmel einerseits Geschenk Gottes und anderseits Verdienst des Menschen. Die guten Werke sind einesteils ungeschuldetes Angebot Gottes und anderenteils erobertes Gut des Menschen, Frucht von Treue und Aufrichtigkeit des menschlichen Grundprojekts.[10] In einem berühmten Text, der dem heiligen Papst Cölestin (422–432) zugeschrieben wird, dem *Indiculus*, heißt es schön: »So groß ist die Güte Gottes zu allen Menschen, daß er will, daß unsere Verdienste seine Gaben sind« (DS 248). Das Verdienst berechtigt den Menschen also keineswegs zu Selbstverherrlichung, sondern verdeutlicht – unter Hervorhebung der menschlichen Mitwirkung – den dialogalen Charakter von Gnade.

Was für Taten sind dann aber verdienstvoll? Wieder dürfen wir nicht einer Atomisierung von Einzelhandlungen verfallen. Denn verdienstvoll ist das einheit- und ganzheitschaffende Grundprojekt des Lebens. Die konkreten Taten sind dann allesamt in dem Maße verdienstvoll, in dem sie mit größerer oder geringerer Intensität das Grundprojekt des Menschen zum Ausdruck bringen.

Die klassische Theologie unterschied zwischen Verdienst *de congruo* und Verdienst *de condigno*. Allerdings ist diese Terminologie, die im 12. und 13. Jahrhundert aufkam und bei Alanus von Lille und Wilhelm von Auxerre belegt ist,[11] nicht frei von Schwierigkeiten und – bis in unsere Zeit – stets umstritten gewesen.[12] Da das Geheimnis Gottes absolut transzendent ist, steht es dem Menschen nicht zu, irgendwelche Verdien-

---

10 Konzil von Trient, 6. Sessio, Kap. 16: DS 1545–1582, bes. 1582.
11 Vgl. *Rivière, J.*, Sur l'origine des formules ecclésiastiques »de condigno« et »de congruo«: Bulletin de littérature ecclésiastique 28 (1927) 75–83.
12 Vgl. *Schmaus, M.*, Der Glaube der Kirche 2, München 1970, 651.

ste im engeren Sinn zu beanspruchen, es sei denn, er bezöge sich auf die Verheißungen Gottes, von denen die Schrift voll ist.

Verdienst *de condigno* bedeutet: Aufgrund der Verheißung Gottes besteht eine Proportion (Kondignität) zwischen dem Grundprojekt Gottes, dem guten Grundprojekt und dem Verdienst. Wenn so zum Beispiel jemand seine Grundoption in Treue und Gottesliebe lebt, dann verdient er – um der göttlichen Verheißung willen – eine ganzheitliche Verwirklichung in Gott. Im Horizont der Verheißung gibt es also eine reale Basis für den Genuß des Himmels, der das entsprechende auf Gott hin ausgerichtete Grundprojekt ist.

Verdienst *de congruo* bedeutet: Es ist Gott angemessen, daß er freigiebiger ist, als es das gute Projekt des Menschen überhaupt erträumen läßt. Es entspricht der göttlichen Großherzigkeit, daß Gott sich selbst in Wohltaten überbietet und seine Liebe bei weitem alle Proportionen und menschlichen Verdienste übersteigt. Das Verdienst *de congruo* bringt eine tiefe menschliche Erfahrung zum Ausdruck. Häufig erleben wir doch, daß Bedeutung und Tragweite einer bestimmten Geste dem Menschen, der sie getan hat, einfach entgleiten. Ein Künstler bringt wie etwas Selbstverständliches und mit aller Spontaneität neue Nuancen in seine Kunst ein. Dabei kann er kaum ahnen, daß diese neuen Abstufungen und Akzente der Beginn einer neuen Schule sind, die mit seinem Namen verbunden bleiben wird. Jemand macht eine Geste des Verständnisses, wie es zur Alltäglichkeit seines Lebens gehört. Für den anderen aber bedeutet die schlichte Kleinigkeit eine Veränderung seines ganzen Lebens. Ein Dichter schreibt ein kleines Poem, als spontaner Ausdruck des Erlebens des Augenblicks. Aufgrund dieses Gedichtes erheben sich Hunderte zu Gott, andere bekehren sich. Diese Auswirkungen sind nun aber nicht Verdienst des Autors oder Urhebers. Gott selbst ist es, der eine solche Bedeutung in die betreffenden Werke legt. Er ist der eigentlich Handelnde, der Autor wie Leser bewegt. Hier gilt das Verhältnis zwischen Ursache und Wirkung nicht mehr. Denn hier strömt im Übermaß die Gnade Gottes, die sich dem Menschen in menschlichen Produktionen mitteilt und bewirkt, daß diese Wirkungen zeitigen, die größer sind als ihre Ursachen.

Sowohl die Formel *de condigno* (Proportionalität) als auch die Wendung *de congruo* (Übereinstimmung und Zuträglichkeit) will nichts anderes, als noch einmal das Begegnungsverhältnis zwischen Mensch und Gott betonen und hervorheben, daß Gott immer Initiative und Primat zukommen. Gottes Vorhaben zerstört nicht das Projekt des Menschen. Gott macht sich das Vorhaben des Menschen zu eigen, belohnt es und läßt es sein eigenes Projekt sein, »indem er ewig das belohnt, was er selbst gewährt hat« (DS 248).

b. Der Sinn von Mehrung und Minderung der Gnade

Die Vorstellung des grundlegenden Lebensprojekts, das auf Gott hin ausgerichtet ist (habituelle Gnade), macht es nun auch möglich, zu verstehen, was Mehrung und Minderung von Gnade bedeuten.[13] Hier muß man über ein quantitatives Verständnis der Gnade hinausgelangen, das die Wörter ›Mehrung‹ und ›Minderung‹ nahelegen könnten. Gnade ist – das wurde schon hinlänglich betont – keine Größe, die sich von Gott unterscheidet, sondern Begegnung in gegenseitiger Liebe zwischen Gott und Mensch. Die Ungeschuldetheit liegt auf beiden Seiten vor. Gott kann sich frei und ungeschuldet in der Weise und im Maß, wie es jedem entspricht, selbst mitteilen (die sogenannte Gnadenausteilung). Ähnlich schenkt sich auch der Mensch aus freiem Entschluß in dem Maß, in dem er sich für Gott offenhält. Sein Grundprojekt kann so auf Gott ausgerichtet sein, daß er das Geheimnis in wachsender Intensität, je nachdem, wie sich sein Leben im geschichtlichen Prozeß entwickelt, beherbergt. In diesem Sinn kann man vom Anwachsen der Gnade sprechen. Es bedeutet: Die Offenheit des Menschen für Gott wächst, was auch eine größere Selbstmitteilung Gottes vorausgesetzt und impliziert. Gnade ist nicht etwas, was von dieser Offenheit unterschieden werden könnte. Sie ist diese Offenheit selbst, die nie leer, sondern immer von Gott bewohnt ist und deshalb auch immer die Möglichkeit hat, uneingeschränkt und unendlich zu wachsen.

In diesem Sinn spricht das Neue Testament vom Wachstum als einer Grundkategorie des Verhältnisses zwischen Mensch und Gott (vgl. Mk 4,28; Mt 6,28; 13,32). Wer aber das Wachsen in der Entfaltung des ganzheitschaffenden Lebensprojekts gewährt, ist Gott (1 Kor 3,6). Er läßt die Früchte unserer wahren Identität wachsen (vgl. 2 Kor 9,10). Dieses Wachstum entwertet die menschliche Arbeit keineswegs, sondern beseelt und beflügelt sie. So ist auch die Aufforderung des zweiten Petrusbriefs zu verstehen: »Wachst in der Gnade und Erkenntnis Jesu!« (2 Petr 3,18). Und der Epheserbrief bittet uns darum, »daß wir ganz und gar zu Christus hinanwachsen, der das Haupt ist« (Eph 4,15).

Die Minderung der Gnade bedeutet dann, daß das menschliche Projekt sich mehr und mehr von Gott entfernt und damit verdorrt. Laster verfesti-

---

13 Vgl. *Auer, J.,* Das Evangelium der Gnade, 174–184, und die dort zitierte Literatur, in der das Problem aber in einer Linie angegangen wird, die sich von der unseren unterscheidet.

gen sich. Verzerrungen im moralischen Leben beeinträchtigen die Grundoption. Ja, es kommt zur Formulierung eines anderen Grundprojekts, in dem Gott als radikaler Lebenssinn untergeht oder zumindest nicht mehr der Zenit menschlichen Daseins ist. Auch die Schrift bezeugt die Möglichkeit einer solchen menschlichen Tragödie: »Ich habe gegen dich, daß du deine erste Liebe verlassen hast« (Apk 2,4; vgl. Gal 3,11; Hebr 10,32; Apk 3; Jes 3,15–20).

c. Der Verlust der Gnade

Das Sichverschließen des Menschen vor jeder höheren Bestimmung, sein fortschreitender Verrat an dem Anruf, den Gott durch Vermittlung der Wirklichkeit an ihn richtet, und seine Untreue gegenüber moralischen Werten oder gegenüber dem Gewissen können einen Prozeß in Gang bringen und beschleunigen, der schließlich zum völligen Verlust der Gnade führt. Allerdings muß darauf hingewiesen werden, daß es in der gegenwärtigen Geschichte keine Grundoption gibt, die endgültig und nicht mehr zu ändern wäre.[14] Solange der Mensch auf dem Weg ist, hat er nicht die Macht, seine Position vor Gott unumkehrbar und absolut festzulegen, weil weder irgendein Einzelakt noch die Ausrichtung seines Lebens insgesamt die Möglichkeiten, die das geschichtliche Dasein bietet, ganz ausschöpfen kann. Das gilt fürs Gute ebenso wie fürs Böse. Solange also der Mensch lebt, bleibt ihm immer die Chance der Rettung. In statu viatoris ist der Verlust der Gnade niemals endgültig. Immer kann der Mensch umkehren. Im Tod ist dann – wie schon gesagt – die Möglichkeit eines totalisierenden Aktes gegeben, der das Gesamt des Grundprojekts ausdrückt. Diese letzte Synthese des ganzen Lebens hat unabänderlichen und definitiven Charakter. Hier allerdings besteht die reale Möglichkeit, Gnade völlig zu verlieren. In diesem Fall ist der Verlust aber nicht das Ergebnis irgendeiner bösen Tat, sondern des gesamten menschlichen Projektes, das nach und nach gescheitert ist, bis es seine absolute Formalisierung im Augenblick des Todes erreicht. In diesem Sinn gibt es nur eine einzige Todsünde, das heißt eine Sünde, die zum Tod, zum absoluten Scheitern und damit zur Hölle führt. Die Hölle geschieht im Tod und bedeutet den totalen Verlust der Gnade, die Zerstörung der gnadenhaften Beziehung zu Gott.

---

14 *Rahner, K.*, Der Leib und das Heil (zusammen mit *A. Görres*), Mainz 1967, 29–44.

5. Gewißheit und Ungewißheit über den Stand der habituellen oder heiligmachenden Gnade

Eine der gerade zur Zeit der Reformation am heftigsten diskutierten Fragen bezog sich auf die Gewißheit, mit der man sagen könne, man sei im Stand der habituellen Gnade.[15] Dazu lehrt das Trienter Konzil: »Niemand darf, solange er in diesem sterblichen Leben wandelt, so weit in das verborgene Geheimnis der göttlichen Vorherbestimmung eindringen wollen, daß er mit Sicherheit behaupten könnte, er sei in der Zahl der Vorherbestimmten, als ob der Gerechtfertigte nicht mehr sündigen oder, wenn er auch gesündigt, sich eine abermalige Bekehrung mit Sicherheit versprechen könnte. Denn ohne ganz besondere Offenbarung Gottes kann man nicht wissen, wen Gott sich erwählt hat« (DS 1540; vgl. die Kanones 15 und 16: DS 1565 und 1566). Das Tridentinum vertritt also die These, daß es keine Gewißheit gibt, weder was das ewige Verderben noch was das Heil angeht. Solange der Mensch lebt, wird er von den Möglichkeiten des Guten und des Bösen, des heilbringenden Dialogs und der verwerflichen Weigerung hin und hergerissen. Fidelis Vering OFM und Juan Alfaro konnten in ihren sehr genauen Untersuchungen[16] nachweisen, daß Theologen und Bischöfe in Trient unter Gewißheit ausschließlich die intellektuelle Gewißheit über den eigenen Gnadenzustand verstanden. Verurteilt wurde also nicht die These der am Konzil teilnehmenden Skotisten, derzufolge »der Mensch, wenn er das Sakrament der Buße empfängt, mit der Evidenz der eigenen Erfahrung seine gute Disposition erkennen und damit zu dem sicheren Schluß gelangen kann (den sie ›Glaubensgewißheit‹ nannten), die Gnade empfangen zu haben«[17]. Die Lehre des Konzils von Trient steht in Einklang mit dem Begriff, den es vom Glauben entwarf: Glaube ist eine intellektuelle Zustimmung zu von Gott geoffenbarten Wahrheiten. Der Glaube hat gewiß auch diese Dimension, aber er ist noch viel reicher. Biblisch gesehen, bedeutet Glaube auch Bekenntnis, Gehorsam und Vertrauen, das auf Gott und nicht auf menschlichem Können basiert.

15 Vgl. *Vering, F.*, O. F. M., De certitudine status gratiae in Concilio Tridentino (Dissertatio ad lauream), Rom 1953; *Stakemeier, E.*, Das Konzil von Trient über die Heilsgewißheit, Heidelberg 1947.
16 *Vering, F.*, vgl. vorige Anm.; *Alfaro, J.*, Certeza de la gracia y certeza de la esperanza, in: Esperanza cristiana y liberación del hombre, Barcelona 1972, 71–100.
17 *Alfaro, J.*, ebd. 73; *Vering, F.*, De certitudine status gratiae, 19–59; 85–112. Costacciarius, ein bekannter schottischer Theologe, verteidigte in Trient die Gewißheit der Gnade mit folgender syllogistischen Formel: »Quicumque facit quantum in se est, certus est de sua gratia; atqui iustificatus scire potest se fecisse quantum in se est; ergo potest esse certus certitudine fidei de adepta gratia« (*Vering, F.*, ebd. 99).

Im Bereich des Glaubens gibt es also tatsächlich so etwas wie Gewißheit, die freilich, wie Paulus bekräftigt, auf Hoffnung gründet (vgl. Röm 5,5; 8,14–16).[18] Durch die innere Gewißheit, die der Mensch über sein auf Gott ausgerichtetes Grundprojekt hat, kann er auch moralische Gewißheit darüber erlangen, daß er sich im Stand der habituellen Gnade befindet. Denn er weiß sich ja in der liebevollen Offenheit für den Vater, und deshalb macht er die Erfahrung der habituellen Gnade. Doch wird er niemals Gewißheit haben können, daß das stets so bleiben und er Gott für immer die Treue halten wird. Daher die Notwendigkeit, um die Gabe der Beharrlichkeit und Treue zu beten (vgl. Trient: DS 806). Die Gewißheit, die wir haben, ist tendenziell: eine sichere Tendenz zum Heil.[19]

Paulus hat sich Rechenschaft davon gegeben, daß der Mensch unterwegs ist, daß es sehr wohl ein falsches Bewußtsein gibt und wir uns mit irgendwelchen Masken selbst hinters Licht führen können: »Ich bin mir keiner Schuld bewußt; aber damit bin ich noch nicht gerechtfertigt. Der Herr ist es, der mich richtet. Darum fällt nicht vorzeitig euer Urteil, ehe der Herr kommt! Er wird ans Licht bringen, was bis dahin in der Finsternis verborgen ist, und bloßstellen, worauf die Herzen heimlich sinnen. Dann wird jedem von Gott sein Lob zuteil werden« (1 Kor 4,4–5). Trotz dieser Selbstkritik, auf die der Mensch nie verzichten kann, bezeugt derselbe Apostel, daß man Gewißheit von seinem Heil haben kann: »Davon bin ich überzeugt: Nicht Tod und nicht Leben, nicht Engel, nicht Mächte, nichts Gegenwärtiges und nichts Zukünftiges, keine Gewalten in der Höhe oder in der Tiefe und keinerlei andere Kreaturen werden die Macht haben, uns zu trennen von der Liebe Gottes, die in Christus Jesus, unserem Herrn, ist . . . Wenn Gott für uns ist, wer könnte dann gegen uns sein? . . . Wenn Gott Gerechtigkeit schenkt, wer wird dann seine Auserwählten beschuldigen?« (Röm 8,38–39; 8,31–33). Der christliche Glaube und die Gegenwart des Auferstandenen in unserer Mitte verleihen Freude, Frieden, Sicherheit und Gewißheit, von Gott geliebt zu werden. Alle ängstlichen Sorgen um das Gute sind beseitigt: »Ich jedenfalls laufe nicht ins Blaue hinein. Ich kämpfe nicht wie einer, der bloß in die Luft schlägt, sondern ich treffe meinen Leib und mache ihn mir gefügig. Denn ich will nicht anderen predigen und dabei selbst unbewährt dastehen« (1 Kor 9,26–27). Die Gewißheit in der Hoffnung, daß wir in der Gnade

---

18 Luther und das Tridentinum stimmen in diesem wie in vielen anderen Punkten überein. Denn Luther vertritt keine verstandesmäßige Gewißheit, sondern eine »gelebte Gewißheit, die in der vertrauensvollen Überantwortung an die Liebe Gottes besteht und damit auf Gott und nicht auf dem Menschen gründet« (*Alfaro, J.*, Certeza de la gracia, 92).
19 Ebd. 109.

Gottes sind, entbindet uns nicht von der Pflicht, zu kämpfen und für unsere Beharrlichkeit »mit Furcht und Zittern« (Phil 2,12) uns anzustrengen. Dennoch versetzt sie unser Kämpfen in eine andere Atmosphäre: Ohne daß unser Einsatz seine Dramatik verliert, führen wir ihn mit einem Grundton von Gelassenheit, Heiterkeit und Humor.

Die Beziehung des einzelnen zu den anderen und zur Welt, verbunden mit der Feststellung, daß die Wirklichkeit tief von der Sündenstruktur geprägt ist, so daß auch wir an der Sünde der Welt teilhaben, könnte die Gewißheit verdunkeln, daß wir von der Gnade heimgesucht sind. Wir nehmen am Geheimnis von Erlösung und Verderben der Welt teil. Über den Grad der Mitverantwortung, die uns durch die Sündigkeit der Welt zufällt, haben wir keine Gewißheit. Dennoch: Da Christus die Welt angenommen hat, um uns zu erlösen, gibt es für uns einen Raum größerer Gewißheit und heiteren Trostes, daß Gott sich in der Auferweckung Jesu von den Toten auch als Herr über diese dunkle Seite der Welt erwiesen hat. »In der Welt habt ihr Angst; doch seid getrost, ich habe den Sieg über die Welt errungen« (Joh 16,33).

XII. Die aktuelle Gnade –
Verwirklichungsprozeß des Grundprojekts

Das menschliche Grundprojekt, das auf Gott ausgerichtet ist (habituelle Gnade), bildet den Gesamtrahmen, der die Einheit des Lebens ausmacht. Dieses Gesamtvorhaben verwirklicht sich nur Schritt für Schritt. Die aufeinanderfolgenden Einzeltaten entfalten nach und nach das Grundprojekt, das nur dann zu wirklicher Existenz gelangt, wenn es nicht einfach Projekt bleibt, sondern Geschichte wird. Daher die Bedeutsamkeit jeder einzelnen Tat. Jedes Tun enthält den ganzen Menschen. Der Mensch lebt, wiewohl in unterschiedlichen Graden von Dichte und Hingebung, in jeder seiner Handlungen ganz. Seine Taten offenbaren mit größerer oder geringerer Intensität sein Inneres. Sie engagieren bald mehr, bald weniger seine Persönlichkeit. Die moralische Qualifikation der Akte kann nicht unmittelbar mit ihnen selbst gegeben sein, als ob sie in sich selbst subsistierende Wirklichkeiten wären. Man muß vor allem das Grundprojekt beachten, in dessen Licht und als dessen Ausdruck die Einzeltaten dann gewertet werden können.[1]

Zwischen dem Grundprojekt und seiner Konkretisierung in Akten besteht kein unmittelbarer Übergang. Zwischen beiden liegt eine ganze Skala von Vermittlungen, von Mechanismen, die relativ eigenständig sind und das Ergebnis schlecht assimilierter Erfahrungen, der Sozialisierung von in Erziehung und Gesellschaft verzerrten Werten usf. darstellen. So ist es durchaus möglich, daß jemand in seiner Persönlichkeit Dimensionen hat, die er noch nicht in die Linie seiner Grundentscheidung einordnen konnte, so daß er – ohne pathologisch zu sein – gleichsam über sein persönliches Ich hinaus noch ein Parallel-Ich hat. Mit anderen Worten: Nicht in jedem Fall besteht Gleichklang zwischen dem Grundprojekt und dem es verkörpernden Einzelakt. Störende Mechanismen können sich dazwischenschieben, die die Ausdruckskraft der Akte beeinträchtigen.

Viele Taten, die als moralisch schlecht oder zumindest zweideutig gelten, können auf einem guten Gesamtprojekt beruhen. In anderen, die als gut angesehen werden, kann latent ein schlechtes Grundprojekt stecken. Im

1 *Libanio, J. B.*, Pecado e opção fundamental, Petrópolis 1975, mit der dort zitierten Literatur.

Bewußtsein dessen hat die Theologie immer gelehrt, daß nicht alle Werke eines Gerechten gerecht und nicht alle Werke eines Sünders sündig sind. In der Regel tun wir uns leichter, guten Taten Bosheit zuzuschreiben, als im Untergrund böser Handlungen noch etwas Gutes zu erblicken. Oder: Es fällt uns schwerer zuzugeben, daß hinter bösem Tun ein gutes Fundamentalvorhaben steckt, als daß hinter guten Taten ein schlechtes Projekt steht.

Trotz dieser tiefen Zweideutigkeit, deren wir uns immer bewußt sein müssen, können wir behaupten, daß die Taten eines Menschen der Ausdruck seiner Grundoption sind.

1. Die eine und ungeteilte Gnade Gottes und Jesu Christi

Immer wenn die Akte – im Gleichklang mit dem Grundprojekt oder als dessen Vergeschichtlichung – das gute, auf Gott ausgerichtete Gesamtvorhaben zum Ausdruck bringen, kann man von aktueller Gnade sprechen. Die aktuelle Gnade bezieht sich auf die konkreten Akte.[2] Sie ist nicht real von der habituellen Gnade unterschieden. Denn aktuelle Gnade ist dieselbe habituelle Gnade, insofern sie sich auf den Prozeß der Verwirklichung und Gestaltwerdung in der Realität bezieht. Wie die Einzelakte Ausdruck des Grundprojekts sind, so sind auch aktuelle Gnaden Ausdruck der habituellen Gnade. Beide bilden also keine voneinander trennbaren Realitäten, obwohl man sie begrifflich in der Tat trennen kann. Die Gnade ist eine einzige Bewegung, die einerseits in ihrer Gesamtrichtung betrachtet werden kann und dann habituelle Gnade heißt und anderseits in ihrer konkreten Aktion in den Schritten eines Lebensweges gesehen werden kann und als solche aktuelle Gnade heißt.

Es gibt nur eine einzige Gnade Gottes und nicht eine Vielzahl von Gnaden, weil es nur eine Liebe und eine einzige Heilsbeziehung von seiten Gottes gibt.[3] Noch einmal: Aktuelle Gnade ist die prozessuale und geschichtliche Dimension der habituellen Gnade und betrifft die jeweili-

---

2 Vgl. *Bonnetain, P.*, Grâce actuelle, in: DBS 3, 1195–1205; *Schmaus, M.*, Der Glaube der Kirche 2, München 1970, 539–565; Mysterium Salutis 4/2, Einsiedeln 1975, 964 ff.; *Perego, A.*, La gracia, Barcelona 1963, 93–250, mit reicher Literatur; *Nicolas, J. H.*, Les profondeurs de la grâce, Paris 1969, 184–226.

3 Barth ist über die Fragmentierung der Gnaden im Verständnis der katholischen Theologie empört. Er sagt: »Es ist nämlich nicht zu glauben, daß sie tatsächlich von jener so greulich zerspaltenen Gnade ihrer Dogmatik leben. Es ist vielmehr geboten und tröstlich, zu glauben, daß auch sie, genauso wie wir – täten wir selbst es nur besser! – von der einen ungeteilten Gnade Jesu Christi leben« (Kirchliche Dogmatik IV/I, Zürich 1953, 93). *Küng, H.*, Rechtfertigung, Einsiedeln 1957, 198–203.

gen Einzelakte des Menschen. Insofern sie Prozeß ist, kann sie sich entfalten, ist auf Zukunft hin angelegt und geht einem vollen Offenbarwerden entgegen – im Augenblick, da das menschliche Lebensprojekt sich in Gott total verwirklichen kann. Wenn man aktuelle Gnade als habituelle Gnade versteht, die sich im Verlauf des menschlichen Grundprojekts je neu verwirklicht, respektiert man sowohl die Einheit des menschlichen Lebens als auch die Einheit der einen Gnade Gottes.

2. Der Sinn der verschiedenen Bezeichnungen für die aktuelle Gnade entsprechend der Vielfalt menschlicher Situationen

Die Grundentscheidung des Menschen ist eine und ungeteilt, drückt sich aber in verschiedenen und unterschiedlichen Akten aus. Schulmäßig kann man die aktuelle Gnade – je nach der Vielfalt und Unterschiedlichkeit der Akte, die das menschliche Leben entfalten – mit verschiedenen Namen belegen.[4] Das Dasein ist immer umfaßt von der Gnade, die selbst in den kleinsten Lebensäußerungen gegenwärtig und wirksam ist. Der ganze Mensch wird von Gott unablässig geliebt und durchdrungen. So heißt es, Taten, die den Menschen für die Offenheit auf Gott hin vorbereiten (*initium fidei*), seien schon Manifestationen der Gnade. Erst recht stellen dann jene Handlungen, die Glauben und demütige Hingabe an Gott (*affectus fidei*) ausdrücken, das Werk derselben Gnade dar.
Die Freiheit ist keine Insel, die aus dem Ozean der Gnade hervorragt, gleichsam der letzte Schlupfwinkel, der einzig und allein dem Menschen verbliebe. Auch sie hat ihren Ort im Strom der Gnade, der die Freiheit noch mehr sie selbst, noch spontaner und freier sein läßt. Bestimmte Aussagen des johanneischen Jesus – »Ohne mich könnt ihr nichts tun« (Jo 15,15), »Niemand kann zu mir kommen, wenn ihn nicht der Vater, der mich gesandt hat, zu mir zieht« (Jo 6,44), »Niemand kann zu mir kommen, wenn es ihm nicht vom Vater gegeben ist« (Jo 6,65) – dürfen nicht in einer Weise verstanden werden, die die menschliche Eigeninitiative entwertet. In Wahrheit bringen sie die heilsgeschichtliche Tatsache zum Ausdruck, daß der konkrete Mensch nicht adäquat begriffen werden kann, wenn er nicht im Horizont der Gnade gesehen wird. Gnade gehört *de facto* zu seinem Lebensmilieu. Damit ist nicht gesagt, dies müsse auch *de iure* so sein. Doch *geschichtlich* lebt der Mensch unter der ständigen

---

4 Jedes Handbuch hat seine eigene Einteilung. Vgl. z. B. die minuziöse Gliederung von *Arias, A.*, Gratia christiana, Madrid 1964, 160ff.

Aufforderung Gottes. So bleibt ihm keine andere Wahl, als diesem Appell zu entsprechen oder ihn abzuweisen. Jede Entscheidung, wie immer sie auch ausfällt, wird im Horizont des Heils (Gnade) oder der Sünde (Ablehnung der Gnade) getroffen.[5]

In jeder Lebenslage begleitet Gott den Menschen. So ist auch die traditionelle Einteilung in die vielen aktuellen Gnaden zu verstehen. Sie machen, wie schon gesagt, insgesamt die eine *einzige* habituelle Gnade aus, die sich in den verschiedenen Momenten, welche zusammen das menschliche Leben bilden, unterschiedlich konkretisiert.

a) Vorausgehende Gnade: Gott geht dem Menschen voraus und hat immer den Primat vor ihm. Er veranlaßt den Menschen zu dem Wunsch, sich zu bessern und zu öffnen oder auf die Suche nach einem orientierenden Licht zu gehen.

b) Begleitende Gnade ist die Gnade, die jene Akte, Worte, Gesten und Haltungen begleitet, die dem auf Gott ausgerichteten Grundprojekt Gestalt geben.

c) Nachfolgende Gnade ist die Gnade, die im Menschen als Treue in der Grundrichtung des Weges und in den Einzelakten bestehen bleibt.

So begleitet die Gnade den Menschen, bevor er sich auf den Weg macht, während er unterwegs ist und nachdem er seine konkreten Taten vollbracht hat.

d) Anregende Gnade ist jene Gnade, die den Menschen für das Gute aufmerksam macht und ihn anregt, es zu tun. Der verlorene Sohn macht sich auf den Weg zu seinem Vater. Sein Aufbrechen ist Werk der anregenden Gnade. Träume von Besserung, lang gehegte Vorsätze, endlich Ernst zu machen, und die noch so kleine Flamme der Hoffnung, die insgeheim im Herzen des Menschen flackert, all das ist eine zarte, aber sehr wohl wirksame Bekundung der Gnade Gottes, die die menschliche Wüste fruchtbar macht.

e) Helfende Gnade ist die Gnade, die dem Menschen dazu hilft, daß er sachgerechte und seinem Grundprojekt entsprechende Taten setzen kann.

f) Heilende Gnade: Der Mensch macht die Erfahrung seiner Schwäche und Krankheit. Die Verwirklichung des Grundprojekts ist beschwerlich. In dieser Erfahrung erweist sich die Gnade als Arznei, die die geistigen Kräfte wiederherstellt. Sie heilt geistige Blutlosigkeit und Todverfallenheit.

g) Erhebende Gnade ist die Gnade, die den gefallenen Menschen aufhebt

---

5 Vgl. *Fuchs, J.*, Situation und Entscheidung, Frankfurt am Main 1952.

und ihm seine wahre menschliche Statur zurückgibt, damit er sich hochherzig seine Grundentscheidung zu eigen machen kann.

h) Hinreichende Gnade: Gott teilt sich allen Menschen derart mit, daß sie ruhigen Herzens gerettet werden können. Keinem Menschen, so arg seine Lage auch sein mag, versagt er sich. Das Ungenügen ist nicht auf seiten Gottes, sondern auf seiten des Menschen zu suchen.

i) Wirksame Gnade ist die Gnade, die in ihrer Wirkung unfehlbar ist. Sie läßt den Menschen nicht unberührt, sondern verändert ihn, so daß er menschlicher und zugleich göttlicher wird.

j) Gnade der Beharrlichkeit: Die Tradition hat immer daran festgehalten, daß im Zustand menschlichen Gefallenseins »der Gerechtfertigte . . . ohne besondere Hilfe Gottes (nicht über lange Zeit hin) in der empfangenen Gerechtigkeit (das heißt: in Übereinstimmung mit seinem Grundprojekt) beharren (könne)« (Trient: DS 1572). Diese Aussage ist verständlich auf dem Hintergrund einer fortwährenden Erfahrung von Sünde, für die um Vergebung zu bitten uns der Herr im Vaterunser gelehrt hat (Mt 6,12). »Wir alle verfehlen uns vielfach« (Jak 3,2). Daher wurde auf dem Trienter Konzil definiert, daß man ohne eine besondere Gnade, das heißt: ohne eine besondere Selbstmitteilung Gottes an sein Geschöpf, nicht jede läßliche Sünde vermeiden kann (DS 1573). Dasselbe Konzil stellt fest, daß auch die Gerechten täglich leichte Fehler begehen. Die Gnade der Beharrlichkeit ist demnach jene besondere Gegenwart Gottes, die es dem Menschen ermöglicht, dem in Richtung auf das Gottesreich eingeschlagenen Weg ohne grundsätzliche Abirrungen in Treue zu folgen und konsequent bis ans Ende zu sein. Die Konzilsväter von Trient nennen diese Gnade *magnum donum* (DS 1566).

Wir entdecken, daß unsere selbstverständlichsten Handlungen von schlichter Aufrichtigkeit und überhaupt alles, was unsere Alltäglichkeit mit ihren kleinen oder auch anspruchsvollen Tugenden ausmacht, von göttlicher Gnade durchtränkt und durchdrungen sind. Die klassische Theologie diskutierte dieses Thema lange Zeit unter dem Stichwort der Notwendigkeit von Gnade zur Beobachtung des Naturrechtes.[6] Gnade darf nicht als etwas dargestellt werden, was nicht zum Geschichte-Sein des Menschen gehört und erst von außen zu ihm hinzukommt. Wir haben ja schon des öfteren darauf hingewiesen, daß es nichts Natürliches gibt, das *de facto* nicht auch übernatürlich wäre. Hier öffnet sich die ganze Weite der Universalität der Gnade, die allen Menschen in ihren unterschiedlichen geschichtlichen und religiösen Situationen angeboten wird. Selbst

6 Vgl. *Flick-Alszeghy*, Il Vangelo della Grazia, Florenz 1965, 117–200.

ohne unmittelbaren Kontakt mit der christlichen und katholischen Explikation können alle Menschen in Gemeinschaft mit Jesus Christus stehen, der in der Geschichte menschgewordenen Gnade. Wir alle leben in derselben Heilsgemeinschaft, weil wir alle – ohne Unterschied, aber auf verschiedene Weisen – von Gott leidenschaftlich geliebt werden.

3. Nicht alle Werke der Gerechten sind gerecht, nicht alle Werke der Sünder sind Sünde

Unsere Erörterungen haben verdeutlicht, daß nicht alle Werke der Gerechten gerecht sind. Der Zustand des Gefallenseins prägt den Menschen derart, daß er unentwegt das Merkmal des dunklen Schattens seiner fundamentalen Entfremdung, der Sünde, trägt. Das Projekt seines auf Gott hin offenen Lebens verengt sich da und dort, wenn auch nicht endgültig, so doch in einer Art, die Gott beleidigt und den Menschen beschämt. Dieser verwirklicht nicht voll sein Wollen, das, was er sich vornimmt. Darum steckt im Leben des Menschen eine tiefe Dialektik. Jemand kann sich zwar ein Projekt totaler Offenheit und Treue vornehmen. Dennoch macht er die schmerzliche Feststellung, daß er sich außerstande fühlt, sein Vorhaben geschichtlich durch eine konsequente Praxis in die Tat umzusetzen. So bedarf er ständig der Vergebung und Geduld seiner Mitmenschen.

Andererseits ist ebenfalls wahr, daß nicht alle Werke der Sünder auch Sünden sind. Solange der Mensch *viator* und nicht *comprehensor* ist, kann er nicht jenen Grad von Bösartigkeit und Verschlossenheit gegenüber Gott erreichen, der notwendig wäre, um den Geist zu ersticken und sich restlos der Gnade Gottes zu entziehen. Daraus folgt: So sündhaft auch jemand sein mag, immer kann er noch gute Taten vollbringen. Diese Taten bringen das zum Ausdruck, was im Herzen des Menschen noch immer an Gutem steckt. Die Kirche hat nie davon abgelassen, pessimistische Positionen wie die von Hus, Luther, Baius, Quesnel und anderen zu verurteilen, nach denen die Sünde die freie Entscheidung des Menschen völlig zerstört und seine Vernunft dermaßen beeinträchtigt hat, daß er nichts anderes mehr zustande bringen kann als Sünde.[7] Mit anderen

---

7 Vgl. gegen Hus: DS 1216; gegen die Reformatoren: DS 1557; gegen Baius, der sagt: »Alle Werke von Ungläubigen sind Sünden, und alle Tugenden von Philosophen sind Laster«: DS 1925; gegen Jansenius, der lehrt: »Alles, was nicht aus übernatürlichem christlichem Glauben geschieht, der seinerseits aus Liebe wirkt, ist Sünde«: DS 2311; vgl. auch 2308; gegen Quesnel, der behauptet: »Das Gebet des Sünders ist Sünde, und seine Angst vor Strafe ist noch einmal Sünde«: DS 2445; 2451–2467.

Worten: Die Kirche lehrt, daß der Mensch – trotz seiner Sünde – eine grundlegende und unverletzliche Güte bewahrt, die eine siegreiche Gegenwart Gottes, selbst in diesem Menschen, bedeutet. Diese fundamentale (ontologische), wenn auch beeinträchtigte Güte macht das menschliche Leben gnadenhaft und begnadend und bewirkt, daß die Geschichte nicht nur die Erzählung von der prometheischen Rebellion des Menschen ist, sondern auch das Hören der Symphonie von menschlicher und göttlicher Liebe und Wahrheit.

Wenn der Mensch getreulich bei seiner Suche nach Gott beharrt, kann er immer mit dem gnädigen Wohlwollen des Höchsten rechnen. Diesen Optimismus bringt ein klassisches Axiom treffend zum Ausdruck: »*Facienti quod est in se, Deus non denegat gratiam* – Dem, der das tut, was in seinen Kräften steht, versagt Gott die Gnade nicht.«[8] Damit die Formel nicht semipelagianisch mißverstanden wird, hier rasch eine Erklärung: Es geht nicht darum, die Aufgaben säuberlich zu trennen: hier, was des Menschen, und dort, was Gottes ist. Sondern die vorausgehende und anregende Gnade bewegt den Menschen, sich in all seinen Dimensionen auf Gott auszurichten. Wenn der Mensch sich für Gott öffnet und in Treue allen Provokationen widersteht, kann er die Gewißheit haben, daß Gott ihm auch die Gnade der Beharrlichkeit bis ans Ende geben, ihn retten und in sein Reich führen wird. Dem, der mit Hilfe der göttlichen Gnade tut, was in seinen Kräften steht, wird Gott auch die Gnade der Beharrlichkeit gewähren.

---

8 Zur Geschichte dieses Axioms siehe: *Rivière, J.,* Quelques antécédents de la formule: »Facienti quod in se est«: Revue des sciences religieuses 7 (1927) 93–97; *Landgraf, A. M.,* Dogmengeschichte der Frühscholastik I/1, Regensburg, 1952, 249–264. Einen sehr eingehenden Kommentar bietet *Flick-Alszeghy,* Il Vangelo della Grazia, 236–242.

XIII. Die soziale Struktur
von habitueller und aktueller Gnade

Unsere Erörterungen über das Grundprojekt des Menschen und seine Vergeschichtlichung im Sinn konkreter Akte (habituelle Gnade – aktuelle Gnade) dürfen nicht die idealistische Illusion aufkommen lassen, Gnade sei etwas, was allein im intimen Verhältnis zwischen göttlichem Ich und menschlichem Du geschieht. Eine solche Vorstellung würde von einem falschen Bild vom Menschen ausgehen, der – wie wir in unserer Betrachtung immer wieder betonen – wesentlich sozial ist. Das Grundprojekt eines Menschen ist zutiefst verbunden mit dem Grundprojekt der Kultur (als Kulturethos und Lebensstil), in der er lebt. Wenn dieses Kulturprojekt unmenschliche und gottfeindliche Seiten aufweist, wird es auch das persönliche Projekt beeinflussen und unterminieren. Als wir zuvor über die Erfahrung von Gnade in unserer technisch-wissenschaftlichen Welt und im geopolitischen Raum Lateinamerikas nachdachten, haben wir die unzertrennliche Verbindung zwischen dem Globalprojekt, das unserer Kultur zugrunde liegt, und dem persönlichen Projekt eines jeden Menschen wahrgenommen. Im folgenden möchten wir diese Perspektive noch einmal aufgreifen und die gesellschaftliche Dimension von habitueller und aktueller Gnade deutlich hervorheben;[1] in Schultheologie und Predigt ist dieser Gesichtspunkt immer zu kurz gekommen. Das traditionelle katholische Verständnis, das in weiten Kreisen noch immer gilt, setzt überscharfe individualistische Akzente und beeinträchtigt in diesem Sinn auch Begriffe wie Sünde, Umkehr und geschichtliches Engagement des Christen, die damit allesamt individualistisch verstanden werden.

---

1 Vgl. *Segundo, J. L.*, Teología abierta para el laico adulto 2, in: Gracia y condición humana, Buenos Aires 1969, 57–61; *Fransen, P.*, Die personale und gemeinschaftliche Struktur der menschlichen Existenz, in: Mysterium Salutis 4/2, Einsiedeln 1975, 939–951; *Schmaus, M.*, Die göttliche Gnade, in: Katholische Dogmatik III, München 1956, 389–399; *Ladrière, J.*, Fonction propre de la grâce à l'égard de la science, in: La science, le monde, la foi, Paris–Tournai 1972, 45–53.

1. Was ist das Soziale im Personalen?

Die soziale Struktur des Menschen besteht nicht so sehr auf der psychologischen Ebene: im Aufbrechen seiner Verschlossenheit in sich selbst, seiner Interessen und in der Öffnung für die befreiende und heilende Kommunikation. Diese Dimension ist real, aber nicht fundamental. Sie bewahrt noch immer einen gewissen Dualismus, der eine individualistische Mentalität einer anderen gesellschaftlichen gegenüberstellt. Wer die Reflexion auf eine solche Ebene festlegen wollte, käme nicht über die Haltung eines Moralisten hinaus, der ständig an die Solidarität appelliert und dringend Kommunikation und Gemeinschaftsbildung fordert.

Das Soziale des Menschen hat ontologische Wurzeln im Innern der Wirklichkeit des Menschen als Person.[2] Das Soziale entsteht nicht erst nachträglich, nachdem es schon Individuen gibt. Es darf nicht als Aneinanderreihung oder Summe von einzelnen verstanden werden, die eine Gemeinschaft oder Gesellschaft bildeten. So wäre das Gesellschaftliche immer nur Ergebnis und könnte auf eine andere ursprünglichere Wirklichkeit zurückgeführt werden. Das Soziale, ontologisch und grundsätzlich begriffen, geht dem Willen der Individuen und der Begegnung zwischen Personen voraus. Die Dimension des Gesellschaftlichen ist konstitutiv für jeden Menschen und stellt ein strukturelles Phänomen dar. Entweder ist der Mensch sozial, oder er ist kein Mensch. Selbst wenn es nur eine Person auf der Welt gäbe, dann wäre sie notwendigerweise – eben weil sie Person ist – sozial und gemeinschaftsbezogen. Denn sie müßte mit sich selbst zusammenleben, mit ihrer Welt, ihren Vorstellungen, ihren Projekten und mit ihren Weltdeutungen. Das Gesellschaftliche ist also ein Bündel von Beziehungen, die das Wesen des Menschen als Person ausmachen. Die Person ist ein Knoten von Bezügen; diese sind auf die Person selbst angelegt, darin objektiviert sie sich; sie sind auf die anderen angelegt, darin teilt sie sich mit; sie sind auf die Natur angelegt, darin verändert sie diese durch die Arbeit und humanisiert sie so.

Es gibt also nicht zwei Arten von Bewußtsein, ein individuelles (ich) und ein zweites, soziales (wir). Das Bewußtsein ist ein einziges, das sich immer im Rahmen eines ›wir‹, eines con-vivium und einer con-munitas bildet, entwirft und ausdrückt. Individualismus ist nichts anderes als ein falsches

---

2 Vgl. *Theunissen, M.,* Der Andere. Studien zur Sozialontologie der Gegenwart, Berlin 1965. Ein älteres Buch, das desungeachtet seine Aktualität bewahrt hat, ist: *von Hildebrand, D.,* Metaphysik der Gemeinschaft, Augsburg 1930. Vgl. weiterhin: *Demo, P.,* Problemas sociológicos da »comundidade«, in: Comunidades: Igreja na base (Estudos da CNBB 3), Sao Paulo 1975, 118–143.

Menschenverständnis, das nicht zu erfassen vermag, was wirklich im Menschen geschieht.[3] Individuum ist immer eine Abstraktion. Konkret gesehen, ist der Mensch immer sozusagen ein kompliziertes und aktives Netz von Beziehungen. Das heißt, daß der Mensch als Person bestimmte Rollen übernimmt, die mit gewissen Verhaltensformen, gesellschaftlichen Erwartungen, Sanktionen oder Belohnungen verbunden sind.[4] Er hat teil am Schicksal seiner Gesellschaft mit ihren Höhepunkten und dramatischen Tiefen, ihren Heilschancen und ihren Risiken, im Verderben unterzugehen.

2. Grundprojekt der Kultur innerhalb des persönlichen Projekts

Unsere anthropologischen Überlegungen über das Soziale des Personalen helfen uns, besser die Verflechtungen zwischen persönlichem Vorhaben und Globalprojekt der Gesellschaft zu verstehen. Obgleich das Ich auf nichts weiter zurückgeführt werden kann und jeder Mensch seine persönliche Art und Weise hat, Dinge anzunehmen bzw. abzulehnen, spiegelt das persönliche Projekt doch irgendwie das Gesamtvorhaben wider, hat teil an seinen Grenzen und Leistungen und ist solidarisch mit all jenen Dimensionen, die sich für den Mitmenschen und für Gott öffnen, wie auch mit jenen, die sich in sich selbst verschließen, entmenschlichen und Gott nicht einlassen. Hier sind große Vorsicht und ein gutes Maß an kritischem Bewußtsein geboten, damit nicht die Mechanismen der Kultur die einzelnen verschlingen und diese dann nur noch passiv die Lage widerspiegeln. Kultur – im Sinne des Kulturethos einer Gesellschaft – beinhaltet eine bestimmte *Seinsweise* und eine bestimmte Weise, mit den anderen, der Natur und dem Transzendenten umzugehen. Sie setzt also eine bestimmte Art, politische, wirtschaftliche und religiöse Beziehungen zu leben, voraus. Die Werte, die sich daraus ergeben, bringen einerseits diese Beziehungen zum Ausdruck und dienen anderseits auch zu ihrer ideologischen Rechtfertigung. Die Beziehungen werden auf Dauer gestellt und legitimiert durch gesellschaftliche Institutionen (die nicht nur funktionalen, sondern auch symbolischen Charakter haben), Gesetzeswerke, ethische Kodices und durch eine Hierarchie von Werten.

3 *Segundo, J. L.*, Gracia y condición humana, 59; *Lourau, R.*, A análise institucional, Petrópolis 1975, 118–143.

4 Vgl. *Dahrendorf, R.*, Homo Sociologicus, Opladen [11]1972, hier: 53; *ders.*, Soziologie und menschliche Natur, in: Pfade aus Utopia. Zur Theorie und Methode der Soziologie, München [3]1974, 194–211.

Es gibt Formen, menschliches Zusammenleben zu organisieren, die nicht die Wahrheit über den Menschen sagen. Eine Kategorie solcher Formen beruht auf den Ungleichheiten in Kultur, Rasse und Verfügung über Produktions- und Konsumgüter. So wird jemand als Neger, Armer, Analphabet oder Anhänger einer anderen Ideologie geboren. Diese Tatsache allein weist ihm innerhalb der Struktur der Gesellschaft einen bestimmten Platz zu und legt seine Funktion und Rolle, die er im gesellschaftlichen Ganzen zu übernehmen hat, von vornherein fest, noch ehe überhaupt irgendein Wert persönlicher Art ins Spiel gekommen ist. Andere Formen fordern, zu Lasten riesiger verelendeter und dem eigenen Schicksal überlassener Massen, einen hohen gesellschaftlichen Preis, damit eine Minderheit die kulturellen und wirtschaftlichen Güter genießen kann.

Die Art und Weise, wie sich Menschen den materiellen Gütern gegenüber verhalten, begründet einen bestimmten Typ, wie Eigentum, Arbeit und wirtschaftliche Transaktionen organisiert werden, und impliziert folglich eine bestimmte Form gesellschaftlicher Beziehung unter den Menschen bezüglich Gerechtigkeit, Würde, Mitbestimmung und brüderlicher Solidarität. Auf der Grundlage der Wirtschaft strukturiert sich also das politische Bezugsgefüge und werden die Formen festgelegt, wie Macht und Entscheidungsbefugnis verteilt werden und man an diesen teilhat. So kann eine Gesellschaft alle Entscheidungsgewalt in die Hände einer kleinen Elite legen, die über die Produktionsmittel verfügt. Die anderen erhalten nur Aufträge oder werden kommandiert. Über dem wirtschaftlichen und politischen Faktor werden ideologische Strukturen und Werthierarchien errichtet, die die sozio-ökonomischen Beziehungen rechtfertigen und den Konsens, der von denen, die sich marginalisiert und ungerecht behandelt fühlen, bedroht ist, immer wieder herbeigeführt werden kann. Diese Werte werden durch die Schule, die Kanäle der sozialen Kommunikation und die Propaganda unablässig unters Volk gebracht, so daß Wahrnehmungsraster und strukturierende Strukturen entstehen, die schließlich eine totale gesellschaftliche Homogenität zur Folge haben.[5]
Dieser ganze komplizierte gesellschaftliche Mechanismus – den wir hier nur mit einigen wenigen Strichen skizzieren konnten – beeinflußt das persönliche Projekt. Dieses kann das bestehende Sozialprojekt einfach reproduzieren. Es kann sich aber auch mit der gesellschaftlichen Vorgabe kritisch auseinandersetzen, ihre entfremdenden und widergöttlichen Aspekte ausmerzen, in ein spannungsvolles Verhältnis eintreten und – wie das nicht selten vorkommt – das Globalprojekt offen und rundweg

---

5 Vgl. *Bourdieu, P.*, Esquisse d'une théorie de la pratique, Genf–Paris 1972, 175–178.

ablehnen. Wenn nirgends kritischer Geist und Unterscheidung der Geister zu spüren sind, kann die Person so sehr von der herrschenden Ideologie umgarnt sein, daß sie sich in einer Illusion für frei hält. In Wirklichkeit aber denkt sie nicht mehr, sondern wird nur noch gedacht, spricht nicht mehr, sondern wird nur gesprochen und handelt nicht mehr, sondern wird durch die kritiklos hingenommenen Werte der herrschenden Klasse manipuliert. Von einer solchen Feststellung aus wird uns klar, wie schwierig es ist, sich den Stand habitueller Gnade und aktueller Gnade vorzustellen. Im Normalfall bleiben die gesellschaftlichen und strukturellen Determinanten unbewußt. Sie können gut sein, dann sind sie Frucht der Gnade in der Welt, oder sie können schlecht sein, dann sind sie Folge der Sünde in der Welt. Der ständige Prozeß der Bewußtwerdung – der nicht auf ein bewußtseinweckendes Aha-Erlebnis eingeschränkt werden darf, sondern auch kritisierendes und veränderndes Engagement erfordert – macht es uns möglich, all die Schemata, die uns unterdrücken, hinauszufegen, nicht um sie durch andere, ebenso diskriminierende zu ersetzen, sondern um die gefangengehaltene Freiheit zu ihrem wahren Handeln zu befreien – zu Gemeinschaft, Teilhabe, Mitbestimmung und neuen Formen des Zusammenlebens, in denen es endlich weniger schwierig ist, Gott und die Menschen zu lieben.

3. Das Projekt der Moderne und habituelle und aktuelle Gnade

Schon im sechsten Kapitel dieses Buches war die Rede vom Projekt der Moderne und ihrem Verhältnis zu Gnade und Un-Gnade. Im Rahmen dieses Kapitels soll ihre tiefe Verknüpfung mit dem persönlichen Projekt hervorgehoben werden. Unter Moderne verstehen wir den Lebensstil (das Kulturethos), der sich mit dem Aufkommen wissenschaftlichen Geistes im 16. Jahrhundert und mit der Bildung des Bürgertums als gesellschaftlicher Klasse gebildet hat. In Europa entstanden, breitete er sich mittels des Kolonialismus und Imperialismus über die ganze Erde aus und schafft heute, mittels der multinationalen Konzerne und durch die Vereinheitlichung des Wirtschaftsraums, eine wahre ›Ökumene‹. Er fordert ein Projekt von Mensch und Gesellschaft und entwirft einen bestimmten Typ von Rationalität, der ihn ermöglicht und legitimiert,[6] und zwar die Vor-

---

6 Siehe die sehr scharfen Überlegungen aus lateinamerikanischer Perspektive: *Scannone, J. C.*, Hacia una pastoral de la cultura (Documentación MIEC-JECI, 16), Lima 1976; *ders.*, Transcendencia, praxis liberadora y lenguaje. Hacia una filosofía de la religión postmoderna y latinoamericanamente situada: Nuevo Mondo 1 (1973) 221–245, auch in: Panorama

herrschaft der analytisch-instrumentellen Vernunft über die dialektische (im aristotelischen Sinn der Topik) und weisheitliche Vernunft, wobei die Vorherrschaft so weit in ihrem Anspruch geht, daß sie sich als einzige gültige Form versteht, das Ganze menschlicher Erfahrungen zu erfassen. Die moderne Rationalität schuf pharaonenhafte Werke; so entspricht es dem wissenschaftlich-technischen Unternehmen, das die Herrschaft nicht nur über die Mechanismen der Natur, sondern auch über die Beziehungen zwischen den Menschen beansprucht. Die Krise des Ethos der Moderne (Krise der verschiedenen Humanismen, gesellschaftliche und ökologische Krise, Krise in der Qualität menschlichen Lebens usf.) deckte deren bis dahin verborgene eigentliche Absicht auf: den Machtwillen, der die Gestalt des Willens zu Gewinn, Gewalt und Immer-noch-mehr annimmt. Wissen ist Macht, und Macht ist Herrschaft des Subjekts über das Objekt, das sowohl die Natur als auch die Gesellschaft als auch der Mensch sein kann. Wissenschaftsglaube, Effizienzgläubigkeit und Ausbeutung all dessen, was überhaupt erkannt und manipuliert werden kann, sind Merkmale der Moderne. Die gegenwärtigen Regimes, unter denen Menschen leben, das heißt westlicher Kapitalismus und kommunistischer Staatskapitalismus, sind im Parameter der Moderne zu verstehen. Strukturell betrachtet, stellt der Kommunismus keine Alternative gegenüber dem Modell der Moderne dar, weil auch er die analytisch-instrumentelle Funktion der Vernunft, die wissenschaftliche Erhellung und die Wissenschaft als Herrschaft übernimmt und privilegiert. Vernachlässigt wird dabei das symbolisch-sakramentale und weisheitliche Denken, das ja auch – und wesentlich – zum Menschen gehört. Die Beziehungen Mensch–Natur und Mensch–Mitmensch werden unterschiedslos über einen Leisten geschlagen, wodurch gesellschaftliche Probleme nur noch aus einer vorrangig ökonomischen Sicht betrachtet werden können.

Die Besitzer von Wissenschaft und Technik und daher auch der globalen Macht bilden eine kleine Gruppe von Ländern, die die anderen Staaten in Abhängigkeit und Unterdrückung halten. Langsam, aber um so nachdrücklicher gelang es ihnen, diesen ihr Kulturethos aufzuzwingen, das sie mit dem Anspruch verbinden, den einzigen wahrhaft menschlichen und zivilisierten Lebensstil zu haben. Bezogenheit auf den anderen, Ungeschuldetheit und andere Formen des Zugangs zur Wirklichkeit wurden

de la teología latinoamericana I, Salamanca 1975, 83–117; *ders.*, La liberación latinoamericana. Ontología del proceso liberador: Stromata 28 (1972) 107–150; *Boff, L.*, Teologia do cativeiro e da libertação, Lissabon 1976, 103–133 (vgl. Anm. 4. von Kapitel VIII.); *Alves, R.*, O filho do amanhã, Petrópolis.

damit auf die Grenzen des eigenen Horizonts von Verstandesmäßigkeit und Leistung reduziert. Das mußte zu heftigen strukturellen Konflikten führen. Der ausgeklügelte Fortschritt der reichen Konsumgesellschaften fordert nämlich den Preis eines hohen Grades sozialer Ungleichheit, der von der gewaltigen Mehrheit der Armen in der Welt gezahlt werden muß. Die so entstandene Krise ist, gerade aufgrund der geringen Lebensqualität, die das System der Moderne inzwischen allen Menschen beschert hat, heute weithin ins Bewußtsein der Menschen gedrungen.

In einer ersten Phase verhielt sich das Christentum gegenüber der Moderne abweisend, da es sich in seiner konservativen Mentalität nach dem vergangenen Regime zurücksehnte, in dem es die Macht innegehabt hatte: Nach einer christlichen Welt von Leo XIII. an bis zum I. Vatikanischen Konzil ging es dann aber zum Dialog über. In manchen Gruppen kam es sogar zu einem modischen Fortschrittsglauben, der derart die Autonomie von instrumenteller Vernunft und Wissenschaft verherrlichte, daß es schwerfällt, in ihm den spezifischen Beitrag von christlicher Erfahrung und christlichem Glauben zu erkennen. Hier fehlt eine umfassende Strukturanalyse des modernen Geistes und des Kulturethos, das sich in seinen Werken niederschlägt. Auf der anderen Seite wurden aber auch – aufgrund des unleugbaren Wertes pastoraltheologischer Reflexion in Lateinamerika – die radikale Konfliktgeladenheit der Strukturen der Moderne, ihre menschliche Farb- und Kraftlosigkeit und ihre geringe Offenheit für Transzendenz erkannt. Die Kritik gründet keineswegs auf der Sehnsucht nach einer vor- oder antimodernen Existenz, die im Grunde ja dieselbe bürgerliche und moderne Rationalität pflegt, gegen die sie sich wendet. Sie ist eine Kritik, die aus einer nicht-modernen (und damit schon nach-modernen) Perspektive und aufgrund eines anderen Verständnisses der Wirklichkeit formuliert wird, in dem andere theoretische Praktiken der Vernunft geschätzt werden, wie etwa das weisheitliche Denken des Volkes und das symbolisch-sakramentale Empfinden in den zwischenmenschlichen Beziehungen und im Verhältnis zwischen Mensch und Natur. Auf diesem Bewußtseinsstand wird nicht nur das anthropologische und politisch-geschichtliche Projekt der Moderne hinterfragt, sondern es werden auch die allzu engen Kategorien ›reaktionär‹ und ›progressiv‹ überwunden und Alternativmodelle entwickelt. Jetzt werden die Nationalgeschichten des Volkes neu entdeckt, und andere Formen zu denken, zu leben und die Dinge zu werten, werden freigelegt. In einer mehr weisheitlichen Sicht wird nun auch ein anderer Rhythmus im Prozeß von Veränderung und Befreiung akzeptiert, der anderen Lebensweisen eigen ist. Ein neues Verständnis von Mensch und Gesellschaft klingt an, das aus dem Glauben geboren wird, daß der Mensch Geschöpf, Kind Gottes, Bruder des anderen und immer auf ein Gegenüber hin offen ist. So wird der Glaube zur strukturierenden Kraft eines neuen Lebenssinns, der dann auch die verschiedenen Handlungsfelder des Menschen (den wissenschaftlich-technischen Bereich, Erziehung, Gesellschaft usf.) bestimmt. Diese neue Glaubenshaltung durchdringt nicht nur die Menschen und versucht, bestimmte Werte wieder freizulegen und zu rechtfertigen, sondern hebt besonders darauf ab, den Kern des modernen Ethos zu bekehren. Sein Anliegen ist etwas anderes, Alternatives. Der Mensch, der aus dieser Haltung lebt, fügt sich nicht ohne weiteres in den bestehenden Zusammenhang ein, sondern schafft einen neuen Horizont, in dem mehr Sinn für Gerechtigkeit, Menschlichkeit und Gemeinschaft mit Gott herrscht. Er übernimmt nicht widerspruchslos das Menschenbild der Moderne, sondern entwirft ein neues Bild, das auf Glauben gründet. »Glauben beinhaltet einen neuen Sinn für Welt und Leben, der alles, was weltlich ist, von seiner Unterwerfung unter die Sünde befreit und zur Autonomie führt. Glaube gibt Menschen und Völkern einen neuen Verstehenshorizont, in dem es ihnen möglich wird, ein neues Kulturethos und ein neues Verständnis von Leben, Tod, Natur, Mensch und Gott sich zu eigen zu machen, zu beurteilen, von anderen Modellen zu unterscheiden und von ungeeigneten Elementen zu reinigen: das Verständnis des Lebenssinns, das das ethisch-transzendente Herzstück jeder Kultur und jeder konkreten persönlichen und gesellschaftlichen Aktion ausmacht.«[7]

In dieser Perspektive zeigt sich deutlich die Interrelation zwischen dem umfassenden Geschichtsprojekt und dem persönlichen Vorhaben. Das letztere hat teil an der Dramatik des ersteren. Wie nie zuvor wird uns jetzt der wirkliche Sinn des Logions Jesu klar, in dem er vom Unkraut im Weizen und von guten und schlechten Fischen spricht, die sich beide auf demselben Feld bzw. im selben Netz finden. Jeder Mensch nimmt mit größerer oder geringerer Intensität an Heil oder Verderben der Welt, an Sünde und Gnade teil. Im Fortbestehen des Willens, die Widersprüche des Systems zu überwinden, und in der Bereitschaft, die Welt in einem qualitativen Sinn in Richtung auf mehr Menschlichkeit und Göttlichkeit umzugestalten, zeigt sich die habituelle Gnade in unserer Welt. Die konkreten Schritte, die wir auf allen Ebenen, seien sie theoretisch oder praktisch, im persönlichen Inneren oder innerhalb der Strukturen tun, machen die aktuelle Gnade aus. Kein Mensch ist nur von Gnade beseelt, immer herrscht in ihm auch der Einfluß der Sünde; und so wird es bleiben,

---

7 *Scannone, J. C.,* Hacia una pastoral de la cultura, 39.

bis wir im Tod diesen tiefen Zwiespalt überwinden werden. Daraus folgt, daß wir alle, so geheiligt wir auch in unserem Inneren sein mögen, der Barmherzigkeit Gottes und der Mitmenschen bedürfen; denn wir sind nicht nur in der Gnade und mit dem neuen Adam solidarisch, sondern auch in der Sünde und mit dem alten Adam.

4. Plan Gottes und menschliches Projekt

Unsere Überlegungen tauchen den Weg des Menschen in ein geheimnisvolles Licht. Das persönliche Ich fühlt sich nicht mehr als Träger seines Geschicks, sondern als Schauspieler auf einer Bühne, auf der eine umfassende Geschichte gespielt wird, dessen Plan analytischem Denken nicht zugänglich ist. Jede Gestalt spielt ihre Rolle, hat ihr Grundprojekt, lebt aber zugleich in einer grundsätzlichen geschichtlichen Unsicherheit, so daß sie sich fragt: Wem dienen wir denn letztlich? Für wen ist diese Darstellung eigentlich gedacht? Was soll sie zeigen? Was uns in der Geschichte angeht – und das spürt das weisheitliche Denken sehr gut –, ist nicht so sehr dieses oder jenes Ereignis, sein Verknüpftsein oder seine Struktur, sondern der große Sinnzusammenhang, in den alle Elemente eingeordnet sind und dessen Offenbarung sie darstellen. Welchen Sinn hat dieses Ganze? Sollten all die institutionellen und kulturellen Ereignisse Advent eines radikalen Sinnes sein? Sollte unsere Offenheit gegenüber den system-immanenten Sinnelementen, die mit der instrumentellen Vernunft erfaßbar sind, nicht Zeichen und Sakramente eines *Sinnes* sein, der alle Sinnelemente, einzeln und insgesamt, übersteigt? Ist die Geschichte nicht Offenbarung und Schau des Wortes, das alles enthüllt? Aber was ist das für ein Sinn? Ist es nicht genau das, was Theologie immer Geheimnis und Plan Gottes genannt hat? Der Glaube, der im Horizont weisheitlicher Vernunft geboren wird und wächst, bietet die Antwort auf unsere geschichtliche Unsicherheit und unser Unvermögen, zu wissen, woran wir in Wirklichkeit bauen: Mit unseren Grundprojekten dienen wir dem Plan Gottes und tragen zu seiner Verwirklichung bei. Gottes Plan aber ist Liebe und nicht Zerstörung. Weder die Pforten der Hölle noch alle nazistische Bosheit, die sich in jedem Herzen einnistet, können ihn überwältigen.

Menschen machen Projekte. Gott hat seinen Plan. Dieser wird nur im Glauben begreiflich. Im Glauben wissen wir, daß Gottes Plan Gestalt angenommen hat im Weg des lebenden, getöteten und auferweckten Jesus Christus, dessen Erinnerung in der Kirche lebendig bewahrt und unablässig in der christlichen Gemeinde gefeiert wird.[8] Gottes Plan – wir wiederholen es nachdrücklich – ist für niemanden einsichtig. Am allerwenigsten ist er für die zugänglich, die sich für Träger von Licht und Glanz halten, für die Inhaber von Entscheidungsgewalt und Urheber von nationaler oder weltweiter Sicherheit und Erlösung. Sie sind nichts anderes als Schauspieler. Nicht sie führen den Plan Gottes aus, das tut Gott allein. Aber sie stehen, ohne es zu wissen, im Dienst des ewigen Planes der Liebe. Sie befinden sich in einer Bewegung, die nicht sie in Gang setzen (wie sie vorgeben), die vielmehr sie erfaßt und trägt. Hier könnte man an die Parabel von dem Zug erinnern, von dem im Vorwort dieses Buches die Rede war. Wir gehen unfehlbar in eine Richtung. Wir können gar nicht anders, als ihr folgen. Aber innerhalb des Zuges können wir uns nach Belieben bewegen: Insgesamt gehen die Reisenden fast alle in Richtung des Zuges, einige jedoch (hoffentlich möglichst wenige!) bewegen sich gegen die Fahrtrichtung oder gehen hin und her. Das ist alles. Der Plan des Geheimnisses ist souverän. Und die Geschichte entwickelt sich unausweichlich in Richtung auf die Fülle seiner Verwirklichung.

---

8 *Ladrière, J.,* Le volontaire et l'histoire, in: Vie sociale et destinée, Gembloux 1973, 66–78, hier: 76–77; *Ott, H.,* L'herméneutique de la societé. Le problème de l'historicité collective, in: E. Castelli (Hrsg.), Ermeneutica e Escatologia, Rom 1971, 255–274.

XIV. Gnade als Krise, Befreiungsprozeß und Freiheit der Kinder Gottes

Die tiefe Doppeldeutigkeit von persönlichem und gesellschaftlichem Projekt hat uns den Blick für all das Hin und Her des Wegs geöffnet, den die Gnade im Herzen des Menschen und in der Welt nimmt. Der gnadenhafte Plan Gottes hat konkret und immer eine Krisen-Dimension gegenüber dem menschlichen Vorhaben, weil dieses stets auch von Sünde durchzogen ist. Gnade forciert im Menschen einen Prozeß der Befreiung von jenen Dimensionen, die sich der Heilsbegegnung widersetzen, und will eine neue Situation der Freiheit der Kinder Gottes eröffnen.

Mensch und Gesellschaft machen folgende paradoxe Erfahrung: Einerseits fühlen sie sich von allen denkbaren Widerwärtigkeiten unterdrückt, und anderseits sehnen sie sich glühend danach, befreit zu werden. Sie spüren, daß die Unterdrückung so geartet ist, daß sie sich nicht allein und aus eigener Kraft befreien können, sondern von jemand anderem befreit werden müssen. Anderseits kann Freiheit nie einfach gewährt werden, sondern muß immer in einem Prozeß der Befreiung, der dem Menschen Engagement abverlangt, erobert werden. Man kann sich nicht von irgend jemandem befreien lassen. Aber ebensowenig kann man sich selbst befreien. Wir befreien uns gemeinsam, indem wir bei ein und demselben Befreiungsprojekt mitmachen. Freiheit resultiert also aus einer Kraft, die unsere gefangengehaltene Freiheit befreit, und ist zugleich der Ertrag von Kampf und Eroberung, die aus Freiheit geleistet werden.

Die Erfahrung lehrt uns auch, daß jede Befreiung eine dialektische Struktur hat, das heißt voller Widersprüche steckt. Eroberte Freiheit bedeutet Überwindung vorher bestehender Unterdrückungen, aber sie schafft ihrerseits neue Formen von Gefangenschaft. Diese erheischt noch einmal Befreiung zu einer wieder freieren Lage. Aus dieser Verknüpfung ergibt sich eine ganze Kette. Freiheit ist folglich eine Tat, die die Eroberung und Rückeroberung von Freiheit in einem Prozeß anstrebt, dessen letztes, nicht mehr dialektisches Ziel die Theologie in Gott selbst münden sieht. Er ist die wahrhaft freie Freiheit, die jede Art von dialektischer Struktur hinter sich gelassen hat.[1]

---

1 Vgl. *Boff, L.*, O que é propriamente processo de libertação?, in: Teologia do cativeiro e da

1. Die Gnade als Krise

Die Liebe Gottes (Gnade), die dem sündigen Menschen begegnet, wirkt als läuternde Krise auf ihn, indem sie ihn zu einem Prozeß der Befreiung erweckt: *von* seinem Projekt habitueller Sünde weg *hin* zu einem Projekt habitueller Gnade. Das Wort ›Krise‹[2] hat hier einen eminent positiven Sinn, der auch in seinem philosophischen Ursprung aufscheint. ›Krise‹ kommt aus dem Sanskrit (kri oder kir) und bedeutet säubern, reinigen. In einigen lateinischen Sprachen hat sich der ursprüngliche Sinn des Wortes ›Krise‹ in den Vokabeln *crisol* (Schmelztiegel, Probe, Prüfstein) und *acrisolar* (läutern) erhalten. Die Krise wirkt wie ein Kresol (chemisches Element), das das Gold von seiner Schlacke reinigt. Sie läutert den Menschen und legt seine wahre Identität frei, indem sie ihn von all dem befreit, was nur fiktiv oder entstellt war. Die Gnade Gottes (Liebe) wirkt wie ein läuterndes Kresol und macht aus einem sündigen Menschen einen gerechten. Dieser Wandel ist kritisch und geht nicht ohne Krise ab. Aber er ist zutiefst befreiend. Die Evangelien schildern uns Jesus als Krise der sündigen Welt (vgl. Mt 10,34; Jo 3,19; 5,19–30; 12,31.47; 16,11), als den, der mit seiner Gegenwart, seinem Licht und seiner Liebe die Welt läutert und sie einen schmerzvollen, aber gnadenhaften Prozeß der Umkehr mitmachen läßt. In einer deutlich auf eine prozeßhafte Entwicklung anspielenden Sprache beschreibt das Konzil von Trient die Rechtfertigung des Sünders als Akt, in dem der Mensch, der unter dem Zeichen des alten Adam steht, zu einem Menschen unter dem Zeichen des neuen Adam wird (DS 1524). Rechtfertigung (justific-*ação*) resultiert aus einem liebevollen Handeln (*ação*) der Gnade, die einen ganzen Prozeß von Umkehr und freier Aktion (*ação*) auf seiten des Menschen in Gang bringt, der dann »jene Eingebung aufnimmt, die er auch ablehnen könnte« (DS 1525). Damit bewirkt dieser Prozeß, daß der Mensch von einem Sünder, der ein für Gott verschlossenes Grundprojekt lebte, zu einem Gerechten wird, der jetzt ein für Gott offenes Grundprojekt verfolgt.

Noch in einem anderen Sinn kann die Gnade als *Krise* verstanden werden. Krise kann auch Bruch und Trennung innerhalb einer gegebenen Ordnung bedeuten. Jeder Läuterungsprozeß beinhaltet ein Loslassen von etwas Altem und ein Greifen nach etwas Neuem. Die Gnade Gottes, die einem sündigen Menschen begegnet, gleicht einem Lichtstrahl, der auf

---

libertação, Lissabon 1976 (vgl. Anm. 4. von Kapitel VIII.). Literatur aus dem Bereich der lateinamerikanischen Theologie der Befreiung.

2 Siehe meine eingehendere Studie: *Boff, L.*, Elementos de una teología de la crisis: Nuevo Mundo 1 (1971) 205–228, mit reichhaltigen Literaturangaben.

Augen trifft, die bisher blind waren und jetzt sehen können. Die Ordnung der Sünde, die ein Abirren des Lebens von seinem Weg zum Himmel ist, fühlt sich durch die Gnade radikal in Frage gestellt und gerät dabei in eine Krise, aus der sich eine neue Orientierung ergeben kann. Diese ist ein *Kriterium* (von Krise), ein Anhaltspunkt, mittels dessen man Falsches von Wahrem unterscheiden kann.

Im Griechischen bedeutet Krise (krísis, krínein) Entscheidung. Damit man sich aber überhaupt entscheiden kann, bedarf es verschiedener Optionsmöglichkeiten, von denen jede Chancen bietet, aber auch Spannungen und Konflikte verursachen kann. Entscheidung ist Stellungnahme, die dann zustande kommt, wenn man ›den kritischen Augenblick‹ voller Spannungen überwunden und für *einen* Weg optiert hat, der die neue Richtung des Lebensprojekts bestimmen wird. Gnade hat insofern den Charakter von Krise, als sie auf Umkehr und Stellungnahme angesichts der Liebe Gottes drängt, die beide das ganze Geschick des betreffenden Menschen angehen. Als Krise setzt Gnade die ganze menschliche Ordnung aufs Spiel. Denn sie lädt den Menschen ein, sich zu öffnen, sich selbst zu übersteigen und eine abrahamitische Erfahrung zu wagen. Sie ist die Chance, ein neues Leben zu beginnen. Gnade als Krise richtet den Menschen und zwingt ihn, sich zu entscheiden. Sie reißt ihn aus seinem Schlaf und aus den Selbstverständlichkeiten, die er in seinem Lebensprojekt geschaffen hat. Wie jede Krise führt auch sie zu Brüchen, die schmerzhaft sein können. Aber sie bietet auch eine große Chance, zu wachsen, den Kurs der Existenz neu zu richten, oder die Gewißheit, daß der eingeschlagene Weg richtig ist, zu vertiefen. Krise ist nichts Pathologisches, sondern etwas durchaus Normales im Leben.[3] Gnade als Krise, die läutert und auf Entscheidung drängt, macht im religiösen Leben eines jeden Menschen eine Konstante aus.

Die Krise bringt Mensch und Gesellschaft in einen Prozeß der Reinigung. Ehe wir uns mit diesem Prozeß beschäftigen, müssen wir uns noch der Tragweite der ontologischen und moralischen Entfremdung des Menschen bewußt werden.

2. Wie weit reicht die menschliche Dekadenz?

In der Deutung des menschlichen Dramas war der katholische Glaube immer bestrebt, sich in gleicher Entfernung von einem übertriebenen

---

3 Vgl. *Bollnow, O. F.*, Die Krise, in: ders., Existenzphilosophie und Pädagogik, 24–41; *Furter, P.*, As diversas acepções da noção de crise, in: Educação e vida, Petrópolis ³1975, 69–92.

Optimismus (Pelagius) und von einem verbitterten Pessimismus (Reformatoren, Baius, Jansenius und Quesnel) zu halten. Weder hat die Gnade Gottes definitiv die Erde der Menschen ergriffen, noch hat sich das Böse völlig der Menschheit bemächtigt. Unsere gegenwärtige Lage ist zutiefst zweideutig. *Omnis homo Adam, omnis homo Christus*[4] – jeder Mensch ist Adam, wie jeder Mensch zugleich auch Christus ist, sagt Augustinus in einer unübertrefflichen Formulierung. Allerdings kann hinter einer so eleganten Formel kaum jenes Drama von Elend, Unterdrückung und Ausbeutung verborgen bleiben, das bewirkt, daß der Mensch sich in den Tiefen der von seinen Mitmenschen geschaffenen Hölle unaufhörlich nach Freiheit sehnt. Wenn man die Welt betrachtet von den Folterkammern repressiver Polizeien auf unserem unterdrückten Erdteil aus, von den Konzentrationslagern totalitärer Regimes und von der Situation von Hunger und Elend aus, in die das System Millionen von Menschen gestoßen hat, dann sieht man die Erfahrungsgrundlage dafür, daß viele den Glauben an auch nur einen Rest von Güte im menschlichen Herzen völlig verloren haben. Unser Jahrhundert macht – sicherlich mehr als vergangene Epochen – die schmerzhafte und quälende Erfahrung des durchdachten und ausgeklügelten Bösen, das systematisch Tausende von Menschen zerstört, Millionen manipuliert und ganze Erdteile in der unterdrückerischen Herrschaft der Abhängigkeit gefangenhält.[5]

Trotzdem versichert uns der Glaube, daß unsere Solidarität mit dem neuen Adam, das heißt mit Jesus Christus, viel tiefergehend ist als die mit dem alten, sündigen Adam. Trotz der vielen Arten des Bösen, die für die analytische Vernunft zweifellos ein Geheimnis darstellen, gab es im Menschen immer eine unerschöpfliche Fähigkeit der Reaktion, des Kampfes für brüderliche Formen des Zusammenlebens, des Martyriums für die gerechte Sache. Die Geschichte namenlosen Leidens und Sterbens, die in den Augen der Mächtigen belanglos ist und keinen Sinn hat, wird von Gott bewahrt und eines Tages von ihm auch erzählt werden. Die Antiphonie der Geschichte erscheint dann als die wahre Sym-phonie Gottes. Ein Vorgeschmack dieser Wahrheit wurde uns in der Auferweckung Jesu Christi gewährt, in der die absolute Zukunft eines am Kreuz Gemetzelten gefeiert wird.

Wenn sich das Böse und der böse Wille völlig des menschlichen Wesens bemächtigt hätten, so daß wir uneingeschränkt Feinde Gottes geworden wären, dann gäbe es weder für die Erlösung noch für irgendeinen Befrei-

---

4 Enarrationes in Psalmos 70,2,1: PL 36, 891.
5 Vgl. *Boff, L.*, Das Leiden, das aus dem Kampf gegen das Leiden erwächst: Concilium 12 (1976) 547–553.

ungsprozeß eine Chance. Wer Erlösung sagt, bekennt: Nicht alles im Menschen und in der Welt ist verloren, nicht alles ist unerbittlich und fatal, sondern es gibt noch einen guten Kern, der geborgen und befreit und nicht einfach ersetzt werden muß. Darum herrscht eine ursprüngliche Kontinuität zwischen Schöpfung und Erlösung, zwischen Protologie, Soteriologie und Eschatologie; denn Gott kann ja Altes in Neues und einen Sünder in einen Gerechten verwandeln. Christlicher Glaube und christliche Hoffnung verheißen uns deshalb auch keine *andere*, sondern eben eine *neue* Schöpfung, die aus dem Innern der alten Schöpfung hervorgeht.

Der christliche Glaube stellt sich also nicht als eine bloße Phänomenologie unserer ambivalenten Existenz dar, die unter dem Zeichen Adams und unter dem Zeichen Christi steht. Sondern er ist auch Phänomenologie des *homo redemptus et liberatus*, des Menschen, der seine Identität vor Gott effektiv wiedererlangen kann. Ohne diese Seite wäre die Christologie mit ihrem freudigen Passus über das Auftreten des *novissimus Adam* (1 Kor 15,45) im auferweckten Jesus Christus völlig sinnlos.

Der Mensch erlangt seine religiöse Identität (Gerechtigkeit und Rechtfertigung) nicht durch irgendeinen magischen Trick. Immer ist ein schmerzhafter Prozeß der Befreiung nötig.[6] Dieser darf nicht als eine einfache Vorbereitung auf die Gnade verstanden werden; denn er ist schon Gnade, die ihren Weg in der Geschichte der Menschen nimmt.

---

6 Vgl. das wichtige Buch von *Greshake, G.*, Gnade als konkrete Freiheit. Eine Untersuchung zur Gnadenlehre des Pelagius, Mainz 1972. Der Autor weist nach, daß Pelagius von Augustinus aufgrund der unterschiedlichen Sprachspiele, derer sich beide bedienten, zutiefst mißverstanden wurde. Während Augustinus die Sprache platonischer Ontologie sprach, bediente sich Pelagius der Begrifflichkeit der geschichtlichen christlichen Existenz. »Ist somit – pointiert gesagt – bei Augustin das Gnadengeschehen ein Geschehen hinter oder über der Geschichte und nur im Hinblick auf das Heilswerk Christi (und in abgeschwächtem Sinn auch auf die Heilsgemeinschaft der Kirche) als conditio sine qua non an die Geschichte gebunden, so ist für Pelagius die Gnade ein Wirken Gottes, das in vielfältigen Formen in der Geschichte selbst begegnet als eine konkrete, erfahrbare, verifizierbare Kraft, die den Menschen zur Freiheit befreit« (228). Vgl. die moderne Diskussion über den Pelagianismus, in der die geschichtliche Gestalt des Pelagius und sein Optimismus, der vollauf mit unserem heutigen Glaubensverständnis vereinbar ist, wieder zur Geltung kommen: *Fransen, P.*, Augustinus und die ersten Kontroversen über die Gnade, in: Mysterium Salutis 4/2, Einsiedeln 1975, 646–663; *Bonner, G. I.*, How Pelagian was Pelagius? An Examination of the Contentions of Torgny Bohlin: Studia Patristica IX, 94 (1966) 350–358, eine Stellungnahme zu dem Buch von *Bohlin, T.*, Die Theologie des Pelagius und ihre Genesis, Uppsala 1957.

3. Gnade als Prozeß der Befreiung für Gott

In der theologischen Tradition gibt es keinen Entwurf von der Gnade, der in einer personalen oder sozialen Perspektive, besonders aber im Blick auf das gesellschaftliche und persönliche Grundprojekt, die befreiende Dimension zur Sprache brächte.[7] Was erarbeitet wurde, allerdings in einer ganz individualistischen Sicht, ist der lange Traktat über die Rechtfertigung, der das dogmatische Kernstück des Konzils von Trient (1545 bis 1563) darstellt.[8] Hier geht es um den gottlosen Menschen und seine Rechtfertigung, ohne eine thematische Reflexion über das Verflochtensein des Menschen mit der gefallenen Welt und den großen Einfluß, den diese auf sein persönliches Projekt der Bekehrung ausübt. Überdies denken die Konzilsväter in Trient, aufgrund ihres theoretischen Instrumentariums aus spätscholastischer Theologie und Ontologie, die Rechtfertigung weder in Begriffen eines Entwicklungsprozesses noch im Einklang mit einer erlebten Erfahrung von Bekehrung als allmählicher, aber fortschreitender Distanzierung von dem Projekt, das ohne Gott auskam, und als langsamer, aber konsequenter Erarbeitung des Projekts eines neuen und erneuerten Menschen, der sich zunehmend auf Gott und Jesus Christus hin ausrichtet. In Trient dachte man die Rechtfertigung von der Sünde in säuberlich getrennten Sektionen. Jede Phase hat Bedeutung in sich selbst: Vorbereitung, Rechtfertigung im eigentlichen Sinn und schließlich die Auswirkungen. Christliche Erfahrung wird in ontologischen Begriffen artikuliert. Ontologie ist richtig und berechtigt. Aber wenn sie nicht auf geschichtlicher Ebene und damit in einem Prozeß gesehen wird, läuft sie Gefahr, in abstrakten, nicht erfahrbaren Formeln steckenzubleiben und bloße Sprache zu sein, die mit einer Praxis von Bekehrung und Leben des christlichen Projekts nichts zu tun hat.

Daraus, daß das Konzil von Trient die Rechtfertigung des Sünders nicht in prozessualen und geschichtlichen Begriffen zur Sprache brachte, folgt nicht, daß sich die Theologie auf den eingegrenzten Raum definierter Lehre einschränken muß. Ihre Aufgabe ist es, die Wahrheit des Glaubens,

---

7 Trotzdem, aber in einer beträchtlich anderen Linie: *Rondet, H.,* La grâce libératrice, in: ders., Essais sur la théologie de la grâce, Paris 1964, 39–74; *Capágana, V.,* Augustin de Hipona, BAC mayor, Madrid 1974, 106–108: La gracia de la liberación. Vgl. *Augustinus,* Enarrationes in Psalmos 64, 1: Pl 36, 772 »Debemus et nos nosse prius captivitatem nostram, deinde liberationem nostram.«

8 Siehe die immer noch gründlichste Untersuchung: *Küng, H.,* Rechtfertigung. Die Lehre Karl Barths und eine katholische Besinnung, Einsiedeln 1957; vgl. auch: *Pesch, O. H.,* Theologie der Rechtfertigung bei Martin Luther und Thomas von Aquin, Mainz 1967; eine ausgezeichnete Zusammenfassung in: Mysterium Salutis 4/2, Einsiedeln 1975, 831–920.

natürlich unter Wahrung der offiziellen Lehren, zu denken und auszusagen und, wenn nötig, darüber hinauszugehen. Das wollen wir in diesem Kapitel tun. Wir stützen uns dabei auf die Texte des ›Dekrets über die Rechtfertigung‹, das auf der sechsten Sessio des Konzils am 13. Januar 1547 gebilligt wurde. Wir müssen mehr verlangen, als die Texte hergeben können, wenn man ihren ursprünglichen Sinn – samt ihrem für den katholischen Glauben verbindlichen Charakter – beibehält und einfach verlängert. Statt *Rechtfertigung* (das Schlüsselwort paulinischer und tridentinischer Theologie) sagen wir *Befreiung*. Dieses Wort meint dieselbe Wirklichkeit, betont aber deren dynamische und geschichtliche Dimension.

Wenn das Konzil im sechsten Kapitel die Thematik der Rechtfertigung einführt, legt es selbst – allerdings ohne später Konsequenzen daraus zu ziehen – die Vorstellung nahe, Rechtfertigung sei ein Prozeß: »Die Rechtfertigung des sündigen Menschen . . . ist die Überführung (translatio) aus dem Stand, in dem der Mensch als Sohn des ersten Adam geboren wird, in den Stand der Gnade und der Annahme zum Gotteskind (Röm 8,15) durch den zweiten Adam, Jesus Christus, unsern Heiland« (DS 1524). Überführung (translatio) kann nur als Prozeß verstanden werden, in dem man einen Status aufgibt und erobernd einen anderen einnimmt. Dieser ganze Prozeß, beginnend mit der Umkehr des Menschen bis hin zu seinem Höhepunkt im Kind-Gottes-Werden und in der Einwohnung der Heiligsten Dreifaltigkeit, ist Gnade.[9] Das Tridentinum sagt das auch ganz treffend, ohne es allerdings eigens thematisch zu reflektieren: »Das Konzil erklärt, daß bei Erwachsenen der *Beginn* der Rechtfertigung in der vorausgehenden Gnade Gottes durch Jesus Christus zu suchen ist, das heißt: in der Berufung, mit der diese gerufen werden, ohne daß ihrerseits auch nur das geringste Verdienst dazu besteht . . .« (DS 1525). Allerdings wird dieser Anfang *formal* nicht schon als Rechtfertigung, die am Werk oder in Gang wäre, verstanden, sondern als »Disposition oder Vorbereitung für die Rechtfertigung« (DS 1528). Rechtfertigung im eigentlichen Sinn kommt erst später und hat eine andere und besondere Formalität. Da sich die Konzilsväter von vornherein für ein ontologisches und nicht ein existentiales und prozessuales Begriffsinstrumentarium entschieden, konnten sie sich nicht anders ausdrücken, als sie es taten.

Unter Berücksichtigung dieser erkenntnistheoretischen Diskontinuität und in der Übersetzung ontologischer Terminologie in historisch-prozeß-

---

9 Vgl. *Gonzáles, S.*, El proceso de la conversión a la luz del Concilio de Trento: Revista de espiritualidad 5 (1946) 56–73; *Schillebeeckx, E.*, Das Tridentiner Rechtfertigungsdekret in neuer Sicht, in: Concilium 1 (1965) 452–454.

hafte Sprache[10] können wir die katholische Lehre folgendermaßen aktualisieren:

a) Der Prozeß menschlicher Befreiung ist die geschichtliche Konkretisierung der Befreiung durch Gott. Zu Beginn »disponiert und veranlaßt« Gott die Menschen und »hilft« (DS 1525) ihnen aus reiner Ungeschuldetheit und Liebe, den befreienden Schritt aus ihrer gottfeindlichen Lage zu tun, die die Brüder beleidigt und völlige Entfremdung von der Welt bedeutet. Die Befreiung ist menschlich, weil sie vom Menschen in seiner Freiheit in die Tat umgesetzt wird (DS 1525: »libere assentiendo et cooperando«); doch bewegt und durchdringt Gott das Werk des Menschen in einer Weise, daß die Befreiung als von Gott selbst gewirkt bezeichnet werden kann. Der geschichtliche Prozeß antizipiert die endgültige Befreiung im Reich Gottes und bereitet ihn vor. Menschliche Befreiungen gewinnen damit eine sakramentale Funktion: Sie besitzen ihr eigenes Gewicht, zugleich bezeichnen und konkretisieren sie vorwegnehmend aber auch, was Gott den Menschen endgültig bereitet hat.

b) »Erweckt von der Gnade und mit ihrer Hilfe« (DS 1526) nimmt der Mensch den Glauben an. Glaube ist dabei allerdings nicht allein völlige Offenheit des Menschen gegenüber dem Transzendenten und demütige und hochherzige Hingabe an das unauslotbare Geheimnis in dem Sinn, daß der Mensch sich von diesem angenommen weiß und seine Situation vor Gott damit ontologisch verändert ist. Glaube ist auch das, nämlich Fiduzialglaube, Glaube als Vertrauen, und zwar nicht nur in einem moralischen, sondern auch in einem echten ontologischen Sinn und als Haltung, die das ganze Leben umgreift. Was in Trient verurteilt wurde, ist ein Fiduzialglaube, der als »leeres und jeder Frömmigkeit bares Vertrauen« (DS 1533) verstanden wurde, nicht aber der Fiduzialglaube im ontologischen Sinn, der biblische Wurzeln hat. Gleichwohl besteht Glaube nicht nur in einer solchen grundsätzlichen und ontologischen Haltung der Of-

---

10 In den Diskussionen zu den Kapiteln 5. und 6. über die Vorbereitung zur Gnade (innerhalb des ›Decretum de iustificatione‹: DS 1525–1526) kam es zu heftigen Debatten zwischen der augustinisch-franziskanischen Linie, die vornehmlich von Seripando vertreten wurde und eine eher prozessual-evolutive Konzeption verteidigte, und einer anderen, eindeutig spät-scholastischen Richtung, die den Wert auf den formal-ontologischen Charakter legte. Die vorliegenden Texte lassen die beiden Positionen noch erkennen. Denn einerseits ist die Lehre insgesamt formal und ontologisch konzipiert, während anderseits auch prozessuale Dimensionen zutage treten, die sich aus der Erfahrung von Umkehr und aus der Aneignung der göttlichen Gnade ergeben. Siehe dazu: *Stakemeier, E.,* Die theologischen Schulen auf dem Trienter Konzil während der Rechtfertigungsverhandlungen: Theologische Quartalschrift 117 (1936) 188–207; 322–350; *ders.,* Der Kampf um Augustin auf dem Tridentinum, Paderborn 1937, 151–160; *Jedin, H.,* Geschichte des Konzils von Trient II, Freiburg 1957, 213–214; 241–242; Mysterium Salutis 4/2, Einsiedeln 1975, 718–720.

fenheit Gott gegenüber und der Entscheidung, zu Gott ja zu sagen. Er bedeutet auch ein Geschichtsprojekt, beinhaltet von Gott geoffenbarte Hinweise und kündet uns von den göttlichen Verheißungen (DS 1526) bezüglich des menschlichen Schicksals, vor allem aber hinsichtlich des Sünders, der befreit werden kann (DS 1526), der zu einer neuen Lebensordnung berufen ist und dem die Einladung gilt, Gott selbst in ihm wohnen zu lassen. Das theologische Projekt hat – aufgrund seiner Struktur als Projekt – eine utopische Funktion. Wenn hier von *Utopie* die Rede ist, dann verstehen wir das Wort nicht in einem abschätzigen Sinn als Synonym von Phantasie, Flucht vor der Wirklichkeit, Traum und Nicht-Existenz. Vielmehr verwenden wir hier das Wort in dem Sinn, wie es von der modernen Anthropologie, Sozialwissenschaft und Theologie wiederentdeckt wurde. Utopie bedeutet demnach jene eschatologische, endzeitliche und absolut verwirklichende Wirklichkeit, die nicht nur am Ende des geschichtlichen Prozesses sich ereignet, sondern die auch schon in der Zeit selbst antizipiert wird, in jedem zu vollziehenden Schritt – wiewohl in begrenztem Umfang – konkrete Gestalt gewinnt und die Geschichte für eine noch nicht erfahrene, aber mögliche größere Fülle offenhält.[11] Die Befreiung Gottes ist das, was sie für den Menschen wird sein müssen. Sie ist eine *schon* vorweggenommene, aber *noch nicht* gänzlich realisierte Wirklichkeit. Trient legt mit Recht großen Wert darauf, einen solchen Glauben als Projekt Gottes für den Menschen zu beschreiben, welches auf Verwirklichung abzielt, einen Prozeß in Gang setzt und eine zukünftige Fülle und die Verwirklichung der Utopie anstrebt. In dieser Sicht gehört Utopie zur Wirklichkeit und steht nicht im Widerspruch zu ihr; sie realisiert die latenten Möglichkeiten der Wirklichkeit.

c) Das utopische Projekt erfordert verkörpernde Schritte, die die Befreiung in einen Geschichts-Prozeß umsetzen. In einem *ersten* Moment agiert es als Instanz, die Situationen anklagt, die dem Projekt Gottes entgegenstehen. Das Projekt Gottes führt das menschliche Projekt in eine tiefe Krise (»Die Sünder werden zu ihrem Nutzen erschüttert«: DS 1526), in der alle bisherigen Bezugspunkte in Frage stehen. Der Sünder gerät in einen kritischen Prozeß der Umkehr, in dem »er sich mit Verachtung und Haß gegen die Sünden erhebt« (DS 1526). Allein schon diese Elemente bilden einen Veränderungsprozeß, der nicht nur persönliche, sondern auch gesellschaftliche Dimensionen umfaßt. Gesellschaftlich gesehen deutet sich hier die Möglichkeit eines revolutionären Prozesses an, in dem ein ungerechtes, für strukturelle Sünde verantwortliches Projekt zerstört

---

11 Vgl. *Boff, L.*, Vida para além da morte, Petrópolis ⁴1973, 15–33.

und ein anderes, alternatives Projekt entworfen wird, in dem sich weniger Schwierigkeiten bieten, dem Mitmenschen Bruder zu sein, und in dem es leichter ist als bisher, zu lieben und Gerechtigkeit zu praktizieren. Nicht nur der Mensch muß befreit und gerechtfertigt werden, sondern auch das ganze tätige Netz seiner Beziehungen zur gesellschaftlichen, wirtschaftlichen und politischen Wirklichkeit, die unter dem Zeichen struktureller Sünde steht. In einem *zweiten*, entscheidenderen Moment artikuliert der Mensch eine neue und erneuernde Praxis: »Er beginnt, Gott als Quelle aller Gerechtigkeit zu lieben . . ., und fängt an, ein neues Leben zu führen und die göttlichen Gebote zu beachten« (DS 1526). Dieses neue Projekt verwirklicht das Projekt Gottes in der Geschichte und ist Befreiung und Rechtfertigung im Prozeß.

d) Der Prozeß intendiert einen erweiterten Freiheitsraum, damit die Freiheit *für* ein neues Leben und eine konsequente Praxis wachsen kann. Darum kann eine Befreiung, die allein auf die Überwindung einer gottfremden Lage (Vergebung der Sünden) abzielt, nicht vollständig sein. Denn ihr ginge es ja nur um eine Befreiung *von* diesem oder jenem, aber nicht *für* eine bessere Alternative. Mit Recht betont das Konzil deshalb, daß wahre Befreiung mehr ist als nur Vergebung der Sünden, nämlich »zugleich auch Heiligung und Erneuerung des inneren Menschen« (DS 1528). Dies ist das neue Grundprojekt, das auf Gott ausgerichtet ist, der dem Menschen seine wahre Identität (Gerechtigkeit) zurückgibt. Der Befreiungsprozeß richtet sich also nicht bloß gegen ungerechte Situationen, sondern schafft neue Bedingungen und läßt im Menschen eine neue und erneuerte Mentalität entstehen. Es ist nicht so, daß der Tyrann und die ungerechte Gesellschaft von vordem einfach gütiger, nachsichtiger und flexibler würden, wobei sie jedoch die für die institutionelle und persönliche Sünde verantwortlichen Mechanismen in ihrer Grundstruktur beibehielten. Im Gegenteil: Ein ganz neues Sein ist entstanden. In personbezogener Sprache lehrt das Konzil: »Der Mensch wird von einem Ungerechten zu einem Gerechten und vom Feind zum Freund« (DS 1528). Und weiter: »Wir werden im Innersten unseres Geistes erneuert . . . Wir gelten nicht nur als gerecht, sondern heißen wirklich gerecht und sind es auch« (DS 1529). Es wird nicht nur eine Befreiung *von* etwas, sondern vor allem eine Befreiung *für* etwas in Gang gebracht. Was das Konzil fordert, ist eine wahre Revolution auf personaler Ebene. Da aber der Mensch nie *nur* Person, sondern auch wesentlich sozial ist, folgern wir, daß eine strukturelle Revolution in der Welt notwendig ist, damit eine Umkehr des Personkerns überhaupt wahr und wirksam werden kann. Aber wie? Welche taktischen Schritte gilt es zu tun? Wann? Unter welchen Bedingungen? Diese Fragen eröffnen schon ein anderes Kapitel von Reflexionen, in dem es um strategisch-faktische Vermittlungen und möglichst wirksame Umgestaltung geht. Das Konzil ließ es bei reinen Lehrfragen bewenden und stellte solche Überlegungen nicht an. Anregungen und Entwürfe für wirksame Praktiken lagen nicht in seinem Blickfeld. Indessen dürfen solche Sorgen eine Kirche nicht unberührt lassen, die sich mit ihrer Pastoral der Welt stellen will und beabsichtigt, auf der Grundlage eines im Licht des Glaubens und der Gnade entworfenen Projekts verändernder Sauerteig zu sein. Über diese befreiende Reflexion haben wir schon gesprochen, als wir die Problematik der Erfahrung von Gnade im Horizont des unterdrückten Lateinamerika behandelten.

Die Gnade Gottes ist im Befreiungsprozeß nicht so präsent, als ob dieser eine eigene Wirklichkeit und die Gnade eine zweite, gesonderte Realität wäre. Der Befreiungsprozeß bildet selbst schon, insofern er auf die Ankunft eines brüderlicheren, auf Teilhabe ausgerichteten und auf Gott hin geöffneten menschlichen Lebens abzielt, die Gegenwart der befreienden Gnade in der Welt. Die befreiende Gnade Gottes inkarniert sich im beschwerlichen, aber befreienden Weg des Menschen. Gott und Mensch arbeiten gemeinsam daran, daß das Reich Gottes in der Geschichte empfangen und geboren werden und bis zu seiner endgültigen Fülle wachsen kann.

4. Trotz der Befreiung geht der Prozeß weiter: Homo simul oppressus et liberatus, semper liberandus

Obwohl der *homo viator* im Befreiungsprozeß manche Freiheiten erreicht, ist er nicht aus dem Befreiungsprozeß entlassen. Denn geschichtliche Befreiungen nehmen die Eschatologie vorweg, begründen aber nicht den eschatologischen Zustand. Sonst würden sie das Ende der Geschichte bedeuten. Diese ist für eine unvorhersehbare Zukunft offen, kann in Richtung auf das Gottesreich fortschreiten, aber auch Rückschritte machen und entarten. Was bedeutet es also, wenn die katholische Lehre von Trient behauptet, der Mensch sei wirklich gerechtfertigt und befreit? Die Antwort muß in einem ersten und grundlegenden Schritt, ontologisch verstanden, lauten: Im Grundprojekt des Menschen ist es zu einer realen Veränderung gekommen, so daß er jetzt in einer neuen Weise zu Gott und dem ewigen Heil steht. Doch läßt das Konzil auch eine konkret geschichtliche Perspektive offen: Im Vergleich zu seinem früheren Zustand, in dem der Mensch gottlos war, ist er jetzt gerecht. Allerdings ist die derzeitige Lage nicht eschatologisch-definitiv. »Wenn jemand sich selbst und seine Schwachheit und fehlende Vorbereitung anschaut, dann kann er Angst bekommen und sich um die Vergebung seiner Sünden sorgen, weil ja niemand mit absoluter und von jedem Irrtum freier Glaubensgewißheit wissen kann, ob er die Gnade Gottes erlangt hat« (DS 1534). Solange die Geschichte währt, sieht sich der Befreiungsprozeß von innen und außen ständig bedroht. Mit beachtlichem Empfinden für die Wirklichkeit lehrt das Konzil: »Niemand soll sich irgend etwas mit absoluter Sicherheit versprechen ... Die, die meinen, sie ständen aufrecht, sollen darauf achten, daß sie nicht fallen (1 Kor 10,12), und mit Furcht und Schrecken an ihrem Heil arbeiten (Phil 2,12); ... Im Wissen darum, daß sie wiedergeboren wurden zur *Hoffnung* (vgl. 1 Petr 1,3) auf die Herrlichkeit und nicht schon zur Herrlichkeit selbst, müssen sie den Kampf fürchten, den sie noch zu führen haben mit dem Fleisch, der Welt und dem Teufel« (DS 1541). Also: Auf Hoffnung hin sind wir befreit. Hoffnung bezieht sich auf ein präsentes *Schon*, zugleich aber auf ein mögliches und sogar bedrohtes *Noch nicht.*

So öffnet sich uns ein echter Weg fortschreitender Befreiung. Der konkrete und geschichtliche Mensch ist zugleich unterdrückt und befreit (simul oppressus et liberatus).[12] Diese Formel muß richtig verstanden werden, damit nicht zusammenbricht, was wir zuvor gewonnen haben, als wir von der schon erreichten wirklichen Befreiung sprachen. Das *simul oppressus et liberatus* ist keine metaphysische Behauptung und hat nichts zu tun mit einer statisch und formal verstandenen Wirklichkeit, als ginge es um etwas an sich, das vom Befreiungsprozeß abgehoben wäre. Eine solche Behauptung wäre, metaphysisch verstanden, ein glatter Widerspruch. Auf ein und derselben Ebene kann der Mensch – in einem univoken Sinn – nicht gleichzeitig unterdrückt und befreit sein. Entweder ist er das eine oder das andere.

Das richtige Verständnis ist auf geschichtlicher Ebene zu finden, auf der es ein Vorher und ein Nachher gibt und auf der die Kontinuität eines Prozesses gilt, der verschiedene Realisierungsphasen hat. Der Befreite von jetzt ist nicht der Unterdrückte von vorher. Gerade da er es nicht ist, kann man sagen, er sei befreit. Er konnte eine frühere Situation, die ihn gefangenhielt, überwinden. Aber er ist dem Prozeß der Geschichte nicht

---

12 Dies ist die in den Zusammenhang der Theologie der Befreiung übersetzte Wendung der Formel, ›simul iustus et peccator‹. Vgl. *Joest, W.,* Paulus und das lutherische simul iustus et peccator: Kerygma und Dogma 1 (1955) 269–320; *Küng, H.,* Rechtfertigung, Einsiedeln 1957, 231–242; *Rahner, K.,* Gerecht und Sünder zugleich, in: Schriften zur Theologie VI, 262–276; *Pesch, O. H.,* Simul iustus et peccator, in: Mysterium Salutis 4/2, 886–891.

enthoben. Dieser Geschichtsprozeß ist auf Zukunft hin offen, kann bedroht werden, hat seine Grenzen und verwirklicht ein Feld eroberter Befreiungen, die aber wiederum voller Widersprüche stecken, so daß auch diese ihrerseits noch einmal nach Befreiung verlangen. Der befreite Mensch ist eben nicht frei von allen Unterdrückungen und Sünden. Obgleich sein Grundprojekt entschieden auf Gott ausgerichtet ist und er selbst sich deshalb im Stand habitueller Gnade befindet, kann es Handlungen und Dimensionen in seinem Leben geben, die nicht voll durch das Grundprojekt bestimmt sind. Sie können es zwar nicht zerstören oder in ernsthafte Gefahr bringen, aber sie können es verdunkeln und ihm die Klarheit seiner Bestimmung für Gott nehmen. Schon Paulus sagt: »Auf *Hoffnung* hin sind wir errettet« (Röm 8,24). Die Erlösung geschieht nicht in der Weise, daß die Geschichte dabei einfriert. Das Heil hält die Geschichte mit all ihren gnadenhaften und un-gnädigen Unvorhersehbarkeiten immer offen. Der Mensch ist deshalb ein *oppressus in re, liberatus in spe*.[13]

Wie wir schon vorhin sagten, spielt auch das Konzil von Trient auf diesen Prozeß der Befreiung an, wenn es betont, daß wir noch nicht in der Herrlichkeit, wohl aber auf dem Weg zu ihr (DS 1541) und dabei manchem Mißgeschick ausgesetzt sind, gerade weil die Begierlichkeit mit ihren negativen Manifestationen noch in uns steckt. Was ist diese Begierlichkeit? In ihrem ursprünglich anthropologischen Sinn ist die Begierlichkeit – das wurde von den Franziskanertheologen immer verteidigt – nicht eine böse, sondern von ihrer Quelle her gute Dynamik. Sie besteht in einer tiefen Dynamik des menschlichen Lebens, in der jede Dimension unseres Personseins ihre Neigung auf eine möglichst intensive und vollkommene Art und Weise zu verwirklichen sucht. So gibt es eine Dynamik zur Höhe, zum Mitmenschen, zur Beherrschung der Erde, zur Intimität, zum Fleisch, zum Geist, zu Gott usf. Dem Menschen am Morgen der Menschheitsgeschichte gelang es aufgrund seiner ursprünglichen Gerechtigkeit, all diese Kräfte zu einem harmonischen Projekt zusammenzufügen, das – wiewohl voller Spannungen – in all seinen Dimensionen auf Gott hin ausgerichtet war, so daß sich der Mensch Gott gegenüber als Kind, dem anderen gegenüber als Bruder und der Natur gegenüber als

---

13 Diese Formulierung darf uns freilich nicht zu der falschen Annahme verleiten, die Begriffe ›in re‹ und ›in spe‹ widersprächen sich. In Wirklichkeit geht es nur um eine Akzentverschiebung. Wenn es nämlich heißt ›liberatus in spe‹, dann ist damit gesagt, daß der Betreffende befreit *ist*, allerdings noch nicht vollständig, so daß immer noch zu hoffen bleibt. In diesem Sinn ist er dann aber auch ein ›liberatus in re‹, insofern er nämlich antizipierend schon an der Befreiung teil hat. Da es aber noch nicht vollgültig ist, bleibt er zugleich noch immer ein ›oppressus in re‹.

Herr fühlte und wußte. Eine der Folgen der Sünde besteht darin, daß diese vielgestaltige Harmonie, in der der Mensch lebte, in die Brüche ging. Jetzt, auf der Ebene der Geschichte, sucht jede an sich gute Leidenschaft ihren Weg außerhalb des menschlichen Grundprojekts. Nur mit vielen Anstrengungen und unter großen Opfern gelingt es jedem von uns, all die Engel und Teufel zu bezwingen, die sein eigenes Haus bewohnen. Die Begierlichkeit, die ursprünglich eine großartige Dynamik war, wurde, geschichtlich, zu einem Grund von Spannungen, Brüchen und Konflikten innerhalb des Menschen. In Trient heißt es mit Fug und Recht, daß sie eine »Lunte für die Sünde« (fomes peccati: DS 1515) ist und in engster Beziehung zur Sünde steht; denn, geschichtlich gesehen, kommt sie aus der Sünde und neigt ebenfalls zur Sünde (DS 1515), in die wir tatsächlich fallen können und für die es das Sakrament der Vergebung gibt (DS 1542). Allerdings soll hier angemerkt werden: Wenn das Konzil sagt, die Begierlichkeit stamme aus Sünde, dann ist dies kein ontologisches, sondern ein geschichtliches Urteil. In der unkontrollierten Form, wie sie sich jetzt zeigt, kommt sie aus Sünde.

In einer dermaßen quälenden Lage müssen die gelungenen Befreiungen immer wieder bestärkt werden. Die beste Art, dies zu tun, besteht darin, sich ständig in einem offenen Prozeß der Befreiung zu halten (DS 1535: »in der empfangenen Gerechtigkeit wachsen«), denn wir haben ja keine absolute Glaubensgewißheit, daß wir ohne die besondere Gnade Gottes bis ans Ende durchstehen (DS 1533 und 1540), weil wir ohne ein spezielles Privileg von seiten Gottes nicht ohne kleine Unterdrückungen leben können (läßliche Sünden: DS 1539 und 1573).

Die tägliche Glaubenserfahrung lehrt uns, daß wir immer wieder der Vergebung bedürfen. Deshalb sagt der Herr: »Wenn ihr betet, sagt: Vergib uns unsere Schuld« (Lk 11,2.4). Und weiter heißt es in der Heiligen Schrift: »Wir alle sündigen in vielem« (Jak 3,2). »Wenn wir sagen: Wir haben keine Sünde, betrügen wir uns selbst, und die Wahrheit ist nicht in uns« (1 Joh 1,8).

Deshalb bittet die Kirche immer um Vergebung. Die heilige Messe beginnt mit der Anerkennung unserer Lage als Unterdrückte, obwohl wir uns auf dem Weg der Befreiung befinden. Wer sich für gerecht hält, der ist ein Sünder. Wer sich als Sünder einschätzt, der ist gerecht. Dieses Fazit ergibt sich aus dem Gleichnis vom Pharisäer und Zöllner (Lk 18,9–14). Die Heiligen und Mystiker hatten ein äußerst scharfes Empfinden für ihre zwiespältige Lage: Je heiliger sie waren, desto weiter fühlten sie sich von Gott entfernt. So sagte Johannes vom Kreuz auf seinem Sterbebett dem Priester, der ihn trösten wollte, indem er ihn an seine großen Werke

erinnerte: »No me diga esto, padre; no me diga esto; dígame mis pecados!
– Sprich mir nicht davon, Padre; sprich mir nicht davon; sprich mir von meinen Sünden!«

Solange der Mensch lebt, ist er ein *semper liberandus*, jemand, der immer befreit werden muß, weil er, geschichtlich gesehen, zur gleichen Zeit unterdrückt und befreit ist und in einem offenen Befreiungsprozeß lebt.

5. Die wahre Utopie wird antizipiert: Gnade als Freiheit der Kinder Gottes

Unsere Überlegungen im vorhergehenden Abschnitt zur geschichtlichen, um der eschatologischen Dimension willen notwendigen Gleichzeitigkeit von Unterdrückung und Befreiung dürfen uns nicht den Blick für die wesentliche Perspektive im Befreiungsprozeß trüben, die in der Schaffung wirklicher Freiheiten besteht. Zwar sind diese Freiheiten nicht endgültig und bergen im Lichte des eschatologischen Vorbehalts auch Keime neuerlicher Unterdrückungen in sich, nichtsdestoweniger sind sie wahr und real. Die Befreiung hat das Bestreben, immer neue Freiheiten zu schaffen und einen neuen Stand der Dinge herbeizuführen, in dem der Mensch seine Wahrheit besser kundtun und Gott sich vollkommen als Vater und unverdiente Liebe offenbaren kann. Dieser Zustand ist schon Vorwegnahme des definitiven Standes. Deshalb gibt es – aufgrund der schon jetzt gegenwärtigen Befreiung und Gnade – auch bereits heute ein ganzes Feld für Feier, Fest und Freude am Sein. Einerseits gibt es, wie beschrieben, Klassenkampf, Konflikt und Unsicherheit über den Ausgang des Endes. Hierin zeigt sich das *Noch-nicht* der Zukunft. Anderseits besteht aber auch die Wirkkraft des geschichtlichen *Schon*, aus dem sich christliche Heiterkeit und christlicher Optimismus ergeben. Wenn wir von Eschatologie sprechen, wollen wir diese zwei Momente betonen: Gegenwart als Konkretisierung einer Zukunft, die antizipiert wird, und noch unbekannte Zukunft, die die Gegenwart in Frage stellt, damit diese sich weder selbst genügt noch zu einer orgiastischen Feier entartet, als ob sie schon die endzeitliche Fülle wäre.

Der Befreiungsprozeß schafft also echte geschichtliche Freiheiten. Das Tridentinum betont – unter vielen anderen – mit größtem Nachdruck deren zwei: erstens Vergebung der Sünden und zweitens Heiligung und Erneuerung des inneren Menschen (DS 1528–1531). Wir wollen beide kurz betrachten.

a. Die Vernichtung des menschlichen Projekts gegen Gott: die Vergebung der Sünden

Wenn Gnade die Wirklichkeit des Menschen berührt, schafft sie Krise, setzt einen Befreiungsprozeß in Gang und ermöglicht Freiheit *von* einer gottfeindlichen Situation. Durch Werk und Gnade Gottes kommt der Mensch in einen Prozeß der Bekehrung und gibt sein gegenüber dem Absoluten verschlossenes Projekt auf. Der verlorene Sohn steht auf, macht sich auf den Weg zum Elternhaus und trifft beim Vater ein. Diese neue Lebensrichtung bedeutet Vergebung der Sünde. Sünde – das sei angemerkt – ist nicht nur die böse Tat, sondern die innere Haltung (das Herz, wie es in der Bibel heißt), die (bzw. das) die bösen Taten hervorbringt. Diese Disposition, eine wirkliche Grundentscheidung, wird aufgegeben und vernichtet, um einer anderen Raum zu geben. Taten als Taten können nicht abgebaut werden; einmal getan, erlangen sie Ewigkeitsrechte, weil sie niemals ungeschehen gemacht werden können. Was vergeben, entmachtet und vernichtet wird, ist das Lebensprojekt, das ständig böse Taten hervorbrachte. Jetzt hat der Mensch in seinem Leben ein Kreuz des Südens und ist imstande, sein Lebensschiff in den Hafen Gottes zu führen. Die Vergebung der Sünde vollzieht sich in einem schweren inneren Konflikt. Denn eine falsche Richtung, in die man im Laufe von vielen Jahren geraten ist, kann man nicht über Nacht korrigieren. Deshalb stellt die Vergebung der Sünde – als Aufhebung einer habituell sündigen Situation – wirklich eine Gnade dar, die über alle Versuchungen und Impulse siegreich bleibt, denen bis dahin in einem bestimmten Lebensprojekt gewöhnlich nachgegeben wurde. Die unerläßliche Kehrtwende wird noch mühseliger, wenn man auch die gesellschaftliche Seite berücksichtigt, die die Sünde einschließt.

b. Gegenwart und Wirkmacht eines neuen Lebensprojekts: die Heiligung und Erneuerung des inneren Menschen

Die Vergebung der Sünde bezieht sich auf die Vergangenheit, *von* der der Mensch sich befreien konnte; sie ist nur ein Gesichtspunkt der Befreiung als ›Befreiung von‹. Grundlegender noch ist Freiheit *für*, für ein neues radikales Projekt, das auf Zukunft abzielt und sich in einer neuen Praxis schon in der Gegenwart ausdrückt. Der Mensch wendet sich nicht nur Gott zu, sondern hängt ihm an, betritt sein Haus, nimmt einen heilwirkenden Dialog mit ihm auf und begibt sich in eine innige Freundschafts- und Liebesgemeinschaft mit ihm. Dabei handelt es sich um ein Geschehen der Heiligung, die der Mensch von den Wurzeln seines Seins her erfährt.

Heiligung darf aber nicht in einem moralisierenden Sinn verstanden werden, als ginge es nur darum, gute Akte zu setzen. Denn auch ein böser Mensch kann – wie schon anklang – gute Akte vollbringen. Heiligung schließt vielmehr und vor allem eine ontologische Dimension ein: Im Menschen kommt es zu einer wirklichen Veränderung. Sein Radikalprojekt, das auf Gott ausgerichtet ist und das all seine Energien in diese Grundrichtung kanalisiert, sein auf das Geheimnis der Liebe hin offener Personkern und seine letzte, nicht weiter hinterfragbare Einstellung, die sein wahres Ich beschreibt – diese ganze komplexe Wirklichkeit wird von der göttlichen Gnade durchdrungen und macht aus dem Menschen ein neues Geschöpf. Diese grundlegend gute Haltung bringt jetzt gute Werke und gute konkrete Akte hervor, die als solche in dem Maße gut sind, in dem sie die radikale Güte des Grundprojekts sichtbar werden lassen. Das Konzil von Trient drückt dieselbe Wahrheit mit einer paulinischen Formulierung aus: Erneuerung des inneren Menschen, das heißt Schaffung eines neuen, in Gott wurzelnden Projekts, das den Menschen nach dem Modell Jesu Christi, des *novissimus Adam*, neu macht.

Heiligung – sanctificatio – kommt von heilig, heiligmachen. *Heilig* bildet das ureigentliche Wesensmerkmal Gottes und des Geheimnisses (Jes 6,3; 12,6; 30,11; Ez 49,7) und all dessen, was zur göttlichen Sphäre gehört. Heilig ist alles – in dem Maße, in dem es sich auf Gott bezieht. Alles hört auf, heilig zu sein, und wird sündhaft und profan in dem Maß, in dem es versucht, sich der Beziehung zu Gott zu entledigen. Heilig ist also, was *von* Gott kommt, *für* Gott existiert und in Beziehung *mit* Gott lebt. Heiligung des Menschen schließt einen Prozeß ein, in dem der Mensch immer intensiver die Wirklichkeit Gottes assimiliert und in dem sich Gott immer mehr die Realität des Menschen zu eigen macht. Für wen Gott der Bezugsrahmen seines Lebens ist, der lebt von Gott her, versteht sich als Mensch Gottes, unternimmt alles mit ihm, und sein Leben ist ek-sistieren auf Gott hin. Ein solcher Mensch ist heilig und geheiligt. Sich heiligen bedeutet also sich Gott weihen, sich zu seinem Eigentum machen und damit der Heiligkeit teilhaftig werden, die Gott selbst ist.

Die Weihe des Menschen an Gott wird in der Taufe zum Ausdruck gebracht. Darum heiligt die Taufe die Wurzel des menschlichen Daseins, indem sie es aus der sündigen Situation der Welt befreit. Die Taufe ist ein Initiationssakrament, das heißt, daß hier ein Prozeß fortschreitender Befreiung aus der Sünde der Welt initiiert wird, der sich fortan über das ganze Leben ausdehnt, bis die Sünde im Tod endlich völlig besiegt werden kann. Weihe bedeutet dabei allerdings nicht, daß jemand Eigentum Gottes würde oder allein ihm vorbehalten bliebe. Da Gott unendlich und allmächtig ist, bedarf er niemandes. Im Gegenteil: Weihe schließt Mission ein. Gott nimmt uns aus der Welt, um uns in die Welt zu schicken. Die ihm Geweihten sendet er als Missionare aus, damit sie von seiner Liebe Zeugnis geben und das Werk der Gnade in der Welt leben, ein Werk, das von allen Arten von Unterdrückung befreit und für alle wahren Freiheiten befreit.

Der Gottesdienst thematisiert die Weihe und Heiligung. Denn im Kult wird Gott ausdrücklich als Sonne aller Dinge und letzter Sinn aller Geschichtsprojekte der Menschen angesprochen und verehrt.

Die Heiligung stellt das menschliche Projekt nicht nur wieder her und richtet es auf Gott aus. Sie bedeutet auch die Ankunft Gottes im Innersten des Menschen, die in der Menschwerdung seines einzigen Sohnes zu ihrem Höhepunkt gelangt. Die Menschwerdung ist Werk der göttlichen Gnade und beinhaltet die endgültige Weihe von Welt und menschlichem Fleisch an Gott. Hier gelangt der Prozeß der Befreiung an sein Ziel: Die vollkommene und ewige Freiheit ist implodiert und explodiert. Was dies für den Menschen und auch für Gott besagt, soll Gegenstand unseres Nachdenkens in den folgenden Kapiteln sein.

Vierter Teil

Was in der Erfahrung der Gnade von Gott und vom Menschen offenbar wird

XV. Die vielgestaltigen Manifestationen der Gnade Gottes im Menschen

Wenn sich der Mensch mit seinem Grundprojekt Gott zuwendet, der Prozeß der geschichtlichen Konkretisierung seines neuen Vorhabens innerhalb eines konfliktgeladenen Rahmens in Gang kommt und die Dimension der Befreiung dabei zutage tritt, dann erfährt der Mensch eine tiefgreifende Veränderung. Jetzt, da er von der Gnade Gottes bewohnt wird, ist er eine neue Kreatur (Gal 6,15; 2 Kor 5,17). Das neue Sein bringt aber auch ein neues Handeln mit sich. Die auf Gott hin orientierte Grundentscheidung (habituelle Gnade) drückt sich in Grundhaltungen aus. Neue Handlungsweisen sind die sichtbare Übersetzung eines neuen Lebens. Paulus spricht in diesem Zusammenhang von Früchten des Geistes (Gnade), die da sind: »Liebe, Freude, Frieden, Langmut, Güte, Rechtschaffenheit, Treue, Freundlichkeit und Selbstzucht« (Gal 5,22 bis 23). Die Theologie nennt diese Grundhaltungen als Ausdruck der entsprechenden Grundentscheidung *Tugenden*. »Sie sind eigentlich nur weitere Ausfaltungen unserer Grundoption. Wie der Sonnenstrahl beim Durchdringen eines Kristallprismas in eine ganze Farbenskala zerlegt wird, so nimmt die Einfachheit unserer Grundoption, wenn sie sich unter dem Anstoß der göttlichen Gnade in der Komplexität des Menschseins äußert, zwangsläufig verschiedene Formen an.«[1]

1. Sein als Grundlage des Tuns

Der Begriff ›Tugend‹ muß sachgerecht aufgefaßt werden. Sonst wird man Opfer eines psychologisierenden und lediglich moralisierenden Mißverständnisses, das die Schuld an zahllosen Verzerrungen im Leben der Christen trägt. Eine bloß moralisierende Haltung betrachtet das Tun losgelöst vom Sein und die Tugend ohne Verbindung zur Grundoption (zum neuen Sein), wogegen die Praxis der Tugenden als Konkretisierung des neuen Geschöpfs und als Ausdruck der Gegenwart göttlicher Gnade

---

1 *Fransen, P.*, Die göttlichen Tugenden als aktiver Dynamismus des Gnadenstandes, in: Mysterium Salutis 4/2, Einsiedeln 1975, 958–963, hier: 958.

angesehen werden müßte. Die moralisierende Haltung verfällt einem unmenschlichen Legalismus, und ihr Christentum ist nichts anderes als Pharisäertum im schlechten Sinn. So heißt es bei dem glühenden deutschen Mystiker Meister Eckhart: »Die Leute sollten nicht so viel darüber nachdenken, was sie tun sollen; sie sollten darüber nachdenken, was sie sein sollen.«[2] Mit anderen Worten: Handeln, Tugenden, Verpflichtungen, Gebote und Vorschriften müssen im eigentlichen Sein des Menschen verwurzelt sein. Wie das Sein ist (gut oder schlecht), so wird auch sein Handeln sein. Tun ist nichts anderes als Sein in Aktion.

Obwohl es unterschiedliche Tugenden gibt, die man einzeln untersuchen und in ihren eigenen Merkmalen studieren kann, leben sie dennoch von einer tiefen Einheit. Denn sie gründen allesamt in dem einen Grundprojekt, das in der habituellen Gnade besteht. Alle Tugenden sind – einzeln betrachtet – die unterschiedlichen Farben ein und desselben göttlichen Lichtstrahls.[3] Alle und nicht nur einige wenige sind theologal, weil sie alle in ihrer letzten Begründung und in ihrer ursprünglichen Bestimmung auf Gott ausgerichtet sind und von Gott kommen. Selbst wenn sie menschlich vermittelt sind – und alles, das ist die Grundthese dieses Buches, ist menschlich vermittelt (und wird damit zum Sakrament) –, verlieren sie nicht ihren unmittelbaren Bezug zu Gott. Allerdings darf diese Unmittelbarkeit nicht psychologisch, sondern muß ontologisch gedacht werden. Um es deutlicher zu sagen: Ein Akt des Glaubens, der Liebe und der Hoffnung darf nicht so verstanden werden, als ob nur er, da ich ihn in Absicht und Wort bewußt auf Gott beziehe, allein in Unmittelbarkeit zu Gott stände. Wer so denkt, bewegt sich nur auf der psychologischen und bewußten Ebene. Wir behaupten mehr: Jeder wahre Akt von Liebe, Hoffnung, Geduld, Selbstzucht usf. erreicht in dem Maß, in dem er wirklich wahrhaftig ist, unmittelbar Gott, selbst wenn man einen Menschen liebt und auf etwas sehr Irdisches hofft. Insofern die Struktur von Liebe, Hoffnung und allen anderen Tugenden so angelegt ist, daß der Mensch in ihnen nicht nur dieses oder jenes liebt oder erhofft, sondern zugleich die Totalität der Wirklichkeit, erhofft und liebt er ein Absolutes, das sich hinter der Brüchigkeit irdischer Güter verbirgt. Wegen dieser ontologischen Dimension können wir mit den großen Meistern des Mit-

---

2 Zitiert nach *Pieper, J.*, Über das christliche Menschenbild, München 1950, 8.
3 In der Scholastik wird die Meinung, habituelle Gnade sei eine einzige Wirklichkeit, die sich in verschiedene Tugenden, Gaben und Früchte aufgliedert, von *Bonaventura* vertreten. Er stützt sich dabei auf die Einheit der Seele, deren Fähigkeiten sich von ihr nicht eigentlich, sondern nur formal unterscheiden: Breviloquium 5. Teil., Kapitel 4–6; *Briva Mirabent, A.,* La gloria y su relación con la gracia según las obras de San Buenaventura, Barcelona 1957.

telalters Bonaventura, Thomas von Aquin und anderen sagen: Immer wenn der Mensch denkt, denkt er Gott, immer wenn der Mensch liebt, liebt er Gott, und immer wenn der Mensch hofft, hofft er auf Gott.

Aufgrund dieses Verständnisses können wir weiter sagen, daß es keine Tugenden gibt, die sich Menschen nur durch wiederholte Einübung bestimmter Akte erworben hätten. Tugenden sind immer auch von Gott eingegossen. Eingegossene Tugend will die ontologische Grundlage, das neue Sein, ausdrücken. Erworbene Tugend ist ihre Übersetzung ins Tun, Bemühen und Handeln. Wir müssen im Auge behalten, was vorhin gesagt wurde: Gott begegnet uns immer vermischt mit dem menschlichen Mühen. Anderseits besitzt der Mensch, *geschichtlich* betrachtet, auch niemals ein neutrales Feld, das ihm allein gehörte und auf dem Gott nichts zu suchen hätte, vielmehr lebt er unentwegt eingetaucht in das göttliche Milieu der Gnade. Konkret heißt das dann: Tugenden sind menschlich und erworben, weil sie aus dem Bemühen des Menschen erwachsen, sein für Gott bestimmtes Grundprojekt zu verwirklichen; sie sind aber auch göttlich und eingegossen, weil Gott die Kraft (virtus) ist, die alles im Menschen veranlaßt, in Gang setzt, trägt und vollendet.[4]

Nach dieser grundlegenden Verdeutlichung können wir jetzt dazu übergehen, einige der hauptsächlichen Formen zu betrachten, in denen sich die Gnade Gottes im Menschen offenbart.

2. Gnade als Glaube: Gott als letzter Sinn des Lebenswegs

Glaube im ontologischen Sinn, den wir vorhin bestimmt haben, besteht grundsätzlich in einer Haltung radikaler Offenheit gegenüber dem Geheimnis unserer Ek-sistenz und dessen liebevoller Annahme. Solcher Glaube und solche Haltung verändern den Weg des Menschen. An Gott glauben ist eine bestimmte Weise, das Leben als Gott anvertraut, übergeben und in seine Hände gelegt zu leben. Glaube ist eine bestimmte Art, alle Erfahrungen als umfassende Einheit zu sehen, die Welt entsprechend zu deuten und das All aus der Perspektive des Geheimnisses Gottes und als unlösbar mit seiner göttlichen Wirklichkeit verbunden zu betrachten.

4 Zum Thema ›Tugenden‹ siehe die noch immer klassischen Werke: *Billot, L.*, De virtutibus infusis, Rom 1905; *Lennerz, H.*, De virtutibus theologicis, Rom 1947; *Alfaro, J. B.*, Fides, Spes, Caritas, Rom 1974; *Soiron, Th.*, O. F. M., Glaube, Hoffnung und Liebe, Regensburg 1934; Mysterium Salutis 4/2, 938–964; *Rondet, H.*, Grâce, vertus, mérites, in: ders., Essais sur la théologie de la grâce, Paris 1964, 75–106; *Bollnow, O. F.*, Wesen und Wandel der Tugenden, Frankfurt am Main 1958; *Schelkle, K. H.*, Tugend und Tugenden, in: ders., Theologie des Neuen Testaments III, Düsseldorf 1970, 211–215.

Dies ist der ursprüngliche Sinn von ›glauben‹ (credere Deo) als einem Dasein in Vertrauen und Offenheit; diese Offenheit ist von einem absoluten Du und einem »Licht, in dem wir das Licht sehen« (Ps 36,10), erfüllt. Nun hat aber dieses mitgeteilte und geliebte Du seine geheimnisvolle Dunkelheit aufgegeben und ist in Jesus Christus, dem fleischgewordenen Gott, unser Bruder geworden. Glauben heißt also in christlicher Diktion sich öffnen, sich orientieren lassen und die heilige Menschheit Jesu von Nazaret annehmen, weil wir in ihr das absolute Geheimnis und den Sinn unseres Lebens und Sterbens entdecken.

Glauben ist mehr als nur ein radikales und ontologisches Sich-Öffnen gegenüber dem göttlichen Du; es heißt auch, sich für das, was dieses Du uns zu sagen hat, zu öffnen und sein Geschichtsprojekt für den Menschen und seine Offenbarung über das Schicksal der Welt insgesamt anzunehmen (credere Deum). Was Gott uns zu sagen hat, vernehmen wir in unserem Gewissen. Mit unseren von seiner Eingebung geschärften Sinnen entdecken wir es überdies in den Zeichen der Zeit. Wir lesen es in der Geschichte, die er seinem auserwählten jüdisch-christlichen Volk bereitet hat und von der uns die – im Licht der Tradition des christlichen Glaubens gelesenen und interpretierten – Heiligen Schriften künden. Zu ihrem Höhepunkt gelangte diese Geschichte im konkreten Weg des lebenden, getöteten und auferweckten Jesus von Nazaret, in seinen Worten und in seiner befreienden Praxis.

Eine solche Haltung von Offenheit und Annahme, die einerseits universal und anderseits ganz konkret ist, manifestiert, was Gnade in jedem einzelnen Menschen ist. Gleichwohl ist die Gnade des Glaubens nicht allein auf diese personale Dimension beschränkt, sondern entfaltet sich auch in einer sozialen Dimension. In dem Maß, in dem ein System menschlichen Zusammenlebens so organisiert ist, daß es sich für Transzendenz öffnet und alle Absolutheitsansprüche von Macht-, Interessen- und Gewinni-deologien aufbricht, gestattet es zu erkennen, was Gnade des Glaubens als Grundhaltung meint. Die Glaubensgemeinschaft besitzt ihrerseits in ihrer gläubigen Sicht ein Instrument, das von allen innerweltlichen Absolutismen befreit und alle Idole zerschlägt, die dazu gemacht sind, Gott, den alleinigen Herrn, zu ersetzen. Aufgrund der Gnade des Glaubens sind die Christen für Gesellschaftsform und Lebensqualität verantwortlich: ob beide Raum dafür lassen, daß Gott hervortreten kann, oder ob sie ihn durch ihre Vorherrschaft totschweigen.

3. Gnade als Hoffnung: Gott als die absolute Zukunft der Welt

Hoffnung besteht in ihrem ursprünglichen Sinn nicht in einem psychologischen Erleben von Offenheit für eine bisher noch nicht erfahrene Möglichkeit, die man sich wünscht und herbeisehnt. Das Erleben von Hoffnung wird durch die Hoffnungsstruktur ermöglicht, in der das menschliche Sein ›konstruiert‹ ist. Denn dieses ist nicht nur Sein, sondern vor allem Sein-Können, ein Bündel von offenen Möglichkeiten, die danach streben, Wirklichkeit zu werden. Das moderne Denken prägte den Begriff *Prinzip Hoffnung*[5] und entdeckte, daß diese im Menschen verantwortlich ist für die Erwartungen, die Sehnsüchte und die vielen Hoffnungen und für die geschichtliche Dynamik, die nach Veränderung, kritischem Hinterfragen und Entwerfen utopischer Wirklichkeitsmodelle strebt, wobei diese Utopien keine Fluchtmechanismen sind, sondern Kräfte der Veränderung in Richtung auf Formen, die sich mehr und mehr der Utopie selbst nähern. Diese, die Utopie, gehört zur Wirklichkeit, insofern sie ihre Zukunft und Fülle ist. Hoffnung bringt die Offenheit des Menschen auf das Morgen zum Ausdruck, von dem er einen volleren Sinn erwartet als den, den er heute erlebt. Hoffnung ist keine rein zukünftige Zukunft. Die ist ein gegenwärtiges *Schon*, das man bereits erfährt und genießt, das man aber gleichwohl *noch nicht* erhalten hat und das noch nicht in Fülle verwirklicht ist. Deshalb ist es auch Zukunft. So herrscht in der Hoffnung immer eine Spannung zwischen dem Sein (Gegenwart) und dem ersehnten Sein-Können (Zukunft). Gegenwart wird als Vorwegnahme und Vorbereitung der Zukunft erlebt und ist deshalb immer offen. Da sie aber nicht eine Gegenwart in Fülle ist, besteht in der Hoffnung auch eine Dimension von Traurigkeit, die bei Paulus *tristitia secundum Deum* (2 Kor 7,10) heißt und die die antiken Denker *lacrimae rerum* nannten (das Weinen der Dinge). Diese Traurigkeit erwächst nicht aus Hoffnungslosigkeit oder Untröstbarkeit, sondern gerade aus Hoffnung, die sich mit der Gegenwart nicht zufriedengibt und ungeduldig die volle Offenbarung der Wirklichkeit erwartet, die sie im Wünschen schon erahnt.

Das Prinzip Hoffnung erschöpft sich nicht in einer Hoffnung, die man planen und bauen kann, sondern reicht weit über alle geschichtlichen Konstruktionen des Menschen hinaus. Deshalb ist der Mensch immer metaphysisch unzufrieden; denn er weiß sich zu stets größeren Dingen berufen. Erst die absolute Zukunft und die Verwirklichung seiner Utopie

---

5 *Bloch, E.,* Das Prinzip Hoffnung 2 Bde., Frankfurt am Main 1959, *Moltmann, J.,* Theologie der Hoffnung, München [6]1966; *Alfaro, J.,* Esperanza cristiana y liberación del hombre, Barcelona 1974; *Gutiérrez, G.,* Theologie der Befreiung, München–Mainz [2]1976.

werden das des Wartens müde Herz beruhigen. So erscheint Gott mit den Merkmalen der Utopie und der absoluten Verwirklichung allen Sein-Könnens.

Geschichtliche Hoffnungen wie auch eine vom Menschen erbaubare Zukunft sind als Vorbereitung und antizipierende Verwirklichung der absoluten Zukunft zu verstehen. Das im Schlafen wie im Wachen erträumte Reich entsteht weder durch einen magischen Trick, noch wird es auf den Ruinen menschlicher Reiche errichtet. Es bildet Spitze und Höhepunkt eines geschichtlichen Prozesses und führt das zu seiner wahren Fülle, was der Mensch mit der Gnade Gottes geschaffen hat: »Hier auf Erden ist das Reich schon im Geheimnis da; beim Kommen des Herrn erreicht es seine Vollendung« (Gaudium et Spes Nr. 39).

Der begnadete Mensch lebt aus der absoluten Zukunft, die Gott ist. Er begegnet Gott in seinen konkreten Hoffnungen auf ein menschlicheres Leben, eine bessere Wohnung, eine brüderlichere und gerechtere Gesellschaft. Die eschatologische Hoffnung (Gott) steht nicht in Feindschaft zu geschichtlichen Hoffnungen. Im Gegenteil: Eschatologische Hoffnung als absolute Zukunft des Menschen muß sich übersetzen lassen in politische und geschichtliche Hoffnungen, die die Gesellschaft immer mehr auf dem Weg in Richtung auf ihre Fülle vorwärtsbringen. Nur so hat es Sinn, von Hoffnung zu sprechen und auf eine absolute Zukunft zu hoffen, die – mehr als man es zu träumen wagt – die Hoffnungen der Menschen erfüllt. »Die Erwartung der neuen Erde darf die Sorge für die Gestaltung dieser Erde nicht abschwächen, auf der uns der wachsende Leib der neuen Menschenfamilie eine umrißhafte Vorstellung von der künftigen Welt geben kann, sondern muß sie im Gegenteil ermuntern« (GS Nr. 39).

Aufgrund der absoluten Hoffnung engagiert sich der Christ einerseits dafür, daß die geschichtlichen Hoffnungen erfüllt werden, denn diese sieht er ja in Verbindung mit der absoluten Hoffnung. Anderseits aber relativiert er die zeitlichen Hoffnungen, denn sie sind ja nicht gänzlich identisch mit dem kommenden Absolutum. In dieser Dialektik gründet seine kritische Einstellung gegenüber allen totalitären Regimen, die sich als Verwirklichung der den Menschen gegebenen Verheißungen ausgeben. Hoffnung als Gnade Gottes verleiht die Kraft, die Geschichte zu entfatalisieren und allen entgegenzutreten, die sie einfrieren und ihr die Zukunft nehmen wollen und dabei all jene unterdrücken oder vernichten, die sie im Namen einer größeren Zukunft in Frage stellen und gegen sie Protest erheben. Die Hoffnung erweist sich somit als souveräner Mut (*parrhesia*), der alles auf sich nimmt und erleidet, weil er die Gewißheit hat, für das zu kämpfen, was allein Zukunft hat und sich eines Tages als die Wahrheit aller Dinge offenbaren wird.

4. Gnade als Liebe: Gott ist Liebe

Wie Glaube und Hoffnung ist auch Liebe weniger ein psychologisches, wenngleich zutiefst begnadendes und erfüllendes Erleben, sondern eine ontologische Struktur des Menschen. Der Mensch ist weder nur auf Offenheit hin strukturiert, noch bildet er nur ein Bündel aktiver Beziehungen, das sich in alle Richtungen orientiert. Er kann immer auch eine Gemeinschaft mit der Wirklichkeit eingehen, kann sich mit ihr identifizieren und zusammen mit allen, zu denen er Beziehungen aufnimmt, Geschichte machen. Liebe besteht in dieser ursprünglichen Fähigkeit, sich selbst einem anderen in Freiheit mitzuteilen, ihn aufzunehmen und sich definitiv auf ihn einzulassen. Liebe, so verstanden, ist ein Existential (eine ontologische Struktur) des Menschen. Sie kann sich in vielfältigen Konkretionen äußern: als Eros, als Libido, als Freundschaft, als so universale Liebe, daß sie selbst den Feind einschließt (Mt 5,43–48), und schließlich als Agape, die die Liebe nicht nur sublimiert, sondern auch ihre Dynamik radikalisiert, bis sie endlich in Gott, der die Liebe ist, mündet. Dabei stellen die unterschiedlichen Formen von Liebe lediglich verschiedene Konkretionen des einen Wurzelprinzips dar. Sie befehden sich nicht, sondern sind Teil ein und derselben Bewegung, die immer nach einem Gegenüber strebt, bis sie schließlich das absolute und göttliche Du findet. Liebe in diesem ur-gründlichen Sinn reicht weiter und greift tiefer als bloße Sympathie, die sich aus sich selbst nur auf einige wenige Menschen richtet und sie sich aussucht. Liebe ist auch mehr als reines Wohlwollen gegenüber Menschen, die zuvor schon zu einem selbst wohlwollend waren. Sie umgreift alles, denn menschlicher Beziehung kann nichts entgehen. In Liebe kann sich der Mensch allem und allen nähern und es bzw. sie zu seinen Nächsten machen. Der Liebesfähigkeit des Menschen sind keine Grenzen gesetzt. Als Jesus die Mahnung aussprach: »Liebt einander, wie ich euch geliebt habe!« (Joh 13,14), oder als er uns aufforderte, vollkommen zu werden, wie der himmlische Vater vollkommen ist, weil er sogar »Undankbare und Böse liebt« (Lk 6,35), appellierte er an eine Fähigkeit im Menschen, sich dem Nächsten zuzuwenden, sich zu verschenken und sogar zum Opfer seiner selbst bereit zu sein.
Diese Liebe ist Gnade Gottes, die im Menschen Geschichte wird. »Quia amasti me, fecisti me amabilem«, sagt Augustinus: »Da du mich zuerst

geliebt hast, hast du mich auch liebenswert gemacht und mir die Fähigkeit zu lieben gegeben.« Die Ungeschuldetheit der Liebe verdeutlicht die Ungeschuldetheit als solche, die nichts anderes als Gnade ist. »Liebe kommt von Gott, und jeder, der liebt, wird aus Gott geboren« (1 Joh 4,8). Seit den Zeiten Homers haben Menschen immer gespürt, daß in der Liebe etwas Göttliches steckt. In Jesus Christus wurde uns in voller Deutlichkeit die Wahrheit geoffenbart, daß Gott Liebe ist (1 Joh 4,8). Johannes geht noch einen Schritt weiter und gibt zu verstehen, daß Gott sich durch Liebe dem Menschen zu spüren und zu sehen gibt: »Niemand hat Gott je gesehen: Wenn wir aber einander lieben, bleibt Gott in uns, dann wohnt Gott in uns« (1 Joh 4,12).

Dabei ist nicht die Liebe dessen die vollkommene, der alle und alles Gottes wegen (propter Deum) oder in Gott (in Deo) liebt. Vollkommen liebt vielmehr derjenige, der alles und alle liebt, weil er in der Liebenswürdigkeit aller Dinge und Menschen die konkrete Gegenwart der Liebe Gottes selbst entdeckt. Jede geschaffene Wirklichkeit ist ein Ort der Begegnung mit Gott, der in der radikalen Tiefe allen Seins aufleuchtet. Die Identität, die das Neue Testament zwischen Nächstenliebe und Gottesliebe feststellt (1 Joh 4,20; Lk 10,25–37; Joh 15,12 ff; 17,22 ff) findet hier ihre Begründung. Denn wenn wir lieben, lieben wir eigentlich das Geheimnis, das in jeder Wirklichkeit präsent ist und sie liebenswürdig macht, und wenn wir einen anderen lieben, lieben wir immer auch den großen Anderen.

Diese erhabene Wirklichkeit ist unentwegt bedroht vom Egoismus des Menschen und seiner historischen Unfähigkeit, sich universal mitzuteilen. So ist zu begreifen, daß Liebe einerseits das Merkmal eines universalen Bedürfnisses des Menschenherzens und der menschlichen Gesellschaft trägt und daß sie andererseits zugleich überall fehlt. Darum wird sie allen Menschen zur Anklage und verweist auf die Liebe Gottes, der allein imstande ist, unsere gefangen und unterdrückt gehaltene Liebesfähigkeit zu befreien.

Liebe als Gnade Gottes in der Welt darf niemals individualistisch mißverstanden werden; wir haben das in unseren vorhergehenden Überlegungen genügend hervorgehoben. Sie hat eine eminent gesellschaftliche Struktur. Je mehr eine Gesellschaft vielfältige Formen von Beziehungen, von Verbrüderung, Gerechtigkeit und Liebeshinwendung zwischen Menschen und Nationen schafft, desto mehr weist sie das auf, was Liebesgnade in der Welt ist. Das verbrecherische Fehlen von Solidarität und Liebe auf internationaler Ebene, auf der Brüder einander unterdrücken, klagt die Menschen der Verwegenheit an, die Liebe Gottes an ihrer innergeschichtlichen Verwirklichung zu hindern. Der Hunger nach Liebe besonders zu denen, die der historische Jesus offensichtlich bevorzugt hat: zu den Kleinen, Schwachen und wirklich Letzten auf der Erde, kann Menschen dazu bewegen, sich im Kampf zur Veränderung der Gesellschaft zu engagieren und dabei alle Opfer, die dieser Einsatz fordert, bis hin zum Opfer des Lebens, auf sich zu nehmen. Diese vollkommene Liebe (vgl. Joh 15,13) stellt auch die vollkommene Bekundung der befreienden Gnade in der Welt dar, wie sie sich prototypisch im Opfer Jesu realisiert hat (Joh 13,1).

Die drei Tugenden Glaube, Hoffnung und Liebe, die schon im Neuen Testament in der Dreizahl belegt sind (1 Kor 13,13; 1 Thess 1,3; Gal 5,6; Röm 5,1–5) und von der theologischen Überlieferung in heilsgeschichtlichem Schlüssel (Vater, Sohn und Heiliger Geist) artikuliert werden, sind in Wirklichkeit gar nicht drei Tugenden, sondern ein einziges Prinzip, das sich in drei verschiedene Richtungen und Konkretionen entfaltet. Es ist eine grundlegende Offenheit und Transzendenz des Menschen, die sich vergeschichtlicht in der Wahrnehmung eines absoluten Sinns, dem sich der Mensch anvertraut, indem er (erstens) seinen Plan annimmt (Glauben), (zweitens) seine Gegenwart feiert, die er als Begegnung zweier Freiheiten und zweier Selbstmitteilungen, der Gottes und der des Menschen, erfährt (Liebe), und indem er sich (drittens) für eine Geschichte offenhält, die noch Zukunft hat und deshalb auch noch nicht zur endzeitlichen Fülle gelangt ist (Hoffnung). Göttliche Dynamik durchdringt in jener fundamentalen Tiefe, in der die Einheit des menschlichen Lebens gründet, die Kraft des Menschen.

In aller Kürze sollen noch einige andere Erscheinungsformen der Gnade des befreiten Menschen genannt werden.

5. Gnade als Freundschaft Gottes und mit Gott

Die Beziehung zu Gott in wechselseitiger Offenheit und gegenseitigem Sich-Annehmen (Gnade) begründet ein Verhältnis der Freundschaft. Die Heiligen Schriften bedienen sich häufig der Kategorie ›Freundschaft‹. Von Abraham heißt es, er sei Freund Gottes gewesen (Jak 2,23), und von Mose wird behauptet: »Der Herr redete mit Mose von Angesicht zu Angesicht, wie jemand mit seinem Freund spricht« (Ex 33,11). Jesus nennt seine Jünger Freunde (Lk 12,4; Jo 15,14). Freundschaft mit Gott aber bedeutet familiären, herzlichen und kon-natürlichen Umgang. Der Epheserbrief kann sogar sagen, die Christen seien Hausgenossen Gottes (*oikéioi toû theoû:* Eph 2,19). Eine solche Freundschaft – die übrigens Thomas von Aquin, Aristoteles kommentierend,[6] in aller Breite analysiert – hat insofern ontologische Wurzeln, als sie auf einer bestimmten Lebensgemeinschaft zwischen Gott und Mensch gründet. Sie erfordert 1. eine wohlwollende Liebe, die mehr ist als Liebe aus irgendwelchen allgemeinen Interessen. Diese Liebe muß 2. gegenseitig und 3. von Dauer und stabil sein und bewußt angenommen werden. Freundschaft zeigt sich 4. in persönlichem Austausch und gegenseitiger Teilhabe des einen am Leben des anderen, wobei Austausch und Teilhabe ihren Höhepunkt darin finden, daß Gott Mensch wird und der Mensch von Gott als Kind angenommen wird. Die Präsenz des einen beim anderen läßt 5. ein gemeinsames Wir entstehen, eine *koinonia,* die Liebe ermöglicht und bewirkt, daß der eine sich dem anderen immer mehr angleicht, so daß der Mensch theomorph (Bild und Gleichnis Gottes) und Gott anthropomorph wird (Phil 2,7: Er nahm Knechtsgestalt an, wurde den Menschen ähnlich und der Erscheinung nach wie ein Mensch erfunden).

Menschliche Erfahrung von Freundschaft ist Sinnbild der wahren und eigentlichen Freundschaft, die zwischen Gott und dem begnadeten Menschen geschlossen wird.

6. Gnade als Friede-Schalom Gottes und der Menschen

Die Begegnung des Menschen mit Gott, Freundschaft und familiärer Umgang beider miteinander schaffen Frieden. Friede im biblischen Sinn, der übrigens kaum in unsere Sprachen übersetzt werden kann (die Septuaginta verwendet fünfundzwanzig verschiedene Wörter, um den hebräischen Begriff *schalom* im Griechischen wiederzugeben), bedeutet einen Zustand individuellen und kollektiven Wohlstandes, der gleichzeitig die materielle und geistige Dimension des Menschen umfaßt (vgl. Ex 18,23; Ri 8,9; 11,31; 1 Kön 5,4).[7] Wer in Frieden lebt, fühlt sich ganz und vollständig (dieses ist der ursprüngliche Sinn von Schalom), erfährt sich als gerettet, als nicht mehr in sich selbst und in seinen Beziehungen zu Gott geteilt und verspürt von keiner Seite mehr Bedrohung. Friede bedeutet deshalb in einer Formulierung von Augustinus Ruhe aus Ordnung, die auf Gerechtigkeit gründet. In der Kontrasterfahrung geht es

6 In Ethicam ad Nicomachum, libri 8.9.; Summa theologiae II/II, q. 23, a. 1.
7 *Comblin, J.,* Theologie des Friedens, Graz–Wien–Köln 1963.

dagegen um Trennung, Bruch und Verderben. Auf diesem Hintergrund besagt Friede dann Heil, Wiedervereinigung und ganzheitlichen Bezug zu Gott, zu den anderen und zur Welt. Ein solcher Friede kann nur Geschenk Gottes sein. Christus »ist unser Friede« (Eph 2,14), da er die Mauern, die Menschen voneinander trennten, niederriß und diese zu einem einzigen Menschen, das heißt: zum neuen Menschen, machte (Eph 2,14–18). Friede ist Frucht von Erlösung und Rechtfertigung (Röm 5,1) und bringt die Gegenwart des Heiligen Geistes zum Ausdruck (Gal 5,22).

Der begnadete Mensch lebt in Frieden, selbst wenn er sich mitten im Kampf und in der Leidenschaft dieser gefallenen Welt befindet (vgl. 2 Sam 11,7, wo David fragt, ob der Krieg in Frieden verlaufe), denn er weiß sich gerettet und in völliger Einheit mit Gott.

Dieser Friede, der in Versöhnung und Rettung besteht, ist nicht ohne Kämpfe (vgl. Jo 16,33) und einen Prozeß der Umkehr zu erreichen. Gesellschaftlich verwirklicht sich die Gnade als Friede nur in der Überwindung der Ursachen, die Menschen in Konflikte stürzen. Solange sich Unterdrückte und Unterdrücker nicht bekehren, bedeutet Friede nicht mehr als Befriedigung. Unter Befriedigung ist dabei nicht Ruhe aus der Ordnung zu verstehen, sondern Ruhe unter den Bedingungen von Unordnung, Ruhe, die allein durch Zwang und Gewalt des Stärkeren zustande gekommen ist. Solcher Friede kann weder der Friede Gottes noch der von Christus gebrachte sein. Damit man in den Genuß jenes Friedens kommen kann, der Frucht der Gerechtigkeit ist, muß man dafür kämpfen, daß die Ursachen beseitigt werden, die objektiv die Spaltungen und Ungerechtigkeiten unter den Menschen verursachen. Die Gerechtigkeit des Anliegens bestimmt das Recht des Kampfes. Der Begnadete, der mit Gott und seinen Mitmenschen in Frieden lebt, führt den notwendigen Kampf ohne jede Anwandlung von Rache, vielmehr in einem neuen Bewußtsein, in Liebe, die sich für Gerechtigkeit als Quelle allen wahren und dauerhaften Friedens engagiert. Wer jenen tiefen Frieden erfährt, den die Welt nicht geben noch nehmen kann (vgl. Jo 14,27), macht die Erfahrung der Gnade Gottes, die das Herz des Menschen und die ganze Welt durchdringt.

7. Gnade als Freude, im Haus des Vaters zu sein

Gelassene Freude und ruhige Heiterkeit sind die Folgen eines Grundprojekts, das in all seinen Dimensionen auf Gott ausgerichtet ist. Freude als

Gabe des Geistes (Gal 5,22)[8] und Atmosphäre des Herzens, das sich nicht verwirren läßt, ist nicht die Freude ausgelassener Narren, die ohne jeden Grund fröhlich sind. Freude entsteht aus der Tatsache, daß man lieben kann und geliebt wird, daß man sich von Gott erlöst fühlt, weil er einem die Sünden vergeben hat, und daß man vom guten Ende der Schöpfung weiß. Sie erwächst aus der unerschütterlichen Gewißheit, daß Gott uns in Jesus Christus so, wie wir sind, angenommen hat: klein, schwach und säumig im Antwortgeben. Freude bricht aus der Erfahrung hervor, daß wir Kinder Gottes und Brüder aller Geschöpfe sind und mit allen Elementen brüderlich im Hause des Vaters zusammen wohnen.

Diese Freude ist keine bloße psychische Erregung oder ein vorübergehender Zustand der Seele. Sie ist ein Existential, das heißt eine real-ontologische Verfaßtheit jedes Menschen, der von Gott, »unserer Freude« (Ps 43,4), bewohnt wird. Die Gründe zur Freude tragen, selbst in Verwirrungen und Verfolgungen, den Menschen in seiner wahren und vollkommenen Freude, wie schon der Apostel Paulus inmitten von Anfechtungen von Freude überströmte (2 Kor 7,4; 6,10) und die ersten Jünger »voller Freude darüber waren, daß sie gewürdigt worden waren, für den Namen des Retters Schmach zu erleiden« (Apg 5,41; vgl. 4,12; Lk 24, 46ff; 1 Petr 4,13).

Demütige und beständige Freude, die der gerechte Mensch über seine Arbeit, die Nahrung zur Befriedigung seiner Bedürfnisse und über schöpferische und erholsame Tätigkeiten im Zusammenleben mit seinen Lieben oder mit Freunden erfährt, stellt ein Sakrament der vollkommenen Freude im Reich Gottes dar (vgl. Jes 62,5) und ist – trotz aller Zweideutigkeit – geschichtliche Manifestation der Gnade als Freude, die die sterbliche Existenz heimsucht.

8. Gnade als kritischer Geist, der die Zukunft befreit

Eine der hervorragenden Formen, in denen Gnade im begnadeten Menschen Gestalt annimmt, ist jener kritische Geist, der in unserer von den widersprüchlichsten Ideologien und Werthierarchien trächtigen Welt so überaus notwendig ist. Biblisch gesprochen heißt kritischer Geist Weisheit und Unterscheidung der Geister, welche beide Geschenk Gottes sind. Kritisieren hat nichts mit Zerstören zu tun, sondern heißt fähig sein,

---

8 *Schelkle, K. H.*, Freude, in: ders., Theologie des Neuen Testaments III, Düsseldorf 1970, 156–163.

in jeder Lage oder konkreten Gegebenheit Wahres von Falschem und Gutes von Bösem zu unterscheiden, so daß »wir stets das tun, was dem Vater gefällt« (Joh 8,29).[9] Ein kritischer Mensch verfügt über einen scharfen und illusionslosen Blick, so daß er alle die Wirklichkeit vernebelnden Ideologien durchschaut (Spr 13,7), hat kluge Geschicklichkeit (1 Sam 25,33), Takt (Spr 11,22) und ein gereiftes Urteil (Spr 26,16). Wenn Johannes warnend uns ermahnt: »Glaubt nicht jedem beliebigen Geist, sondern prüft zuvor die Geister, ob sie tatsächlich von Gott kommen« (1 Joh 4,1), dann läßt er uns dazu ein, mit kritischem Sinn ans Werk zu gehen und uns nicht durch die Überredungskünste der herrschenden Systeme einschüchtern zu lassen: »Prüft alles und behaltet das Rechte« (1 Thess 5,21).

Wenn der Mensch nicht überall und ständig seine Kritikfähigkeit pflegt, verfällt er dieser Welt (vgl. Röm 12,2). Deshalb spricht Paulus die Mahnung aus: »Wandelt euch um! Laßt eure Sinne neu werden, daß ihr beurteilen könnt, was der Wille Gottes ist!« (Röm 12,2).

Wenn der Mensch nicht ein besonderes Augenmerk auf die Wirksamkeit von Gnade richtete, würde er sich selbst verhöhnen. Denn er fühlt sich immer gespalten. Das Verlangen des Fleisches befehdet den Wunsch des Geistes (Gal 5,17–21): »Wozu ich es in meinem Handeln bringe, weiß ich selbst nicht. Denn ich tue nicht, was ich eigentlich tun will; sondern was ich hasse, das tue ich« (Röm 7,15).

Jesus von Nazaret war ein Meister kritischen Geistes. Er nutzte ihn, um Menschen von Legalismus, Traditionalismus, von Vorurteilen und falschen Gottesvorstellungen zu befreien. Sein Anliegen war es, die Menschen auf den eigentlichen Willen Gottes, der sich in der Geschichte und in seinem Handeln offenbarte, aufmerksam zu machen.

Gnade als kritischer Geist lebt auch im einfachen Volk ohne aufklärerische Kultur. Obgleich es in der Regel nicht imstande ist, Gründe für seine Praxis zu benennen und sie theoretisch zu fundieren, wird es vom Geist geführt, so daß es sehr wohl in der Lage ist, Wahres von Ideologischem und Künstlichem zu unterscheiden. Heutzutage ist die Möglichkeit, kritischen Geist zu pflegen, zweifelsohne eine der bevorzugten Formen, in der wir die in Jesus Christus geschenkte Freiheit und Erlösung erfahren. Konkret ist hier die Chance gemeint, die Absolutismen der Systeme aufzubrechen, die uns die Zukunft versperren wollen, aus der Gott uns immer entgegenkommt und uns auffordert, in Richtung auf die eschatologische Fülle zu wachsen.

---

9 Vgl. *Libanio, J. B.*, A consciência crítica do religioso, Rio de Janeiro 1974.

9. Gnade als Unerschrockenheit in Verkündigung und Anklage

Die Gnade des kritischen Geistes kann und muß sich nicht selten in einer weiteren Form manifestieren: als jene Gnade, die darin besteht, daß der begnadete Mensch unerschrocken, tapfer, mutig und freimütig die Wahrheit verkündet und die menschlichen Illusionen anklagt. Das Neue Testament bezieht sich an zahlreichen Stellen auf diese apostolische Tugend (die griechisch *parrhesía* heißt), ein tapferes, furchtloses und unerschrockenes Sprechen und Handeln, das nicht auf einfacher menschlicher Courage, sondern auf der Kraft Gottes gründet (vgl. Apg 9,27–28; 14,3; 18,26; 19,8; 26,26; Eph 6,19; Phil 1,20; 1 Thess 2,2).[10] Eine solche Unerschrockenheit kann Schwierigkeiten und Verfolgungen hervorrufen, ja sogar die physische Vernichtung. Es gibt Augenblicke im Leben, in denen das christliche Gewissen ankündigend und anklagend eingreifen muß, anderenfalls es vor Gott Sünde auf sich lädt, weil es die Wahrheit Christi und des Menschen verrät. Der Christ ist dazu aufgerufen, in der Welt das heilige Geheimnis des Menschen zu bezeugen, das Gott selbst auf sich genommen hat, und das Recht Gottes zu verteidigen, das mit dem unverletzlichen Recht eines jeden Menschen, als Person geachtet zu werden, identisch ist. Wer sich angesichts von Ungerechtigkeiten und Verletzungen der Sakralität auch nur eines Menschen (res sacra homo) in Schweigen hüllt, macht sich zum Komplizen. Zwar ist das alles bequemer und leichter, und man kann sich auf die bestehende Ordnung, auf Disziplin, (falsche) Einheit und Nichteinmischung in politische Fragen berufen, um seinen Absentismus zu rechtfertigen. Alle Gefahren auf sich nehmen, den Folgen seines Mutes die Stirn bieten, Ängstlichkeit und Furcht überwinden, unerschrocken die Wahrheit sagen und furchtlos Mißstände anklagen: das ist Gnade Gottes. Heute ist die Kirche als Hierarchie, mehr noch als in früheren Zeiten, dazu aufgerufen, prophetisch zu verkünden und die Vormacht des totalitären Staates und den Absolutismus der herrschenden Ideologien anzuklagen. Aus einer *raison d'état* werden alle Werte geopfert und sämtliche Rechte verletzt. Angesichts dessen kann die hierarchische Kirche – wegen der hohen moralischen Wertschätzung, die sie genießt, und auch aufgrund der Freiheit, die ihr noch gewährt wird – sich nicht dieser vom Evangelium ihr aufgetragenen Pflicht, dem wahren Imperativ des christlichen Gewissens, entziehen. Jeder Christ muß deshalb an seiner Stelle in der gesellschaftlichen Struk-

---

10 Vgl. *Schlier, H.*, Parrhesia, in: Theologisches Wörterbuch zum Neuen Testament V, 869 bis 884; *Rahner, K.*, Parrhesia, in: Schriften zur Theologie VII, 252–258.

tur mit *parrhesía* Zeuge der kritischen Wahrheit des Evangeliums und des christlichen Menschenprojektes sein.

Möglicherweise gibt es Situationen, die dem Gewissen keine andere Wahl lassen, wenn es nicht schuldig werden will, als den gefährlichen Weg einzuschlagen, den schon Jesus Christus gegangen ist, den Weg von Gefängnis, Folter und gewaltsamem Tod. Die Verbrechen gegen die Propheten, die Gewalt gegen freie, mutige Menschen, die sich für die mit Füßen getretenen Rechte ihrer Brüder engagieren, die Verletzungen von Grundfreiheiten des Menschen, sich zu versammeln, zu reden, zu denken und seinen würdigen und angemessenen Lebensunterhalt zu verdienen, ziehen den Zorn Gottes auf die totalitären Staaten, ihre Leiter und Ideologen. Diese werden im göttlichen Gericht bestraft werden, das sich durch die Gewalt, die sich gegen ihre eigenen Urheber wendet, schon in der Geschichte zeigt. »Ein Herz, das für die Schreie der Menschen taub ist, ist ein Herz, das vor Gottes Angesicht stumm bleibt.«[11]

Eine christliche Gemeinschaft, die im Kontext von Unterdrückung und Repression lebt, macht sich das Gebet der verfolgten Kirche in der Apostelgeschichte zu eigen: »Nun, Herr, sieh auf ihre Drohungen und gib deinen Knechten die Kraft, mit aller *parrhesía* (Unerschrockenheit und Mut, die aus dem Glauben erwachsen) dein Wort zu sagen« (Apg 4,29).

10. Gnade als Humor, der Erlösung antizipiert

Eine der alltäglichsten Erscheinungsformen von Gnade ist der Humor.[12] Obwohl die ›seriöse‹ Theologie kaum oder gar nicht von Humor spricht, bezeugen doch alle wahren Heiligen und Mystiker, daß er in ihnen zugegen ist. Deshalb sind sie auch die einzig wirklich ernstzunehmenden Christen. Freilich ist Humor nicht gleichbedeutend mit Witz, denn man kann durchaus Witze ohne Humor hören, wie es auch Humor ohne Witz gibt. Der Witz ist unwiederholbar; wollte man ihn dennoch wiederholen, wäre die Pointe dahin. Aber eine Geschichte, die voller Humor steckt, behält immer ihren Reiz. Man kann sie immer wieder hören, tausendmal, denn innerlich braucht der Mensch Erleichterung und Lebenskraft. Ech-

---

11 Vgl. *Roqueplo, Ph.,* La foi d'un mal-croyant ou mentalité scientifique et vie de foi, Paris 1969, 310.
12 Vgl. *Carretero, J. M.,* Sobre el humor y la ascética: Manresa 38 (1966) 13–32; *Boff, L.,* A função do humor na teologia e na Igreja: Vozes 64 (1970) 570–572 (Literatur); *Baggio, H.,* O bom humor na vida religiosa: Grande Sinal 28 (1974) 83–99.

ten Humor kann man nur aus der Tiefe des Menschseins verstehen.[13] Wahre Menschlichkeit ist aber, wie wir schon so oft erwogen haben, immer auf Unendlichkeit, Erleuchtetsein und Utopie ausgerichtet. Hier sind die Schatten größer als das Licht, das Geheimnis ist provozierender als die Wirklichkeit, und die nackten Tatsachen sind weniger konkret als die Hoffnung. Die Fakten der Wirklichkeit, erarbeitete Begründungen, menschliche Organisationen und aufgebaute Systeme gebärden sich indessen als die Realität schlichthin, als jenes Wichtige und Ernsthafte, das der Mensch anzunehmen und zu respektieren hat.

Wenn nun der Mensch der Diskrepanz und Unstimmigkeit zwischen diesen beiden Wirklichkeiten gewahr wird – zwischen den nackten Tatsachen und der Hoffnung, zwischen den erarbeiteten Begründungen und dem Geheimnis des menschlichen Lebens, zwischen der Schwäche der Systeme und der Kraft schöpferischer Phantasie –, dann erwacht der Humor. Im Humor tritt ein Gefühl der Erleichterung von der Last und den Grenzen des Daseins auf. Für einen Moment fühlt sich der Mensch befreit vom geschichtlichen Schicksal und übersteigt die Notwendigkeiten der Natur. Humor ist ein Zeichen für die Transzendenz des Menschen, dafür, daß er immer über gegebenen Situationen stehen kann. Der Mensch läßt sich durch keinen Umstand definieren, in seinem tiefsten und wahrsten Sein ist er frei. Deshalb kann er humorvoll über die Systeme lächeln, die ihn vereinnahmen wollen, über Begriffe, die ihn definieren sollen, und über Gewaltmaßnahmen, die ihn zähmen wollen.

Ein Philosoph hat einmal mit Fug und Recht gesagt: »Das geheime Wesen des Humors ... besteht in der Kraft religiöser Haltung. Denn der Humor sieht menschliche und göttliche Dinge in ihrer Unzulänglichkeit vor Gott.«[14] Im Bewußtsein, daß Gott allein wirklich ernst zu nehmen ist, kann der Mensch über menschliche Ernsthaftigkeiten nur lächeln, die vorgeben, absolut wahr und ernst zu sein. Vor Gott aber sind sie in Wirklichkeit nichts.

Der begnadete Mensch, der aus Gott, für ihn, durch ihn und mit ihm lebt, kann der Mensch des Humors par excellence sein. Er relativiert die irdischen Seriositäten und ist gegenüber allen Belastungen und Sorgen frei. Selbst zum Tode verurteilt, kann er noch seinen Humor bewahren, wie der heilige Thomas Morus und der heilige Laurentius. Dieser scherzte mit seinen Henkern, die ihn auf dem Rost brieten, und forderte sie auf,

---

13 *Lützeler, H.*, Der Humor und der »Naturgrund« des Menschen, in: Philosophie des Kölner Humors, Honnef am Rhein 1954, 9–11; siehe bes. das Kapitel VI. »Der Humor und die Freiheit des Menschen« (66–72).

14 *Lersch, Th.*, Philosophie des Humors, München 1953, 26.

ihn auf die andere Seite zu drehen, weil er auf der einen Seite schon gar
sei. Und der heilige Ignatius von Antiochien bat die Löwen, ihn zu
verschlingen, damit er möglichst rasch in die ewige Seligkeit komme.

Sich eine solche Heiterkeit zu bewahren, im Stand des Humors zu leben
und seine Existenz ganz von Gott her zu verstehen – das ist nicht nur
Ergebnis menschlichen Bemühens. Hier ist die Gnade Gottes am Werk,
die den Menschen von der Last seines Daseins befreit und ihm den
vorwegnehmenden Genuß der umfassenden Befreiung schenkt.

11. Schlußbemerkung: Die vielfältigen Gaben des Geistes

Wir könnten uns noch weiter verbreiten in der Untersuchung der verschiedenen Erscheinungsformen der Gnade im Leben des Gerechtfertig-
ten und in der Welt, die er um sich herum errichtet. An dieser Stelle
müßten auch die vielfältigen Charismen besprochen werden, die ebenfalls
Manifestationen des Geistes in bestimmten Personen sind, die ihrer Gemeinschaft einen konkreten Dienst zu erweisen haben. Bei Paulus und im
Ersten Petrusbrief erhält jeder sein Charisma, um allen zu nutzen (1 Kor
12,7; 1 Petr 4,10).[15] Oder wir müßten hier auch noch von den Gaben des
Heiligen Geistes sprechen, die der Theologie zufolge besondere Selbstmitteilungen Gottes sind, die die Tugenden abrunden und den Menschen
noch vollkommener machen sollen.[16] Die Siebenzahl der Gaben des
Heiligen Geistes hat einen symbolischen Wert, der die Fülle der göttlichen Mitteilung an den Menschen bedeutet, damit dieser mehr und mehr
vergöttlicht werden kann. Die sieben Gaben verdeutlichen mit Nachdruck die Tatsache, daß die Gnade nichts Ontologisch-Statisches ist,
sondern eine lebendige Dynamik, die sich auf die mannigfaltigsten Weisen artikuliert und die eine einzige Gnade Gottes und den einen Heilsdia-
log zwischen Mensch und Gott ausmacht. Aber solche Abhandlungen
würden uns zu weit führen und im Grund auch kaum mehr sagen, als wir
bezüglich der Offenbarung Gottes im Menschen und der Veränderungen
des Menschen unter dem Einfluß der gnadenhaften Liebe Gottes schon
erörtert haben.

15 *Hasenhüttl, G.*, Charisma, Ordnungsprinzip der Kirche, Freiburg 1969, 129–244.
16 Mysterium Salutis 4/2, 963–964.

XVI. Teilhaftig der göttlichen Natur: die Fülle der Personwerdung

Mit unserer Reflexion im vorigen Kapitel rührten wir schon an das Thema der Vergöttlichung des Menschen durch seine innere Beziehung zu Gott. Wenn wir Hausgenossen Gottes sind (Eph 2,19), die nach dem Bild und Gleichnis Gottes geschaffen wurden (Gen 1,26), dann sind wir Gottes teilhaftig. Wie ist diese Teilhabe zu verstehen? Das Neue Testament macht zum ersten- und letztenmal eine überaus kühne Feststellung, die es der hellenistischen Kultur seiner Umwelt entlehnt. Im Zweiten Petrusbrief heißt es nämlich: »*Wir haben teil an der göttlichen Natur*« (2 Petr 1,4).[1] Was bedeutet eigentlich diese Wendung im Neuen Testament und im Kontext des Hellenismus? Welche Erfahrung liegt ihr zugrunde, so daß Christen eine so überraschende, ja unerhörte Tatsache behaupten konnten? Wie wurde ein solcher Offenbarungssatz in der christlichen Theologie gedeutet? Wie kann man ihn für uns heutige Menschen übersetzen, die wir unsere eigene Wahrnehmung vom Geheimnis Gottes und vom Problem des Menschen haben?

1. Erlösung im hellenistischen Kontext

Es wird heute allgemein angenommen, daß der Zweite Petrusbrief eine Spätschrift des Neuen Testaments ist (entstanden gegen Ende des 1. Jahrhunderts) und pseudepigraphisch dem Apostel Petrus zugeschrieben wurde. Stil und Begrifflichkeit deuten auf starke hellenistische Beeinflussung hin. Der entscheidende Text lautet: »Alles, was unser Leben und unsere Frömmigkeit fördert, hat seine göttliche Macht uns geschenkt; denn sie hat uns den erkennen lassen, der uns durch seine Herrlichkeit und Kraft berufen hat. Durch sie wurden uns die kostbaren und großen

---

1 *Borodine, M. L.*, La déification de l'homme selon la doctrine des Pères grecs, Paris 1970; *des Places, E.*, Divinisation, pensée religieuse des grecs, in: Dictionnaire de Spiritualité Ascétique et Mystique (DSAM) 3, 1370–1375; *Rondet, H.*, La divinisation du chrétien. Mystère et problèmes, in: ders., Essais sur la théologie de la grâce, Paris 1964, 107–154; vgl. auch 155–200; *Nicolas, H.-H.*, La grâce et la gloire. Appelés au partage de la vie divine, Paris 1971; ders., Les profondeurs de la grâce, Paris 1969, 400–414; *Congar, Y.*, La déification dans la tradition spirituelle de l'Orient: Vie Spirituelle 43 (1935) 93–106.

Verheißungen geschenkt, *damit ihr an der göttlichen Natur Anteil erhaltet,* nachdem ihr der Verderben bringenden Begierde, die in der Welt herrscht, entflohen seid« (1,3–4). Die Ausdrücke *Natur* (*physis*) und *göttlich* (*théios*) sind typisch griechisch. Allerdings ist die griechische *physis* umfassender als unser Wort ›Natur‹ und bedeutet darüber hinaus die natürlichen Eigenschaften, die Qualitäten einer Natur.[2] Im Hinblick auf unseren Text ist dieser Sinn wohl vorzuziehen, so daß man sinngemäß übersetzen kann: Der Mensch ist dazu berufen, der Qualitäten der Natur Gottes teilhaftig zu werden.[3] Um welche Qualitäten geht es dabei? Und wie ist die in der Tat gewagte Formulierung zu verstehen?

Ausgangspunkt muß die hellenistische Umwelt sein, in deren Kontext der Satz steht. Im Verständnis der Griechen bestehen Erlösung und Befreiung des Menschen darin, daß er seine Natur mit ihren spezifischen Merkmalen überwindet: Schwäche, Hinfälligkeit, Vergänglichkeit, Unzulänglichkeit, Sterblichkeit und ständige Abhängigkeit von Gott. Erst wenn der Mensch teilhat an einer unsterblichen, notwendigen, ewigen und absolut beständigen Natur, fühlt er sich erlöst und weiß sich in seiner Menschlichkeit voll verwirklicht. Gott besitzt diese Eigenschaften. Da dem Menschen aber die Teilhabe an ihnen verheißen ist, kann er erlöst werden.

Genau in diesem Ideengewebe ist der Text aus dem Zweiten Petrusbrief angesiedelt. In ihm tritt ein Gegensatz auf: In der Welt herrscht Verderben (*phtorá*, was im Griechischen Vergänglichkeit und Zerstörung durch den Tod bedeutet), dem Unvergänglichkeit als Eigenschaft der göttlichen Natur gegenübersteht. Wenn der Christ oder der Mensch an dieser teilhat, dann hat er auch an den göttlichen Eigenschaften Unsterblichkeit und Ganzheit (Erlösung) teil.[4] Deshalb kann ein hervorragender katholischer Exeget sagen: »Die Teilnahme an der göttlichen Natur, von der 2 Petr 1,4 b redet, ist also nichts anderes als die Teilnahme am *unvergänglichen* Leben Gottes durch die Gnade, die in der Taufe geschenkt wird. Nur so verstanden kann die Stelle für eine Vergöttlichungstheologie in Beschlag genommen werden.«[5]

Der Ausdruck *teilhaftig der göttlichen Natur* sagt folglich nichts Neues aus, was bis dahin im Neuen Testament noch nicht angeklungen wäre.

---

2 Vgl. *Bauer, W.,* Wörterbuch zum Neuen Testament [4]1952, 1598.

3 *Mussner, F.,* Die neutestamentliche Gnadentheologie in Grundzügen, in: Mysterium Salutis 4/2, Einsiedeln 1975, 624.

4 Bei den griechischen Kirchenvätern ist häufig ein ähnlicher Ausdruck zu finden: »Gott nahm eine sterbliche Gestalt an, um uns von der Sterblichkeit zu befreien« (vgl. *Basilius der Große*, Epistola 8,5); vgl. *Borodine, M. L.,* La déification de l'homme, op. cit. 52–66: Le Theós Anthropos et la recapitulatio.

5 *Mussner, F.,* in: Mysterium Salutis 4/2, 624.

Denn er übersetzt lediglich ins griechische Verständnis, was zuvor mit anderen Worten in hebräischem Verständnis gesagt war. So oder so soll derselbe Sachverhalt ausgedrückt werden: Erlösung beinhaltet Befreiung vom Tod, Eingang ins göttliche Leben und Hinüberschreiten in die Welt Gottes. Der Verfasser des Schreibens aktualisiert im Blick auf seine Leser bekannte Themen des christlichen Glaubens, ohne ihm irgend etwas Neues hinzufügen zu wollen. Das Thema, um das es geht, ist somit nicht Vergöttlichung als solche, sondern Erlösung, die dann als Folge selbstverständlich eine Vergöttlichung impliziert. Nur thematisiert das Neue Testament nicht diese Perspektive. Es nimmt deshalb nicht wunder, daß das Wort *théios* (göttlich) in der Formulierung *teilhaftig der göttlichen Natur* im Neuen Testament nirgendwo anders als hier gebraucht wird. Wenn ein Mensch mit griechischer Mentalität sagt, er habe teil an der göttlichen Natur, dann will er damit bedeuten, daß er unsterblich, ewig und heil wird, nicht aber daß er Gott wird. Er wird Gottes und der göttlichen Attribute teilhaftig.

Die Vorstellung der Teilhabe bringt die Bibel durch den Symbolismus von Bild und Gleichnis zum Ausdruck (Gen 1,26; 9,6), der einerseits Nähe suggeriert, andererseits aber auch Distanz und Differenz benennt. Bild und Gleichnis sind niemals der Prototyp. Der antike heidnische Glaube behauptete, der Mensch gehe aus dem Blut eines Gottes hervor. Die biblischen Texte des Alten Testaments bestreiten solche Vorstellungen, doch bewahren sie das in ihnen ursprünglich Gemeinte: Der Mensch lebt in einer einzigartigen Beziehung zu Gott, in einem Verhältnis wie zwischen Vater und Kind (Gen 5,3), wobei der eine teilhat an der Atmosphäre des anderen. Bei Paulus wird dann ganz klar die Vorstellung der mystischen Gemeinschaft mit Christus artikuliert, in der der Gläubige steht (1 Kor 1,30). Christus lebt in mir (Gal 2,20; vgl. Röm 8,10; 2 Kor 13,5; Eph 3,17). Diese Mystik der Vereinigung mit Christus (*koinonía*) will die Teilhabe am Geheimnis Christi besagen, an seinem Leben, seinem Tod, seiner Auferstehung und Himmelfahrt. Christus ist der Erstgeborene unter vielen Brüdern (Röm 8,29) und enthüllt damit unser aller Geschick. Was mit ihm geschehen ist, verwirklicht sich antizipierend auch in uns (2 Kor 1,22; 5,5; Eph 1,4); und alles wird zu seiner Fülle gelangen, wenn auch wir von den Toten auferstehen werden (Phil 3,21; 1 Kor 15,49).

Als die Christen solche theologischen Reflexionen entwarfen, kannten sie noch keine Theologie der Inkarnation des göttlichen Wortes. Mit ihrer Hilfe wäre es ein Leichtes gewesen, von Vergöttlichung zu sprechen, denn indem das Wort Mensch wird, vergöttlicht es den Menschen. Aber von diesen Begriffen ist im Neuen Testament nichts zu finden. Erst in den darauffolgenden Jahrhunderten expliziert die Theologie systematisch, was in der Behauptung, wir hätten an der göttlichen Natur teil, implizit enthalten war.

2. Die christliche Theologie der Vergöttlichung auf der Basis von 2 Petr 1,4

Der neutestamentliche Text 2 Petr 1,4 hat das christliche Denken, vor allen in den Bereichen der griechischen Kultur, entscheidend beeinflußt. So entstand, als man im dritten und vierten Jahrhundert die christologischen und trinitarischen Dogmen diskutierte, eine ganze Theologie der Vergöttlichung (*theopoíesis*) des Menschen. Den Hintergrund, vor dem die Thematik der menschlichen Vergöttlichung verständlich wird, bildet dabei das griechische Menschenbild platonischer Prägung. Danach wird der Mensch – wie übrigens alle anderen Wesen auch – durch eine *Teilhabe an Gott selbst* verstanden. Alles hat an Gott teil, und darum ist alles Ausdruck und offenbarendes Sakrament der Gottheit. In diesem Zusammenhang bedeutet Gnade die tiefstmögliche Angleichung an die Gottheit, die so weit geht, daß der Mensch ›wesensähnlich‹ mit Gott wird. Der Mensch hat die Aufgabe, im Lauf seines Lebens der Gottheit immer ähnlicher zu werden, so daß seine menschliche Substanz eine wahre ontologische Mutation erfährt: Aus einem bloßen Menschen wird ein vergöttlichtes Wesen. Der Mensch ist nur dann wirklich Mensch, wenn er sich selbst übersteigt und in die göttliche Sphäre erhoben wird. Deshalb konnte eine ganze Reihe griechischer Kirchenväter sagen: Der Mensch wurde als Mensch geschaffen, aber dazu berufen, Gott zu werden. Diese Vergöttlichung ist jedoch nicht das Ergebnis vernunftmäßiger Dialektik, mystagogischer Wege oder ritueller Initiationen. Die Vergöttlichung ist vielmehr Geschenk Gottes, der sich mit tiefer Sympathie zum Menschen herabläßt und sich seiner ganz annimmt, um ihn zu dem zu machen, was er bisher nicht ist, was aber das Höchstmaß an Sein ausmacht: Vergöttlichung. Seit Irenäus pflegt man in der östlichen (weniger allerdings in der westlichen) Theologie im Menschen zwischen dem zu unterscheiden, was Abbild Gottes, und dem, was Ähnlichkeit mit Gott ist. Abbild Gottes ist der Mensch in seinem natürlichen Wesen als Leib und Seele. Dieses Abbildsein kann auch durch die Sünde nicht zerstört werden. Gottähnlich ist der Mensch, insofern er der Gottheit teilhaftig ist, die für die Griechen zwei fundamentale Eigenschaften besitzt: Unvergänglichkeit und Unsterblichkeit. Die Teilhabe an Unvergänglichkeit und

Unsterblichkeit hat der Mensch durch die Sünde eingebüßt. Die Erlösung durch Christus schenkt uns die Gottähnlichkeit zurück, ja bringt sie zu ihrem Höhepunkt, weil Jesus Christus als Sohn Gottes und unser Bruder mit dem Vater und dem Heiligen Geist wesensgleiches Abbild und wesensgleiche Ähnlichkeit par excellence ist.

Auf dem Hintergrund dieser Anthropologie wird auch das Geheimnis der Inkarnation Gottes gedeutet. Die Menschwerdung des göttlichen Wortes verlängert einen Prozeß der Teilhabe und Verähnlichung, der zuvor schon in der Schöpfung präsent war, und erhebt ihn zu seinem eschatologischen Status. In Jesus Christus wird der Mensch Gott so ähnlich und hat so intensiv teil an Gott, daß er die Gegenwart Gottes selbst in der Welt ist.

Deshalb ist er die in der Geschichte sichtbare Gnade Gottes. Der ursprüngliche Sinn der Inkarnation erschöpft sich nicht in seiner aus der Verlorenheit erlösenden und befreienden Wirkung. Die Menschwerdung Gottes zielt auf die Vergöttlichung des Menschen ab. Nur wenn der Mensch mehr ist als bloßer Mensch, ist er tatsächlich Mensch, das heißt, erst wenn er ›Gott‹ wird, bleibt er wirklich Mensch. Was schon bei Irenäus häufig steht, wird von anderen Kirchenvätern wie Athanasius, Cyrill von Alexandrien und Augustinus später gern wiederholt: In der Inkarnation ist Gott zum Menschen herabgestiegen, damit der Mensch Gott werden könne.[6] »In seiner großen Liebe wurde das Wort zu dem, was wir sind, damit wir zu dem würden, was es ist.«[7] Das menschliche Fleisch wird durch die Inkarnation des Logos *verbifiziert* (*Athanasius*, Contra Arianos 3,34; PG 26,396) und dadurch noch mehr geeignet, göttliche Gnade zu empfangen und Gott noch tiefer ähnlich zu werden. Die Gnade, die uns in der Menschwerdung Gottes zuteil wird, beinhaltet nicht nur eine neue Relation zu ihm. Diese neue Relation ist die Folge einer neuen Realität, die mit dem Advent des Wortes eröffnet wurde. Somit entstand ein neuer ontologischer Reichtum: Der Logos machte sich zu eigen, was er zuvor nicht war (die Menschheit); und der Mensch empfing, was er vorher nicht besaß (den ewigen Logos). Gott vermenschlichte sich, und der Mensch wurde vergöttlicht. Deshalb kann man sagen, Gnade als fortschreitende Verähnlichung mit Gott fand in der Inkarnation des ewigen Wortes in der Welt zu ihrem Höhepunkt. Nach dem Ereignis der Menschwerdung Got-

---

6 Adversus Haereses III, 19, 1: PG 7, 939.

7 *Ders.* ebd. I, 5 Prol: PG 7, 1120; *Athanasius:* »Verbum Dei homo factus est ut nos deificaremus« (Oratio de Incarnatione Verbi 8); *Augustinus:* ». . . Ille Filius qui cum esset Filius Dei, venit ut fieret filius hominis, donaretque nobis, qui eramus filii hominis, filios Dei fieri« (Epistula 140; ad Honoratum 3,9); *Kyrill von Alexandrien* mit seiner ständig zitierten Wendung: »Gott wurde Mensch, damit der Mensch Gott würde‹ (Homilie zum Römerbrief 9,3).

tes muß Gnade als Fortsetzung der Inkarnation in das Innere der Menschen hinein verstanden werden, so daß die Menschen mehr und mehr christusförmig werden. Treffend sagt Cyrill von Alexandrien: »Was in Christus ist, wird zu uns geleitet.«[8] Ein wirklicher Prozeß ist in Gang, in dem sich Gott den Menschen zu eigen macht. Gnade ist gleichsam eine *incarnatio diminuta*, eine *incarnatio brevis*. Clemens von Alexandrien kann in der Logik dieses Denkens deshalb die Gerechten sogar »Götter« (*theói*)[9] nennen, und zwar nicht nur im Blick auf die Ewigkeit, sondern schon in der Jetztzeit.

Im Licht dieser Überlegungen gewinnt die Eucharistie einen unschätzbaren Wert, weil sich dem Menschen in diesem Sakrament ein materieller Zugang zur Gottheit und damit zur eigenen Vergöttlichung und ›Wesensgleichheit‹ mit Gott eröffnet. In der Liturgie wird diese unaussprechliche Gemeinschaft und dieser begnadende gegenseitige Austausch (commercium) gefeiert.

3. Was heißt eigentlich ›teilhaben an der göttlichen Natur‹?

Der Verweis auf Bibel und Tradition reicht für sich allein noch nicht aus. Es gilt zu verdeutlichen, was im Verständnis des Glaubens die Behauptung besagt, wir seien der göttlichen Natur teilhaftig. Wir fragen also: Was steht eigentlich auf dem Spiel, und was soll überhaupt gesagt werden, wenn diese Wendung mit einer so transzendenten Reichweite ausgesprochen wird?

Es wäre oberflächlich, sich der Frage zu entledigen, indem man sagte, Vergöttlichung sei ein spezifisches Problem der griechischen Welt, die ihre eigene Weise habe, das Verhältnis des Menschen zu Gott zu erfahren und auszudrücken. Die Frage gehe uns nichts an, denn wir seien ja keine Griechen mehr. Zugegeben: Das Buchstabieren des Problems geschieht mit Hilfe griechischer Denkformen, das Problem selbst ist aber nicht ausschließlich griechisch, sondern allgemein menschlich, und deshalb betrifft es uns. Der griechische Mensch machte eine bestimmte Erfahrung und brachte sie im Rahmen der Naturmetaphysik zum Ausdruck; wir Heutigen machen wahrscheinlich noch dieselbe Erfahrung, nur daß wir sie in einem anderen Vokabular äußern. Wir müssen also das gemeinsame Motiv bei den Griechen und bei uns identifizieren.

---

8 Thesaurus 24: PG 75, 333: »Quaecumque enim Christo insunt, eadem in nos derivantur.«
9 Stromata 1.7, c. 10: PG 9,480.

Das mit der Wendung ›teilhaftig der göttlichen Natur‹ eigentlich Gemeinte besteht in der Feststellung, daß der Mensch sich nur dann voll als Mensch erfährt, wenn er sich absolut übersteigt. Der Mensch ist absolute Transzendenz und strebt in totaler Offenheit und grenzenloser Leidenschaft unentwegt über sich hinaus. Seine Verwirklichung findet er nicht im faktisch Gegebenen, sondern im gänzlich Utopischen und Transzendenten. Der griechische Geist hatte ein sehr feines Gespür für diese Art menschlicher Erfahrung. Wenn er sagte, der Mensch sei zur Vergöttlichung berufen, wie er auch nur im Raum des Göttlichen und durch die Teilhabe an der göttlichen Natur ganz Mensch sei, wollte er damit die anthropologische Extrapolation als Bedingung für echte Menschlichkeit ausdrücken. Nur in Verbindung und Gemeinschaft mit dem, der absolut anders als er selbst ist, mit Gott nämlich, findet der Mensch seine Ruhe.

Auch heute machen wir im Horizont unserer Kultur dieselbe Erfahrung, ohne uns unmittelbar des Begriffs der Vergöttlichung zu bedienen. Die Sehnsüchte, die der moderne Mensch ausspricht, beziehen sich nicht mehr darauf, vergöttlicht zu werden und Anteil an der göttlichen Natur zu gewinnen. Möglicherweise stellt er sich recht wenig unter der Formel des Zweiten Petrusbriefs (2 Petr 1,4b) vor. Denn unser grenzenloses Verlangen und unser Gefühl der Unvollkommenheit, die beide nach Fülle seufzen, artikulieren wir unter einer anderen Thematik. Was wir heute wollen, ist eben gerade nicht Vergöttlichung, sondern volle Menschwerdung und größtmögliche Verwirklichung unserer Persönlichkeit. Indem wir aber zu ergründen versuchen, was der Ausdruck ›größtmögliche Verwirklichung unserer Persönlichkeit‹ beinhaltet, stoßen wir auch auf die Gottesfrage. Der Mensch ist nur dann Mensch, wenn er mit dem anderen kommuniziert. Je mehr er aus sich selbst auszieht, die Erfahrung Abrahams macht und in ein Gespräch mit dem anderen eintritt, desto mehr wird er Person. Je intensivere Beziehungen er zu dem ganz Anderen herstellt, desto mehr wird er er selbst. Nun kann das ganz Andere aber nur der Name für das Geheimnis Gottes sein. Daraus folgt, daß eine volle Personwerdung die Vergöttlichung des Menschen impliziert. Ausgehend von dieser Erkenntnis, wird es auch für uns Heutige, die wir wahrlich keine Griechen sind und nicht mehr griechisch denken, wieder bedeutsam, von der Teilhabe an der göttlichen Natur zu sprechen. Diesen Punkt möchten wir im folgenden ein wenig vertiefen.

Zuvor jedoch soll noch kurz das Bemühen behandelt werden, mit dem die westliche Theologie (von der östlichen Theologie war ja schon die Rede) zu erhellen versuchte, was es heißt, wir hätten teil an der göttlichen

Natur.[10] Die abendländische Theologie ging dabei sehr verworrene Wege. Akademischer Klarheit halber kann man sagen, die unterschiedlichen Lösungsversuche schwankten zwischen Minimalismus (in dem zuwenig behauptet wird) und Maximalismus (in dem zuviel behauptet wird) hin und her.

J. Ripalda (†1648) vertritt die Ansicht, unter der Formel ›teilhaftig göttlicher Natur‹ sei die ethische Verähnlichung des Menschen mit Gott zu verstehen. Diese bestehe darin, daß der Mensch die Tugenden Gottes nachahme.[11] Die göttliche Natur besitze eine wesentliche und bleibende moralische Güte. In dem Maß, in dem der Mensch aufgrund von Gnade mehr und mehr der göttlichen Natur ähnlich werde, werde er tugendhaft und entwickle sich dazu, alles mit Perfektion zu tun, bis er schließlich in der Seligkeit und vereinigt mit dem Willen Gottes, der ja die höchste Norm aller Heiligkeit ist, zu einer unzertrennlichen Einheit mit Gott gelange. Damit tut der Mensch im Grund keine guten Werke, sondern ist einfach gut, und zwar ist er nach Art Gottes, der ja der Heiligen Schrift zufolge der alleinige Gute ist (Mt 19,17), gut in Fülle.

Ripaldas Interpretation gilt als minimalistisch, weil sie – wiewohl sie die durchaus wichtige und der Wahrheit entsprechende ethische Seite der Gnade betont – den Hauptpunkt vernachlässigt, der in der ontologischen Verwandlung des Menschen durch den Kontakt mit der göttlichen Natur besteht. Neues Handeln gründet auf gewandeltem Sein. Wie hat man sich dieses von der göttlichen Natur durchdrungene und der göttlichen Natur teilhaftige neue Sein vorzustellen? Auf genau diese Frage gibt Ripalda keine ausreichende Antwort.

Auf der anderen Seite legt die klassische thomistische Schule, unterstützt von Neuscholastikern wie R. Garrigou-Lagrange,[12] eine äußerst kühne These vor: Anteil an der Natur Gottes haben heiße des Wesens Gottes selbst teilhaftig sein, das nur Gott selbst erkennbar, dem Erkenntnisvermögen des Menschen aber absolut unzugänglich sei. Die endliche Natur des Menschen habe durch die Gnade teil an der unendlichen Natur Gottes, insofern diese unendlich und die Fülle des Seins sei. Dieser Tatbestand beinhalte eine reale Vergöttlichung, durch die der Mensch Gott genauso erkenne und liebe, wie Gott sich selbst liebt und kennt.

---

10 Die Thematik der Vergöttlichung findet sich nicht nur im Orient, sondern begegnet auch bei Augustinus: vgl. *Capágana, V.,* La deificación en la soteriología augustiniana, in: Augustinus Magister II, Paris 1954, 745–754.

11 De ente supernaturali, dis. 32, sect. 9, n. 15.

12 La grâce est-elle une participation de la déité telle qu'elle est en soi?: Revue Thomiste 36 (1936) 470–485.

Solche Behauptungen tun des Guten zuviel. Sie können durch keine Erfahrung überprüft werden, selbst wenn man die glühendsten Mystiker zu Gewährsleuten nähme. Aussagen dieser Art sind Deduktionen aus einer Methaphysik des übernatürlichen Seienden, die für die Neuscholastik bezeichnend ist. In der Neuscholastik wird die religiöse Erfahrung durch die Logik von Formulierungen ersetzt, die von ihm vorhinein aufgestellten Thesen über das Übernatürliche abgeleitet werden, wobei das Übernatürliche als eine völlig andere Welt verstanden wird, die dem Menschen allein aufgrund verbaler Offenbarung zugänglich ist. Die Erfahrung, die der griechischen Wendung ›teilhaftig göttlicher Natur‹ zugrunde liegt, wird nicht mehr eingeholt. Gerade die Erfahrung aber vermittelt uns nicht das Erleben einer totalen Gemeinschaft mit der Gottheit, die so weit geht, daß wir Gott lieben und erkennen, wie Gott sich selbst liebt und erkennt. Entweder haben wir es bei dieser Sicht mit einem bloßen ausschweifenden Verbalismus zu tun oder mit Metaphern, deren Tragweite durch die theologische Sprache, die immer vernunftgemäßes Sprechen sein muß, nicht mehr kontrolliert werden kann.

Eine vermittelnde Lösung versucht Suarez.[13] Für den großen Jesuitentheologen des 16. Jahrhunderts (1548–1617) bewirkt die Gnade im Sein des Menschen eine derartige Umwandlung, daß er in die Lage versetzt wird, Gott zu erkennen, wie er wirklich ist. Um Gott erkennen zu können, wie er wirklich ist, muß der Mensch Anteil an der Natur Gottes gewinnen. Dies aber geschieht endgültig durch die seligmachende Anschauung im Himmel.

Diese Lehre ist eminent logozentrisch und damit typisch für das westliche Denken griechischer Prägung, für das das höchste Glück des Menschen in der Anschauung Gottes (theoría) besteht. Unsere Wahrnehmung der Wirklichkeit stellt uns in einen weiteren Horizont: Menschliche Fülle erscheint uns nämlich als ganzheitliche Begegnung mit Gott, die aber nicht erst in der Herrlichkeit, sondern schon im Laufe des sterblichen Lebens, auf dem dunklen Weg von Glauben, Hoffnung und Liebe verwirklicht wird.

In der modernen Theologie betont man beim Thema der Teilhabe an der göttlichen Natur eine personale und das Ganze umfassende Perspektive, die mit der religiösen Erfahrung der Gnade verbunden ist.[14] An der göttlichen Natur teilhaben heißt grundsätzlich an Jesus Christus teilhaben. An Jesus Christus teilhaben besagt aber in einem ersten Schritt eine

13 De gratia 1.7, c. 1.
14 *Flick-Alszeghy*, Il Vangelo della Grazia, Florenz 1964, 557–560, auch in: Fondamenti di una antropologia teologica, Florenz 1969, 295–298.

ontische Veränderung des menschlichen Seins, so daß der Mensch in einem zweiten Schritt befähigt wird, christusförmig, das heißt als Kind, zu leben (personales Element). Diese Veränderung ermöglicht es dem Menschen zu fühlen, wie Christus fühlte (Phil 2,5–11; 1 Kor 2,16), und zu lieben, wie Christus – in der Einheit mit dem Heiligen Geist – den Vater und die Menschen liebte. Die Kategorie, die hier auftritt, ist die der Freundschaft im aristotelisch-thomistischen Sinn, in dem der ontologische Gesichtspunkt der gegenseitigen Veränderung derer, die in Freundschaft einander zugetan sind, Vorrang hat vor psychologischen und gesellschaftlichen Aspekten, die auf der gegenseitigen Veränderung gründen und von dorther ermöglicht werden. Die Vergöttlichung wird jetzt nicht mehr so sehr als Teilhabe an der göttlichen Natur im Sinn einer Wesenseinheit gedacht, sondern eher als personale Gemeinschaft mit den drei göttlichen Personen. Hier taucht das Thema auf, das wir weiter unten unter dem Titel ›Einwohnung der Heiligsten Dreifaltigkeit im Leben des guten und gerechten Menschen‹ besprechen werden.

Unsererseits möchten wir diese ontologisch-personalistische Linie vertiefen, indem wir die wechselseitige Aufnahme des Menschen in Gott und Gottes im Menschen betonen. Sie geht so weit, daß der Mensch sie wirklich erfahren kann.

Wie wir im Laufe dieser unserer Überlegungen immer wieder betonten, kommt es zur Verwirklichung von Gnade nur im wechselseitigen Sich-öffnen Gottes und des Menschen. Dabei verändert dieser Austausch den einen wie den anderen: Gott wird Mensch, und der Mensch wird vergöttlicht. Auf unübertreffliche Weise bringt die Inkarnation diese gegenseitige Sympathie Gottes zum Menschen und des Menschen zu Gott zum Ausdruck. In der Inkarnation geht nämlich nicht nur Gott dem Menschen entgegen, sondern auch der Mensch geht auf die Suche nach Gott, wie er es immer schon war. Jesus von Nazaret stellt als menschgewordener Gott den Treffpunkt der zwei Bewegungen, die Umarmung der zwei Sich-Liebenden dar, die sich schon immer insgeheim suchten. Selbstverständlich ist die Suche des Menschen nach Gott erwirkt durch das Suchen Gottes nach dem Menschen. Denn Gott hat den Menschen so geschaffen, daß er immer auf der Suche nach dem Absoluten und im Innersten seines Wesens so strukturiert ist, daß die tatsächliche Begegnung mit Gott der Höhepunkt seiner Menschwerdung und Selbstverwirklichung ist. Also herrscht im Kern des menschlichen Seins ein gewisser Gleichklang mit dem göttlichen Sein. Die menschliche Natur kann angemessen nur im Horizont der göttlichen Natur gedacht werden. Vom Menschen sprechen impliziert deshalb immer von einem bestimmten Moment an auch von

Gott sprechen. Wer Gott vergißt, vergißt auch den Menschen in dem, was er an Geheimnisvollstem und Faszinierendstem besitzt. Deshalb wagen wir zu sagen, daß der Ausdruck ›teilhaftig göttlicher Natur‹ definitiv das geheimste Wesen des Menschen artikulieren will. Ohne eine solche Partizipation am Geheimnis Gottes gelangt der geschichtliche Mensch, so wie er existiert, niemals zu seiner vollen Menschlichkeit. Obwohl Gnade gratis ist, darf man sie nicht als etwas Überflüssiges mißverstehen, das mit dem Prozeß der vollgültigen Menschwerdung nichts zu tun hätte. Aufgrund dieser Ungeschuldetheit (Über-flüssigkeit) wurde der geschichtliche Mensch so geschaffen, wie er ist. Das heißt: Nur in der Teilhabe an dem, was er nicht ist, in der Partizipation an Gott, wird er im Vollsinn Mensch.

Wenn aber die Natur Gottes die Erfüllung des Menschen ist, worin besteht dann die Natur Gottes? Nach der Natur Gottes fragen heißt nach seiner Gottheit bzw. nach dem fragen, was Gott ausmacht. Was bewirkt, daß Gott Gott ist, kann man nicht *a priori* erfassen. Sonst müßte man ja von der Existenz eines Seins ausgehen, das Gott vorausginge und sein Seinsgrund wäre. Es gibt keine Instanz, die ihm vorausginge oder über ihm stände und von der aus man verständlich machen könnte, was Gott bedeutet. Denn Gott ist der Höchste, und etwas Größeres als ihn kann man sich weder denken, noch kann es existieren. Von Gott wissen wir folglich nur das, was er in der Geschichte gezeigt hat, die er mit den Menschen macht.

In der Geschichte der jüdisch-christlichen Erfahrung, in deren Rahmen das für die Anthropologie entscheidende Ereignis, die Auferstehung, geschehen ist, hat sich Gott bekundet, wie er ist: als ein Sein, das nur insofern existiert, als es nach außerhalb seiner selbst gewandt, ewige Mitteilung und fortwährende Schenkung seiner selbst in Liebe ist. Gott ist totale Offenheit, die aus sich selbst, aus ihrem absoluten Geheimnis (Vater) heraustritt, sich ganz selbst mitteilt (Sohn), sich in dem offenbart, was sich von Gott unterscheidet, das heißt: in der Schöpfung (Schöpfung in, durch und mit dem Logos sowie für ihn), zu sich selbst zurückkehrt und dabei alles zu seiner ursprünglichen Einheit zusammenführt (Heiliger Geist). In diesem Sinn ist Gott eine lebendige Transzendenz – *Deus semper maior* –, die sich unentwegt und ständig über sich hinaus selbst zeugt und verwirklicht. Mit einem Wort: Gott ist Liebe, die sich Gefährten in der Liebe schuf und ihr Sein (Gottheit) dadurch realisiert, daß sie alle liebt, die sie geschaffen hat, und sich ihnen schenkt, damit sie Ihn aufnehmen können. In Jesus Christus schenkte sich Gott ganz und gar der Welt und offenbarte sich damit, wie er ist – absolute Selbstmitteilung.

264

An Gott teilhaben heißt für den Menschen, das zu besitzen, was in Gott Sein ist: radikal lieben, sich fortwährend schenken und offen mit allen Dingen Gemeinschaft pflegen. Ein solcher Mensch ist imstande, unendlich viel zu ertragen, genau wie Gott erträgt. Er hat die Höflichkeit Gottes, die der heilige Franziskus so sehr betont und so intensiv gelebt hat – Gottes, der alle Menschen gut behandelt und gütig sogar zu Undankbaren und Bösen ist (Lk 6,35).

In Gemeinschaft zu leben, sich mit allen Dimensionen seines Wesens auf die anderen auszurichten und ein lebendiger Knoten von Beziehungen zu sein, alles das macht Person-Sein aus. Je konsequenter jemand aus sich heraustritt, je intensiver er mit dem anderen Gemeinschaft pflegt und je mehr er von sich weggibt, desto reicher wird er und desto mehr gleicht er sich dem Wesen Gottes an. Lieben heißt Gott in seinem Leben Ereignis werden lassen. Gott in seinem Leben Ereignis werden lassen heißt aber vergöttlicht werden und zulassen, daß Gott Mensch wird. Vergöttlichung ist kein mirakulöser und nicht-nachvollziehbarer Prozeß überhalb und jenseits unseres Lebens. Sie ist der Alltag der Liebe mit seiner dunklen, aber tiefen Treue, mit all seinen Hindernissen, denen es vorzubeugen gilt, und mit seinen läuternden Prüfungen, die der Liebe ständige Achtsamkeit, behutsames Wachen und feines Einfühlungsvermögen abverlangen. All dies geschieht in einem Prozeß, in dem die kleinen und großen Märtyrer nicht fehlen und in den Augenblicke subtiler und bewegender Begnadung ebenso einbrechen wie Momente voller Angst und unumgänglicher Notwendigkeiten.

In dem Maße, in dem der Mensch im Lauf seines Lebens dahin kommt, sich zu öffnen, sich zu geben, sich immer wieder zu verschenken und unentwegt zu übersteigen, gewinnt er mehr und mehr Anteil an der Natur Gottes, der diese Offenheit in unendlicher, absoluter und ewiger Weise verwirklicht, bis wir in der Herrlichkeit »bei dem Herrn unsere Heimat finden« (2 Kor 5,8). Dann brauchen wir nicht mehr zu fragen, was es heißt, an der Natur Gottes Anteil zu haben. Dann wird er – unter Wahrung unserer persönlichen Identität – alles in allem sein (1 Kor 15,28). Dann wird das Wissen aufhören, Erleben und Verkosten werden fortdauern.

Wenn der Mensch an der Natur Gottes partizipiert, so hat immer auch umgekehrt Gott an der Natur des Menschen teil. So kann man mit Fug und Recht sagen, der Mensch sei theomorph und Gott anthropomorph. Wer ein lebendiges Bewußtsein von dieser gegenseitigen Implikation hat, kann eine echte mystische Erfahrung machen. Er erlebt, daß und wie der Mensch in Gott ist, und erfährt auch umgekehrt, daß und wie Gott im

Menschen zugegen ist. Das Sein Gottes im Menschen schließt ein, daß sich Gott gleichsam im Innern des guten und gerechten Menschen selbst zeugt, seinen Sohn hervorbringt und zusammen mit ihm den Heiligen Geist haucht. Auf dieser Ebene unaussprechbaren Geheimnisses, auf der heiliges Schweigen mehr vermittelt als Worte, die allzu leicht zu Geschwätz entarten, verlieren theologische Begriffe ihre Genauigkeit und Richtigkeit. Damit nun unsere Feststellungen nicht einfach trinitätstheologische Ableitungen und Anwendungen der Dreifaltigkeitslehre auf den Themenbereich Gnade werden, dürfen wir keinen Augenblick den festen Boden der Erfahrung von Gnade verlassen. Indem wir unser eigenes Geheimnis, sein Verstehens- und Mitteilungsvermögen erfahren, ahnen wir, was es bedeutet, daß der Vater geheimnisvoll ohne Ursprung subsistiert und allem seinen Ursprung gibt, daß der Sohn das Verstehen dieses Geheimnisses ist und daß der Heilige Geist Gemeinschaft in Liebe ist. In unserem Inneren spiegelt sich ein schwacher Widerschein des unaussprechlichen Trinitätsprozesses wider. Auf diese Weise nimmt das Geschöpf an der einzigartigen Natur Gottes teil, die sich in der Dreifaltigkeit der Personen verwirklicht. Wer sich radikal erfährt, erfährt damit auch Gott.

Wenn die Teilhabe an der Natur Gottes als ein Prozeß radikaler Personalisierung zu verstehen ist (Person als Sein-für-den-anderen und letztlich als Sein-für-Gott als den absolut Anderen), dann ergibt sich daraus, daß sie nicht ausschließlich für die Christen oder für die gilt, die sich dieses Sachverhalts bewußt sind. Partizipation an der Natur Gottes ist vielmehr ein ständiges Angebot an die Menschheit und war auch immer schon in der Geschichte der Menschen gegenwärtig, wenn sie ihre Einigelung aufgaben und in Liebe, Versöhnung, Vergebung und mit dem Willen, die Hindernisse aus dem Weg zu räumen, die es erschwerten, mehr Person zu werden, nach humanisierender Begegnung suchten. Mit Irenäus können wir sagen, das große Glück im Himmel sei gebunden an eine erziehende Vorsehung, die den Menschen allmählich zu seinem ganzen Glück in der vollen Teilhabe an der Natur Gottes bringe. In einer geradezu kühnen Formulierung heißt es bei Irenäus ferner, der Mensch sei zwar nicht von Anfang an als Gott geschaffen, aber er sei dazu berufen, Gott zu werden.[15] Vielleicht liegt hier die tiefste Wurzel für den unbesiegbaren Optimismus des christlichen Glaubens: Der Mensch ist *fine finaliter* dazu berufen, mehr als Mensch zu werden. Er hat die Berufung, mit Gott eine Einheit zu bilden.

15 Adversus Haereses IV, 38, 2–4; IV 20,7; vgl. *Verriele, A.*, Le plan du salut d'après Saint Irénée: RSR 24 (1934) 493.

Mit unserer Deutung bergen wir das Theologische im menschlichen Dasein. Wenn wir sein Leben ausschließlich mit profanen Augen betrachten, verstehen wir den Menschen nicht adäquat. *Res sacra homo*: Der Mensch ist eine heilige Wirklichkeit. Allein im Horizont des Heiligen und Allerheiligsten, Gottes nämlich, vermögen wir das Geheimnis des Menschen zu lichten, das dem Geheimnis Gottes verwandt ist.

XVII. Kinder im Sohn – der Mensch,
Verwandter Gottes

All die verschiedenen Themen – Teilhabe an der göttlichen Natur, Kind-Gottes-Sein des Menschen, Salbung mit dem Heiligen Geist, Einwohnung der Heiligsten Dreifaltigkeit im Leben des Gerechten und ähnliche mehr – wollen ein und dieselbe Erfahrung zum Ausdruck bringen: daß sich der Mensch in der Nähe Gottes weiß und Gott als nahe erlebt. Dabei stellt sich die Nähe als etwas so Unmittelbares dar, daß wir sie nur dadurch ausdrücken können, daß wir sagen, der Mensch sei Verwandter Gottes oder Kind Gottes. Welche Erfahrung verbirgt sich hinter dieser Formulierung? Im folgenden Kapitel soll nun der Versuch unternommen werden, dieser ursprünglichen Erfahrung nachzugehen und sie in unserer heutigen Existenz aufzuspüren. Dabei gehen wir davon aus – und das ist die theoretische Grundlage unserer ganzen Betrachtung –, daß von Gnade und Übernatürlichem sprechen nicht heißt, von einer Wirklichkeit zu sprechen, die alle Erfahrungsmöglichkeit übersteigt, als ob wir nur durch verbale und lehrhafte Offenbarung an sie herankämen und von ihr nichts zu wissen vermöchten, es sei denn eben aufgrund dieser abstrakt formulierten Offenbarung. Wir denken genau das Gegenteil: Die Offenbarungssätze wurden uns nur deshalb übermittelt, weil uns zuvor schon göttliche Wirklichkeit mitgeteilt wurde und wir auch schon vorher die Möglichkeit hatten, diese zu erfahren. Wenn uns verkündigt wird, wir seien Kinder Gottes, und zwar in Wahrheit und nicht nur in Worten, dann wird uns eine Wirklichkeit enthüllt, die schon immer im Menschen zugegen war. Dann geht uns eine Dimension im menschlichen Leben auf, die nicht nur das Merkmal einiger weniger, sondern die Wesensstruktur aller Menschen ist. Die Behauptung lüftet den Schleier, der auf der Ebene des Bewußtseins eine Wirklichkeit verbarg, die zwar schon immer da war, aber unter anderen Namen erlebt wurde und in keinem Menschen fehlte. Wenn allerdings Gnadenleben und Kind-Gottes-sein auf Christen eingeschränkt wurden, dann ist dieser Mangel der Enge einer klerikalen und gettohaften Theologie zuzuschreiben. Gott kennt solche Unterscheidungen nicht, und Jesus Christus bekämpfte jede Art von Reduktion, sei es im Blick auf Nächstenliebe (vgl. Lk 10,29–37: Wer ist der Nächste?), sei es hinsichtlich der Gottesliebe (vgl. Lk 6,35; Mt 5,43–48). Zu sagen: ›Wir sind Kinder Gottes‹, deutet und verdeutlicht menschliche Erfahrung vom Absoluten in ihrer letzten Radikalität. Das ist keine Information, die von irgendwoher außerhalb des Menschen kommt und eben nur auf diesem rein äußerlichen Weg zu erreichen ist.

1. Literarische Zeugnisse

Bei den Primitiven und in fast allen Kulturen (Ägyptens, Babyloniens, des Mittleren Orients usf.) sind Belege dafür zu finden, daß der Mensch sich bewußt war, Kind eines Gottes zu sein.[1] Allein schon in den jeweils üblichen Namen spiegelt sich diese Überzeugung wider: Abibaal (Baal ist mein Vater), Abia (Jahwe ist mein Vater: 1 Sam 8,2; 2 Chr 13,20), Abiel (Gott ist mein Vater: 1 Sam 9,1), Ben-Hadad (Sohn des Gottes Hadad). Besonders Häuptlingen, Königen und Pharaonen wird göttliche Sohnschaft zugeschrieben. Daher rührt auch die in der Literatur des römischen Reiches geläufige Bezeichnung: *divi filius*.

Im Alten Testament fühlte sich das Volk Israel insgesamt als Kind Gottes (Ez 5,22–23), namentlich aufgrund der besonderen Zuwendung, die es anläßlich der Befreiung aus Ägypten erfuhr (Ex 4,22; Os 11,1; Jer 3,19; Weish 18,13). Sodann wurden auch einzelne Mitglieder des Volkes, besonders aber die Gerechten, Kinder Gottes genannt (Jes 63,8.16; 64,7; Weish 2,13.18; 5,5). Als bevorzugtes Glied des Volkes und wegen seiner Erwählung durch Gott und der Verbundenheit mit dem Geschick des ganzen Volkes fühlte sich auch der König als Kind Gottes (1 Chron 28,6; Ps 89,28; 2,7). Kind Gottes zu sein, beinhaltet für den Menschen, daß er auf eine ganz besondere Weise Gott ehrt, indem er ihm Gehorsam erweist (Mal 1,6) und der spezifischen Handlungsweise Gottes folgt (Sir 4,10 bis 11). Die Vaterschaft Gottes hingegen kommt in besonderem Erbarmen (Ps 103,12–13) und in einzigartigem Schutz gegenüber den Menschen zum Ausdruck (Ps 27,10; Dt 8,5; Sir 51,10).

In der Menschheit existiert also ein vages Bewußtsein von einer tiefen Verwandtschaft mit der Gottheit. Paulus bezieht sich auf dieses Empfinden, wenn er im Gespräch mit den Athenern diesen einen Satz der alten

---

1 Vgl. die allgemeine Literatur zum Thema in den verschiedenen Religionen: *Mensching, G., Kraus, H. J.*, Vatername Gottes, in: Religion in Geschichte und Gegenwart VI, 1232–1234; *Kruse, G.*, Pater, in: Pauly-Wissowa, Realencyclopädie der classischen Altertumswissenschaft 36, 2120–2121; *Koppers, W.*, in: König, F., Christus und die Religionen der Erde 2, Wien 1951, 146ff.; *Lagrange, M. J.*, La régénération et la filiation divine dans les mystères d'Eleusis: Revue Biblique 38 (1928) 201–214.

Dichter in Erinnerung ruft: »Denn seines (d. h. Gottes) Geschlechts sind wir ja« (Apg 17,28).

Im Neuen Testament bildet die Bezeichnung Sohn bzw. Kind Gottes den Schlüsselbegriff, mittels dessen das Geheimnis Jesu Christi eröffnet und die Lage des Menschen vor Gott benannt wird.[2] Jesus nennt Gott einfach *Abba* (Papa), und zwar in all seinen Gebeten (Mt 11,25–26; 26,42; Lk 10,21; 22,42; 23,34.46). Selbst versteht er sich als Sohn, in absoluter Weise als *den Sohn* (Mt 11,27; 24,36; 28,19 sowie 14mal bei Johannes).[3] Zwischen ihm und dem Vater herrschen gegenseitige Kenntnis (Mt 11,25) und wechselseitiges Wohlgefallen (Mk 1,11; 9,7), so daß Johannes, um diese enge Beziehung zwischen Jesus und dem Vater theologisch zu deuten, Christus sagen lassen kann: »Ich und der Vater sind eins« (Joh 10,30). Allerdings ist seine Filiation unverwechselbar (Mk 12,6), so daß er im Gespräch mit seinen Jüngern konsequent zwischen »meinem Vater« und »eurem Vater« unterscheidet (Mt 5,45; 25,34; Lk 24,49). Während die Menschen Kinder Gottes werden, ist der Sohn Gottes schon seit immer (Lk 2,49; vgl. Mt 5,44–45; Lk 20,36; Joh 1,1; 1,12–13). Nur indem sie Jesus anhangen, werden sie Kinder Gottes (Mt 8,10–12).

Das Kind Gottes muß es dem Vater gleichtun, der gut und barmherzig ist (Mt 5,45; Lk 6,45), nicht will, daß auch nur eines seiner Kinder verlorengeht (Mt 18,24), und sich mit größter Liebe und Vorsehung um die geringsten Dinge sorgt (Mt 6,8–32).

In der Urkirche war es der Apostel Paulus, der die Gotteskindschaft des Menschen zum theologischen Thema machte. Für Paulus ist allein Jesus Christus der einziggeborene Sohn Gottes, während der Mensch nur durch Gemeinschaft mit ihm und aufgrund von Gnade und Adoption Kind

---

2 Vgl. die zum Thema ›Göttliche Adoptivsohnschaft‹ wesentliche Literatur: *Jeremias, J.*, Abba. Studien zur neutestamentlichen Theologie und Zeitgeschichte, Göttingen 1966, 15–82; *Grant, R. M.*, Le Dieu des premiers chrétiens, Paris 1955; *Büchsel, F.*, Monogenés, in: Theologisches Wörterbuch zum Neuen Testament IV, 745–750; *Schoenberg, M. W.*, St. Paul's Notion on the Adoptive Sonship of Christians: The Tomist 28 (1964); *Mersch, E.*, Filii in Filio: la Trinité vivifiant les hommes, in: La Théologie du corps mystique II, Paris 1949, 9–68; *Garcia Suarez, A.*, La primera persona trinitaria y la filiación adoptiva, in: XVIII Semana Española de Teologia, Madrid 1961, 69–114; *Dockx, S.*, Fils de Dieu par grâce, Paris 1948; *Lyons, H. P. C.*, The Grace of Sonship: Ephemerides Theologicae Lovanienses 27 (1951) 438–466.

3 Hier ist weder der Ort, der komplizierten Frage nachzugehen, ob Jesus von Nazaret für sich selbst den Titel Sohn Gottes benutzt hat, noch sind wir in der Lage, die Entwicklung zu verfolgen, die dieser Ausdruck in den unterschiedlichen Gemeinden der Urkirche genommen hat. Uns geht es einfach darum, die grundlegende dogmatische Feststellung des christlichen Glaubens festzuhalten, die Jesus Christus als den einziggeborenen und in die Welt gesandten Sohn des Vaters versteht. Vgl. zu dieser Problematik: *Küng, H.*, Christsein, München–Zürich 1974, 427–434.

Gottes wird (*hyiothesía:* Gal 4,5; Eph 1,5; Röm 8,15–23). Das Wort
›Adoptivkinder‹ ist sicherlich kein glücklicher Begriff. Es stammt aus dem
Rechtswesen (›Aufnahme einer fremden Person in die Rechte eines na-
türlichen Kindes‹). Paulus verwendet die Wendung ›Gotteskindschaft des
Menschen‹ nicht im juridischen Sinn. Für ihn kommt sie – aufgrund der
Tatsache, daß wir in Christus sind – einer natürlichen Kindschaft gleich.
So kann L. Cerfaux, ein anerkannter katholischer Spezialist in paulini-
scher Theologie, sagen: »Im paulinischen Sinn ist ›Kindschaft‹ immer
›natürlich‹ zu verstehen. Das heißt: Sie ist nicht auf einen Rechtsakt
Gottes beschränkt, sondern schafft uns in der geistigen Ordnung, indem
sie uns wirklich verherrlicht.«[4]
Mit einer ganzen Reihe dichter Aussagen betont Paulus die reale Wirklichkeit unserer göttlichen Kindschaft: »Durch den Glauben an Jesus
Christus sind wir alle Kinder Gottes« (Gal 3,27). Im Epheserbrief heißt es
sinngemäß noch entschiedener: Von aller Ewigkeit an wurden wir dazu
vorherbestimmt, durch Jesus Christus Adoptivkinder Gottes zu sein (Eph
1,5). Der Sohn Gottes wurde zu uns gesandt, damit uns die Bevorzugung,
Kinder Gottes zu sein, zuteil würde (Gal 4,3–6). Da wir Kinder sind,
schickte Gott uns den Geist seines Sohnes, der ruft: Abba, Vater (Gal
4,6). Wir sind Kinder Gottes, weil wir vom Geist Gottes bewegt sind
(Röm 8,14; 2 Tim 1,7). Immer wieder läßt uns der Geist uns der Tatsache
bewußt werden, daß wir Kinder Gottes sind (Röm 8,15). In der Tat: Im
Sohn Jesus sind wir Kinder Gottes (1 Joh 2,29ff) und dazu vorherbestimmt, dem Bild des Sohnes gleichgestaltet zu werden (Röm 8,29).
Kind Gottes ist nicht irgendein Titel unter anderen, der rein adjektivisch
menschliches Dasein beschriebe. Er ist eine ontologische Qualifikation,
deren Wirklichkeit Johannes besser als jeder andere geschildert hat:
»Seht, so groß ist die Liebe, die der Vater uns geschenkt hat, daß wir
Kinder Gottes heißen und es auch sind ... Ihr Lieben, jetzt sind wir
Kinder Gottes, obwohl noch nicht offenkundig geworden ist, was wir sein
werden« (1 Joh 3,1–2). Diese Tatsache schließt, wie wir sehen konnten,
ein, daß wir wirklich an der Natur Gottes teilhaben (2 Petr 1,4).

2. Die dem Ausdruck ›Kind Gottes‹ zugrunde liegende Erfahrung

Die Wendung ›Kind Gottes‹ besagt zunächst einmal die Erfahrung einer
tiefen, innigen natürlichen Nähe zu Gott, die im Verhältnis zwischen

---

4 *Cerfaux, L.*, Le chrétien dans la théologie paulinienne, Paris 1962, 299.

Vater und Kind ihr Modell und ihre Verdeutlichung findet. Diese Nähe weist auf eine Geborgenheit, die alle Ängste vertreibt, und auf einen Gleichklang in ein und demselben Leben hin. Jedoch verweist die Nähe zugleich auch auf eine tiefere Wirklichkeit, die sich uns auftut, wenn wir nach der Grundlage dieses innigen Zueinanders fragen.

Die Nähe des Menschen zu Gott entsteht aus der Nähe des Menschen zu sich selbst, wie überhaupt jede echte Gotteserfahrung aus der Radikalität menschlicher Erfahrung hervortritt. In der inneren Intimität – der Mensch ist das einzige Wesen in der ganzen Schöpfung, das Intimität und Innerlichkeit besitzt – lebt der Mensch das Geheimnis seiner selbst. *Mihi factus sum quaestio magna* (ich bin mir selbst zu einer großen Frage geworden), sagt Augustinus aufgrund einer radikalen Erfahrung, durch die jeder Mensch im Prozeß seiner Personalisation hindurch muß. Jeder einzelne ist für sich selbst ein herausforderndes Geheimnis, dessen endgültigen Sinn er zu suchen und auf unverwechselbare Weise zu definieren hat. Das Geheimnis setzt den Menschen auf die Bahn des Denkens. Die Wahrnehmung der Intimität mit sich selbst dimensioniert ihn zugleich auf seine Schwäche und auf seine Größe. Die Schwäche geht ihm auf, weil er sich gesandt weiß und weil er seine Existenz als ungeschuldet erfährt. Denn: Hat er etwa um sein Dasein nachgesucht, oder kann er etwa grundsätzlich nicht existieren wollen? Und die Größe verspürt der Mensch, indem er erlebt, daß er zu geben wie auch zu empfangen imstande ist, daß er ja zu sich sagen kann, so wie er ist, dankbar sein und damit zur Bereicherung für den Mitmenschen werden kann. Der Dialog mit diesen zwei Dimensionen seiner Intimität, zumal wenn er an Tiefe und Kühnheit wächst, läßt den Menschen zu seiner eigentlichen Menschlichkeit heranreifen und befähigt ihn, sich auf das Geheimnis des anderen einzustellen und es zu verstehen.

Aus dem Horizont des Geheimnisses der eigenen Person tritt das Geheimnis Gottes als die Instanz hervor, die den Menschen schafft, trägt und fortwährend über sich hinaus verweist. Dies ist ein Phänomen reiner Ungeschuldetheit und reinen Wohlwollens auf seiten Gottes. So erscheint – in einer treffenden Formulierung Augustins – Gott als »intimior intimo meo«, das heißt: als der, der in meiner eigenen Intimität der mir Nächste ist.

Intimität und Innerlichkeit bringen also das Geheimnis des Menschen in Verwandtschaft zum Geheimnis schlechthin. Das Geheimnis schlechthin im Menschen heißt Gott. In ihrer letzten Tiefe erweist sich menschliche Existenz damit als totale Offenheit, unergründbarer Abgrund und reine Transzendenz. In vager und bisweilen konfuser Form hat der Mensch schon immer geahnt, daß er eine Wirklichkeit darstellt, die sich in das Geheimnis Gottes hinein verliert. Als Mensch kann man sich sachgerecht nur im Horizont des Göttlichen, nicht bloß des Menschlichen verstehen. Wenn das Blickfeld nur durch das Menschliche abgesteckt wäre, bliebe immer die Frage offen, worin denn eigentlich dieses Menschliche bestehe. Nur das Göttliche entziffert das Menschliche, so daß dieses unaufdeckbar und geheimnisvoll wie das Göttliche selbst wird. Hierin besteht die Größe und Sakramentalität des Menschen. Denn er hat teil an der Natur Gottes. Er fühlt sich nicht wie Gott, wohl aber als Kind Gottes. Der Begriff *Kind Gottes* verweist also auf diese Tiefenerfahrung und versucht, sie zum Ausdruck zu bringen.

Gotteskindschaft stellt also nicht die Eigenschaft einiger weniger privilegierter Menschen, sondern die Tiefenstruktur aller Menschen dar. Diese Erfahrung hat Jesus von Nazaret eschatologisch (und damit endgültig und umfassend) und exemplarisch ausgedrückt. Jesus erlebte Gott als seinen Vater und fühlte sich als dessen vielgeliebten Sohn. Entsprechend war sein Verhalten, so daß es sogar seine göttliche Identität mit dem Vater bekundete. Als die Pharisäer dieser Identität zwischen Jesus und dem göttlichen Vater gewahr wurden, begannen sie, Jesus mit dem Tod zu drohen. Er wußte also, daß er der Gesandte des Vaters war, und erlebte deshalb auch die innigsten Beziehungen zum Vater, wie sie der Evangelist und Theologe Johannes unübertrefflich beschreibt (Joh 5,17.19.23.26; 6,46; 7,29; 10,15.28–30; 14,10–20; 17,5.10–12; 21,25 usf.). Alles hat er vom Vater empfangen (Joh 5,20.30.36; 7,16; 8,26.28; 14,10). Dennoch war sein Verhalten alles andere als infantil und deutete noch viel weniger auf irgendwelche neurotische Abhängigkeit hin. Als mündiger, unabhängiger und freier Sohn übernahm er den Auftrag, kämpfte und vollbrachte sein Werk. Wenn Jesus nicht die Erfahrung seines Sohnseins gemacht hätte, wären wir nie zum Bewußtsein der Gotteskindschaft gelangt, auf dem wir heute stehen dürfen.

Die Dogmatik der Urkirche interpretierte – sei es in den Texten des Neuen Testament, sei es in den Beschlüssen der ersten Konzilien – treffend die Taten Jesu. Verstand sie sein Verhalten doch als die Fleischwerdung des ewigen Sohnes des Vaters in der Kraft des Heiligen Geistes. Freilich darf die Inkarnation des einziggeborenen Sohnes nicht als eine religionsgeschichtliche Kuriosität verstanden werden. Sie bekundet uns, wer Gott eigentlich für die Welt ist und daß wir Kinder im Sohn sind. So steht dem Menschen die Entdeckung offen, daß er nicht bloßes Geschöpf ist, dazu verurteilt, in geschöpflicher Distanz zu Gott zu leben und die Züge des Nichts zu tragen, sondern daß ihm der Ruf gilt, an der ewigen Geschichte Gottes teilzunehmen. Als Kind im Sohn steht er in einer so großen Nähe zum Geheimnis Gottes, daß er zusammen mit ihm ein einziges Geschick bildet (vgl. 1 Kor 15,28). Deshalb ist der Mensch, endgültig, auch nicht nur auf einen anderen Menschen (Mann oder Frau) ausgerichtet, sondern auf Gott. Nur wenn er sich absolut transzendiert, kommt er zu sich selbst und kann er er selbst bleiben. Nun heißt aber sich absolut zu transzendieren, in die Sphäre Gottes einzudringen. Gerade dies geschah, durch Werk und Gnade des Geheimnisses, mit Jesus von Nazaret.

Wenn wir also sagen, der Mensch sei im Sohn Kind Gottes, behaupten wir damit, der Mensch habe eine absolute Bestimmung und Berufung: in Gott, mit Gott, bei Gott, für Gott und von ihm zu sein und an der göttlichen Natur teilzuhaben.

3. Thematische Verdeutlichung: Was heißt Kind im Sohn?

Wenn wir Kinder – mit anderen Worten: Söhne und Töchter im Sohn sind, dann bildet der Sohn Jesus Christus den heuristischen Ort, von dem es möglich wird zu ergründen, was unsere göttliche Kindschaft denn eigentlich bedeutet.

a. Jesus Christus: Bruder aller Menschen

Aus verschiedenen Perikopen der Evangelien ist uns bekannt, daß Jesus die Menschen Brüder und Schwestern nannte (Mk 3,31–35; Mt 18,15.21; 25,34–40; vgl. Röm 9,3; Apg 14,2; Lk 8,21). Auch im Hebräerbrief heißt es, Jesus habe sich nicht geschämt, uns seine Brüder zu nennen (2,11). Er machte sich – so fährt der Brief fort – in allem seinen Brüdern ähnlich (2,17). Er ist der Erste unter vielen Brüdern (Röm 8,29). Indem er zum Vater in einem Sohnesverhältnis und zu den Menschen in einem Bruderverhältnis steht, bekundet er, daß die Menschen insgesamt Kinder sind.[5]

b. Alle sind Brüder und Schwestern Christi, alle Kinder im Sohn

Das Auferstehungsereignis machte der Urgemeinde klar, daß der lebende, getötete und auferweckte Jesus, den sie ja gekannt hatte, selbst der

---

5 *Ratzinger, J.,* Christliche Brüderlichkeit, München 1966; *ders.,* Erwägungen über die christliche Brüderlichkeit, in: Katholischer Caritasverband, München o. J., 42–68.

eingeborene und ewige Sohn Gottes war (Röm 1,4; Hebr 1,6; Joh 3,16). In ihm ging ihr der letzte Sinn der Schöpfung und der definitive Heilsplan Gottes auf. Aus diesem Grund hat alles irgendwie mit ihm zu tun (Kol 1,15–20; 1 Kor 8,6) und läuft auf ihn zu (Eph 1,10). Von Ewigkeit her sind die Menschen dazu vorherbestimmt, durch Jesus Kinder zu werden (Eph 1,5) und die Züge des Sohnes zu tragen (Röm 8,29). Deshalb können wir alle zum Vater in Beziehung treten, wie Jesus mit ihm in Bezug stand (Röm 8,14–17; Gal 4,1–7; Hebr 2,10–14; 3,6; 4,16).

Wenn wir sagen, wir seien alle Brüder und Schwestern Christi und damit auch Kinder Gottes, dann geben wir damit zu verstehen, daß wir dazu berufen sind, nach Möglichkeit das zu werden, was Jesus Christus geschichtlich war und im Innern der Heiligsten Dreifaltigkeit bedeutet, wie wir gleich sehen werden.

c. Als Kinder sind wir Erben und Miterben

Da wir Brüder und Schwestern Christi sind, haben wir auch teil an seinem Erbe, das in der Vergöttlichung und im Genuß der absoluten Zukunft besteht (vgl. Röm 8,17–29; Gal 4,7; Tit 3,7; 1 Petr 1,23). Dieses Erbe ist nicht bloß zugesagt, sondern konkretisiert sich auch schon in der Gegenwart (Röm 8,20–23). Es zeigt sich nämlich schon in einem Leben in Liebe, in Freiheit gegenüber dem Tod, in der Freiheit der Kinder Gottes, die nicht mehr kleine, sondern mündige und erwachsene Kinder sind (Gal 4,1–7; 1 Kor 3,1; 13,11; Röm 8,15) und denen die ganze Welt gehört (1 Kor 3,22).

d. Die von Christus geprägte Atmosphäre: Wir sind alle im auferstandenen Sohn

Die Menschwerdung brachte den Sohn in die räumlich und zeitlich eingegrenzte Welt. Seine Auferstehung hingegen universalisierte seine Eingliederung in die Schöpfung. Als Auferstandener drang er bis in das Zentrum der Welt vor. Nicht einen Augenblick verließ er die Schöpfung, die er sich zu eigen gemacht hatte; er trifft alle Menschen und alle Dinge an ihrer Wurzel. Darin besteht der radikale und eschatologische Sinn der Auferstehung. Sie betrifft nicht nur den historischen Jesus, der als der Gekreuzigte zur Fülle des Lebens erhoben wurde. Die Auferstehung verdichtet vielmehr den Sinn für die ganze Schöpfung. In ihr wird die Zukunft antizipiert und tut sich auf, was Menschen und Kosmos im Endzustand sein werden: totale Verklärung in Gott. Die Auferstehung hat – als Verlängerung und Erfüllung des inkarnatorischen Prozesses – eine wirklich von Christus her geprägte Atmosphäre geschaffen, in die alle Menschen eingetaucht sind. In der paulinischen Theologie wird diese Tatsache durch die Formel ›in Christus sein‹ zum Ausdruck gebracht. Nun muß aber dieses ›In-Christus-Sein‹ ganz konkret verstanden werden, nicht als eine moralische Kategorie, wie wenn wir Franziskaner einen Brief schließen mit der Wendung ›brüderlich in Franziskus‹, sondern in einem wesentlich stärkeren, weil ontologischen Sinn. ›In Christus sein‹ drückt aus, daß die Welt eine neue Qualität hat, weil Gott sie in der Menschwerdung seines ewigen Sohnes schon jetzt angenommen und sich zu eigen gemacht hat.

Die menschliche Atmosphäre ist nach den Geschehnissen von Inkarnation und Auferweckung nicht mehr dieselbe wie zuvor. Jetzt hat sie ein ontologisches *Plus*. Denn sowohl für Gott als auch für die Welt hat sich eine latente, bis dahin noch nicht erlebte Möglichkeit aktualisiert. Eine neue Heilssituation ist entstanden. Aufgrund dieser neuen ontologischen Atmosphäre wurde eine christologische Kosmosmystik möglich, wie sie im Einklang mit Paulus von Franziskus, M. Blondel, Teilhard de Chardin und anderen gelebt wurde. Sie erlebt das Christusgeheimnis nicht nur im Sinn einer mystischen Vereinigung mit der Person Jesu Christi, sondern auch im Sinn einer Welterfahrung, in der der Glaube eine kosmische Präsenz des Auferstandenen entdeckt, der die ganze Wirklichkeit erfüllt und die Menschen dazu befähigt, ein Leben als Kinder zu führen. Die Gnade in der Welt besitzt immer einen Charakter der Christusförmigkeit und der Kindschaft. Jene Gegenwart des auferstandenen und kosmischen Christus gewinnt unterschiedliche Ebenen der Sakramentalität. Sie zeigt sich in der Welt, in den Menschen, in den Gerechten, in den Christen, in der heiligen Vollmacht der kirchlichen Amtsinhaber usf. Dennoch begegnen wir in all den verschiedenen phänomenologischen Erscheinungsformen immer demselben Total-Christus.[6]

e. »Geschaffen in Christus Jesus« (Eph 2,10): die letzte Begründung für die Gotteskindschaft

Die eigentliche Begründung für die Tatsache, daß wir Kinder Gottes sind, findet sich in einer trinitarischen Reflexion. Hier wird es möglich, auch die letzte Gefahr einer rein juridischen Sicht der Adoptivkindschaft zu überwinden. Hier wird ihre volle Universalität sichtbar, die sich auf jeden

6 *Boff, L.,* O Evangelho do Cristo cósmico, Petrópolis 1970.

Menschen erstreckt. Wie alle Vaterschaft vom Vater kommt (Eph 3,15; vgl. Apg 3,25), so rührt auch jedes Kindsein vom Sohn her. Insofern sich das absolute Geheimnis (Vater) mitteilt, aus sich heraustritt und sich offenbart, heißt es Sohn. So ist der Sohn seinerseits der ewige und umfassende Ausdruck sowohl des Vaters als auch aller Geschöpfe. Denn da alle geschaffenen Dinge auch das absolute Geheimnis bekunden, tragen sie Züge des Sohnes. In derselben Bewegung, in der der Vater den Sohn als vollkommenen Ausdruck seiner selbst zeugt, zeugt er auch in ihm, durch ihn, mit ihm und für ihn alle möglichen Dinge als abgeleitete Gestaltwerdung seiner selbst. Klassisch heißt es dazu bei Cyrill von Alexandrien: »Alle Kindheit kommt vom Sohn, weil allein er souverän und als einziger wahrhaft Sohn ist.«[7] Und Augustinus kommentiert: »Wir sind Glieder des einziggeborenen Sohnes Gottes . . .«[8] »Wir sind Söhne und Töchter, nein, wir sind der Sohn, denn obgleich wir viele sind, sind wir in ihm doch einer.«[9] E. Mersch, ein katholischer Theologe, der wie kein anderer in diesem Jahrhundert auf der Linie der großen Tradition unsere ewige und geschichtliche Union mit dem Sohn betont, schreibt: »Die zwei Filiationen bilden in ihm, der der Ursprung von allem ist, nur eine einzige.«[10] Offensichtlich vermischen sich die Wirklichkeiten nicht.[11] Denn die Person Christi ist nicht die Person der Einzelmenschen. Wie im Christusdogma herrscht auch zwischen Christus und seinen Brüdern eine »unvermischte, unverwandelte, ungetrennte und ungesonderte« Einheit. Der Mensch ist nicht unmittelbar, das heißt aufgrund seiner Person, Kind Gottes, sondern mittels der Union zwischen seiner Person und der ewigen Person des Sohnes. Deshalb heißt es, wir seien ›Adoptiv‹-Kinder und nicht natürliche Kinder, wie der einziggeborene Sohn es ist. Freilich darf auch die Adoption – wie sich aus den obigen Überlegungen ergeben hat – nicht juridisch verstanden, sondern muß ontologisch begriffen werden. Die alten Kirchenväter sagten, sie sei ›physisch‹ zu verstehen, das heißt als etwas Tatsächliches und Reales,[12] als Teilhabe an der natürlichen und ewigen Filiation des Sohnes.

---

7 In Johannem II, 1: PG 73, 213; De SS. Trinitate Dialogus V: PG 75, 749.

8 Tractatus in Johannis Evangelium 110. 111: PL 35, 1923; 1929.

9 Enarrationes in Psalmos, 123: PL 37, 1634.

10 Filii in Filio 42.

11 Um Kind (filius) und Sohn (Filius) voneinander zu unterscheiden, sagt *Augustinus*: »Ille unicus, nos multi; ille unus, nos in illo unum; ille natus, nos adoptati; ille ab aeterno genitus per naturam, nos a tempore facti per gratiam«: Enarrationes in Psalmos, 88, 7: PL 37, 1124.

12 Vgl. z. B. *Cyrill von Alexandrien*, In Johannem I: PG 73, 156.

Um den nicht-juridischen Charakter unserer Kindschaft zu betonen, die in der Partizipation der natürlichen und ewigen Sohnschaft des Sohnes besteht, geben wir hier einen sehr bezeichnenden Text von Cyrill von Alexandrien wieder:

»Christus ist zugleich der einziggeborene und der erstgeborene Sohn. Denn er ist der einzige Sohn als Gott, und er ist durch die Heilsgemeinschaft, die er zwischen sich und uns herstellte, indem er nämlich Mensch wurde, damit wir in ihm und durch ihn nach Natur und aus Gnade Kinder Gottes würden, auch der erstgeborene Sohn. Nach Natur: in ihm und in ihm allein; aus Teilhabe und aus Gnade: durch ihn im Geist. Wie die Eigenschaft des Einziggeborenen in Christus der Menschheit zuteil wurde, weil sich nach dem Heilsplan Gottes diese Qualität mit dem Logos verband, so wurde es auch ein Merkmal des Wortes, Erstgeborener unter vielen Brüdern und Schwestern zu sein, weil sich der Logos mit dem Fleisch verband.«[13]

In diesem Text wird die wesensmäßige Verbindung deutlich, die zwischen der ewigen Filiation des Sohnes und unserer Kindschaft herrscht, insofern die letztere eingegliedert ist in die ewige Sohnschaft.[14] Aber nicht nur die Menschen besitzen das Merkmal der Kindschaft, sondern alle Dinge, denn sie alle wurden im Sohn und für den Sohn geschaffen. Sie alle offenbaren den Vater, wie sie auch den Sohn offenbaren, in dem sie ja gedacht und geschaffen wurden. Dieses Verständnis begründet den brüderlichen Charakter aller Dinge. Im Haus des Vaters, der uns als seine Söhne und Töchter wollte, sind wir alle Brüder und Schwestern. Wer aus dieser Wirklichkeit lebt, begründet einen feinfühligen Humanismus und trägt zur universalen Verbrüderung zwischen der Welt der Menschen und der unter-menschlichen Welt bei, so wie sie vorbildlich von Franz von Assisi gelebt wurde.

Die Inkarnation hat unsere Kindschaft und unsere Bruderschaft mit dem Sohn verdichtet. Wir waren auch schon in der Ewigkeit Kinder im Sohn, jetzt sind wir in der Geschichte in Zeit, Raum, Fleisch und Geist sichtbare Konkretion dessen, was das bedeutet. Indem der Sohn in Jesus von Nazaret, unserem jüdischen Bruder, Fleisch wird, identifiziert er sich irgendwie mit allen Menschen und Dingen. Deshalb kann Athanasius in

---

13 De recta fide ad Theodosium, 30: PG 76, 1177. Eine Exegese der Passage ist zu finden bei: *Mersch, E.,* Filii in Filio, 39–40.

14 In diesem Zusammenhang ist die Formulierung von Meister Eckhart, dem großen deutschen Mystiker, verständlich und akzeptierbar: «Gott gebiert mich als seinen Sohn«: Meister Eckhart. Deutsche Predigten und Traktate, hrsg. und übersetzt von J. Quint, München ³1969, 185.

einer kühnen Wendung behaupten: »In seiner Inkarnation machte der Sohn die ganze Schöpfung zum Kind und führt sie so zum Vater.«[15] Unsere göttliche Kindschaft hat demnach eine trinitarische und ewige Wurzel. Als uns in Jesus unsere Kindschaft voll offenbart wurde, wurde uns bekannt, was schon immer im Menschen existiert: Schon immer waren und sind wir Kinder im Sohn. Im Christusereignis wird die Struktur der Kindschaft des Menschen auf die Ebene des geschichtlichen Bewußtseins gebracht. Jetzt kann sie gefeiert, thematisch reflektiert und in einer Dichte, die zuvor niemals möglich war, gelebt werden.

Auf diesem ontologischen Hintergrund, im Licht des Geheimnisses der Schöpfung im Sohn und im Rahmen des universalen christologischen Projekts können wir nun, ohne Reduktionismus oder Exklusivität, auch von der göttlichen Filiation sprechen, die in der Kirche durch das Sakrament der Taufe geschieht. Das Taufsakrament gründet auf der universalen göttlichen Kindschaft; es verlängert und verdichtet sie, indem es den Täufling noch tiefer in das Geheimnis des Christus eingliedert. Schon aufgrund der Schöpfung ist jeder Mensch im Sohn. Durch die das ganze All umfassende Erlösung wird nun der Kindescharakter in seiner ursprünglichen, durch die Sünde verletzten Natur wieder hergestellt und durch eine besondere Vereinigung mit dem getöteten und auferweckten Christus, der in Welt und Kirche präsent ist, zu seiner Fülle geführt. Die Taufe und die übrigen Sakramente, die keimhaft in der Taufe enthalten sind, erwirken diese besondere und einzigartige Eingliederung des Menschen in die göttliche Filiation des Sohnes. Als Gemeinschaft der Getauften wird Kirche so zur Gemeinschaft der Kinder Gottes par excellence und, daraus abgeleitet, zur Gemeinschaft der Brüderlichkeit. Weder Kindschaft noch Brüderlichkeit darf in einem exklusiven Sinn verstanden werden, denn sie sind auf universale Brüderschaft und Kindschaft hin offen. Hier liegen ja auch ihre eigentlichen Wurzeln und von hier her werden sie am Leben gehalten, weil wir ja alle grundsätzlich im Sohn und für den Sohn gedacht und geschaffen und geliebt sind, damit wir so gemeinsam die große Familie des Vaters bilden.

f. Die eigentliche Seinsweise des Kindes Gottes

Kind Gottes sein bedeutet nicht nur eine Auskunft über unsere göttliche Wirklichkeit, sondern schließt auch eine entsprechende Seins- und Lebensweise ein. Wenn wir hier von ›Kind Gottes‹ sprechen, sind damit im

15 Ad Serapionem I, 25: PG 26, 589.

wesentlichen drei Komponenten gemeint. Erstens kann ein Kind nie ohne Vater gedacht werden. Kind kann niemand aus sich selbst, sondern immer nur im Verhältnis zu seinem Vater sein. Vater und Kind sind autoimplikative Realitäten, das heißt: Kind-sein besagt *von* einem anderen und *für* einen anderen sein, Empfänger von Leben sein, gesandt sein, in Bezug zu jemand anderem stehen und zu Dank verpflichtet sein. Der Sohn ist um so mehr Sohn, als er um seinen Ursprung vom Vater weiß und seine Beziehung zu ihm pflegt. Was das Mensch-Sein des Menschen definiert, besteht nicht so sehr in der Tatsache, daß er die Welt und die biologische, psychologische und gesellschaftliche Infrastruktur in Richtung auf den Mitmenschen übersteigt, sondern in seinem Bezug zum Vater. In diesem Emporsteigen nimmt der Sohn das All mit sich und bietet es dem Vater an, von dem er ja alles erhalten hat.

Zweitens besagt das Wort ›Kind‹ weniger ein kausales als vielmehr ein personales Verhältnis. Geschöpf-Sein benennt den Kausalbezug: Der Mensch ist von Gott geschaffen worden und versteht sich als geschaffen. Er anerkennt seinen Ursprung und vermag in Demut und Dankbarkeit mit ihm Verbindung zu pflegen. *Von* Gott und *für* Gott zu sein, ist der Inhalt des Geschöpf-Seins. Daß ich mich als Geschöpf weiß, meinen Ursprung anerkenne, mich als von jemandem her-kommend und an-kommend fühle, daß ich diesen Jemand Vater nenne und mich damit als Sohn bzw. Kind verstehe – das begründet ein personales Verhältnis im Horizont der Freiheit. Ich bin Kind in dem Maß, in dem ich meinen Vater kenne und anerkenne und von ihm gekannt und anerkannt werde. Je mehr ich mich dem Vater öffne, desto mehr bin ich Kind, desto mehr drücke ich den Vater aus und gelange zu vollem Personsein, desto heiliger werde ich. Kind-Sein kennt also unterschiedliche Grade von Intensität. Es ist alles andere als eine statische Bestimmung. Kind-Sein ist dynamisch, kann wachsen, hat Zukunft und beinhaltet den Auftrag, sich zunehmend dem Vater zu öffnen, um dadurch entsprechend mehr und mehr Kind zu werden.

Drittens bedeutet ›Sohn‹ (griechisch *hyiós*) nicht dasselbe wie ›Kind‹ (griechisch *téknon*).* Der Mensch, als Sohn-Kind Gottes, ist gegenüber

---

* Anmerkung des Übersetzers: Im Portugiesischen wird zwischen *filho* (im Griechischen: *hyiós*) und *criança* (im Griechischen: *téknon*) deutlich unterschieden. *Criança* bezeichnet das unmündige Kind, unabhängig von seinem Bezug zu den Eltern, während *filho* das Verhältnis – einmal des männlichen Kindes und dann auch, im Plural, unterschiedslos männlicher und weiblicher Kinder – zu den Eltern betont. Im Deutschen kennt man hingegen nur den einen Ausdruck *Kind*, der solche Differenzierungen nicht erlaubt. Hinzu kommt, daß die im deutschen Sprachgebrauch übliche Unterscheidung zwischen Sohn Gottes bezüglich Jesus Christus und Kind Gottes hinsichtlich des Menschen nicht bekannt

Gott mündig und frei. Seine Beziehung zum Vater ist nicht etwas fatal Unabänderliches, sondern gründet auf einem Entscheidungsakt, mit dem er seine Filiation akzeptiert. Deshalb ist das Verhältnis zwischen Kind-Sohn und Vater auch von Liebe, Dankbarkeit und auf Freiheit gründendem Gehorsam geprägt. Das Sohn-Kind bekam vom Vater den Auftrag, sein Repräsentant in der Welt zu sein. Deshalb erhielt es als Erbe die ganze Welt, damit es im Namen Gottes für die Ordnung der Welt verantwortlicher Herr sei[16]. Der Mensch ist, sagt Paulus, kein unmündiges Wesen, das in Sklaverei unter den Elementen dieser Welt dahinlebt (vgl. Gal 4,3), sondern freies Kind und Sohn, der über die Ordnung dieser Welt herrscht. Die umstrittene Wendung »Elemente der Welt« (stoicheía tou kósmou: Gal 4,3) bedeutet dabei wahrscheinlich gesellschaftliche, politische und kulturelle Ordnung, in einem Wort: Gesetz.[17] Der Mensch ist kein Sklave der etablierten Ordnung (der Gesetze), sondern ihr verantwortlicher und freier Träger. Von Gott, dem Vater, wurde er als freier Herr und verantwortlicher Sohn eingesetzt, dem das Projekt der Schöpfung obliegt, damit ihre Ordnung der Kinder Gottes würdig sei und der Ehre des Vaters entspreche.

In der Tätigkeit des Sohn-Kindes Gottes müssen die Merkmale des Vaters zutage treten, die nach jüdisch-christlicher Erfahrung Barmherzigkeit, Güte, Liebe und Wohlwollen gegenüber allen Dingen sind. Ebenfalls müssen die Charakteristika des Sohnes sichtbar werden können, denn wir sind ja Kinder im Sohn. Innertrinitarisch ist der Sohn Offenbarung, Erkenntnis, Extrapolation, Gemeinschaft, Licht und Ausdruck des Vaters. Zugleich ist er Empfänglichkeit, Offenheit, Dank und ständiger Bezug zu Gott. In der Menschwerdung hat der Sohn all diese Merkmale vergeschichtlicht; er fühlte sich stets vom Vater gesandt und wußte, daß er *von* Gott stammte und *für* die Brüder gesandt war. Eingeschlossen war für ihn dabei das Äußerste des Schenkens in Demut, Liebe und dauerndem Absehen von sich selbst. In dem Maß, in dem das Kind im Sohn zeit seines Lebens diese Merkmale, die als Ideal des Menschlichen gelten, realisiert, wird es mehr und mehr Kind Gottes und sich als solches erweisen.

ist. Angesichts dieser portugiesisch-griechisch-deutschen Übersetzungsschwierigkeiten gehen wir also im folgenden von den griechischen Wortbedeutungen aus: Hyiós-Sohn-Kind unterstreicht Unabhängigkeit und Mündigkeit, während téknon-Kind Abhängigkeit und Unmündigkeit hervorhebt.

16 Diese Vorstellung wurde systematisiert von: *Gogarten, F.,* Der Mensch zwischen Gott und Welt, Stuttgart 1956, bes. 329ff.

17 Vgl. *Scheu, L.,* Weltelemente beim Apostel Paulus (Gal 4,3,9; Kol 2,8.20), Washington 1933; vgl. auch: *Schlier, H.,* Mächte und Gewalten im Neuen Testament (Quaestiones Disputatae 3), Freiburg 1953.

Kind Gottes zu sein, ist Herausforderung und Aufgabe, die täglich erfüllt sein wollen. Im treuen und konsequenten Vorwärtsschreiten des Menschen eröffnen sich allmählich die Züge des heiligsten Sohnes Gottes, wird nach und nach das liebende und geheimnisvolle Antlitz des gütigen Vaters erkennbar.

XVIII. Der Heilige Geist wohnt in uns: eine Person in vielen Personen

Die Themen ›Teilhabe an göttlicher Natur‹ und ›Göttliche Kindschaft des Menschen‹ lassen Nähe und Gegenwart des Menschen bei und in Gott anklingen. Umgekehrt bringt nun das Thema ›Einwohnung des Heiligen Geistes‹ die lebendige und wirkende Präsenz Gottes in Welt und Dasein zum Ausdruck. In der Geschichte der Religionen und in der jüdisch-christlichen Erfahrung wurde diese Präsenz zunächst als numinose, vage und kaum beschreibbare Kraft empfunden, sodann als Geist Jahwes, als Geist Christi und schließlich als eine gesonderte und eigenständige Größe, die Dritte Person der Heiligsten Dreifaltigkeit.

1. Der Heilige Geist in der Erfahrung der Menschen

Für die Griechen zum Beispiel ist der Geist (pneuma) eine elementare, dynamische und lebensspendende Wirklichkeit, die zur Begeisterung führt.[1] Geist ist da, wo sich Leben regt, vor allem menschliches Leben mit seinen charakteristischen Merkmalen wie Sichübersteigen, künstlerische Inspiration, Dichtung, Vergöttlichung und ekstatische Phänomene, wie Zungenreden und Prophetie.[2] Aufgrund der elementaren Beschaffenheit des Geistes, der alles durchdringt und erfüllt, ist der Mensch nicht imstande, ihn zu manipulieren. Er kann sich nur seiner geheimnisvollen Kraft öffnen. Aus diesem Grunde wurde der Geist von den Griechen als etwas Göttliches betrachtet (*théion, theôn, theoû pneuma*).[3] Die Pythagoreer und später die Stoiker hielten ihn für eine Wirklichkeit, die das ganze Universum umfließt und durchdringt und alle Wesen, Götter, Menschen, Tiere usf. zu einer einzigen Gemeinschaft und Vereinigung zusammenführt.[4]

---

1 Vgl. *Kleinknecht, H.*, Pneuma im Griechischen, in: Theologisches Wörterbuch zum Neuen Testament VI, 333–357, bes. 355–357.
2 Belege aus der Literatur bei *Kleinknecht* a.a.O. 341–350.
3 Ebd. 336.
4 Ebd. 350–355.

Im Alten Testament[5] machte Israel zunächst die Erfahrung des Geistes im Bereich der Geschichte: das plötzliche und charismatische Erstehen von Führergestalten, die das Volk aus der Unterdrückung der Feinde befreiten: »Der Geist des Herrn kam über Otniel. Dieser wurde Richter in Israel und zog in den Kampf« (Ri 3,10). »Der Geist des Herrn kam über Gideon« (Ri 6,34; 14,6). Als charismatische und befreiende Kraft kam er auch auf Saul herab (1 Sam 11,6), über Jiftach (Ri 11,29), über Josua (Num 27,18; Deut 34,9) und über David (1 Sam 16,13). Der Geist bewegt die Propheten (Ez 48,16; Neh 9,30; Mich 3,8) und wirkt in der schöpferischen Kraft, in Intelligenz und Geschicklichkeit des Menschen (Sach 4,6; 6,8; Ez 31,3; 35,31; 32,15). Auf der Grundlage dieser geschichtlichen, gesellschaftlichen und politischen Erfahrung des Geistes konnte Israel später ihn auch in der Natur und im Schöpfungsakt Gottes erleben. Der Geist ist das Schöpfungsprinzip, das in Pflanzen, Tieren und in der Natur insgesamt am Werk ist (Gen 1,2; 2,7; Ijob 33,34; 37,10; Ps 29). Wegen dieser seiner Allgegenwart bringt der Geist die spezifische Seinsweise Gottes zum Ausdruck (Ps 139,7). Unentwegt erfüllt und erneuert er das Angesicht der Erde.

Ähnlich wie im Alten Testament gibt sich auch im Neuen Testament[6] der Geist nicht so sehr in der Schöpfung als vielmehr in der kollektiven Gotteserfahrung der Gemeinschaft zu erkennen. Er offenbart sich in den zahlreichen Charismen, besonders dem der Prophetie, und in der allgemeinen Begeisterung, von der die ganze Kirche erfaßt ist. Er wirkt in der Gemeinde, indem er Kräfte, Worte und Taten erweckt, zu denen es ohne ihn nicht gekommen wäre. Entscheidendes Kennzeichen des Geistes ist, daß er die Barrieren der Konvention übersteigt, überwindet und zerbricht. Der Mensch, der vom Geist getrieben wird, tut oder sagt Dinge, die er aus sich selbst niemals getan oder gesagt hätte. Er verschenkt sich an die anderen, geht im Dienst an den Brüdern über sich hinaus und ist gewissermaßen ›außer sich‹.

Es gehört zur Erfahrung des Geistes, zu sehen, zu hören und das Gesehe-

5 Vgl. *Baumgärtel, F.,* Geist im Alten Testament, in: Theologisches Wörterbuch zum Neuen Testament VI, 357–366; *Cazelles, H.,* Le mystère de l'Esprit Saint, Paris 1968.

6 Vgl. *Comblin, J.,* A missão do Espírito Santo: REB 35 (1975) 288–325; *Schweizer, E.,* Pneuma. Das Neue Testament, in: Theologisches Wörterbuch zum Neuen Testament VI 394–449; *Froguet, B.,* De l'habitation du Saint-Esprit dans les âmes justes, Lethielleux 1937; *Bardy, E.,* Le Saint-Esprit en nous et dans l'eglise, d'après le Nouveau Testament, Albi 1950; *Mühlen, H.,* Der Geist als Person, Münster 1963, ders., Una mytica persona. Eine Person in vielen Personen, München–Paderborn–Wien 1964; *Guimarães, A. R.* (Hrsg.), O Espírito Santo. Pessoa, Presença, Atuação, Petrópolis 1973; *Urdánoz, F.,* La inhabitación del Espiritu Santo en el alma justa: RET 6 (1946) 513–533; *Philips, G.,* Le Saint-Esprit en nous, in: ETL 24 (1948) 127–135.

ne und Gehörte zu bezeugen (Apg 2,33; 22,15). Selbst ist der Geist ja nicht sichtbar, wie Atem und Wind (Atem oder Wind ist die ursprüngliche Bedeutung von Geist: *ruah* auf hebräisch und *pneuma* auf griechisch) nicht gesehen werden können. Trotzdem kann man ihn wahrnehmen und erfahren und in seinen Auswirkungen beschreiben.[7] Die Erfahrung des Geistes geschieht im Horizont der Faszination, die ihrerseits dadurch gekennzeichnet ist, daß sie den Menschen ganz erfaßt und zutiefst prägt. Faszination berührt den Menschen und wirkt anziehend auf ihn durch das Überraschende und Außergewöhnliche in der Erfahrung von etwas, was ihn absorbiert, verwirklicht und zugleich überschreitet. Zur Grunderfahrung des Menschen, und zwar nicht nur des mythischen, sondern auch des modernen Menschen, gehört die intuitive Wahrnehmung, daß etwas Geheimnisvolles, Tiefes und Kraftvolles die ganze Wirklichkeit durchwaltet, die Dinge ins Dasein bringt und alle Erscheinungsformen des Lebens trägt. Alle Spielarten der Faszination – einschließlich der säkularisierten Formen wie Sport, Technik, Kunst und Kult um die Stars des Wissens, der Macht und der Unterhaltung – bekunden den Glanz des Absoluten. Das Faszinierende hat mit dem in sich selbst evidenten Sinn zu tun. Je faszinierender etwas ist, als desto weniger reduzierbar, als desto unberührbarer und absoluter stellt es sich dar.[8]

Als Kraft und Dynamik, die alles durchdringt, war der Geist immer in der Welt gegenwärtig. Deshalb ist die Welt der Tempel des Geistes. Vom ersten Augenblick ihrer Schöpfung an ist sie von ihm bewohnt.

Dem Neuen Testament zufolge brachte der Advent des Messias Jesus Christus die Fülle der Manifestation des Geistes. Zumal in der lukanischen Theologie wird Jesus als Träger der Fülle des Geistes dargestellt (Lk 4,1.14.18; Apg 10,38). Jesus darf nicht einfach als Charismatiker verstanden werden, der den Geist empfängt. Er besitzt ihn schon ständig. Sein Auftreten in der Welt ist Werk des Geistes (Lk 1,35; 4,18–21; Apg 4,27; vgl. Mt 1,18; Hebr 1,9; 2 Kor 1,21; 1 Joh 2,22). In Jesus hat sich der Geist gleichsam ›inkarniert‹. Aus diesem Grund tut und sagt Christus alles, was er tut und sagt, aus eigener Kraft. Er wird nicht vom Geist geführt, sondern geht »im Geist« seinen Weg (Lk 4,14). Die Wirkung, die Jesus aufgrund des in ihm wohnenden Geistes erzielt, ist Faszination auf seiten derer, die ihn umgeben. Die Evangelien erzählen wiederholt von einem solchen Staunen, Schrecken und Entsetzen (Mk 2,12; 5,42; 6,51;

---

7 Vgl. *Mühlen*, H. und *Heitmann*, C., Erfahrung und Theologie des Heiligen Geistes, München 1974, 83–100, bes. 84.

8 Vgl. *Mühlen*, H., Die Erneuerung des christlichen Glaubens. Charisma-Geist-Befreiung, München 1976, 108–137.

Mt 7,28; 12,23; 13,54; 19,25; Lk 4,32; 9,43). Bewundern, Außer-sich-Geraten und der faszinierte Ausruf: »So etwas haben wir noch nie gesehen« (Mt 9,33; vgl. Mk 5,20; Lk 2,18; 4,22; Mt 8,37; 15,31; 21,20), sind nicht Ausdruck einer kühlen Kenntnisnahme, die bloße Informationen registriert, sondern Ausdruck einer Erfahrung, die den ganzen Menschen bis in seine tiefste psychische Dimension hinab betroffen macht. Dies ist die faszinierende Erfahrung des Geistes Jesu.

Die Auferstehung offenbart die ganze Reichweite der Gegenwart des Geistes in Jesus. Der Leib Jesu, der bis dahin fleischlich verwundbar und sterblich war, wird durch die Auferstehung zu einem geistigen und unverderblichen Leib, der voll göttlicher Kraft ist (vgl. 1 Kor 15,44). Der auferstandene Christus wurde gleichsam in seinen Geist »verwandelt«. In 2 Kor 3,17 identifiziert Paulus offenbar den (auferweckten) Herrn mit dem Geist: »Der Herr ist der Geist!« Diese Identifikation darf nicht trinitarisch verstanden werden – was absurd wäre –, sondern muß, da sie die Existenz- und Wirkweise des Auferstandenen beschreibt, auf der Linie des Alten Testaments gesehen werden: Der auferweckte Christus existiert in der Form des Geistes, das heißt: frei von den Fesseln des Fleisches, in der Fülle von Kraft und Gemeinschaft, pankosmisch.[9] Wie der Geist das Antlitz der Erde erfüllt, allenthalben als Sauerteig wirkt und alles belebt, so erfüllt jetzt der Auferstandene alles, durchwirkt alles und belebt alles. Paulus entwirft eine beeindruckende Parallele zwischen dem auferweckten Christus und dem Heiligen Geist: Christus wohnt in uns (Gal 2,20), aber auch der Geist (Röm 8,10; 2 Kor 3,18). Wir sind gerechtfertigt in Christus (Gal 2,17), aber auch im Geist (1 Kor 6,11). Wir sind geheiligt in Christus (1 Kor 1,2) und sind es auch im Geist (Röm 15,16). Wir sind durch Christus wie mit einem Siegel bezeichnet (Eph 1,13), aber auch durch den Geist (Eph 4,30). Christus wohnt in uns (2 Kor 13,13; Phil 2,1), wie auch der Geist in uns lebt (Röm 8,9–11).

Wir besitzen den Geist Christi; wie er in ihm wirksam war, so wirkt er jetzt in uns: »Da ihr Söhne seid, hat Gott den Geist seines Sohnes in unsere Herzen gegeben . . .« (Gal 4,6). »Wer mit dem Herrn zusammenlebt, ist ein Geist mit ihm« (1 Kor 6,17). »Alle, die sich vom Geist Gottes führen lassen, sind Gottes Söhne« (Röm 8,14). Wir sind Söhne im Sohn. Deshalb weckt und erhält der Geist in uns das Bewußtsein, daß wir Söhne und Töchter sind und deshalb rufen können: Abba, Vater (vgl. Gal 4,6; Röm 8,15).

---

9 Der große Exeget *Deissmann, A.,* Die neutestamentliche Formel »in Christo Jesu«, Marburg 1892, 89–90, sagt, der Geist konstituiere gleichsam die Materie des auferweckten Leibes des Herrn (vgl. 1 Kor 15,35ff.).

Der Heilige Geist ist das Bleiben des Auferstandenen in der Welt, bis sie vollendet ist. Christus bleibt zugegen, wenn auch in einer anderen Weise, und zwar eben in der Form des Geistes. Der Geist war im Fleisch Jesu gleichsam verborgen zugegen und trat in den geschichtlichen Taten Jesu zutage. In der Auferstehung brach der Geist aus seiner Verborgenheit hervor und zeigte *sich*, wie er ist. Deshalb ist die heilsgeschichtliche Zeit nach der Himmelfahrt die an Pfingsten eröffnete Zeit des Heiligen Geistes in seiner Identität. Jetzt wirkt der Geist durch Jesus und seine Botschaft. Der Geist ersetzt also Jesus keineswegs, aber er aktualisiert seine Präsenz und ruft sein Wort je neu in Erinnerung (Joh 14,26). Er lehrt keine andere Wahrheit, aber er bringt sie zu ihrer Fülle (Joh 16,13). »Er wird von dem, was mein ist, nehmen und es euch verkündigen« (Joh 16,14.15).

Allerdings darf man sich den Geist nicht als von Jesus losgelöst und unabhängig denken. Denn er ist ja vom Vater und vom Sohn gesandt (Joh 14,26; vgl. Joh 7,37–39). Dennoch realisiert er in der Zeit zwischen Himmelfahrt und Parusie seine eigene Geschichte, die in der Heiligung und eschatologischen Wiedervereinigung der Schöpfung besteht. Im Betrachten dieser spezifischen Wirksamkeit des Geistes Jesu Christi gelangten die Urgemeinde und später die Theologen des dritten und vierten Jahrhunderts dazu, den Heiligen Geist als eine trinitarische, von Vater und Sohn zu unterscheidende Person zu identifizieren. Sie hat eine persönliche heilsgeschichtliche Mission: alles durch den Sohn zur Einheit mit dem Vater zurückzuführen. Wir leben also in der Ära der endgültigen Rückkehr der Schöpfung zu ihrem Schöpfer.

Im Licht der Reflexion über die Person des Heiligen Geistes hat man begriffen, daß göttliche Gnade, Erfahrungen, die wir von ihr machen, die Heilsdynamik, die durch die Geschichte geht, die Impulse in der Schöpfung in Richtung auf ihre endgültige Bestimmung und das göttliche Leben selbst nichts anderes sind als Manifestationen des Heiligen Geistes, der allerorten gegenwärtig und wirksam wird. So erscheint die Kirche als Sakrament des Heiligen Geistes.[10] Denn sie macht im Lauf der Jahrhunderte seit dem Christusgeschehen seine neue Gegenwart inmitten der Schöpfung und im Leben der Menschen, besonders der Gerechten, sichtbar.

---

10 Eine eingehendere Behandlung des Themas findet sich bei: *Boff, L.*, A Igreja, Sacramento do Espírito Santo, in: ders., O Espírito Santo (Anm. 6) 108–125.

2. Die Ära des Heiligen Geistes

Unter ›Ära des Heiligen Geistes‹[11] verstehen wir die heilsgeschichtliche Zeit, die gekennzeichnet ist durch die Vorherrschaft des Heiligen Geistes als eine spezifische und dauernde Weise, in der die Beziehungen des Menschen zu Gott und Gottes zu den Menschen sich abwickeln, gelebt, gedacht und verwirklicht werden. Wenn es heißt, wir lebten jetzt in der Ära des Heiligen Geistes, dann bedeutet das, daß der Geist die Quell-Wirklichkeit darstellt, von der her wir unsere Heilssituation zu begreifen haben. Schon im Römerbrief kann man der Vorstellung der Ära des Geistes begegnen. In den Kapiteln 5–7 unterscheidet Paulus drei Momente in der Geschichte Gottes mit den Menschen: die Phase der Sünde »vor dem Gesetz«, die von Adam bis zu Mose reicht (Röm 5,13–14), die Situation der Sünde »unter dem Gesetz«, die von Mose bis zu Christus geht (vgl. Röm 6,14), und schließlich die Zeit des Lebens in Christus »unter der Gnade« (vgl. Röm 6,14), das heißt »unter dem Gesetz des Geistes«, das uns vom Gesetz der Sünde befreit« (Röm 8,2). Bis zu Christus herrschte die Sünde, jetzt herrscht die Gnade (Röm 5,21). Die drei voneinander abgehobenen Phasen bedeuten Diskontinuität und Kontinuität zugleich. Diskontinuität, weil jede der drei Situationen durch eine je verschiedene Handlungsweise sowohl seitens Gottes als auch seitens des Menschen beschrieben wird: Vor dem Gesetz herrschte die Sünde (Röm 5,12), zur Zeit des Gesetzes wurde man sich der Sünde als Auflehnung gegen Gott bewußt (Röm 7,7–24), jetzt aber herrschen Gnade und Rechtfertigung durch Gott im Glauben an Jesus Christus. Dennoch besteht auch Kontinuität, weil sich in der Geschichte trotz allem der Heilsplan Gottes verwirklicht. Eine Ära durchdringt die andere. So war die Gnade, die jetzt in Jesus Christus überreich fließt, auch schon in Abraham wirksam (Röm 4,1–25). Das Neuartige besteht demnach nicht so sehr in der Gnade selbst, an der es den Menschen ja nie gefehlt hat, sondern in der neuen Art und Weise, wie sich die Gnade in der Geschichte ereignet, eben im Geist Christi. So heißt es treffend bei Paulus: »Doch *jetzt* sind wir vom Gesetz freigekommen. Hatte es uns als seine Gefangenen festgehalten, so sind wir ihm jetzt durch den Tod entzogen und üben unseren Dienst im *neuen Geist* aus, nicht mehr im alten des Gesetzesbuchstabens« (Röm 7,6). Der Schleier, der die Gegenwart des Geistes in der Welt verhüllte, ist gefallen, jetzt ist er zutage getreten, und wir leben unter

---

11 Vgl. *Boff, L.*, A era do Espírito Santo, in: ders., O Espírito Santo, 145–157; *Mühlen, H.*, Der Beginn einer neuen Epoche der Geschichte des Glaubens, in: ders., Die Erneuerung des christlichen Glaubens, a. a. O., 21–68.

seiner Geltung (vgl. 2 Kor 3,15). Dies ist die Ära des Heiligen Geistes, welcher der Geist Christi und der Gottes ist. Diese Ära wird durch keine andere mehr übertroffen werden (vgl. Hebr 8,13), denn der Geist wird »für immer« bleiben (Joh 14,16). Alle weiteren Phasen, zu denen es möglicherweise in der Heilsgeschichte kommt, werden Zeitabschnitte innerhalb der Ära des Heiligen Geistes sein, als deren geschichtliche Gestaltwerdung und Erscheinungsformen im Wandel kultureller Situationen.

a. Die Personalisierung des Heiligen Geistes

Die Ära des Heiligen Geistes begann mit dem Einbruch des Christus-Ereignisses, der Menschwerdung des ewigen Sohnes in der Zeit. Der ewige Sohn wurde zu uns gesandt, um die Natur von Mensch und Kosmos anzunehmen und dadurch beide zu erfüllen und zu befreien. Zugleich mit der Sendung des Sohnes geschah die Sendung des Heiligen Geistes als Geistes des Sohnes bzw. Christi. Nicht nur die Inkarnation ist Werk des Geistes, sondern er wurde – in der Sprache des Basilius und der Enzyklika *Divinum illud munus* von Leo XIII.[12] – zur Salbung (Chrisam) Christi, der immer aus der Gegenwart des Geistes handelte. ›Salbung‹ ist der biblische Ausdruck für Heiligung und, in diesem Fall, für Fülle der Gnade und göttliche Gegenwart in Jesus von Nazaret. So wie Jesus in die Geschichte eintrat, so trat in sie auch der Heilige Geist als sein Geist ein,[13] nicht als der Geist Gottes an sich, sondern als Geist Christi, verbunden mit dessen Vollendungs-, Erlösungs- und Heiligungswerk. Die Formulierung ›Der Geist *wurde* Salbung (Heiligung, Gnade)‹ muß in dem strengen und konkreten Sinn genommen werden, wie wir auch jenen anderen Satz verstehen: »Das Wort ist Fleisch geworden und hat unter uns gewohnt« (Joh 1,14). Es gibt also ein *Werden* des Geistes, insofern er beginnt, das zu werden, was er zuvor noch nicht war, und zusammen mit Jesus Christus, dem fleischgewordenen Sohn, eine neue Geschichte mit den Menschen beginnt.

Wie kann man nun die spezifische heilsgeschichtliche Sendung des Heiligen Geistes beschreiben? Zunächst muß sie vom Auftrag Jesu Christi unterschieden werden, obgleich sie den von Jesus Christus in Gang ge-

---

12 AAS 29 (1896/97) 648; *Basilius*, De Spiritu Sancto 16, 39: PG 32, 140c.
13 Diese These wurde schon vertreten von Petrus Lombardus (Sent. I, dist. 17), von dem großen Dogmatiker *Petau* (Dogmata theologica VIII, V. 6, Nr. 8; Kol. 486a), von *Scheeben* (Dogmatik III, § 276, Nr. 1612) und jüngst auch mit großer Überzeugungskraft von *Mühlen, H.*, Una mystica persona, § 8.44–8.69.

setzten Einigungsprozeß fortsetzt. Mit der Inkarnation ist die ganze Schöpfung irgendwie betroffen und vom Sohn angenommen, weil sie ja schon immer in ihm, durch ihn und für ihn gedacht und geschaffen wurde. Durch die Herabkunft des Heiligen Geistes wird aber vor allem das Universum des Menschen berührt und geheiligt.[14] Wenn die Inkarnation eine bleibende und definitive Lage für Mensch und Welt geschaffen hat, da sie beide in Gott hineingenommen wurden, dann stellt auch die Herabkunft des Heiligen Geistes ein dauerndes und irreversibles Geschehen dar, weil es ja der Geist Christi ist, der ein irreversibles und dauerndes Ereignis ist. Der Geist hat sich in Jesus, der die Fülle des Geistes besaß, ganz mitgeteilt und teilt sich – als Gnade, die befreit und vergöttlicht – auch weiterhin den Kindern im Sohn, den Brüdern und Schwestern Jesu und der ganzen Kirche mit. Wenn sich der Sohn in einer Natur inkarniert, dann personalisiert sich der Heilige Geist in den vielen Gerechten. So wie im innertrinitarischen Prozeß der Heilige Geist eine Person ist, die aus zwei Personen hervorgeht (Vater und Sohn als ein einziges Prinzip hauchen ihn), so ist er auf ähnliche Weise in der Heilsgeschichte eine Person in vielen Personen[15] und konstituiert sie alle als ›una mystica persona‹. In seiner reintegrierenden Tätigkeit nimmt er schon jetzt in der Zeit die Zusammenführung der ganzen erlösten Schöpfung in Gott vorweg, wenn dann Gott »alles in allem« sein wird (1 Kor 15,28).

Die Herabkunft des Heiligen Geistes findet ihren vollen Sinn, wenn er Menschen innewohnt und sie geistlich macht.[16] Paulus bedient sich zur

14 Vgl. *Auer, J.*, El Evangelio de la gracia, Barcelona 1975, 128.
15 Vgl. *Baumgartner, Ch.*, La grâce du Christ, Paris-Tournai 1963, 193: »Die Kommunikation der Hypostase (Person – der Verf.) kann auf zwei gänzlich verschiedene Weisen verstanden werden. Einmal gibt es eine Kommunikation gemäß der Hypostase als Existenzprinzip einer menschlichen Natur, und zum anderen gibt es eine Kommunikation der Hypostase als Prinzip und Ziel von Erkenntnis und Liebe. Die Kommunikation gemäß der Hypostase im ersten Sinn gibt es allein in Christus, während die Kommunikation gemäß der Hypostase im zweiten Sinn im Gerechten stattfindet.«
16 Diese Formulierung ist Petau (einem Theologen aus dem 18. Jahrhundert, dem Vater der Dogmengeschichte) entlehnt. Petau sagt: Durch die Einwohnung werden die Gerechten substantiell mit dem Heiligen Geist vereinigt, ohne freilich Heiliger Geist zu werden, sondern nur »geistlich«: Dogmata theologica VIII, Kap. 7, Nr. 13, Kol. 494 (Ed. Vivès 1865, Bd. III). Petau kannte die Kirchenväter gut. Seine Theorie, der zufolge der Heilige Geist in uns ist wie der Logos in der Menschheit Jesu von Nazaret, fußt deutlich auf Cyrill von Alexandrien. Nach dem großen Lehrer der alten Kirche wirkt der Heilige Geist aus sich selbst in uns, heiligt uns, vereinigt uns mit ihm und macht uns seiner göttlichen Natur teilhaftig. Hier fällt der griechische Ausdruck housiôdôs (substantialiter): Der Heilige Geist verbindet sich substantiell mit dem Gerechten (*Petau*, Dogmata theologica VIII, Kap. 4, Kol. 459). So werden wir zu Göttern, freilich nicht von Natur aus, sondern aus Gnade. Christus ist in der Tat von Natur aus Gott, während wir nur göttlich sind. Wir sind eben nicht der Geist (wiewohl er die Form, d. h. das essentielle Konstitutivum, unserer Heiligung und unserer Gemeinschaft mit Gott ist), sondern geistlich. So wie uns der Sohn

Beschreibung dieses Sachverhalts des Bildes vom Tempel: »Wißt ihr nicht, daß ihr Tempel Gottes seid und daß der Geist Gottes in euch wohnt?« (1 Kor 3,16); »Wißt ihr nicht, daß euer Leib ein Tempel des Heiligen Geistes ist, der in euch ist, und daß ihr ihn von Gott empfangen habt?« (1 Kor 6,19). Die Vorstellung der Einwohnung des Geistes im Menschen wird besser verständlich, wenn wir uns vor Augen halten, daß der Tempel im Verständnis der Antike nicht einfach ein geweihter Gemeinschaftsraum ist, sondern Ort der Gegenwart Gottes, an dem dieser sich persönlich in seiner Herrlichkeit und Gnade zu erkennen gibt und an dem er angetroffen und angerufen werden kann. Der Tempel ist jetzt nicht mehr ein von Menschen errichtetes, wenn auch geweihtes Gebäude, sondern sind die Menschen selbst, insofern sie vom Heiligen Geist bewohnt werden, der in ihnen Person wird und sie geistlich macht.

b. Die Manifestationen des Heiligen Geistes

Das Ereignis Jesus Christus eröffnet ein neues Verstehen der gesamten Vergangenheit der Heilsgeschichte. Jetzt wird deutlich, daß die Schöpfung selbst mit Christus zu tun hat. Er ist der Höhepunkt eines Prozesses, der seinen Anfang mit dem Schöpfungsakt Gottes nahm; alles wurde durch ihn, in ihm und für ihn geschaffen. Dieselbe Neuinterpretation ergibt sich nun auch aus dem Ereignis der Personalisierung des Heiligen Geistes in der Menschwerdung Christi und in seiner Sendung zur Kirche und zu den gerechten und guten Menschen. Der Geist, der jetzt in seiner Fülle gegenwärtig ist, war schon immer – wenn auch in anderen Formen – in der Geschichte der Menschen wirksam. Alles, was Kraft, Dynamik, Leben, Weisheit und Heiligkeit heißt und allerorten und zu allen Zeiten, in allen Menschen und Kulturen anzutreffen ist, stellt Manifestationen des Heiligen Geistes dar. Auf ihn geht zurück, was in den Mythen geträumt wurde und Generationen Sinn für das Leben vermittelte. In ihm dachten die Weisen, redeten die Propheten und gelangten christliche und heidnische Heilige zur Heiligkeit. In ihm konnten sich Menschen fortwährend für die Zukunft der Geschichte offenhalten, aus der uns Gott mit seiner Gnade und seinem Heil entgegenkommt. In seiner Kraft gelang es Menschen, Natur und Gesellschaft zu verändern, nicht nachzulassen im

den Charakter als Kind verleiht, macht uns der Geist geistlich. Dieselbe Gedankenlinie findet sich auch bei: *Scheeben, M. J.*, Die Mysterien des Christentums §§ 26–27; *de Régnon, Th.*, Études de théologie positive sur la sainte Trinité, étude 27 (3. Serie, Bd II) 551–552; *Rondel, H.*, Gratia Christi, Paris 1946, 329–339: Petau, Scheeben et l'inhabitation du Saint-Esprit, Retour aux Pères grecs.

Bestreben, sie bewohnbarer und menschlicher zu machen. Seiner Inspiration ist es zu verdanken, daß in der menschlichen Geschichte niemals der freiheitliche und erneuernde Geist fehlte, der die Fetischisierung verkrusteter gesellschaftlicher und religiöser Institutionen aufbrach. Kraft des Heiligen Geistes verkündigten Menschen in allen Zeiten furchtlos Gerechtigkeit und klagten ebenso unbeirrt die Ungerechtigkeit, die Herrschaft der Mächtigen und die Ausbeutung der Armen und Kleinen an. In der Stärke des Heiligen Geistes vermochten sie es, der Gerechtigkeit wegen geduldig und tapfer Verfolgungen zu ertragen und Folter und selbst den Tod auf sich zu nehmen. So kann das II. Vatikanische Konzil formulieren: Er ist schlicht »Herr und Quelle des Lebens« (Lumen Gentium 13), ist anwesend in der gesellschaftlichen Entwicklung, führt den Lauf der Geschichte, erneuert das Antlitz der Erde (Gaudium et Spes 26), bewirkt Heil auch unter Nichtchristen (Gaudium et Spes 22) und veranlaßt die Menschen dazu, Gott und in ihm auch die Welt samt den Menschen zu lieben (Laienapostolat 27). Mit einem Wort: Die Geschichte ist durchdrungen von Jesus Christus und voll vom Heiligen Geist.

Allerdings darf uns diese Sicht, in der das menschliche Leben im Horizont der Personalisierung des Heiligen Geistes betrachtet wird, nicht zu dem naiven Mißverständnis verleiten, die Gegenwart des Heiligen Geistes sei etwas Unmittelbares und Epiphaniehaftes, das nicht der Vermittlung bedürfe. Das menschliche Handeln, das sich im Raum der Freiheit verwirklicht, wird keineswegs entbehrlich. In ihm und bisweilen auch trotz seiner ist der Geist tätig und bewirkt, daß das entstehende Werk ganz menschlich und zugleich auch ganz göttlich ist.

Im Kontext der Ära des Heiligen Geistes kommt wegen ihrer weltweiten Relevanz der Bewegung für charismatische Erneuerung besondere Bedeutung zu.[17] Die Bewegung begann im Jahre 1967 in den Vereinigten Staaten, in Studentenkreisen der Duquesne-Universität in Pittsburgh, dehnte sich dann auf die Universitäten von Notre Dame und Ann Arbor, über die USA insgesamt und schließlich über die ganze Welt aus. Das Anliegen der Bewegung besteht nicht darin, die Kirche zu spalten oder sich ihrer institutionellen Konkretion zu entziehen. »Worum es der Pfingstbewegung vielmehr geht, ist, mit inständigen Gebeten und durch

---

17 Vgl. *Abreu, A.*, Católicos pentecostais e outros carismátios nos Estados Unidos: Atualização (August 1972) 341–361 (reichhaltige Literatur); *Kevin-Ranaghan*, Católicos Pentecostais, Rio de Janeiro 1972; *Sullivan, F. A.*, The Pentecostal Movement: Gregorianum 53 (1972) 237–266; *Laurentin, R.*, Pentecostisme chez les Catholiques, Paris 1975 (das Buch bringt einen Gesamtüberblick über das Phänomen in der Weltkirche und beleuchtet seine wichtigsten theologischen Probleme).

den Glauben an das Wort Gottes den Herrn darum zu bitten, daß er in greifbarer und erlebbarer Weise das verlebendigt, was das christliche Volk seit langem besitzt. Es ist ein Versuch, durch einen radikalen Glauben auf den Heiligen Geist, das heißt auf das, was uns seit langem schon gegeben wurde, zu reagieren, damit sein Leben, seine Gaben und seine Früchte im Leben der Glieder des Leibes Christi aktualisiert werden können.«[18] In der Bewegung geht man also von dem Glauben aus, daß der Geist schon immer in Welt und Kirche präsent war und daß er durch die Kirche in der Welt wirkt, und zwar in sehr unterschiedlichen Formen wie Sakrament, Liturgie, Theologie, authentisches Lehramt, die üblichen Kanäle der Institution und das Leben der Gläubigen. Die Breite der Wirkmöglichkeiten des Heiligen Geistes erschöpft sich nicht in den herkömmlichen Mitteln kirchlich-offizieller Praxis. Der Geist weht, wo er will. So läßt er immer neue außergewöhnliche Bewegungen entstehen, wie die Volksmissionen im Anschluß an das Trienter Konzil, die spirituellen Bewegungen im 18. Jahrhundert in Frankreich, Jugendgruppen, Sozialaktion, Familienapostolat, Focolare 1943 in Trient, Cursillo 1949 in Spanien, kirchliche Basisgemeinschaften im Gefolge von Medellín (1968) und viele andere Gruppen für Gebet, Meditation, brüderliches Leben und christliches Zeugnis in einer säkularisierten und laizistischen Welt. So werden die vielförmigen Gaben des Geistes bekundet, wie Dienst an den Armen, Lobpreis, Zungenreden, Dienst in der Heilung von Kranken, Gebet usf.

Die Bewegung für charismatische Erneuerung gewinnt – wegen ihrer mittlerweile weltweiten Ausbreitung – mehr und mehr an Bedeutung für die ganze Kirche. Eine neue Epoche christlichen Glaubens tut sich auf, deren besonderes Merkmal in einer dynamischen Erfahrung der Gegenwart Gottes in der Gemeinschaft und im täglichen Leben besteht (vgl. 1 Kor 14,25). Alles deutet darauf hin, daß sich damit die Überwindung jener Epoche ankündigt, die schon in den Spätschriften des Neuen Testaments anklingt, in der ›Konstantinischen Wende‹ formalisiert wurde und durch einen Überhang an Macht, Ordnung, Disziplin, Dogma, Institution und Hierarchie gekennzeichnet ist. Bisher erfuhr man Gott vor allem als unendliches Sein und Ursache der Schöpfung, nicht so sehr aber als liebende Gegenwart in unserer Mitte. Jesus galt seinerseits vorrangig als Gründer seiner Kirche, und zwar im juridischen Sinn, weniger indessen als ihr konstituierendes und fortwährend lebenspendendes Prinzip. Die Überzeichnung dieses epochalen Verständnisses erzeugte Triumphalis-

---

18 *Kevin-Ranaghan,* Católicos pentecostais, 181–182.

mus, Klerikalismus, Juridismus, Dogmatismus und Formalismus. Christ-sein hieß grundsätzlich sich in das schon bestehende und genau definierte religiöse Universum einzugliedern. An die Stelle der Gotteserfahrung trat die Lehre, während die lebendige Teilnahme an der Gemeinschaft da-durch beeinträchtigt wurde, daß alle religiöse Macht in den Händen der Klerikerklasse lag. Da brach sich langsam, aber beständig eine neue Erfahrung von Gott und seinem Geist ihre Bahn. Charakteristika dieses neuen Erlebens sind vor allem Freiheit, Spontaneität, Charismen, öffent-liches und mutiges Zeugnis von der Gegenwart Gottes in der Welt, neue, bisher nicht gekannte Formen, zu beten, Kirche zu sein, an der Gemein-schaft teilzuhaben, Laie bzw. Priester zu sein. Was sich mit der charismati-schen Erneuerung der Kirche tut, scheint weder ein geschichtsloser Sprung zurück zur Urkirche noch ein frenetischer und unbewußter Enthusiasmus zu sein, sondern eine gewaltige Manifestation des Geistes, der für sich und für die Menschen eine Kirche mit neuen Zügen will.

Die Erfahrung des Geistes und seiner Gaben nennen die katholischen Pfingstler Taufe im Heiligen Geist. »Für evangelische Pfingstler ist die Taufe mit dem Heiligen Geist ein ›neues‹ Werk der Gnade. Im Leben eines Katholiken ist es ein ›altes‹ Werk, wiewohl es praktisch auch ›neu‹ ist, weil die Wendung, so wie sie vom katholischen Pfingstler gebraucht wird, ein Gebet um Erneuerung aller Dinge ist, die natürlich auch christ-liche Initiation, und was sie bedeutet, mit einschließen. In der Praxis dreht es sich aber eher um eine Erfahrung von Bestätigung als von Initiation. Unter katholischen Pfingstlern gilt deshalb diese Taufe weder als neues Sakrament noch als Ersatzsakrament. In Analogie zur Erneuerung des Taufversprechens ist sie Erneuerung des Glaubens und des Verlangens, alles das zu sein, was Christus will, daß wir es sind.«[19] Wenn dabei dann auch tatsächlich solche Früchte herauskommen, können wir sagen: Hier stoßen wir auf eine explizite Manifestation des Geistes.

Die äußeren Zeichen, die der Ausdruck der Taufe im Geist sind – Glosso-lalie, Prophetie und andere außergewöhnliche Phänomene –, dürfen nicht über Gebühr herausgekehrt werden. Diese Gaben können vom Geist Gottes stammen, wie sie ebenso von menschlichem Geist herrühren kön-nen. In ihnen allen steckt also ein gutes Maß an Zweideutigkeit, so daß es in jedem einzelnen Fall der gesonderten Beurteilung bedarf. Solche Phä-nomene sind Gemeinplätze religiöser Erfahrung und können sowohl in der Vergangenheit als auch in der Gegenwart, sowohl in großen Weltreli-gionen als auch im Animismus beobachtet werden. Dabei können sie

19 Ebd. 182.

durchaus eine geeignete Sprache sein, in der das Unbewußte seine Suche nach Integration, Angleichung oder nach dem eigentlichen, tiefen Sinn des Lebens zum Ausdruck bringt, der ihm in den Mäandern der verhärteten Institutionen oder in den stereotyp gewordenen Gesten von Religion und Kultur verlorengegangen ist. Mittlerweile kann die Bewegung auch aufgrund der Früchte, die sie gezeitigt hat, an den Geist appellieren: Wachstum in brüderlicher Liebe, Vertiefung im Geist des Gebets, bessere Eingliederung in die kirchliche Gemeinschaft, Wachstum im Missionsgeist, ja sogar Verständnis für die Mängel der Institution.

Wie aber kann man feststellen, daß es um eine echte Erfahrung des Geistes Gottes und nicht um ein Erleben unseres eigenen Geistes geht? In einem Text, in dem Paulus von den Charismen spricht, nennt er das entscheidende Kriterium: »Alles soll dem Aufbau dienen« (1 Kor 14,26). Gaben und Erfahrungen werden »für den allgemeinen Nutzen« (1 Kor 12,7) gewährt. Für den Fall also, daß die Bezugnahme auf Charismen zu Parteiungen unter den Brüdern führt und der Kirche insgesamt schadet, muß gesagt werden: Hier ist weniger der Heilige Geist als vielmehr der Geist der Selbstförderung am Werk. Im übrigen sollte man auf die Früchte schauen, die Paulus »Früchte des Heiligen Geistes« nennt: Liebe, Freude, Frieden, Langmut, Güte, Rechtschaffenheit, Freundlichkeit und Selbstzucht (Gal 5,22; Phil 4,4). Heute würden wir sagen: Wenn sich jemand mit seinem Charisma als heiter, verständnisvoll für andere Meinungen, frei von jedem Anflug von Fanatismus, als offen für das Zeugnis eines anderen, als zugänglich für Argumente, kritisch und dazu noch als ausgerüstet mit einem humorvollen Geist der Distanz erweist, dann vermögen wir zu sagen, daß wir vor einer Manifestation des Heiligen Geistes stehen.

Über alle außergewöhnlichen Charismen geht jedoch die Außergewöhnlichkeit der alltäglichen Liebe, die Paulus unübertrefflich preist (1 Kor 13). In der Fähigkeit, immer wieder zu dem grauen Alltag mit all seinen Doppeldeutigkeiten und Undurchsichtigkeiten ja zu sagen, erweist sich die Echtheit eines außerordentlichen Charismas. Wahrer Glaube sieht den Heiligen Geist nicht nur in außergewöhnlichen Dingen am Werk, sondern unentwegt und in allen Situationen, in denen Menschen das Gute suchen, Tugend üben, Liebe praktizieren, den Mitmenschen achten und Gott verehren, und zwar sowohl in verkalkten Institutionen und in einer formalisierten Liturgie als auch in der alltäglichen Geste des persönlichen und familiären Gebets.

Abschließend können wir sagen, daß wir mit der Formel ›Einwohnung des Heiligen Geistes‹ folgende Wirklichkeit ausdrücken wollen: Wer als Gerechter lebt, lebt aus dem Leben und auf der Grundlage, die bzw. das auch das Leben und die Grundlage Jesu Christi war. Aber die Dynamik, die Kraft, die geheimnisvolle Gegenwart Gottes, die sich in Jesus Christus bekundeten, war der Heilige Geist. Dieser wirkt in allen gerechten Menschen, besonders jedoch in denen, die in der Nachfolge Jesu Christi leben. Das letzte Fundament, das einen Gerechten gerecht sein läßt, mit anderen Worten: offen auf Gott und auf alles hin, was von Gott kommt, ist der Heilige Geist. Wir werden von einer Kraft bewohnt, die die Kraft unserer Kraft ist. Sie ist nicht mehr namenlos, sie heißt Geist Christi und Geist Gottes. Sie lebt nicht mehr vergessen, sondern heißt Heiliger Geist, der zusammen mit allen Gerechten eine mystische Person bildet.

XIX. Einwohnung der Heiligsten Dreifaltigkeit im Leben der Gerechten

Wenn der Gerechte Kind im Sohn ist und vom Heiligen Geist bewohnt wird, dann können wir noch einen Schritt weiter gehen und überlegen, in welcher Beziehung er zum Geheimnis der Heiligsten Dreifaltigkeit steht. Wenn im christlichen Glauben von der Beziehung zu Gott die Rede ist, dann geht es ja auch immer um eine Relation zur Dreifaltigkeit. Es gibt keinen anderen als den dreifaltigen Gott.

Schon das Neue Testament zeugt vom Glauben an die Einwohnung der drei göttlichen Personen im Leben der Gläubigen. An vielen Stellen spricht Johannes vom gegenseitigen Bleiben Gottes im Menschen und des Menschen in Gott. »Wer die Gebote hält, bleibt in Gott und Gott in ihm« (1 Joh 3,24). »Daran erkennen wir, daß wir in ihm bleiben und er in uns: an den Wirkungen seines Geistes, die er uns geschenkt hat« (1 Joh 4,13). »Wer bekennt, daß Jesus der Sohn Gottes ist, in dem hat Gott bleibende Wohnung und er in Gott« (1 Joh 4,15). »Gott ist die Liebe; wer in der Liebe bleibt, bleibt in Gott, und Gott bleibt in ihm« (1 Joh 4,16; vgl. andere Texte wie: 1 Joh 2,6.24.27–28; 3,6; 5,20). Die Einheit, die zwischen Vater und Sohn besteht, dient als Vergleichspunkt für die Einheit, die zwischen Gott und dem begnadeten Menschen herrschen soll: »Ich bitte darum: Sie alle sollen eins sein, wie du, Vater, in mir bist und ich in dir, damit auch sie in uns sind und die Welt glaubt, daß du mich gesandt hast« (Joh 17, 21–23; vgl. 14,20–21). In der Abschiedsrede Jesu verdeutlicht Johannes sein Verständnis noch eingehender und legt es Jesus selbst in den Mund: »Wenn jemand mich liebt, wird er mein Wort bewahren; so wird mein Vater ihn lieben, und wir werden zu ihm kommen und bei ihm Wohnung nehmen« (Joh 14,23). Der Vater wird zusammen mit dem Sohn auch den Heiligen Geist senden, der immer bei uns sein wird (Joh 14,15–16; 16,7). Auch Mattäus weist auf diese gegenseitige Immanenz hin, wenn er davon spricht, daß wir getauft (eingetaucht) werden im Namen des Vaters, des Sohnes und des Heiligen Geistes (28,19).

All diese Gedankengänge bekunden eine schon fortgeschrittene theologische Arbeit und das Endstadium christologischer Reflexion. Paulus resümiert in einer glücklichen Formulierung so den Glauben an die trinitarische Einwohnung: »Weil ihr Söhne seid, hat Gott den Geist seines Sohnes in unsere Herzen gegeben, der ruft: Abba, Vater« (Gal 4,6).

1. Versuche der theologischen Entfaltung

Wie sind solche Behauptungen zu verstehen? Sie zu zitieren und rezitieren, wäre nicht genug. Die Theologie als Glaubensverständnis hat ihren Sinn zu eruieren, die christliche Erfahrung, die sich in ihnen verbirgt, aufzuhellen und im Rahmen des Möglichen ihre Inhalte im Blick auf die Beziehungen zu artikulieren, die sie zu den übrigen Geheimnissen haben. Sie sind ihrerseits ja nichts anderes als eine Entfaltung des einzigen Geheimnisses der Selbstmitteilung Gottvaters durch den Sohn im Heiligen Geist an die Menschen. Wir stehen vor der Frage: Was für ein existentieller Sinn muß diesem Geheimnis zukommen, damit ein gewöhnlicher, aber durchaus interessierter Christ ihn in seinem konkreten Leben nachvollziehen kann? Nur wenige theologische Fragen werden so viel diskutiert wie diese.[1] In der Trinitätslehre sind das Abstraktionsniveau und die Formalisierung der Sprache so beträchtlich, daß nur noch Eingeweihte dem theologischen Traktat folgen können. Doch ist die Frage zu bedeutsam für das christliche Leben, als daß man sie ausschließlich Spezialisten überlassen könnte, denen gewöhnlich leider die Fähigkeit abgeht, ihre Erörterungen für Verständnis und Leben des Volkes Gottes zu sozialisieren. Die Beobachtung ermuntert uns zu dem Versuch, diese Zentralwahrheit unseres Glaubens in einem Entwurf zur Sprache zu bringen, der vielleicht unseren eigenen christlichen Weg verdeutlichen kann. Es geht uns darum, die Erfahrungen einzulösen, die sich in den neutestamentlichen Formulierungen verbergen. Sie werden vor allem in den johanneischen Schriften und in der Christologie und Pneumatologie

---

1 Zur Bibliographie vgl. im wesentlichen: *Colombo, C.,* Grazia e inhabitazione della SS. Trinità, in: Problemi e Orientamenti di Teologia Dommatica 2, Mailand 1957, 641–654, bes. 648–654; *de Letter, P.,* Current Theology: Sanctifying Grace and the Divine Indwelling: Theological Studies 14 (1953) 242–272; *Trütsch, J.,* SS. Trinitatis inhabitatio apud theologos recentiores, Trient 1949; *Verardo, R.,* Polemiche recenti intorno all'inabitazione della SS. Trinità: Sapienza 7 (1954) 29–44; *Chirico, P. F.,* The Divine Indwelling and Distinct Relations to the Indwelling Persons in Modern Theological Discussion, Rom 1960; *Dedek, J. F.,* Experimental Knowledge of the Indwelling Trinity, Mundelein (USA) 1958; *Dockx, S.,* Du fondement propre de la présence réelle de Dieu dans l'âme juste: Nouvelle revue théologique 72 (1950) 673–689; *Sittler, J.,* Essays on Nature and Grace, Philadelphia 1972; *Macky, J. P.,* Life and Grace, Dublin 1966; *Willig, I.,* Geschaffene und ungeschaffene Gnade, Münster 1964; *Fransen, P.,* Die Grundstrukturen des neuen Seins, in: Mysterium Salutis 4/2, 927–982.

des Paulus artikuliert. Dabei sind wir uns dessen vollauf bewußt, was Pius XII. in seiner Enzyklika *Mystici Corporis Christi* 1943 sagte: Die Einwohnung der Heiligsten Dreifaltigkeit ist ein tiefes Geheimnis, das »in dieser irdischen Verbannung niemals frei ohne jeden Schleier geschaut werden kann«[2].

Unser theologisches Reflektieren muß uns jedoch in einer Weise dem Geheimnis näherkommen lassen, daß wir wie die Hebräer, aber mit noch viel mehr Grund als sie, ausrufen können: »Welche Nation hätte Götter, die ihr so nahe sind, wie Jahwe, unser Gott, uns nahe ist, wo immer wir ihn anrufen« (Deut 4,7). Das Christentum will hier eine Antwort geben.

Theologische Tendenzen gibt es viele. So oder so bemühen sich jedoch alle, grundlegende Fragen wie etwa folgende zu beantworten: Wie ist die Art und Weise der Gegenwart der Heiligsten Dreifaltigkeit im Leben der Gerechten zu beschreiben? Handelt es sich nicht um eine Verdoppelung der göttlichen Präsenz, die ja aufgrund von Schöpfung und Allgegenwart auch schon vorher gegeben war? Oder geht es um eine ganz spezielle Einwohnung? Oder versteht man sie besser im Sinne einer auf die Ebene der guten und gerechten Menschen bezogenen Verdichtung jener trinitarischen Gegenwart – da diese allein *wirklich* existiert –, die das Geheimnis Gottes in der Schöpfung schon immer besitzt? Und weiter: Wie sieht es mit der Präsenz des Gerechten in der Heiligsten Dreifaltigkeit aus? Bezieht sie sich auf jede einzelne der Personen, oder betrifft das Verhältnis des Gerechten nur die Dreifaltigkeit als Dreifaltigkeit? Kurz zusammengefaßt sollen die unterschiedlichen theologischen Positionen referiert werden.[3]

a. Einwohnung der Heiligsten Dreifaltigkeit als Prozeß der Verähnlichung

Eine erste Sentenz[4] stützt sich auf ein allgemeines Axiom der in Kategorien der klassischen Metaphysik gedachten Theologie: »Gott ist dort gegenwärtig, wo er wirksam ist.« Gott ist in der gesamten Schöpfung am Werk, und deshalb kann man von einer Allgegenwart Gottes in allen

2 AAS 35 (1943) 231 oder in DS 3815.
3 Wir folgen hier den besten Handbüchern: *Perego, A.*, La gracia, Barcelona 1964, 382–390; *Baumgartner, Ch.*, La grâce du Christ, Paris–Tournai 1963, 183–189; *Flick, M.*, und *Alszeghy, Z.*, Il Vangelo della Grazia, Florenz 1964, 485–498; *dies.*, Fondamenti di una antropologia teologica, Florenz 1969, 265–270; *Turrado, A.*, Dios en el Hombre (BAC 325), Madrid 1971, 136–146.
4 Diese These wird vertreten von *Vázquez, G.*, In 1, q. 8, d. 30, c. 3 Nr. 11–12 (Lyon 1631, I, 114) und – in jüngerer Zeit – von *Galtier, P.*, L'habitation en nous des trois Personnes, Rom 1950; *ders.*, De SS. Trinitate in se et in nobis, Paris 1933.

Dingen sprechen. Im Leben des Gerechten, der sich mit all seinen Dimensionen auf Liebe und Einheit mit Gott ausrichtet, wirkt Gott auf eine ganz spezifische Weise, indem er selbst die präsente Gnade ist, welche den Menschen der Heiligsten Dreifaltigkeit ähnlich macht. Denn Gott ist die effiziente und exemplarische Ursache der Einwohnung, das heißt, Gott selbst bewirkt seine trinitarische Gegenwart im Gerechten, und deshalb wird dieser der Heiligsten Dreifaltigkeit immer ähnlicher.

Die Angleichung des Gerechten an die Heiligste Dreifaltigkeit ist eine dynamische Wirklichkeit. Man sagt, der Prozeß der Verähnlichung sei vergleichbar einer Gravierung in einer flüchtig-flüssigen Materie: Wenn man in eine Form weiches, flüssiges Wachs gibt und die Form dann entfernt, zerrinnt die Gravierung in dem Wachs. Wer auch weiterhin Freude an der Gravierung haben möchte, darf dem halbflüssigen Wachs nicht die Form entziehen. Oder man könnte die Verähnlichung des Gerechten mit der Heiligsten Dreifaltigkeit mit dem Wasser vergleichen, das notwendigerweise die Gestalt des Glases annimmt, in das man es gießt. Sofort verliert das Wasser diese Gestalt, wenn es ausgegossen wird oder das Glas zerbricht. Wie die Gravierung zerschmilzt und die Gestalt des Wassers zerfließt, wenn man die Form entfernt oder das Glas zerbricht, so ist auch die Gegenwart des dreifaltigen Gottes im Leben des Gerechten zu verstehen. Damit es zu der Gegenwart kommt und diese auch fortbestehen kann, ist es unerläßlich, daß die Heiligste Dreifaltigkeit dauernd zugegen ist und ihre vergöttlichende Gegenwart schafft.[5] Es handelt sich also um eine Art Zeugung, in der Gott sein Leben dem Leben des gerechten und guten Menschen mitteilt. Gott drückt ihm sein eigenes trinitarisches Bild auf (*sigillatio*), wobei das Bild das göttliche Sein widerspiegelt, das in allen drei Personen identisch ist. Dieser Theorie zufolge kann also nicht von einer je eigenen Assimilierung an den Vater oder den Sohn oder den Heiligen Geist die Rede sein. Die drei Personen haben – so heißt es – in ihrem Einwirken auf die Schöpfung keine je besondere Aktionsweise. Alles ist ihnen gemeinsam.

Die geschilderte theologische Position richtet ihr Augenmerk auf den Prozeß der Vergöttlichung des Menschen und macht ihn mit den angeführten Beispielen recht plastisch. Allerdings: Sie ist auf ein systemimmanentes Axiom fixiert, das einer Konfrontation mit den neutestamentlichen Zeugnissen und der theologischen Überlieferung bedarf und sich von dorther in Frage stellen lassen muß. Schrift und Tradition bekunden nämlich, daß jede einzelne der göttlichen Personen im Verhältnis zum

---

5 Vgl. *Galtier, P.*, De SS. Trinitate, Nr. 456–458; *ders.*, L'habitation en nous 230.

Schöpfungswerk wie auch zur Vergöttlichung des Menschen eine je eigene Aktionsweise besitzt.[6]

b. Gott ist nicht allein gegenwärtig, sondern wohnt in unseren Fähigkeiten

Eine andere Deutung verbindet die universale Gegenwart Gottes in der Schöpfung mit der besonderen Gegenwart im Leben begnadeter Menschen. In einem berühmten Text heißt es bei Thomas von Aquin: »Es gibt eine *allgemeine Art und Weise*, wie Gott mit seinem Wesen, seiner Macht und seiner Gegenwart in allen Dingen ist, ähnlich wie die Ursache in den Wirkungen präsent ist, die teilhaben an ihrer Güte. Über dieses allgemeine Modell hinaus gibt es noch eine *andere ganz besondere Art und Weise*, die aber nur der vernünftigen Natur zukommt, in der Gott ist, wie das erkannte Objekt in dem es erkennenden Subjekt ist oder wie eine geliebte Person in der sie liebenden ist. Das vernunftbegabte Geschöpf rührt mit seiner Fähigkeit, zu erkennen und zu lieben, an Gott selbst. Nach diesem speziellen Verständnis ist Gott nicht nur im vernunftbegabten Geschöpf gegenwärtig, sondern *wohnt* in ihm wie in seinem eigenen Tempel.«[7]

In diesem Verständnis verdoppelt die trinitarische Einwohnung nicht die Gegenwart, die Gott in seiner Schöpfung ohnehin schon realisiert. Vielmehr verlängert und verdichtet sie sie und gibt ihr eine je eigene Konkretion, da es sich ja auch immer um ein je eigenes Wesen handelt: um ein vernunftbegabtes Geschöpf, das in der Lage ist, Gott zu erkennen und zu lieben. Wenn der Mensch Gott erkennt und liebt, dann kommt Gott auf eine ganz spezifische Weise zu ihm.

Schon aufgrund der Tatsache, daß der Mensch Geschöpf ist, ist Gott in ihm selbst wie auch in seiner Erkenntnis- und Liebesfähigkeit zugegen. Wenn sich nun der Mensch dieser Präsenz bewußt wird, Gott erkennt (ihn

---

6 Es gibt ein Axiom in der Gnadenlehre, das sagt: »Omnia sunt unum, ubi non obviat relationis oppositio.« Das heißt: In den Beziehungen ad extra (bezüglich der Schöpfung) ist alles den drei Personen gemeinsam, sofern der Gegensatz in den Relationen, durch die sich eine Person von den anderen unterscheidet, nicht daran hindert. Dieses Axiom ist sehr wichtig. Anderenfalls müßte man nämlich sagen: es gebe drei Unendliche, drei Schöpfer, drei Vorsehungen usf. Offen ist allerdings die Frage, ob das Werk von Heiligung und Einwohnung als Werk ad extra beschrieben werden kann. In der natürlichen Ordnung würden die drei Personen mittels ihrer gemeinsamen göttlichen Natur handeln, im übernatürlichen Bereich indessen würden sie als drei verschiedene Personen wirken. Denn zwischen dem Leben der Gnade und dem ewigen Leben besteht eine geheimnisvolle Entsprechung und eine allenfalls akzidentelle Differenz (auf der einen Seite die Situation von viatores und auf der anderen die von comprehensores): vgl. *Rondet, H.*, De gratia Christi, Paris 1948, 338.

7 Vgl. Summa theologiae I, q. 43, a. 3; I, q. 8, a 3 ad 4; siehe auch den anderen Text In 1, d. 14 q. 2 a 2.

zum Gegenstand seines Erkennens macht) und ihn liebt, dann ist Gott nicht mehr einfach objektiv gegenwärtig, sondern wird auch subjektiv, auf innerliche Weise präsent: Er wohnt im Menschen.

Zum Vergleich könnte man an die Freundschaft denken.[8] Durch die Einwohnung entsteht eine ganz enge Freundschaft zwischen Gott und Mensch. Freundschaft lebt daraus, daß die Freunde Gemeinschaft pflegen in ihrer Werteinstellung und ihrer gegenseitigen Zuwendung, und Freundschaft wächst durch wechselseitige Nähe und Gegenwart. Da nun die Freundschaft zwischen Gott und Mensch göttlich ist, handelt es sich um eine absolut vollkommene, in höchster Gemeinschaft bestehende Freundschaft, die die innerste Gegenwart Gottes im Leben des gerechten und guten Menschen einschließt.[9] Diese innere Gegenwart legt Gott selbst in seiner Dreifaltigkeit in den gerechten Menschen hinein.

Diese Position hat den Vorteil, daß sie – ohne unnötige Brüche und Verdoppelungen – die Einheit zwischen menschlichem Leben (Erkennen und Lieben) einerseits und göttlichem Einwohnen anderseits betont. Im konkreten Akt, mit dem der Mensch Gott erkennt und liebt, wird er vom dreifaltigen Gott bewohnt, der selbst den Menschen befähigt und anleitet, ihn zu erkennen und zu lieben und ihm damit die wahre Freude (fruitio) und die echte Gotteserfahrung ermöglicht.[10]

c. Die Einwohnung macht den Menschen gottförmig

Eine dritte Sentenz[11] greift auf eine Konstante im Neuen Testament und in der Überlieferung zurück. Sie betont, daß der Unterschied zwischen einem Menschen, der auf Erden in der Gnade Gottes lebt, und einem anderen, der schon in den Genuß der seligmachenden Anschauung im Himmel gelangt ist, nur akzidentell ist. Denn beide leben aus ein und derselben Wirklichkeit, freilich unter unterschiedlichen Bedingungen: einmal auf der Pilgerreise (homo viator) und das anderemal als der in der Glorie schon Angekommene (homo comprehensor). Die Einwohnung der Heiligsten Dreifaltigkeit auf der Erde bereitet die seligmachende

---

8 Vgl. Summa theologiae I–II, q. 28, a. 1.

9 Dieser Aspekt wird besonders vertieft von *Suarez*, De Trinitate XII, 5, 13 (Ed. Vivès I, 811).

10 Diese Dimension der fruitio wurde eingehend behandelt von *Gardeil, A.,* La structure de l'âme et l'expérience mystique, Paris 1927, 60ff.

11 Die entschiedensten Vertreter sind: *de la Taille, M.,* Actuation créée par l'acte incréé. Lumière de gloire, grâce sanctifiante, union hypostatique: Recherches de Science Religieuse 28 (1928) 253–268; *Rahner, K.,* Zur scholastischen Begrifflichkeit der ungeschaffenen Gnade, in: Schriften zur Theologie I, Einsiedeln 1954, 347–374.

Anschauung im Himmel vor, antizipiert sie, und verlängert sie bis dort. Dazu sagt Kardinal Newman mit unüberbietbarer Treffschärfe: »Die Gnade ist die Glorie im Exil, und die Glorie ist die Gnade in der Heimat« (vgl. 2 Kor 1,22; 5,5; Röm 8,2; Eph 1,13).

In der seligmachenden Anschauung kommt es zu einer Vereinigung zwischen der Heiligsten Dreifaltigkeit und dem Gerechten, die inniger nicht gedacht werden kann. Der Gerechte erkennt, liebt und verkostet Gott, wie er trinitarisch ist. Freilich kann kein Geschöpf – aufgrund dessen, was es ist – sich mit Gott, wie er ist, vereinigen. Deshalb vereinigt sich Gott selbst mit Verstand und Willen des Menschen und befähigt sie zu einer Art von Kenntnis und Liebe, die – wiewohl sie durchaus menschlich bleiben – dennoch wirklich göttlich werden. Der Mensch *wird* gottförmig *gemacht*. Die Umgestaltung geht den konkreten Akten von Erkennen und Lieben voraus und ermöglicht sie erst. Wie ersichtlich, handelt es sich dabei nicht um eine neue Fleischwerdung Gottes im intellektuellen und liebesbezogenen Leben des gerechten Menschen. Damit würde Gott zu einem Akzidens oder auch zur Substanz im Sinne eines konstituierenden Teils einer geschaffenen Wirklichkeit. Es handelt sich vielmehr um einen ganz speziellen Akt Gottes. Deshalb sprechen die Vertreter dieser Position von einer *quasi-formellen* Union (nach dem Modell einer Formalursache). Nach diesem Verständnis der Vereinigung besitzt die Wirkung dasselbe Wesen wie die Ursache; denn die Ursache ist so sehr verantwortlich für die Konstituierung der Wirkung, daß diese – wiewohl sie immer Wirkung bleibt – die Merkmale der Ursache annimmt. Von solcher Art ist nun auch das Geschehen zwischen der Heiligsten Dreifaltigkeit und dem Gerechten. Dieser hat teil am inneren Leben Gottes, am Erkennen, mit dem der Vater den Sohn zeugt, und an der Liebe, mit der Vater und Sohn gemeinsam den Heiligen Geist hauchen.

Wie in der seligmachenden Anschauung eine je besondere Beziehung zu jeder der drei göttlichen Personen gilt, so ist es auch jetzt bei der trinitarischen Einwohnung. Jede einzelne der Personen ist zugegen und wirkt in Übereinstimmung mit ihren notionalen Eigenschaften:[12] der Vater als absolutes Geheimnis, von dem her alles kommt und zu dem alles zurückkehrt, der Sohn als Erkenntnis und Wahrheit und der Heilige Geist als Liebe und Gemeinschaft.

Schon jetzt, in der Dunkelheit der gegenwärtigen Zeit, beginnt der

---

12 Notionale Eigenschaften bedeuten in der Trinitätslehre jene Qualitäten, die sich auf die Personen in ihrem jeweiligen Unterscheidungsmerkmal beziehen. So ist dies für den Sohn die ›generatio‹ und für den Heiligen Geist die ›aspiratio‹ durch Vater und Sohn.

Mensch das zu erleben, was sein endgültiger Zustand in der Herrlichkeit sein wird, im Schauen von Angesicht zu Angesicht und in der Liebe ohne Vermittlung.

d. Die Einwohnung: Freundschaft mit Gott durch den Sohn im Heiligen Geist

Die bisher referierten Erklärungsversuche, so treffend sie auch sein mögen, zeichnen sich durch eine unleugbare metaphysische Abstraktheit aus. Nur ganz selten erinnern sie an den Reichtum von Gegebenheiten, die in der Heiligen Schrift bezeugt werden. Mehr noch: In ihrer Behandlung des Themas sehen sie von der Funktion Christi und seinem Fortleben in der Geschichte der Kirche ab.

Um einer besseren Konkretion willen wurde eine andere Sentenz[13] entworfen, die sich der Erkenntnisse des modernen Personalismus bedient. Der Schlüsselbegriff, der das Geheimnis aufhellt, ist der der *Freundschaft*. Die Kategorie Freundschaft umgreift unmittelbar die ganze Dimension des Dialogs mit jeder der drei göttlichen Personen. Um wirklich Freundschaft sein zu können, braucht sie eine qualifiziertere Kenntnis Gottes, als wir sie in der einfachen Betrachtung des Schöpfungswerkes erlangen. Voraussetzung ist eine Kenntnis Gottes, so wie er sich in Jesus Christus geoffenbart hat und in der Kirche aktualisiert wird. Die vollkommene Freundschaft artikuliert sich im christologischen und ekklesiologischen Raum. Gott wird somit in diesen geschichtlichen Vermittlungen präsent, die er besonders bevorzugt hat. Er vergegenwärtigt sich so, daß es zu einer ontologischen Erhöhung des Menschen kommt. In dieser Deutung könnte die Einwohnung auf folgende Formel gebracht werden: »Vater, Sohn und Heiliger Geist lassen den Menschen in ihre eigene Intimität ein und geben sich ihm, wie eine Person sich der anderen gibt. In dieser Gemeinschaft besteht eine Ordnung. Der Vater lädt den Menschen, durch den Sohn, der Fleisch wird, zur Freundschaft mit sich ein. Der Sohn sendet seinerseits den Heiligen Geist, der vereinigende Liebe zwischen Vater und Sohn ist. Der Heilige Geist schenkt sich als ›Seele der Kirche‹ (Lumen Gentium Nr. 7). Indem er sich auf geheimnisvolle Weise mit den Menschen verbindet, macht er sie zu Mitgliedern der Heilsgemeinschaft und befähigt sie, ein Leben als Söhne und Töchter zu führen.«[14]

Diese Theorie wertet eine ganze Reihe von Elementen aus, die man in der Freundschaft erfährt: Gegenwart, Dialog, gegenseitiges Sichschenken

---

13 Diese These vertreten vor allem *Flick-Alszeghy*, Il Vangelo della grazia, 493–498, oder in: Fondamenti di una antropologia teologica 269–270.
14 *Flick-Alszeghy*, 270.

mit all seinen intellektuellen, affektiven, immanenten und transzendenten Komponenten, die der Liebe zu eigen sind. Es geht nicht einfach um Anschauung, sondern auch um Genuß, Erleben, Freude, Gemeinschaft und Fülle, die jede wahre Freundschaft umfaßt. Diese Art der liebevollen Beziehung der Menschen zu jeder einzelnen der drei Personen hat ihre Geschichte. So kann es in den unterschiedlichen Lebensphasen – bis hin zur Vollendung in der Herrlichkeit – auch zu unterschiedlichen Typen von Beziehungen zum dreifaltigen Gott kommen.

2. Personaler Erklärungsversuch: die Einwohnung als Erfahrung und Genuß des Geheimnisses des Selbst im Geheimnis Gottes

Die verschiedenen Erklärungen, die wir bisher besprachen, richten ihr Bemühen auf die Artikulation von Begriffen der Tradition (seligmachende Anschauung, Gnade als *assimilatio, sigillatio Trinitatis*, Tätigkeit ad extra, die aber immer trinitarisch bleibt, usf.) oder von Aussagen der Heiligen Schrift. Dabei übersahen sie jedoch, daß diese Aussagen und Begriffe eine je bestimmte christliche Erfahrung auszudrücken versuchen. Damit stellen sie schon die Interpretation von etwas dar, das grundlegender und eigentlicher ist als Begriffe. Verstehen erschöpft sich nicht im Interpretieren von Interpretationen und läßt sich auch nicht darauf reduzieren. Wirkliches Verstehen meint vielmehr, daß der Mensch das Urdatum erfaßt, wiederherstellt und in der Differenz der Zeiten mit seinen bzw. unseren begrifflichen Registern neu zum Ausdruck bringt. So ist es für uns äußerst schwierig, existentiell die skizzierten unterschiedlichen Theorien nachzuvollziehen. Einwohnung, so begriffen, dünkt uns etwas total Lebensfernes, Überbauartiges und erscheint als Konstruktion, die im Grunde für unsere Existenz kaum Bedeutung hat. Nur schwerlich helfen solche Interpretationen, das Alltägliche, in dem sich ja fast unser ganzes Leben entfaltet und in dem wir das Heil gewinnen oder verspielen, ernst zu nehmen und zu verstehen.

Der Glaube schafft keine neuen Realitäten, sondern erklärt im Licht Gottes die erlebten Wirklichkeiten der Existenz. Glaube ist Licht, das Dimensionen, die im Leben verborgen sind, gleichsam aus dem Schatten hervorholt, die rein profane und naturalistische Sicht damit überwindet und den Dingen ihren sakralen, ja göttlichen Charakter zurückgibt, den sie eigentlich schon immer besaßen, da sie, wie durch eine Nabelschnur, mit dem Heiligen und dem Geheimnis Gottes verbunden waren.

Die Wendung ›Einwohnung der Heiligsten Dreifaltigkeit‹, des Vaters, des Sohnes und des Heiligen Geistes, muß Ausdruck einer tieferen, wesentlicheren Erfahrung von Christentum sein. Gewiß, diese Erfahrung ist nicht ein beliebiges Erleben, als ob der dreifaltige Gott irgendein Gegenstand unter anderen Objekten der alltäglichen Welt wäre. Da es sich hier um das Höchste, Erhabenste, Tiefste, Unaussprechlichste und Geheimnisvollste des christlichen Glaubens handelt, muß es dem entsprechen, was es an Radikalstem, Abgrundhaftestem und Unmittelbarstem in der menschlichen Existenz gibt. Abgrundhaftes entdeckt man aber nicht in der Verwobenheit begrifflicher Reflexion, sondern in der transparenten Einfachheit des Alltäglichen. Wer sich ihm nähern will, kann dies nur tastend und stammelnd tun. Theresia die Große beginnt die Beschreibung des Geheimnisses der trinitarischen Einwohnung respektvoll und in einer Verwirrung, die das Heilige immer hervorruft: »Großer Gott! Gerecht ist er, so daß ein elendes Geschöpf wie ich erbebt, wenn ich mich anschicke, einen Gegenstand zu behandeln, der so sehr all meine Verdienste und all mein Verstandesvermögen übersteigt! In Wirklichkeit habe ich mich völlig verwirrt gefühlt, so daß ich dachte: Wird es nicht besser sein, diese Wohnung in wenigen Worten zusammenzufassen (die siebte der Inneren Festung)? Man kann es sich nicht vorstellen, ich weiß es aus Erfahrung. Dessen schäme ich mich sehr, und es ist etwas Schreckliches; denn ich weiß, wer ich bin.«[15]

Auf jeden Fall müssen wir sagen: Die Offenbarung des Geheimnisses der Heiligsten Dreifaltigkeit war kein abstrakter Prozeß, in dem uns bloß Sätze mitgeteilt worden wären, die dekretiert hätten: Gott ist einer in Natur und dreifaltig in Personen: Vater, Sohn und Heiliger Geist. Wir hätten so im Grund nicht erfassen können, wie drei einer sein können und wie einer drei sein kann. Eine derartige Formulierung verbalisiert vielmehr auf der Ebene des Glaubensverständnisses und innerhalb eines bestimmten begrifflichen Horizonts die heilsgeschichtliche Erfahrung des Geheimnisses Gottes. Gott hat sich den Menschen als absolutes Geheimnis geoffenbart und ist von ihnen als solches erfahren worden. Er blieb also nicht in sich selbst, sondern zeigte schon immer eine unglaubliche Sympathie zu den Menschen. Deshalb schenkte er sich selbst in Liebe, Verständnis, Hoffnung und in der Erhaltung von allem in seiner Existenz und Subsistenz.

Dieser Gott lebt in unserem Innersten. Als ursprungsloses, unsagbares

---

15 Castelo Interior ou Moradas (Obras de Santa Teresa de Jesus, Bd. IV), Petrópolis 1956, 168.

und geheimnisvolles Geheimnis existiert er jenseits aller Dinge, deren Ursprung er ist. Dieses Geheimnis heißt Vater. Insofern es sich als Wahrheit seiner selbst öffnet, sich in der unendlichen Zahl seiner möglichen Nachbildungen spiegelt, sich den Menschen mitteilt, ihnen suchend nachgeht und einen Bund mit ihnen schließt, heißt es Sohn. Insofern nun dieses selbe und einzige Geheimnis alles in Liebe zusammenführt und in liebevoller und unbeschreibbarer Gemeinschaft zu sich selbst zurückruft, heißt es Heiliger Geist. Heiligste Dreifaltigkeit, in dieser Weise heilsgeschichtlich verstanden, ist keine spekulative Kuriosität, sondern Erhellung christlicher Erfahrung, die Menschen im Zeichen Jesu Christi, des Fleisches gewordenen Sohnes, machen. Dieser ist es, der die Offenbarung der Dreifaltigkeit und die ihr entsprechende Erfahrung ermöglicht hat.[16]

Da sich die Heiligste Dreifaltigkeit so, heilsgeschichtlich, geoffenbart hat, steht sie auch in einem unmittelbaren Bezug zur menschlichen Wirklichkeit. Unseres Heiles wegen hat sie sich den Menschen mitgeteilt und trat in unsere Geschichte ein. Deshalb kann man auch sagen: Noch ehe sie im Begriff der Dreifaltigkeit ausgesagt wurde, war sie schon als Erfahrung präsent und erfüllte das Leben der Menschen mit Licht, Gnade und Leben. Nur weil sie zuvor schon da war, konnte sie später begrifflich benannt werden. Aber wie war sie da? Auf welche Weise war und ist sie auch weiterhin gegenwärtig in der geschichtlichen Existenz der Menschen? Aufgabe unserer Reflexion und Analyse wird es sein, das trinitarische Geheimnis zu durchleuchten, das dem Geheimnis von Inkarnation und Kirche vorausgeht und bis ins Geheimnis des Menschen herabreicht. Und seinerseits verleiht das Geheimnis der Dreifaltigkeit dem Geheimnis der Menschen erst seine eigentliche Dimension. Diesen Zusammenhang wollen wir rasch beleuchten.

Genetisch und erkenntnistheoretisch geht *für uns* das Geheimnis des Menschen dem Gottes voraus. Aber sobald das Geheimnis Gottes aufgetaucht ist, gewinnt es einen ontologischen Primat; denn Gott begründet alle menschliche Existenz, er macht es uns möglich, zu denken, zu wollen, zu lieben, zu erkennen und Probleme zu formulieren.

Der Mensch ist sich selbst ein großes Geheimnis (*mihi factus sum quaestio magna*). Er stellt sich als ursprüngliche Quell-Einheit dar, die sich in vielfältigen Erscheinungsformen stets aufs neue konkretisiert. Der Mensch ist Einheit, die erkennt, denkt, sich dem Verstehen seiner selbst

16 Vgl. *van den Berg, A.*, A SS. Trindade e a existência humana I und II: REB 33 (1973) 629–648; 36 (1976) 323–346.

und der Welt öffnet und sich selbst verschenkend, Beziehungen begründen kann. Er ist personale Einheit, die sich als Bewußtsein seiner selbst mitteilt, dialogisiert, sich den anderen öffnet und, indem dieses Bewußtsein zu sich zurückfindet, eine Synthese mit allen anderen erstellt, denen es begegnet. Diese personale Einheit – Unität – erkennt und synthetisiert nicht nur ihre Erfahrungen mit den anderen. Vielmehr sucht sie auch Gemeinschaft mit ihnen. Unität wird zu Kom-(m)unität – Gemeinschaft – und bringt sich in Liebe und Selbstschenkung in Bezug zu anderen, der bis zur Selbstopferung gehen kann. Sie ist Wahrheit, aber nicht nur Wahrheit, sondern auch Liebe.

Diese ureigentliche Einheit der Person, die sich als Wahrheit bekundet und als Liebe gibt, entdeckt, daß es keine Logik für ihr Sein gibt. Auf sich selbst gründet sie jedenfalls nicht. Auch hat sie niemanden um ihre Existenz gebeten. Es gibt keine Art von Notwendigkeit, die ihr Dasein forderte. Sie ist einfach da, getragen, bezogen auf jemanden, auf ein Geheimnis. Insofern empfindet sie sich als Manifestation von etwas, das sie nicht selber ist. Es muß ein ontologisches Fundament geben, das sie rechtfertigt. Der Mensch ist ein Geheimnis im Geheimnis. Daraus folgt: Seine Wahrheit ist die Bekundung einer anderen Wahrheit und seine Liebe Gestaltwerdung einer anderen Liebe.

Aber: Sagen wir nicht, ›Vater‹ bedeute Gott, insofern er absolutes Geheimnis sei, ursprungsloser Ursprung aller Dinge? Entspricht dem nicht genau das Geheimnis der menschlichen Person? Teilt sie sich nicht mit in Wahrheit, Liebe, in Verständnis, das sieht, und Willen, der liebt? Aber die menschliche Person erschöpft sich niemals in einer bestimmten konkreten Mitteilung. Immer bleibt sie disponibel und übersteigt jeden örtlich und räumlich situierten Akt. Alles spricht von ihr. Sie selbst aber ist ein Geheimnis, das sich in den Dingen, die sie denkt, liebt und tut, ver-äußert.

Sagen wir nicht, der Sohn (Wort oder Logos) sei das, was es im Vater an Erkennbarem und Verstehbarem gebe? Entsprechen dem nicht menschliche Wahrheit und Verstand, insofern sie Wahrheit und Verständnis von Person und Welt offenbaren?

Sagen wir nicht, der Heilige Geist sei die Liebe zwischen zwei verschiedenen Wesen, Vater und Sohn, die alles in Einheit zu einem unauslotbaren Geheimnis zurückführen? Entspricht dem nicht die Liebe, die in den Schoß des personalen Geheimnisses das Unterschiedliche einführt und damit Einheit schafft und alles eint?

Die menschliche Person versinnbildet in ihren radikalen Bekundungen von Wahrheit und Liebe das Geheimnis Gottes. Wohlgemerkt: Hier wird die Heiligste Dreifaltigkeit nicht aus einer Analyse der menschlichen Wirklichkeit abgeleitet. Nur genetisch scheint es so zu sein. In Wirklichkeit jedoch offenbart die Analyse den Bezugspunkt, den der Mensch – um sich selbst zu erklären – fordert und entdeckt, und zwar einen absoluten Bezugspunkt, der nämlich Gott ist. Auch Wahrheit und Liebe haben versinnbildende Funktion, indem sie eine andere Liebe und eine andere Wahrheit widerspiegeln. Sie stellen sie in der Geschichte dar und zeigen, daß sie sich immer wieder mitteilen.[17] Der Mensch erweist sich also als von der Trinität bewohnt.

Was wir hier zu skizzieren versuchen, ist die objektive Gegenwart der Heiligsten Dreifaltigkeit im Leben, Denken und Wollen des Menschen. Sie hängt nicht von irgendwelchen Willensakten der Menschen ab. Selbst wer nicht in der Gnade Gottes lebt, spiegelt in seinem rationalen Sein die Heiligste Dreifaltigkeit. Dazu heißt es treffend bei Theresia der Großen: »Dem, der nicht die heiligmachende Gnade hat, fehlt dennoch nicht die Sonne der Gerechtigkeit, die ja schon immer *in ihm ist* und ihm das Sein gibt, es sei denn, er wäre überhaupt unfähig, Licht wahrzunehmen.«[18] Der Mensch ist so angelegt, daß er unentwegt vom Reflex der Dreifaltigkeit umgriffen ist. Es ist die Präsenz in Unermeßlichkeit, Wesen und Können, von der Thomas von Aquin in dem oben herangezogenen Text spricht.

In diesem Horizont ist auch die Heiligste Dreifaltigkeit zu denken, wie schon Pius XII. in seiner Enzyklika *Mystici Corporis Christi* nahegelegt hatte: »Man spricht von einer Einwohnung der göttlichen Personen, insofern sie in den geschaffenen, vernunftbegabten Lebewesen auf unerforschliche Weise zugegen sind und den Gegenstand ihrer Erkenntnis und Liebe bilden, jedoch auf eine Weise, die alle geschöpfliche Fähigkeit weit übersteigt und tief innerlich und einzigartig ist.«[19]

Aber es gibt auch eine subjektive Gegenwart der Heiligsten Dreifaltigkeit. Der gerechte Mensch, der ein für Gott offenes und auf das Geheimnis des dreifaltigen Gottes hin zentriertes Lebensprojekt realisiert, läßt sich von der objektiven Gegenwart der Trinität erfassen. Je mehr der Gerechte gerecht ist, desto mehr lebt er in der rechten Ordnung Gottes und seiner selbst, desto mehr läßt er die Wirklichkeit durchschimmern, von der er bewohnt wird, denn sein Verstehen richtet sich noch mehr auf die eigentliche Wahrheit und sein Wille noch mehr auf die reine Liebe. Mehr und mehr wird er von der Dreifaltigkeit assimiliert.

17 Vgl. *Boff, L., u. a.*, Experimentar Deus hoje, Petrópolis 1974, 173–180.
18 Castelo Interior, morada sétima, c. 1, 168.
19 AAS 35 (1943) 232 oder DS 3815.

Gnade und trinitarische Einwohnung bedeuten also keine Verdoppelung der Gegenwart von Vater, Sohn und Heiligem Geist im Leben des Gerechten. Sie intensivieren einen *schon* bestehenden Prozeß und können ihn immer näher zu seiner Vollendung bringen bis hin zum Höhepunkt in der himmlischen Herrlichkeit.

Für den Menschen, der die Zuneigung des Geheimnisses Gottes erlebt (den Gerechten), nimmt die ganze Wirklichkeit eine andere Gestalt an. Er betrachtet sie, aber nicht profan in sich selbst und für sich selbst, sondern religiös, insofern sie mit ihrem letzten Grund, das heißt mit Gott, re-ligiert ist. Dieser Mensch fühlt sich von einem Größeren bewohnt. Aber dieser größere Jemand ist weder eine blinde Kraft noch ein Geheimnis ohne Namen. Er ist der Sohn, der sich als ewige Wahrheit des Vaters in menschlicher Wahrheit schenkt. Er ist der Heilige Geist, der als Liebe des Vaters und des Sohnes in menschlicher Liebe geschichtliche Gestalt annimmt. Er ist Gott-Vater selbst, der als absolutes Geheimnis sich im Geheimnis persönlicher Existenz offenbart. Das ist *das* Licht, durch das wir jedes andere Licht sehen.

In dem Maße, in dem sich der Mensch veranlaßt sieht, sich für das Geheimnis seiner selbst zu öffnen, führt ihn *das* Geheimnis zu einer innerlichen Begegnung mit der Dreifaltigkeit. Im Entstehen der Wahrheit in uns spiegelt sich die ewige Zeugung der Wahrheit des Vaters, die der Sohn ist. In unserer Liebe, in der wir uns einem Gegenüber mitteilen, reflektiert sich die ewige Hauchung der Liebe von Vater und Sohn, die der Heilige Geist ist. Schon *jetzt* werden wir in den trinitarischen Prozeß hinein assimiliert. Wir stehen nicht außerhalb seiner, sondern werden teilhaftig der Natur Gottes, wie sie konkret, das heißt in der Dreiheit der Personen, ist.

Das Konzil von Florenz (1439–1445) lehrte, daß die Herrlichkeit und der Genuß des Himmels in einer klaren Betrachtung Gottes »bestehen, des einen und dreifaltigen, wie er in sich selbst ist« (DS 1305). Die Enzyklika *Mystici Corporis Christi* (1943), die mit ihrem lehrhaften Ton zweifelsfrei eine besondere Autorität besitzt, behauptet im Zusammenhang mit der Einwohnung: In der seligmachenden Anschauung wird es uns gewährt werden, »den Vater, den Sohn und den Heiligen Geist mit den durch das Glorienlicht geschärften Augen des Geistes zu betrachten, die Ausgänge der göttlichen Personen durch alle Ewigkeit hindurch aus nächster Nähe mitzuerleben und ein Glück zu verkosten, jenem ähnlich, wodurch die allerheiligste und ungeteilte Dreifaltigkeit selig ist« (DS 3815). Dies ist eine eschatologische Wirklichkeit. Aber da sie endzeitlich ist, wird sie in der Geschichte antizipiert. Sie beginnt hier auf der Erde im Geheimnis des Gerechten und kulminiert im Himmel, wo das Geheimnis für immer in *dem* Geheimnis aufgehoben ist.

Was hier vom Geheimnis der Einzelperson gesagt wird, muß auch im Sinn menschlicher Gemeinschaft gedacht werden. Trinität ist Gemeinschaft. In der menschlichen Gemeinschaft – die aus der Wahrheit und auf der Suche nach einer immer volleren Wahrheit lebt und die sich von der Liebe nährt und soziale Beziehungen sucht, die mehr Brüderlichkeit und Liebe ermöglichen – spiegelt sich in den Bedingungen der Geschichte das Geheimnis der Trinität. Zu welcher Umkehr muß es in den Menschen kommen, und welche gesellschaftliche Revolution muß sich in ihren Gemeinschaften entwickeln, damit sie wirklich und zunehmend der Ort werden können, an dem sich in der Zeit das Geheimnis der Heiligsten Dreifaltigkeit artikuliert?

Statt eines Schlusses, der das Kapitel abrunden sollte, möchten wir an dieser Stelle die Erfahrung der Heiligen Theresia von Ávila, jener glühenden Mystikerin, von der Heiligsten Dreifaltigkeit referieren. Hier wird durch Werk und Gnade *des* Geheimnisses alles Wissen (saber) zu reinem Genuß (sabor):

»Nachdem sie durch intellektuelle Schau in diese Wohnung hineingelangt ist, zeigt sich ihr mittels einer bestimmten Art und Weise, die Wahrheit darzustellen, die Heiligste Dreifaltigkeit – Gott in drei Personen – mit einem Brand, der zunächst ihren Geist erfaßt, wie eine Wolke von größter Klarheit. Sie sieht den Unterschied zwischen den göttlichen Personen, und in einer wunderbaren Erkenntnis, die ihr eingegossen wird, erfaßt sie mit größter Sicherheit, daß alle drei eine Substanz, eine Macht, ein Wissen und ein einziger Gott sind. So wird deutlich: Was wir im Glauben glauben, versteht jetzt sozusagen die Seele, da sie es gesehen hat, obgleich sie es weder mit den Augen des Leibes noch mit denen der Seele betrachtet hat, denn es handelt sich nicht bloß um eine imaginäre Schau. Hier teilen sich ihr alle drei Personen mit, sprechen mit ihr und lassen sie jene Worte des Herrn im Evangelium verstehen, als er sagte, er werde mit dem Vater und dem Heiligen Geist kommen und in der Seele dessen Wohnung nehmen, der ihn liebt und seine Gebote hält (Joh 14,23).

Ah! Gott, steh' mir bei! Welch ein Unterschied ist es doch, diese Dinge zu hören und zu glauben oder auf diese übernatürliche Weise zu verstehen, wie wahr sie sind! Und jeden Tag wundert sich diese Seele mehr, weil es ihr scheint, daß die göttlichen Personen sich niemals mehr von ihr entfernt haben. Vielmehr sieht sie bekanntlich, daß sie sie auf die besagte Weise in ihrem Innern, in ihrem Allerinnerlichsten, in einem sehr tiefen Abgrund hat. Dabei weiß sie nicht zu sagen, wie das alles ist, denn sie findet keine Worte, sondern fühlt in sich nur diese göttliche Gemeinschaft.

Ihr werdet euch vorstellen, daß sie – da es so ist – nicht mehr über ihre Sinne Herr, sondern so trunken sei, daß sie sich nichts mehr zuwenden könne. Aber ich sage euch: Sie kann es, und zwar viel mehr noch als vorher, in allem, was Dienst Gottes ist. Und indem sie ihre Beschäftigung zu Ende führt, bleibt sie in der angenehmen Gemeinschaft.«[20]

Dies verdeutlicht – auch im Alltag – das Geheimnis der Heiligsten Dreifaltigkeit, die im Innern, im Geheimnis der Menschen wohnt.

20 Castelo Interior, morada sétima, c. 1, 170–171.

Schluß

In der katholischen Theologie ist der Traktat über die Gnade sicherlich einer derjenigen, die am meisten durch heterodoxe Lehren Schaden genommen haben und auch heute noch an dieser geschichtlichen Last tragen müssen. Wie sonst nirgends haben wir es hier mit Disputen, Verurteilungen und Häresien zu tun. Allein diese Tatsache signalisiert schon die Bedeutung, die die Gnadentheologie für die christliche Erfahrung hat. Immer wieder machte man – mit großem persönlichen Engagement – Versuche, in das Geheimnis vorzudringen; denn im Grund handelt es sich beim Thema Gnade um den für menschliche Existenz entscheidendsten Punkt, um Heil oder Verderben nämlich. Die Beschäftigung mit diesen Disputen kann und darf nicht allein Sache von Historikern sein. Vielmehr muß die existentielle Dimension herausgearbeitet werden, die sich hinter all den theoretischen, vielleicht abstrakten und für unseren gegenwärtigen Verstehenshorizont schwer nachzuvollziehenden Darlegungen verbirgt. Deshalb und im Interesse dieses Anliegens richteten wir unser theologisches Augenmerk nicht so sehr darauf, das auszubreiten, was andere schon erkannt und gedacht haben, sondern unser Bestreben war es, das zu sagen und zu bedenken, worum es in dem von der theologischen Überlieferung bereits Gedachten, Erkannten und Gesagten eigentlich geht. Worum es sich aber gestern drehte, sich heute dreht und morgen und immer drehen wird, sind die Gegenwart Gottes und seiner Liebe in der Welt und die entsprechende Erfahrung auf seiten des Menschen. Die Gegenwart Gottes und seiner Liebe in der Welt heißt *Gnade*. Wie aber stellt sich die Gnade heute dar? Wie kommt sie zu uns? In welchen konkreten Formen unseres persönlichen und gesellschaftlichen Daseins wird sie erfahrbar? Welche Erfordernisse bringt sie mit sich?

Was wir unternommen haben, ist eine theoretische Abhandlung mit dem Ziel, einige grundlegende Perspektiven zu ermitteln, aus denen heraus wir die Gegenwart der Gnade in der Welt bewußt wahrnehmen, den Horizont des Lebens öffnen und die Gnade mit schärferem Sinn für Befreiung aufnehmen können. Im Anschluß an diese theoretische Praxis müßte man jetzt noch eine praktische Praxis konzipieren, in der mittels konkreter Übungen gezeigt werden könnte, wie Gnade in Grundfunktionen des Lebens präsent wird. Der Verfasser meint, er habe auch so schon dem Leser geholfen zu begreifen, daß es zum Beispiel in Fußball und Karneval, bei Festen und echten menschlichen Beziehungen, in persönlichen Begegnungen, in Freundschaft, Liebe, persönlicher Selbstverwirklichung und zahllosen anderen Manifestationen des Lebens nicht einfach um menschliches Tun geht. All diese Dinge besitzen zwar ihre eigene Dichte; doch versinnbilden sie noch eine andere Wirklichkeit, die in Ungeschuldetheit, Schönheit, Tiefe und Güte gegenwärtig wird und diese charakterisiert: Gnade und Gratuität Gottes. Der Karneval bleibt als Fest der Narren, die sich des Lebens freuen, Karneval, und der Fußball, der Tausenden im Stadion den Atem verschlägt, bleibt Fußball mit all seinen – manchmal auch versteckten – Interessen. Die menschliche Liebe, in der Form des Zusammenlebens mit dem Ehepartner, mit Kindern und Freunden, hört natürlich nicht auf, menschliche Liebe mit all ihrer Transparenz und auch Undurchsichtigkeit zu sein, die ihr anhaftet. Dennoch sind diese und andere Phänomene gleichzeitig auch Parabeln einer noch anderen Liebe, eines noch anderen Festes und einer noch anderen Faszination. Sie stellen Vehikel dar, auf denen – in einer vielleicht beträchtlich profanierten Sprache – die Gnade Gottes selbst zu uns in die Welt gelangt, indem sie sich mit den Dingen vermischt, ohne ihre Identität zu verlieren, indem sie allenthalben wie Sauerteig wirkt, hier etwas geradebiegt und dort etwas kritisch prüft, insgesamt aber alles zur endgültigen Begegnung mit Gott führt.

Unsere Erörterungen wollten unseren Blick für das Hier und Heute und Jetzt schärfen und unsere Antennen richten. Auf der Suche muß man sein. Nur wer sucht, dem wird gegeben, zu finden und sich zu freuen. Nur wer sein Leben engagiert lebt und es als Chance versteht, etwas Endgültiges und Ewiges zu bauen, geht auf die Suche, kann etwas finden und hat Grund zur Freude. Man lebt nicht einfach, weil man noch nicht tot ist. Man lebt, um Sinn zu realisieren und mit Gott und seiner Gnade, die über die Grenzen dieses sterblichen Lebens hinausreicht und sich in der Ewigkeit fortsetzt, an einem Projekt zu bauen.

Wenn das, was hier geschrieben steht, eine Hilfe gewesen sein sollte, möge man es nicht dem Verfasser dieses Buches anrechnen. Wenn seine Darlegung tatsächlich einen Nutzen gebracht haben sollte, dann ist die Gnade Gottes selbst der Autor.

Wir haben mit einer Parabel angefangen. Mit einem Gleichnis, in dem es im Grund aber um dasselbe geht, möchten wir nun schließen. Die Anfangsparabel sollte zum Denken anregen. Das folgende, abschließende Gleichnis soll nun den angeklungenen Gedanken bestätigen: Wir leben aus einem uneinholbaren Primat göttlicher Gnade über jede menschliche Initiative und aus einem Überfluß von Gnade gegenüber jedem Übermaß menschlicher Sünde. Obschon die Sünde sich verewigen mag, ist sie nicht imstande, den Liebesplan Gottes zum Scheitern zu bringen. Mehr noch: Die göttliche Gnade überwuchert nicht einfach die Diffamierung der Natur; sie ist nicht bloß eine Kraft, mit der Gott die Schwäche des Menschen wiedergutmacht. Die Gnade ist vielmehr und vor allem die Dynamik unserer Kraft, durch die diese noch kraftvoller wird. Wer sich dieser Dynamik überantwortet, indem er sie hochherzig annimmt und den Impulsen ihres Rhythmus folgt, ist mehr als Mensch, ist mehr Mensch, ist ein Gott, wenn auch in Kleinschrift. Obwohl wir nicht Gott sind, wurden wir doch dazu berufen, bei Gott zu sein.

Es war einmal ein Mann, der alles konnte. Ich weiß nicht genau, ob dieser Mann aus der Zeit stammte, in der die Zauberkräfte noch echt waren, oder ob es ein Mann war, der alles erreicht hatte, was man auf der Erde nur erreichen kann. Sein Name war einfach Mann-der-alles-konnte.
Eines Tages nun ärgerte sich der Mann-der-alles-konnte über das Gewimmel in seiner Hauptstadt und ließ einsame Gegenden herbeikommen, um das Schweigen hören zu können und die Ruhe des Stillstands genießen zu können. Nach einigen Tagen fing er an nachzudenken, und mit dem Denken überkam ihn die Verwirrung. Denn er mußte zugeben, daß er ja gar nicht stillstand, sondern sich mit einer Geschwindigkeit von 1700 km je Stunde drehte. Denn das ist die Geschwindigkeit, mit der die Erde sich um ihre Achse dreht. Da ärgerte er sich über die Erde, weil er sich unwiderstehlich mit ihr drehen mußte.
Weil er der Mann-der-alles-konnte war, beschloß er, dem Erdboden ade zu sagen, in die Höhe zu gehen, noch weit über die Stratosphäre hinaus, im Schweigen und in der Stille seines Satelliten. Also ging und ging er. Wenigstens drehte er sich jetzt mit geringerer Geschwindigkeit um seine Achse als die Erde! Eines Tages jedoch krampfte sich ihm das Herz zusammen. Da mußte er einsehen, daß seine Flucht nichts genutzt hatte. Denn zusammen mit der Erde und allen Wesen, die in ihrem Anziehungsfeld liegen, drehte er sich mit einer Geschwindigkeit von 107 000 km je Stunde ja noch immer um die Sonne.
Er sann auf einen Ausweg, der ihm endlich Ruhe garantieren würde. Er beschloß, die Erdumlaufbahn zu verlassen. Jenseits der Jupiterumlaufbahn ließ er sich nieder. Hier würde er nun endlich frei von der schwindelerregenden Geschwindigkeit der Erde sein. Aber auch diesmal dauerte es nicht lange, bis er wieder ganz durcheinander kam. So sehr er auch der

Erde entkommen war, so wenig war es ihm gelungen, vor der Sonne zu flüchten. Zusammen mit der Sonne und allen Planeten des Sonnensystems drehte er sich mit einer Geschwindigkeit von 774 000 km je Stunde um das Zentrum unserer Milchstraße.

Weil er der Mann-der-alles-konnte war, faßte er den Entschluß, aus unserem Sonnensystem auszuwandern. Andere kosmische Plätze wollte er suchen. So weit von Erde und Sonne entfernt, konnte er sich nun der Muße hingeben, und es kümmerte ihn wenig, den Namen des Systems zu erfahren, in dem er sich aufhielt. Wenigstens war er jetzt außerhalb der frenetischen Geschwindigkeiten des Sonnensystems.

Eines Tages jedoch stieß er auf etwas, das ihm den Atem und die vermeintliche Ruhe verschlug. Drehte er sich doch mit einer unheimlichen Geschwindigkeit: 2 172 000 km in der Stunde! Denn auch unsere Milchstraße bewegt sich um den Mittelpunkt eines Systems von 2500 benachbarten Milchstraßen.

Der Mann wurde rasend. Nichts was er konnte, ließ er unversucht. Man bedenke: Er hieß ja Mann-der-alles-konnte! Also marschierte er in die umgekehrte Richtung, in der sich die Milchstraße bewegt, ziemlich langsam, sehr langsam sogar. Im Verhältnis zur exorbitanten Geschwindigkeit der anderen Wesen konnte er sich jetzt wahrlich in Ruhe wiegen.

Eines Tages jedoch verstummte er vor Schrecken und Ohnmacht. Er bemerkte nämlich etwas, was für seine Ruhe niederschmetternd war: Eingegliedert in das Ganze aller Himmelskörper: Erde, Sonne, Milchstraßen und Systeme von Milchstraßen, raste, ja floh er mit einer Geschwindigkeit von 579 000 Stundenkilometern von einem Punkt im Weltraum weg, an dem sie alle vermutlich in einer großen Explosion vor 10 Milliarden Jahren entstanden waren.

Plötzlich spürte der Mann-der-alles-konnte, daß er nicht mehr konnte. So weit er auch floh, nie floh er weit genug. Immer noch wurde er von etwas getragen, das ihn umgab. Ruhe zu suchen, hieß, sie zu verlieren.

Was blieb da dem Mann-der-alles-konnte anders übrig, als seinen Namen und seine Zielvorstellungen aufzugeben? Demütig machte er sich auf den Weg zurück zur Erde und auf der Erde nach Hause. Gemächlich setzte er sich auf seine Veranda und begann zu lernen, in allen Dingen etwas von Ruhe zu sehen. Denn obwohl sie sich allesamt mit unterschiedlichen Geschwindigkeiten bewegen, lassen sie sich weder aufregen, noch toben sie, sondern stehen wie still in der heiteren Ruhe und in der ruhigen Heiterkeit eines Stillebens. Das Ja zu dieser fliehenden Geschwindigkeit ließ ihn die Ruhe finden. So fand er die Gnade aller Dinge.

Verhält es sich mit der Gnade nicht ähnlich? Sie durchdringt alles, umgibt alles. Ja zu ihr sagen heißt sich begnadigen lassen, vor ihr fliehen bedeutet sich Schaden zufügen, ohne ihrer Gegenwart entkommen zu können. In ihrer Ungeschuldetheit verändert sie sich nicht. Nur der Mensch ändert sich; allein er kann Gnade und Un-Gnade sein. Die Gnade ist nur Gnade, gratis.

Der Verfasser des Psalms 139 hat das genau gewußt, als er von der Gegenwart Gottes (Gnade) sprach:

> Du umschließt mich von allen Seiten
> und legst deine Hand auf mich.
> Zu wunderbar ist für mich dieses Wissen,
> zu hoch, ich kann es nicht begreifen.
> Wohin könnte ich fliehen vor deinem Geist,
> wohin mich vor deinem Angesicht flüchten?
> Steige ich hinauf in den Himmel, so bist du dort;
> bette ich mich in der Unterwelt, bist du zugegen.
> Nehme ich die Flügel des Morgenrots
> und lasse mich nieder am äußersten Meer,
> auch dort wird deine Hand mich umgreifen
> und deine Rechte mich fassen.
> Würde ich sagen: »Finsternis soll mich bedecken,
> statt Licht soll Nacht mich umgeben«,
> auch die Finsternis wäre für dich nicht finster,
> die Nacht würde leuchten wie der Tag,
> die Finsternis wäre wie Licht.
> Denn du hast mein Inneres geschaffen,
> mich gewoben im Schoß meiner Mutter.
> Ich danke dir, daß du mich so wunderbar gestaltet hast.
> Ich weiß: Staunenswert sind deine Werke.
> Als ich geformt wurde im Dunkeln,
> kunstvoll gewirkt in den Tiefen der Erde,
> waren meine Glieder dir nicht verborgen.
> Deine Augen sahen, wie ich entstand;
> in deinem Buch war schon alles verzeichnet;
> meine Tage waren schon gebildet,
> als noch keiner von ihnen war.
> Wie schwierig sind für mich, o Gott, deine Gedanken!

Literatur

Alfaro, J., Lo natural y lo sobrenatural, Madrid 1952
- Cristología y antropología, Madrid 1973
- Esperanza cristiana y liberación del hombre, Barcelona 1972

Alonso, J., Relación de causalidad entre la gracia creada e increada: Revista Española de Teología 6 (1946) 1–60

Auer, J., Um den Begriff der Gnade: Zeitschrift für Katholische Theologie 70 (1948) 314–368
- Die Entwicklung der Gnadenlehre in der Hochscholastik mit besonderer Berücksichtigung des Kardinals Matteo d'Aquasparta, Teil 1–2, Freiburg i. Br. 1942/1951
- El Evangelio de la gracia, Barcelona 1975
- Das Evangelium der Gnade (Kleine Katholische Dogmatik V), Regensburg 1972

Arias, A., Gratia christiana, Madrid 1964

Arias, L., Boletín de teología dogmática. Teología de la gracia (1950–1958): Salmanticensis 6 (1959) 199–215

Bartmann, B., Teologia dogmática II: A graça, São Paulo 1964

Baumgartner, Ch., La grâce du Christ (Le Mystère Chrétien. Théologie Dogmatique 10), Paris–Tournai 1963

Beraza, B., Tractatus de gratia Christi (Cursus Theologicus Oniensis), Bilbao 1929

Boff, L., A atualidade da experiência de Deus, Rio de Janeiro 1973
- A Igreja, Sacramento do Espírito Santo, in: O Espírito Santo (verschiedene Autoren), Petrópolis 1973, 108–125
- A era do Espírito Santo, ebd., 145–157

Bouillard, H., L'idée de surnaturel et le mystère chrétien. L'homme devant Dieu, Paris 1964

Bouessé, H., Du mode d'habitation de la très Sainte Trinité dans l'âme du juste: La Vie Spirituelle 69 (1943) 225–240

Bourassa, F., Adoptive Sonship: Our Union with the Divine Persons: Theological Studies 13 (1952) 309–335
- L'habitation de la Trinité: Sciences Ecclésiastiques 8 (1956) 59–70
- Le Saint-Esprit, unité d'amour du Père et du Fils: Science Ecclésiastiques 14 (1962) 375–415

Brinktrine, J., Die Lehre von der Gnade, Paderborn 1957

Coimbra, L., A alegria, a dor e a graça, Porto 1916

Colombo, C., Grazia e inhabitazione della SS. Trinità: Bibliografia, in: Problemi e orientamenti di teologia Dommatica II, Mailand 1957, 641–654

Comblin, J., A missão do Espírito Santo, in: Revista Eclesiástica Brasileira 35 (1975) 288–325

Congar, Y. M. J., Le mystère du temple ou l'Économie de la présence de Dieu à sa créature de la Genèse à l'Apocalypse (Lectio Divina 22), Paris 1958

Corti, M., Viver em graça, São Paulo 1961

Cunningham, F. L. B., The Indwelling of the Trinity. A historico-doctrinal Study of S. Thomas Aquinas, Dubuque 1955

Daffara, M., De gratia Christi, Rom 1950

Davis, Ch., La gracia de Dios en la historia, Bilbao 1970

De Lubac, H., Surnaturel, Paris 1946

– Le mystère du surnaturel, Paris 1965

De Letter, P., Sanctifying Grace and the Divine Indwelling: Theological Studies 14 (1953) 242–272

– Created Actuation by the Uncreated Act: Difficulties and Answers: ebd. 18 (1957) 60–92

– Grace, Incorparation, Inhabitation: ebd. 19 (1958) 1–31

– Divine Quasi-Formal Causality: The Irish Theological Quaterly 27 (1960) 221–228

de la Taille, M., Actuation créée par l'acte incréé. Lumière de gloire, grâce sanctifiante, union hypostatique: Recherches de science religieuse 18 (1928) 253–268

– Théories mystiques à propos d'un livre récent: Recherches de science religieuse 18 (1928) 297–325

Dedek, J. F., Experimental Knowledge of the Indwelling Trinity: An Historical Study of the Doctrine of St. Thomas, Mundelein 1958

– Quasi experimentalis cognitio: An Historical Approach to the Meaning of St. Thomas: Theological Studies 22 (1961) 357–390

Dockx, S., Fils de Dieu par grâce, Paris 1948

– La présence réelle de Dieu dans l'âme juste: Nouvelle Revue Théologique 72 (1950) 673–689

Dymek, L., Das Hohelied der Gnade, Immenstadt im Allgäu 1963

Farrelly, M. J., Predestination, Grace and Free Will, Maryland 1964

Ferreras, G., Sobre la gracia y su teología: Naturaleza y Gracia 22 (1975) 59–80

Flick, M. und *Alszeghy, Z.,* Il Vangelo della Grazia. Un tratto dogmatico, Florenz 1964

– Fondamenti di una antropologia teologica (Nuova Collana di Teologia Cattolica 10), Florenz 1969

Fortmann, E., Teología del hombre y de la gracia. Estudios sobre la teología de la gracia, Santander 1970

Fransen, P., Gracia, realidad y vida, Buenos Aires–Mexiko 1969

– Pour une psychologie de la grâce divine: Lumière et Vie 12 (1957) 209–240

– How should we teach the Treatise of Grace? Apostolic Renewal in the Seminary in the Light of Vatican Council (hrsg. von J. Kellei und R. Armstrong), New York 1965, 139–163

– Dogmengeschichtliche Entfaltung der Gnadenlehre, in: Mysterium Salutis 4/2, 631–765

– Das neue Sein des Menschen in Christus, in: ebd. 921–984

Froguet, B., De l'habitation du Saint-Esprit dans les âmes justes d'après la doctrine de Saint Thomas d'Aquin, Paris 1938

Gardeil, A., La structure de la grâce et l'expérience mystique 2 Bd., Paris 1927

– Le Saint-Esprit dans la vie chrétienne, Paris ⁴1950

– Comment se réalise l'habitation de Dieu dans les âmes justes: Revue Thomiste 28 (1923) 3–42; 129–141; 328–360

Garrigou-Lagrange, R., L'habitation de la Sainte Trinité et l'expérience mystique: Revue Thomiste 33 (1928) 449–474

– De Gratia, Turin 1946

Galtier, P., De SS. Trinitate in se et in nobis, Paris 1933

- Le Saint-Esprit en nous d'après les Pères Grecs (Analecta Gregoriana 35), Rom 1946
- L'habitation en nous des Trois Personnes, Rom 1950
- Grazia e inhabitazione della SS. Trinità, in: Problemi e orientamenti di Teologia dommatica II, Mailand 1957, 610–640

Gerrish, B. A., Grace and Reason. A Study in the Theology of Luther, Oxford 1962

Gleason, R. W., La gracia, Barcelona 1964
- Qu'est-ce que la grâce? Paris–Tournai 1965

González, S., De gratia Christi, in: Sacrae Theologiae Summa III (BAC 62), Madrid 1950

Gonzáles, O., Misterio Trinitario y existencia humana. Estudio historico-teologico en torno a San Buenaventura, Madrid 1966

Greshake, G., Gnade als konkrete Freiheit. Eine Untersuchung zur Gnadenlehre des Pelagius, Mainz 1972

Grings, D., A força de Deus na fraqueza do homem, Porto Alegre 1975

Guardini, R., Die Gnade, in: Freiheit, Gnade, Schicksal, München 1948, 125–189
- Der Glaube an die Gnade und das Bewußtsein der Schuld, in: Unterscheidung des Christlichen, Mainz 1935, 335–360

Gutiérrez, G., El Espíritu Santo, Don de Dios. Estudio histórico de teologíca dogmática, Mexiko 1966

Kühn, U., Natur und Gnade in der deutschen katholischen Theologie seit 1918, Berlin 1961

Kuladran, S., Grace. A comparative study of the doctrine in Christianity and Hinduism, London 1964

Küng, H., Rechtfertigung. Die Lehre Karl Barths und eine katholische Besinnung, Einsiedeln [4]1964

Kunz, E., Glaube–Gnade–Geschichte. Die Glaubenstheologie des Pierre Rousselot, Frankfurt 1969

Journet, Ch., Entretiens sur la grâce, Paris–Tournai 1959

Joyce, G. H., The Catholic Doctrine of Grace, New York o. J.

Júlio Maria, A Graça, Rio de Janeiro 1897

Ladrière, J., Fonction propre de la grâce à l'égard de la science, in: La science, le monde, la foi, Paris–Tournai 1972, 45–53

Langemeyer, B., Die Frage nach dem gnädigen Gott heute: Geist und Leben 43 (1970) 125–135
- Das Phänomen Zufall und die Frage nach der göttlichen Vorsehung: Geist und Leben 45 (1972) 24–41

Lennerz, H., De gratia Redemptionis, Rom [3]1949

Libanio, J. B., Pecado e opção fundamental, Petrópolis 1975

Löhrer, M., Gottes Gnadenhandeln als Erwählung des Menschen, in: Mysterium Salutis 4/2, 773–827

Lonergan, B. J. F., Grace and Freedom. Operative Grace in the Thought of S. Thomas Aquinas, New York 1970

Loosen, J., Ekklesiologische, christologische und trinitäts-theologische Elemente im Gnadenbegriff, in: Theologie in Geschichte und Gegenwart (Festschrift für M. Schmaus), München 1957, 89–102

Lot-Borodine, M., La déification de l'homme, Paris 1970

Mackey, J. P., Life and Grace, Dublin–Melbourne 1966
- The Grace of God – The Response of Man, New York 1966

Maréchal, J., A propos du sentiment de présence de Dieu chez les profanes et chez les mystiques, in: Études sur la psychologie des mystiques, Brügge 1929, 69–179

Martínez, G. J. C., El misterio de la inhabitación del Espíritu Santo: Estudios Eclesiásticos 13 (1943) 287–315

Martho-Salin, Función transcendente de la gracia en el problema social: Revista de Espiritualidad 10 (1951) 279–288

Meisner, W. W., Foundations for a Psychology of Grace, Glen Rock 1965

Menéndez Reigada, J. G., Inhabitación, dones y experiencia mística: Revista Española de Teología 6 (1946) 61–101

Mersch, E., Filii in Filio, in: La Théologie du Corps Mystique 2, Paris–Brüssel 1949, 9–68

– Le surnaturel, in: ebd., 165–192

– La grâce sanctifiante, in: ebd., 333–366

– La grâce actuelle, in: ebd., 367–399

Moeller, C. und *Philips, G.*, Grâce et Ecuménisme, Chevetogne 1957

Molari, C., Ordine sopranaturale: Attuazione o Quasi-Informazione: Divinitas 6 (1962) 385–406

Mühlen, H., Der Heilige Geist als Person. In der Trinität, bei der Inkarnation und im Gnadenbund: Ich-Du-Wir, Münster 1964

– Una mystica persona. Eine Person in vielen Personen, München–Paderborn–Wien 1964

– Gnadenlehre, in: Bilanz der Theologie im 20. Jahrhundert 3, Freiburg im Br. 1970, 148–192

– Die Erneuerung des christlichen Glaubens. Charisma-Geist-Befreiung, München 1976

Mullard, R., La grâce (S. Thomas d'Aquin, Somme Théologique), Paris 1929

Mysterium Salutis 4/2: Gottes Gnadenhandeln, Einsiedeln 1973, 595–984

Nicolas, J. H., Le mystère de la grâce, Lüttich 1950

– Les profondeurs de la grâce, Paris 1969

Oman, J., Grace and Personality, Cambridge 1917

Penido, M. L. T., La valeur de la théorie psychologique de la Trinité: Ephemerides Theol. Lovanienses 8 (1931) 5–16

Perego, A., La gracia, Barcelona 1964

Pesch, O. H., Die Lehre vom Verdienst als Problem für Theologie und Verkündigung, in: Wahrheit und Verkündigung (Festschrift für M. Schmaus), München 1967, 1865–1907

– Gottes Gnadenhandeln als Rechtfertigung des Menschen, in: Mysterium Salutis 4/2, 831–920

Philips, G., De ratione instituendi tractatum de gratia nostrae sanctificationis: Ephemerides Theol. Lovanienses 29 (1953) 355–373

Puntel, B. L., Deus na teologia hoje: Perspectiva Teológica I (1969) 15–24

Rahner, K., Graça divina em abismos humanos, São Paulo 1968

– O homem e a graça, São Paulo 1960

– La gracia como libertad, Barcelona 1972

– Zur scholastischen Begrifflichkeit der ungeschaffenen Gnade, in: ders., Schriften zur Theologie I, Einsiedeln 1954, 347–375

– Natur und Gnade, in: ders., Schriften IV (1960) 209–326

– Über den Begriff des Geheimnisses in der katholischen Theologie, in: ders., Schriften IV (1960) 51–99

– Über das Verhältnis zu Natur und Gnade, in: ders., Schriften I (1954) 323–345

Ratzinger, J., Gratia supponit naturam. Erwägungen über Sinn und Grenze eines scholastischen Axioms, in: Einsicht und Glaube (Festschrift für J. Söhngen), Freiburg im Br. 1962, 135–149, oder in:

– Dogma und Verkündigung, München–Freiburg 1973, 161–182

Rito, H., Recentioris theologicae quaedam tendentiae ad conceptum ontologico-personalem gratiae, Rom 1963

Rivière, J., Sur l'origine des formules ecclésiastiques »de congruo« et »de condigno«: Bulletin de Littérature ecclésiastique 28 (1927) 75–83

Rondet, H., Gratia Christi. Esquisse d'une histoire de la théologie de la grâce, Paris 1948

– Essais sur la théologie de la grâce, Paris 1964

Ruini, G., La trascendenza della grazia nella teologia di San Tommaso d'Aquino (Analecta Gregoriana 180), Rom 1971

Ryelandt, Dom I., The life of Grace, Dublin–London 1964

Schauf, H., Die Einwohnung des Heiligen Geistes, Freiburg im Br. 1941

Scheeben. J. M., Die Herrlichkeiten der göttlichen Gnade, Freiburg im Br. 1863, [17]1949

– Die Mysterien des Christentums, Freiburg im Br. 1951

Schmaus, M., A fé da Igreja. A justificação individual, Petrópolis 1977

– Die göttliche Gnade, in: Katholische Dogmatik III/4, München 1956

Segundo, J. L., Gracia y condición humana (Teología abierta para el laico adulto 2), Buenos Aires–Mexiko 1969

Simon, P. H., La littérature du péché et de la grâce 1880–1950, Paris 1957

Simonin, Th., Prédestination, prescience et liberté: Nouvelle Revue Théologique 85 (2963) 711–730

Sittler, J., Essays on Nature and Grace, Philadelphia 1972

Smith, C. R., The Bible Doctrine of Grace, London 1956

Stevens, G., The Life of Grace, Washington 1963

Stoeckle, B., Gratia supponit naturam. Geschichte und Analyse eines theologischen Axioms unter besonderer Berücksichtigung seines patristischen Ursprungs, seiner Formulierung in der Hochscholastik und seiner zentralen Position in der Theologie des 19. Jahrhunderts, Rom 1962

Theodorou, A., Die Lehre von der Vergöttlichung des Menschen bei den griechischen Kirchenvätern: Kerygma und Dogma 7 (1961) 283–310

Terrien, J. B., La grâce et la gloire, 2 Bde., Paris [2]1948

Thils, G., Sainteté chrétienne. Précis de théologie ascétique: Assimilation à la Sainte Trinité, Tielt (Belgien) 1958, 46–82

Trütsch, J., SS. Trinitatis inhabitatio apud theologos recentiores, Trient 1949

Turrado, A., Dios en el hombre. Plenitud o tragedia (BAC 325), Madrid 1971

Urdánoz, T., La inhabitación del Espíritu Santo en el alma del justo: Revista Española de Teología 6 (1946) 465–534

– Influjo causal de las divinas personas en la inhabitación en las almas justas: ebd. 8 (1948) 141–202

Verschiedene, O Espírito Santo. Pessoa, Presença, Atuação, Petrópolis 1973

Vaz, H. de Lima, A experiência de Deus, in: Experimentar Deus hoje, Petrópolis [2]1976, 74–89

Vering, F., De certitudine status gratiae in Concilio Tridentino (Masch. Diss.), Rom 1953

Volk, H., Gnade und Person, in: ders., Gott alles in allem. Gesammelte Aufsätze I, Mainz 1961, 113–129

Watson, Ph., The Concept of Grace, London 1959

Weil, S., La pesanteur et la grâce, Paris 1948

Willig, I., Geschaffene und ungeschaffene Gnade. Bibeltheologische Fundierung und systematische Erörterung, Münster 1964